구글 스토리에 숨겨진 또 다른 이면

두 얼굴의 구글

구글 스토리에 숨겨진 또 다른 이면

두 얼굴의 구글

스코트 클리랜드 · 아이라 브로드스키 지음 | 박기성 옮김

i!i
에이콘

이 책에 쏟아진 찬사

이 책은 '구글화'된다는 것이 진정으로 무슨 의미인지 알려준다. 개인정보가 남용되고, 개인보안은 훼손되고, 상품을 선택할 수 있는 소비자의 선택권은 사라진다. 기업이 하는 말을 순진하게 믿다가는 배신당하고 말 것이다. 컴퓨터를 사용하는 사람이라면 구글을 클릭하기 전에 이 책을 읽어야 할 것이다.

- 게리 리백(Gary Reback), 『시장을 해방하라!(Free The Market!)』의 저자
1990년대 마이크로소프트에 대항해 반독점 소송을 주도한 변호사

용기 있는 책이다. 설득력 있게 주장하고 제대로 방어한다.

- 벤자민 에델만(Ben Edelman), 하버드경영대학 교수

구글에 대해 이 책보다 통렬하게 기록한 책은 없다.

- 랜돌프 메이(Randolph May), 자유국가재단(Free State Foundation) 총재

구글의 무료 서비스에 대한 이 책의 놀라운 통찰은 사람들의 온라인서비스 선택에 의문을 갖게 만들 것이다.

- 로저 엔트너(Roger Entner), 리콘 애널리틱스(Recon Analytics) 설립자이자 분석가

『두 얼굴의 구글』은 중요한 책이 될 것이다. 최초로 구글이 지배하는 광고와 검색의 문제에 정조준한다.

- 사이먼 버킹엄(Simon Buckingham), 아피탈리즘(Appitalism) 설립자

4

검색과 검색광고에 대한 구글의 독점적 지배로 인해 발생하는 문제에 사려 깊게 검토한다.

– 시본 러프(Shivaun Ruff), 파운뎀(Foundem)의 공동설립자 겸 CEO

검색광고 분야에서 구글이 어떻게 완벽한 성공을 거두었는지, 또 그 막대한 이익과 영향력을 어떻게 모바일과 같은 새로운 영역으로 확장하고 있는지, 이 책은 최초로 정리한다. 『두 얼굴의 구글』은 세계에서 가장 강력한 기술 기업의 실제 행태와 그들의 숨겨진 의도를 보여주는 놀라운 책이다.

– 테드 모건(Ted Morgan), 스카이훅(Skyhook) 설립자이자 CEO

구글의 공격적인 행동과 개인정보를 존중하지 않는 행태를 적나라하게 밝혀내는 책이다.

– 조디 웨스트비(Jody Westby), 글로벌 사이버 리스크(Global Cyber Risk) CEO

구글은 자사가 소유하지 않은 지적 재산권은 존중하지 않는다는 사실을 설득력 있게 보여준다. 이 거대한 회사는 우리의 미래 지식기반 경제를 위협한다.

–존 이드(John Eade), 아르고스 리서치(Argus Research) 소장

인터넷 사용자, 규제당국, 입법자들에게 인터넷의 자유를 위협하는 구글의 철학, 사업관행에 경종을 울리는 책이다.

– 필 커펜(Phil Kerpen), 인터넷자유연합(Internet Freedom Coalition) 회장

2011년 이 책의 영문판이 출간된 이후, 구글은 잇따른 비행으로 피소되고 조사되고 처벌되어 왔다. 사용자의 프라이버시 침해, 타인의 재산권 침해, 반경쟁적 행위 참여, 조사방해 및 법규위반 등이 구글의 위법행위에 포함됐다. 구글에 비판적인 시각을 견지하는 스코트 클리랜드의 이 책은 구글의 비행 패턴을 명백하게 밝혀주는 유일한 책으로, 이런 비행이 구글의 전략, 야망, 전술에 따른 자연스러운 귀결임을 보여준다.

구글은 디지털 정보 세계에서 압도적인 위치를 점하고 있다. 간단히 말해서 우리는 구글의 손아귀에서 벗어날 수 없다. 한국에서는 구글이 최고의 검색엔진이 아니지만, 구글은 한국 경제에 상당한 영향력을 미치고 있으며, 한국과 한국인에 대해 엄청난 양의 데이터를 수집한다. 구글은 한국의 수출기업들이 사업을 펼치는 대부분 국가에서 정보와 전자상거래의 문지기이다. 구글은 한국의 거대 전자업체인 삼성과 LG에게 협력자인 동시에 경쟁자라는 모호한 입장에 있다. 또한 구글은 구글 어스, 구글 스트리트뷰, G메일을 비롯한 수백 가지 제품을 통해 한국의 기업, 가정, 개인에 관한 엄청난 양의 데이터를 수집한다.

현재 구글은 한국 공정거래위원회KFTC의 조사를 받는 중이다. 구글은 이처럼 세계 도처에서 벌어지고 있는 조사에 대해 협조한다고 주장한다. 보도에 의하면, 2011년 9월 공정거래위원회가 조사관이 구글의 한국지사를 급습했을 때, 구글 직원들은 컴퓨터에서 파일들을 삭제했다. 다음날은 재택근무라는 핑계로, 직원들이 출근하지 않았다. 공정거래위원회는 조사방해 혐의로 구글을 고소하려고 검토 중이다.

안타깝지만, 이런 사건은 오해나 개별적인 사고일 뿐이라고 치부될 수 없다. 구글은 '와이스파이^{WiSpy}' 스캔들이라는 널리 알려진 사건에서 스트리트뷰 차량으로 무선 네트워크를 염탐한 혐의로 미국과 세계 도처에서 조사를 받고 있다. 암호화되지 않은 무선 네트워크를 통해 전송되는 (중요한 비밀번호가 포함된) 데이터를 구글이 기록하고 있다는 사실이 처음 밝혀졌을 때, 구글은 사고라고 주장했다. 자사의 일개 엔지니어가 회사에 알리거나 허락을 구하지 않고 혼자 저지른 일이라는 것이었다. 그러나 미국 연방통신위원회^{FCC}의 조사에서, 해당 엔지니어가 고위간부가 포함된 두 명의 동료 엔지니어에게 서면보고를 통해 무슨 일을 하고 있는지 알리고 데이터수집 계획을 설명했음이 드러났다. 구글은 이 서면보고가 '승인 전'이라 아무도 보고서를 읽지 못했다고 주장한다. 전자 프라이버시 정보센터^{Electronic Privacy Information Center}의 마크 로텐버그^{Marc Roteberg} 사무총장은 「뉴욕타임스」 인터뷰에서 "담당 엔지니어가 문제였다는 구글의 변명은 다른 직원들이 프로젝트를 인지하고 반대하지 않았다는 사실에 비추어 설득력이 없다."고 밝혔다. FCC는 조사방해 혐의로 구글을 고소했으며, 아직 전체적인 진실은 밝혀지지 않았다.

한국 공정거래위원회는 특히 싹트고 있는 모바일 검색시장에서 구글이 경쟁사들을 가로막지 않을까 우려한다. 네이버와 다음은 구글이 자신의 검색엔진을 안드로이드 스마트폰의 기본 검색엔진으로 만들고, 다른 검색엔진이 사전 탑재되지 못하게 만들어, 사용자들이 다른 검색 애플리케이션으로 변경하기가 어렵다고 하소연한다.

구글의 모토로라 모빌리티 인수는 삼성과 LG에게 문제가 될 수 있다. 안드로이드 운영체제 공급자로서의 구글은 협력사이지만, 모토로라 모빌리티의 소유자이자 경쟁사인 구글은 경쟁 단말기를 판매하고, 수많은 핵심 단말기 특허를 장악하고 있다. 물론, 대기업이 어떤 기업과 한 영역에서는 협력하고 동일한 기업과 다른 영역에서는 경쟁하는 상황이 드문 일은 아니다. 하지만 이런 상황은 해당 대기업이 잠재적인 이해관계의 상충이 있다는 점을 인정하고, 갈등을 예방하고 신뢰를 유지하기 위한 조치를 취할 때만 용납된다. 불행하게도, 구글은 매우 비밀스럽고, 말과 행동이 따로 놀 때가 많다.

예를 들어, 구글은 사용자의 프라이버시를 존중한다고 주장하지만, 반대되는 행동을 하곤 한다. 최근 구글은 기존 사용자들에게 거부할 여지를 주지 않고 프라이버시 정책을 변경했다. 구글이 복수의 제품으로부터 개인 사용자 정보를 취합할 수 있도록 허용하는 것이 골짜였다. 이는 구글이 더욱 광범위한 사용자 개인의 신상정보를 통합할 수 있다는 의미이며, 사용자의 프라이버시는 보호받지 못한다는 의미다. 또 다른 사건에서, 구글은 애플의 사파리 웹 브라우저의 사용자 프라이버시 설정을 바꾸다가 들킨 적이 있다.

이 모든 상황은 구글이 '세계의 정보를 체계화한다'는 자사의 사명을 수행 중이라고 생각하면 이해가 된다. 구글은 세계의 모든 정보를 통제하기 원하며 그런 목적을 향한 원대한 행보를 진행하고 있다. 구글은 지금도 세계의 책을 디지털화하고, 하늘과 거리의 정보를 수집하며, 사람들의 인터넷, 휴대전화, 기타 기기의 사용을 모니터링하고 있다.

한국은 다른 나라와 마찬가지로 자국의 이해관계를 지켜야 한다.

- 아이라 브로드스키(Ira Brodsky)

목차

여는 글
정보는 권력이다

이 책은 구글의 이면에 대해 이야기한다.

세계에서 가장 유명한 브랜드가 된 구글의 화려한 부상을 다룬 책은 많다. 그들은 스탠포드대학 기숙사에서 뛰어난 인터넷 검색엔진을 개발한 두 명의 천재적인 대학원생에 대해 이야기한다. 그들이 개발한 검색엔진은 번개 같은 속도로 훨씬 적합한 결과물을 찾아주고, 전세계에서 밀려드는 트래픽을 충분히 감당할 수 있을 만큼 안정적이었다.

대부분의 저자들은 수많은 인터넷기업들이 주저앉던 바로 그 시점에 구글이 성공을 일구었다는 사실에 경탄한다. 구글의 독특한 기업문화와 공짜로 제공되는 고급음식, 마사지서비스, 전 직원에게 지급하는 하이브리드 자동차 구매보조금, 캘리포니아 마운틴뷰 구글캠퍼스를 둘러볼 수 있는 공용 자전거 같은 다양한 복지혜택에 경탄한다. 구글의 규모(매출, 순익, 종업원수)는 물론, 디지털경제 전반에 미치는 영향력의 눈부신 성장에 감탄하는 것은 당연하다. 때로는 그러한 외경심은 아이돌 숭배에 가

여는 글 정보는 권력이다 | 13

까울 정도여서, 이러한 책들을 한 신문기사는 구글을 위한 '문학적 전기'라고 일컫기도 했다.[1]

그러나 구글의 몇몇 행동은 열렬한 팬들조차 불편하게 만든다. 구글은 우리가 온라인에서 하는 모든 일을 추적하고, 사생활을 침해하며 주요 정보기관과 협력하기도 한다. 창업자인 래리 페이지, 세르게이 브린, 고용된 대표이사 에릭 슈미트 같은 구글의 리더들이 "세상을 더 나은 곳으로 만들겠다"라는 약속[2]에서 탈선하고 있는 것일까? 아니면 진짜 목표를 매우 효과적으로 위장하고 있어 아무도 눈치채지 못하는 것일까?

구글이 마냥 착한 회사가 아니라는 증거는 많다. 구글의 마스코트는 회사 앞마당에 전시되어 있는 티라노사우루스 렉스의 뼈대 모형이다.[3] 강력과 턱과 이빨을 가진 티라노사우루스 렉스는 무시무시한 포식자였다. 그리고 구글의 대표이사 에릭 슈미트 사무실에 있는 B-52 폭격기 의자를 보라.[4] B-52는 핵무기를 탑재하기 위해 설계된 장거리 폭격기였다.

구글에게 정말 숨겨진 의도가 있을까?

* * *

20세기에 가장 중요한 책이라 할 수 있는 조지 오웰의 암울한 소설 『1984』는 기술이 절대권력을 위해 악용되는 미래사회를 경고한다. 빅브라더와 그의 집권세력은 쌍방향 '텔레스크린telescreen'을 이용해 대중을 세뇌하고 제어하고 감시한다.

1940년대 이 책을 쓰면서 오웰은 텔레스크린을 TV와 비디오카메라의 조합으로 상상했다. 공공장소와 중상류층 가정에 끊임없이 선전방송을 틀어대는 텔레스크린을 통해 사상경찰Thought Police은 시민을 밀착 감시한다.

하지만 오웰이 예상하지 못한 것은 이보다 강력한 잠재력을 지닌 선전과 감시도구가 1990년대에 출현한다는 것이었다. 아니, 예상할 수 없었다. 바로 인터넷이 연결된 컴퓨터가 출현했기 때문이다. 텔레스크린에서는 운영자가 직접 감시하고 도청해야 했지만, 월드와이드웹에서는 수백만 개의 검색엔진, 소셜네트워크, 웹사이트 사용자에게서 자동적으로 데이터를 수집할 수 있다. 카메라는 우리의 행동과 대화를 감시하지만, 웹접속 기기는 우리의 생각과 마음을 읽는다.

처음에는 정보가 수많은 경쟁 웹사이트에 흩어져 있을 것이라고 여겨졌기 때문에, 웹기반 감시는 그다지 위협적으로 보이지 않았다. 하지만 구글의 창업자들은 중요한 비밀을 깨달았다. 정보를 더 많이 수집하고 분석할수록 구글의 힘은 강해진다는 것이다.

* * *

우리는 구글을 정말로 알고 있는가?

구글은 공정한 검색결과, 공짜 이메일, 유용한 광고를 선사하는 젊은 기업인가? 아니면 사생활을 짓밟고, 저작물을 강탈하며, 웹을 지배하는 티라노사우루스인가?

구글이 자신을 어떻게 표현하는지부터 살펴보자. 구글은 "세상의 정보를 체계화해서 보편적으로 접근 가능하고 유용하게 만들자."라는 아마도 역사상 가장 건방진 기업사명을 가지고 있다.[5] 대부분의 회사는 자신의 분야에서 최고가 된다든지, 고객이나 주주, 종업원을 만족시킨다든지 책임감을 가지고 운영한다는 등을 얘기한다. 구글은 그런 회사들의 사명을 진부하고 편협해 보이도록 만든다. 단도직입적으로 얘기하자면, 세계의 모든 정보를 통제하고 싶다는 뜻이 아닌가?

또한 구글은 '다른 종류의 회사'가 되기를 갈망한다.[6] 물론, 많은 회사들이 다소나마 비슷한 얘기를 한다. 그러나 한 가지 큰 차이가 있다. 구글의 창업자들은 전통적인 비즈니스 관행에 대해 뿌리 깊은 경멸을 표해왔다. 그런 측면은 그들이 투자자나 다른 회사, 대중을 대하는 방식에서 나타난다.

작가 데이비드 바이스David Vise에 의하면, 래리 페이지와 세르게이 브린은 구글을 시작할 무렵 '광고에 대한 본능적인 혐오'를 가지고 있었다.[7] 페이지와 브린의 혐오감이 얼마나 강했던지 벤처캐피털 자금을 이용해 구글을 광고하는 일조차 꺼려했다. 주된 이유는 광고를 받아들이면 자신들의 검색서비스가 타락하지 않을까 하는 우려였다. 하지만 몇 년 후, 구글은 광고로 돈을 긁어 모으기 시작한다. 이러한 극적인 변화에 대한 그럴싸한 설명이라곤 자신들의 타겟광고와 실적기반 과금을 통해 '사악해지지 말자Don't be evil'[8]라는 모토에 부합하는 새로운 유형의 광고를 창조했다는 것이다.

구글의 '사악해지지 말자'라는 말은 정확히 무슨 의미일까? 기독교 황금률의 상업용 버전인가? 아니면 전통적 기업운영방식을 경멸하는 구글식 표현인가? 애교스러운 이 간단한 모토는 무수한 논쟁을 촉발했다. 하지만 논쟁은 결국 모두 한 문제로 귀결된다. 구글 자신이 윤리적인 회사인가 하는 것이다. 이 문제는 차츰 살펴보기로 하자.

구글의 창업자들은 또 다른 방식으로 자신들이 다르다는 점을 증명했다. 페이지와 브린은 구글을 시장에 공개하기로 했을 때, 월스트리트와 미국 증권거래위원회SEC를 조롱했다. 기업공개IPO의 과정으로 제출된 편지는 "구글은 틀에 박힌 회사가 아니며, 그런 회사가 되기를 원하지 않는다."라는 자랑으로 가득 차 있다.[9] 그들은 당시의 CEO와 창업자들을 격식에 맞춰 성으로 표기하지 않고 이름으로 표기함으로써 관습에 도전했다. 그들은 더 나아가 증권업계의 표준관행을 수용하는 것을 거부했다.

주류 기업사회를 경멸하는 회사로서, 구글은 이미지를 형성하는 방법을 분명히 알고 있다. 다채로운 색상의 로고에서부터 취업지원자들의 지적 능력을 테스트하기 위한 기발한 퀴즈에 이르기까지, 구글은 공들여서 신화를 만들어갔다.

구글은 구글플렉스Googleplex 본사가 디지털 경제의 에메랄드시티(오즈의 마법사가 사는 도시)로 인식되길 원한다. 그러나 장막 뒤에 숨어 있는 사람은 누구이며, 무슨 일을 하고 있단 말인가?

* * *

1990년대 우리는 월드와이드웹이 해방을 주는 기술이라고 믿었다. '네트워크의 네트워크' 맨 위에 만들어진 웹이 포용할 수 없는 정보는 없다. 그리고 믿을 수 없을 정도로 빠르다. 하이퍼링크를 클릭하는 것만으로 1초도 되지 않는 시간에 지구의 한쪽 끝에서 다른 쪽 끝으로 점프할 수 있다. 웹 덕택에 우리는 거의 모든 주제에 대한 정보에 접근할 수 있게 되었다. 그리고 인쇄미디어에 소요되는 비용의 극히 일부분만으로 누구나 쉽게 웹에 정보를 게시할 수 있다.

웹은 모든 것을 바꾼다고 약속했으며, 실제로 많은 측면에서 그렇게 했다.

우리의 기대 수준은 사용자와 웹사이트 수의 증가에 비례하여 마냥 높아지는 것처럼 보였다. 웹은 자유시장 시스템을 완성하고, 시장의 규모를 전세계적으로 키워주며, 판매자와 구매자가 항상 충분한 정보를 주고받고, 모든 거래가 빛과 같은 속도로 일어나도록 만들어 줄 것이라 믿었다.

웹은 자유를 갈망하는 모든 이들에게 우리가 꿈꾸던 공론의 장을 제공하고, 표현의 자유를 억압하는 자들을 약화시키고 궁극적으로 패배시킬 것처럼 보였다.

부정적인 면이라곤 찾아보기 어려웠다. 진입장벽은 놀라우리만치 낮아졌다. 개인용 컴퓨터와 모뎀만 있으면 누구나 웹에 접근할 수 있었다. 케이블TV 네트워크를 통한 초고속 인터넷접속기술이 보급되기 시작했고, 전화회사들은 전화선을 활용한 초고속서비스를 약속했다.

우리는 인터넷이 자기조직적이며, 아무런 규제도 받지 않는다는 점을 찬양했다. 전화회사가 만들어 놓은 규칙에 따라야 하는 시대는 저물었다. 그 어떤 존재도 혼자서 인터넷을 통제할 수 없었다. 대중의 지혜는 네트워크의 외곽, 즉 최종사용자들과 다양한 소규모 웹사이트들의 손에 달려 있었다.

도대체 어떻게 잘못될 수 있다는 말인가? 기술이 너무나 급속하게 발전하고 있어서 경쟁이나 선택에 대한 위협은 나타나자마자 쇠퇴하는 것처럼 보였다.

선발주자의 이점을 떠올릴 때 사람들은 대개 두 번째나 세 번째 주자의 이점도 있다고 생각한다. 끊임없이 변화하는 온라인시장에서, 어떤 거대한 회사가 나타나서 더 빠른 속도로 소비자를 포섭하고 시장에서 우위를 확장해 나갈 수 있다는 네트워크효과에 대해 걱정하는 사람은 아무도 없었다. 새로운 솔루션으로 무장한 새로운 회사가 매일같이 등장했다. 경쟁은 언제나 한 번의 클릭 너머에 존재할 뿐이었다.

우리가 보지 못했던 것, 아니 우리가 보려고 하지 않았던 것은 인터넷 세상의 승자독식역학이었다. 나는 그것을 '인터넷 선택의 역설Internet Choice Paradox'이라 부른다.[10] 웹은 일견 소비자들에게 무한한 다양성을 제공하는 것처럼 보이지만, 대부분의 사용자들은 결국 가장 좋아하는 검색엔진, 소셜네트워크, 뉴스사이트를 선택한다. 많은 고객에게 접근하고자 하는 정보제공자들은 금세 자신들에게 선택의 여지가 별로 없음을 깨닫게 된다. 상대적으로 소수의 사이트가 웹의 정보문지기가 되고 전자상거래 요금징수원이 된다.

이것이 의미하는 바는 명백하다. 인터넷이 이제 (정보의) 집중과 (회사들의) 인수합병 단계에 접어들었다는 뜻이다. 기술은 계속 진보하겠지만, 오직 소수의 수익모델만이 번성할 것이다. 얼마 안 되는 승자들이 인터넷세상을 주름잡을 것이다.

* * *

검색엔진은 양날의 검이다.

온라인정보의 양은 천정부지로 증가하고 있다. 2008년 중반 보고에 의하면 구글은 1조 개의 웹페이지를 색인화indexing했다.[11] 이는 2000년에 색인화했던 웹페이지 숫자의 1,000배이다. 게다가 웹은 여전히 성장하는 중이다.

월드와이드웹 같이 방대한 네트워크에서 원하는 정보를 찾으려면 검색엔진을 거쳐야 한다. 찾고자 하는 정보를 알려주면, 검색엔진은 즉각 관련된 웹페이지를 보여줄 뿐만 아니라 가장 관련성이 높은 페이지를 최상단에 보여주는 것이 이상적일 것이다. 좋은 검색엔진은 우리를 지식으로 인도하는 관문이다.

어떤 검색엔진은 관련된 결과를 찾아주는 데 능숙하다. 하지만 무엇이 관련성이 높은 것인지 결정하는 작업은 과학이라기보다는 예술에 가깝다. 검색엔진이 검색결과에 랭킹을 매기기 위해 채택하는 방법은 검색엔진을 소유하고 운영하는 사람들의 가치관과 선입견을 반영한다.

어떤 검색엔진이 대부분 사용자들이 선호하는 지식의 관문이 되는 가능성은 딜레마를 야기한다. 검색엔진은 웹페이지를 띄울 수도 있고, 주저앉힐 수도 있으며 한발 더 나아가 차단할 수도 있다. 선의로 그럴 수도 있고, 불법적인 이유로, 또는 우연히 그럴 수도 있다. 보통 사용자들은 그런 일이 일어나는지조차 모른다.

좀더 정확히 말하자면, 어떤 웹사이트가 보이고 어떤 웹사이트가 묻힐지는 인기 검색엔진이 결정한다. 인기 검색엔진의 운영자들은 조만간 자신들이 사용자들에게 영향을 미치고 심지어 사용자들을 조종까지 할 수 있다는 사실을 깨닫게 될 것이다. 운영자들이 유혹에 굴복한다면 그들은 검색결과를 교묘하게 조작하기 시작할 것이다. 노골적인 속임수는 언젠가 들통나게 마련이지만, 교묘한 속임수가 대규모로 실행된다면 경계심을 불러일으키지 않으면서도 심대한 영향을 미칠 수 있다.

어쨌든, 자신이 찾는 내용이 검색결과의 최상단이나 그 부근에 항상 나타난다면 무슨 문제가 있다는 말인가?

정보는 단순히 검색엔진에서 사용자 쪽으로 흐르는 것이 아니다. 매번 검색엔진을 사용할 때마다, 우리는 자신에 대해 뭔가를 노출시킨다. 이런 정보에는 일시적인 흥미 이상의 뭔가가 섞이기 마련이다. 검색행위에는 우리가 원하는 것, 필요로 하는 것, 갈망하는 것, 두려워하는 것이

드러난다. 시간이 흐름에 따라, 우리는 부지불식 간에 자신의 나이, 성별, 종교, 인종, 직업, 정치적 견해, 의료정보를 누설한다.

소비자망과 사업자망을 모두 갖춘 대형 검색서비스는 전체 웹에 걸쳐 사용자를 추적할 수 있다. 검색서비스의 소비자망은 메인 웹사이트다. 검색서비스는 다른 웹사이트, 심지어 웹브라우저에 검색툴을 삽입해 유통함으로써, 추가적인 소비자망을 확보할 수 있다.

웹 어디에서나 접근할 수 있는 인기 검색엔진은 사용자에게는 강력한 도구이다. 하지만 검색엔진은 FBI를 놀라게 할 정도의 사용자 신상자료를 작성하는 목적으로 운영자에 의해 악용될 수도 있다.

* * *

어떻게 해서 구글은 지배적인 검색엔진이 됐으며, 웹의 정보문지기이자 전자상거래 요금징수원이 하나로 합쳐진 듯한 회사가 됐을까?

1998년 구글이 설립될 시점에는, 대부분의 인터넷전략가들이 검색엔진보다는 포털을 적절한 수익모델이라고 전망했다. 검색엔진은 사용자를 곧바로 외부 사이트로 내보내는 반면, 포털은 검색은 물론 사용자를 붙잡아 둘 수 있는 컨텐츠와 서비스를 보유한다. 대부분의 전략가들은 온라인 비즈니스가 사용자의 관심을 오랫동안 붙잡을수록 돈 벌 가능성이 클 것이라고 믿었다.

하지만 사용자들의 생각은 달랐다. 정보원천의 숫자와 다양성이 중요했기 때문에, 사용자들은 만물상 웹사이트를 원하지 않았다. 사람들이 구글의 검색서비스를 선호했던 이유는 유용한 결과를 신속하게 보여주고, 그 외에 다른 산만한 요소가 없었기 때문이었다. 사용자는 검색을 하고, 결과페이지의 링크를 따라 나갔다가, 또 다른 검색을 하기 위해 돌아

오곤 했다.

구글의 트래픽은 치솟았다. 구글 사용자는 무수히 많았지만 수익모델이 부족했다. 창업자들은 구글의 검색기술을 판매하거나 라이센스하려고 했지만, 구매할 사람을 찾을 수 없었다. 광고수익모델을 너무나도 싫어한 래리 페이지와 세르게이 브린은 이런 글을 쓰기도 했다. "광고로 수익을 얻는 검색엔진은 본질적으로 광고주 취향으로 편향될 것이며, 소비자들의 요구에서 멀어질 것이다."[12] 그러다 구글의 창업자들은 고투닷컴 GoTo.com이라는 회사의 키워드경매와 클릭당 과금을 활용하여 타겟광고를 판매하는 새로운 방식을 알게 되었다. 구글은 그 아이디어를 채택해서 추진했으며, 곧바로 특허위반으로 고소를 당했다.[13]

급속히 성장하는 검색서비스에 유료광고를 붙임으로써, 구글은 금세 인터넷업계에서 가장 돈을 잘 버는 회사가 됐다. 이제 다른 모든 인터넷 수익모델에 비해 유료검색광고가 탁월하다는 것은 분명해졌다.

* * *

구글은 온라인에서 우리가 하는 모든 일을 추적한다.

2006년 기준, 구글은 매일 1억 번씩 검색을 처리했다.[14] 검색조건과 IP주소를 로그로 남김으로써, 구글은 수백만 명 개별사용자의 프로필을 수집할 수 있다. 실명이나 이메일주소 같은 추가적인 정보는 사용자가 구글의 무료상품을 이용하기 위해 등록할 때 수집할 수 있었다.

오랜 기간에 걸쳐 개인이 수행한 검색은 해당 인물에 대해 많은 사실을 드러내 준다. 사용자의 직업, 취미, 교육, 소득 계층, 연령, 성별, 위치, 결혼 여부 같은 상세정보는 상당한 마케팅 가치를 지닌다.

구글의 창업자들은 이런 정보가 광고판매에 활용될 수 있다는 점을 깨달았으며, 광고로 거둔 수익은 좀더 많은 정보를 수집하기 위한 비즈니스에 재투자될 수 있었다.

예를 들어, 그들은 (아마존닷컴 같은) 다른 웹사이트, (비디오클립 같은) 다른 유형의 컨텐츠, (모바일폰 같은) 다른 하드웨어 플랫폼으로 구글의 입지를 확장시켜 나갔다. 영향력이 확장됨에 따라, 구글은 더 많은 사용자와 사용자의 온라인행동에 관한 더 많은 정보를 획득했으며, 광고주들에게 더 큰 규모의 다양한 고객을 제공할 수 있었다. 구글의 광고사업은 점점 더 매력적으로 변했다.

구글의 창업자들은 네트워크효과를 이용하기도 했다. 대규모 사용자와 광고주 기반을 활용해서, 경쟁자들과 격차를 벌렸다.

구글의 사업자 대상 검색서비스 진출은 결정적이었다. 구글은 이베이나 AOL 같은 대형 웹사이트에 검색서비스를 제공함으로써, 해당 사이트의 내부사용자들의 검색정보도 수집하기 시작했다. 구글의 창업자들은 검색트래픽 점유율을 높임으로써 더 많은 광고를 판매할 수 있다는 사실을 깨달았다. 작은 웹사이트들에는 무료로 검색기술을 제공함으로써 한층 더 많은 검색트래픽을 확보했다.

구글은 마침내 종합적인 광고솔루션을 만들어내 공식적으로 비즈니스 포트폴리오를 확장했다. 구글사이트에서 광고하는 구글 애드워즈 AdWords 서비스와, 블로그와 같은 외부 웹사이트에서 광고하는 구글 애드센스 AdSense 서비스를 시작했다. 또한 주요 웹사이트에 배너광고 대행서비스를 하던 더블클릭 DoubleClick 을 인수했다. 이 세 가지 솔루션을 통해, 구글의 광고주들은 사용자가 어디에 있든 거의 빈틈없이 접근할 수 있게 되었다.

그 다음 구글은 책, 연설, 그림, 동영상, 지도, 위성이미지 같은 다른 유형의 컨텐츠로 검색을 확장하는 작업에 나섰다. 특정한 유형의 컨텐츠를 가공하기 위한 도구는 직접 마련했지만, 그런 컨텐츠를 디지털화하고 체계화하는 작업을 하는 과정에서 컨텐츠 소유자들의 허락을 구하지 않았다. 예를 들어, 구글은 저작권이 있는 동영상을 불법적으로 유통하는 통로 역할을 하던 웹사이트 유튜브를 인수했다.[15] 또한 세계의 모든 책을 디지털화하겠다는 목표를 세우고 나서는 주저 없이 실행에 옮겼다.

다른 유형의 컨텐츠로 정보수집을 확장했다는 사실은 보기보다 훨씬 큰 의미를 내포하고 있다. 예를 들어, 유튜브는 다른 웹사이트에 동영상을 넣도록 부추긴다. 무신경한 웹서퍼에게는 그런 웹사이트가 유튜브 동영상을 다운로드해서 복사본을 보여주는 것처럼 보이지만, 실상은 우리가 유튜브동영상이 삽입된 웹페이지를 로드하면, 해당 웹페이지는 유튜브에 연결해서 동영상 플레이어의 이미지를 브라우저에게 보내달라고 요청한다. 결국 웹페이지에 삽입된 건 실제 동영상이 아니라, 동영상을 요청하기 위한 코드일 뿐이다.[16]

요약하면 우리가 매번 유튜브 동영상이 삽입된 웹페이지를 방문할 때마다 구글에게 정보를 송신한다는 것이다.

또한 구글은 유선전화, 모바일폰, TV를 비롯한 다른 유형의 하드웨어에도 손을 뻗쳤다. 구글이 시작한 무료통화 서비스의 주요목적은 음소 phonemes 를 수집하는 것이다. 음소란 개별사용자들이 발음하는 음성의 기본 단위로, 좀더 신뢰성 높은 음성인식 솔루션을 개발하는 데 활용될 수 있다.[17] 구글은 또한 안드로이드 모바일폰 운영체제를 무료로 배포함으로써 이제 우리가 웹을 어슬렁거릴 때뿐만 아니라 거리를 배회할 때도 우리 행동을 추적할 수 있게 되었다. 이제 곧 출시될 구글TV를 통해 우리가 무엇을 시청하는지도 지켜볼 수 있게 되었다.

10억 명의 사용자를 보유한 구글은 역사상 가장 거대한 데이터분석 처리조직이다. 이 회사가 수집하는 정보의 규모와 범위는 지속적으로 증가하고 있다. 구글은 다른 검색엔진을 인수하기보다는, 정보와 컨텐츠에 대한 접근경로를 사들임으로써, 기회의 창이 닫히기 전에 주요한 정보저장고를 모두 차지하고자 한다.

구글은 검색, 동영상 공유, 위치기반서비스를 장악하는 사람이 인터넷을 장악한다는 점을 알고 있다. 검색은 색인이고, 동영상은 보편언어이며, 위치는 맥락이다. 구글은 이 세 가지를 이미 지배하고 있다.

구글은 언제 우리가 검색엔진을 활용하는지 알고 있다. 구글은 언제 우리가 구글 광고나 유튜브 동영상이 걸린 사이트를 방문하는지 알고 있다. 구글 크롬 웹브라우저를 사용한다면, 구글은 우리가 방문하는 사이트는 물론 클릭하는 링크까지 추적할 수 있다. 트래픽을 측정하고 분석해주는 구글 애널리틱스 서비스를 활용하는 웹사이트에 우리가 언제 방문하는지 구글은 알고 있다.

구글의 에릭 슈미트 회장은 "우리는 사람들의 다양한 일상에서 구글이 조금이나마 함께 하기를 바랍니다."라고 말했다. [18]

이 말이 무슨 뜻인지 생각해 보자. 어디에서나 함께 하는 검색엔진은 우리의 결혼생활에 위기가 닥쳤는지, 우리의 재정이 곤경에 처했는지, 우리 자신이나 가족 구성원이 심각한 질병진단을 받았는지 탐지할 수 있다. 그런 정보가 나쁜 놈들의 손에 쥐어진다고 상상해 보자.

다른 검색 엔진이 한 번의 클릭 너머에 있을 뿐인지 모르겠지만, 가장 많은 웹사이트, 가장 많은 컨텐츠, 가장 많은 기기에 접근할 수 있는 검색엔진은 사용자에 관해 훨씬 많은 정보를 수집하고 연관성을 찾을 수 있으며, 광고주에게 더 많은 네트워크와 더 광범위한 도달률, 더 정확한 타겟팅서비스를 제공할 수 있다. 구글은 유일하게 전지全知에 근접한 존재이다.

구글은 이제 우리 자신에 대해 우리보다 더 많은 것을 알고 있을지도 모른다.

* * *

구글은 우리 마음을 주무를 수 있다.

인터넷의 정보문지기로서, 구글은 자신이 좋아하지 않는 웹페이지를 '경기장의 뒷자리로' 보내거나[19] 아니면 아예 보이지 않게 할 수도 있다.

정보문지기는 대중의 의견을 조작할 수 있다. 검색결과에서 특정 견해를 옹호하는 페이지를 슬쩍 높일 수도 있고 반대되는 시각을 슬쩍 낮출 수도 있다. 정보문지기는 특정 조직이나 사람들의 신뢰성에 타격을 주거나 자신의 관점을 지지하는 생각을 약화시키는 검색결과를 차단하면서, 해당 페이지가 스팸이라거나 몇 가지 선별적으로 강요된 정책을 위반했다는 핑계를 댈 수 있다. 앞으로 살펴보겠지만, 이런 일은 이미 발생했다.

이런 전술을 선거 며칠이나 몇 주 전에 적용한다면, 정보문지기는 특정 후보나 투표 안건의 기회를 높일 수도 있고 손상시킬 수도 있다. 요즘의 선거는 접전인 경우가 흔하므로, 원하는 결과가 나오게 하기 위해서 이곳 저곳 슬쩍 건드리기만 해도 충분할지 모른다.

개입에 관여하는 작업을 숨기고, 또 발각되더라도 최소한 책임을 회피할 수 있는 방법은 무수히 많다. 개별적인 사건은 단순한 실수로 비춰질 수 있다. 특정 페이지를 짧은 기간 동안 또는 특정 지역에서만 보이지 않도록 차단할 수 있다. 일단 페이지를 차단했다가 불평사항을 검토한 다음에 열어줄 수도 있다 (이 책을 계속 읽다 보면, 특정 웹사이트가 검색결과에서 사라지거나 순위가 떨어지고 난 이후에 복원된 수많은 사례를 접할 수 있다. 하지만 이미 피해가 발생한 후일 뿐이다.).

구글은 검색결과가 편향적이지 않은 알고리즘에 의해 결정된다고 주장하며 이러한 우려를 부인한다. 하지만 그건 사실이 아니다. 알고리즘은 사람에 의해 설계되며, 설계자의 편견이 반영된다. 누군가 변조하지만 않는다면 알고리즘은 일관성이 있다. 하지만 이를 믿을 수 없는 현실이다. 구글은 관련성 높은 결과를 얻기 위해 검색 알고리즘을 매일 조정하며, 정크사이트라고 생각되는 웹사이트를 차단하거나 하락시키기 위해 다양한 필터를 사용한다.[20] 더욱이 구글은 2010년, 자신의 검색엔진이 완전히 자동화된 것은 아니며, '개별사이트의 품질을 평가'하는 작업을 하는 사람을 여전히 채용한다는 사실을 시인했다.[21]

검색 알고리즘을 개선하고 필터를 설치하는 일이 합법적인 검색엔진 유지보수활동인지는 모르겠지만, 편향성을 제거하지는 못한다. 오히려 유지보수활동은 불법적인 관행을 위장하는 데 활용될 수 있다. 필요한 것은 알고리즘과 필터가 편향성이 없다는 부정직한 주장이 아니라 명확하게 정의된 규칙이다. 합법적인 사이트의 길잡이가 되고 시스템을 조작하려는 자를 좌절시킬 수 있는 그런 규칙이다.

검색엔진을 좀더 투명하고 책임감 있게 만들라는 요구를 받을 때마다, 구글은 스팸의 위협을 핑계로 댄다. 하지만 대부분의 사람들에게 스팸을 파악하는 건 어렵지 없다. 감지하기 어려운 건 미묘하게 조작되는 것들이다.

* * *

구글은 다른 누구도 모르는 것들을 알고 있다.

지배적인 검색엔진은 단순히 사용자에게 영향을 주는 일 이상을 할 수 있다. 검색엔진은 개인, 회사, 국가, 사용자그룹, 전체 인터넷사용자에 대해 학습할 수 있다. 그런 지식을 활용해서 트렌드를 파악하고, 사건을 예측하며, 돈을 벌고, 적에게 위협을 가할 수 있다.

구글은 10억 사용자의 온라인행동을 추적/분석해서 다른 이들에게 보이지 않는 트렌드를 파악할 수 있다. 일례로, 구글은 검색데이터를 활용해 유행성 독감을 탐지하고[22] 그 특징을 파악한[23] 적이 있다. 구글 회장은 검색데이터를 활용해서 금융시장의 트렌드를 파악할 수 있는 방법을 살펴본 적이 있다고 시인했다. 그는 그런 정보의 활용이 불법적일지도 모른다는 사실을 깨닫고는 곧바로 해당 연구를 중지시켰다고 황급히 부언했다.[24]

전지적인 검색엔진은 사람들이 상상만으로 꿈꾸던 것을 발견해낸다. 예를 들어, 국가, 인종, 종교, 연령, 성별, 교육, 소득 등을 기준으로 특정 집단의 사람들에 대한 상세한 프로필을 만들 수 있다. 이들 프로필은 단편적 사건이 아닌, 산더미 같은 데이터를 기반으로 만들어질 것이다. 전지적 검색엔진은 여자, 이탈리아인, 회원제 할인점 샘즈클럽Sam's Club 회원 등 구체적인 집단의 특징에 대해 구성원조차 알지 못하는 사실을 밝혀낼 수 있다.

전지적 검색엔진은 역사적 상관관계를 파악하는 데 필요한 임계질

량$^{critical\ mass}$의 데이터를 획득할 수도 있다. 구체적 사건의 예측은 불가능하더라도, 시장, 경제, 국가, 세계 속에서 거대한 힘 간의 상호작용은 예견할 수 있을지도 모른다. 아이작 아시모프는 이런 과학 분야를 '과학심리학^{psychohistory}'이라고 칭하고 자신의 공상과학소설 『파운데이션^{Foundation}』 시리즈의 주제로 삼았다.

구글은 '시장의 움직임이나 혁명까지 예측할 수 있는' 첫 번째 회사가 될지도 모른다.[25]

* * *

우리가 구글을 믿어야 할까?

구글의 경영진들은 구글이 경제학자 조셉 슘페터$^{Joseph\ Schumpeter}$가 '창조적 파괴'라고 칭한 '파괴적 기술$^{disruptive\ technology}$'의 선구자로 비춰지기를 원한다. 슘페터는 자본주의 경제에서는 혁신이 기존 비즈니스를 잠식할지라도 성장을 촉진한다고 주장했다. 슘페터는 1950년 사망했지만, 오늘날 우리 눈앞에 벌어지고 있는 많은 일들, 예를 들어, 웹출판의 부상과 그에 따른 종이신문의 몰락과 같은 일들은 그가 옳았음을 증명해 준다.

구글은 슘페터의 주장을 아전인수격으로 활용한다. 슘페터는 혁신이 비즈니스 사이클을 어떻게 작동시키는지 설명했다. 하지만 구글은 이러한 혁신을 책임을 회피하는 도구로 사용한다. 구글이 야기하는 피해는 모두 기술적 진보에 따른 필연적이고 불가피한 결과라고 사람들이 믿어주기를 바란다.

새로운 기술은 종종 윤리적인 딜레마를 불러일으킨다. 예를 들어, 인간복제도 가능할지 모른다. 하지만 그것을 허용해야 할까? 잠시만 생각해 보면 손쉬운 해결책이 떠오른다. 만일 인간복제기술이 가능해진다면,

어차피 누군가 시도하는 건 시간문제일 뿐이기 때문에, 그때 가서 새로운 현실을 받아들이는 방법을 배우는 편이 낫다.

하지만 어차피 누군가 그런 일을 저지르는 것이 불가피하다는 이유만으로 범죄를 용인해야 하는가? 마찬가지로, 기술이 가능하다는 이유만으로 새로운 기술을 어느 곳에나 적용하도록 용인해서는 안 된다. 또한 결과에 대해 경제적 이해관계를 가진 사람들이 사회의 윤리적 딜레마에 대한 유일한 결정자가 되도록 내버려둬서는 안 된다. 그런데 그것이 바로 구글이 우리에게 원하는 일이다.

구글은 슘페터의 생각을 완전히 뒤집어서, '파괴적 창조destructive creation'란 말이 잘 어울릴 만한 일을 초래하는 데 새로운 기술을 활용한다. 손댈 수 있는 모든 데이터를 수집함으로써 구글은 사생활을 파괴한다. 다른 사람들의 디지털 저작물을 허락 없이 복사, 배포함으로써 저작권을 파괴한다. 세상의 정보를 축적하려는 광란의 돌격에서 보안보다 속도와 개방을 우선함으로써, 데이터 보안을 파괴한다. 광범위한 영역을 망라하는 무료 소프트웨어를 시장에 쏟아냄으로써 경쟁을 파괴한다.

전통적인 전화회사는 신뢰할 수 있는 서비스를 제공하고 사용시간 분당 과금함으로써 수익을 거둔다. 구글은 데이터를 수집하고 그것을 활용해 타겟광고를 판매함으로써 수익을 거둔다. 음성을 디지털화하고 인터넷을 통해 전송함으로써, 구글은 한 푼의 비용도 들이지 않고 (또는 최소한의 비용으로) 최고의 전화서비스를 제공할 수 있다. 구글의 관점에서 보면, 전화서비스를 무료로 제공해서 더 많은 데이터를 수집하고 더 많은 광고를 판매하는 데 초점을 맞추는 선택은 더할 나위 없이 합리적이다.

무료 전화서비스를 제공한다는 구글의 결정은 기술적 진보에 따른 필연적이고 불가피한 결과가 아니라 비즈니스 전략의 결과일 뿐이다.

그렇다면 사람들이 자신의 비즈니스 전략을 눈치채지 못하도록 구글이 노력하는 건 당연하다. 만일 구글이 웹 상에서 우리의 모든 움직임을 추적하고 있다면, 이는 기술이 그것을 가능하게 만들었기 때문일 뿐이다. 만일 구글이 동일하거나 유사한 서비스를 무료로 제공함으로써 기존의 비즈니스를 잠식하고 있다면, 기술이 혁신적이기 때문일 뿐이다. 만일 구글이 자신의 것이 아닌 컨텐츠를 디지털화하거나 배포한다면, 기술로 인해 불가피하게 됐을 뿐이다.

그리고 만일 우리가 구글이 다음에 무슨 일을 벌일지 걱정이 된다면, 문제는 구글의 비즈니스 전략이 아니라, 우리의 신뢰가 부족한 것뿐이다.

구글을 사람에 비유하자면, 우리가 잘 알지도 못하는데 자신을 믿어달라고 강요하는 사람과 같다. 구글 회장 에릭 슈미트는 「뉴욕타임스」에서 "우리가 훌륭한 가치를 지니고 있다고 믿으십니까?"라고 물었던 적이 있다.[26] 이는 입증의 책임을 가해자로부터 잠재적인 피해자에게 전가시키는 교묘한 방법이다.

신뢰는 획득해야 한다. 세상의 사적 정보와 공적 정보의 문지기로서, 구글은 투명하고 책임지는 자세로 우리의 신뢰를 획득해야 한다. 하지만 구글은 극도로 비밀스러울 뿐만 아니라 고객들에게 매우 불친절하다.

* * *

구글은 지나치게 강력한가?

구글은 엄청난 양의 정보를 축적하고 집중화하고 있다. 우리는 구글이 실제로 얼마나 많은 정보를 가지고 있는지 알 수 없으며, 그저 추측할 따름이다. 우리는 구글이 그런 정보에서 실제로 얼마나 많은 유용한 지식을 추출할 수 있는지 알 수 없으며, 그저 상상만 할 뿐이다.

구글은 끊임없이 "경쟁은 한번의 클릭 너머에 존재한다."고 강조하며,[27] 정보에 대한 접근을 중앙에서 통제함으로써 지나친 권력을 축적하고 있다는 우려의 목소리를 묵살한다.

경쟁이 한번의 클릭 너머에 있다고 해도, 구글이 지배적인 검색엔진이라는 사실은 문제가 되는가? 그렇다. 운영자 입장에서 잠재고객들에게 자신의 온라인 비즈니스를 확실히 드러내고 싶다면, 20퍼센트 시장점유율을 가진 검색엔진에 노출되게 하기보다는 80퍼센트 시장점유율을 가진 검색엔진에 노출시키는 쪽이 훨씬 중요하기 때문이다. 누가 80퍼센트의 시장을 무시할 수 있단 말인가?

소비자와 사업자 양쪽을 대상으로 검색을 동시에 제공하는 것이 실제로 큰 이점이 있을까? 그렇다. 왜냐하면 가장 인기 있는 웹사이트뿐만 아니라 수천 개의 소규모 웹사이트에 검색을 제공함으로써 소비자 망에서 우위를 구축한 검색엔진은 광고주에게 더 많은 트래픽과 더 광범위한 도달률을 제공할 수 있다. 대규모의 소비자와 사업자를 대상으로 검색을 제공함으로써 전지적인 힘을 발휘할 수 있다.

다양한 유형의 디지털컨텐츠에 접근하는 것은 얼마나 중요할까? 자동차판매상이라면, 누군가가 시판 중인 자동차모델에 대한 정보를 검색할 때마다 자신의 광고가 나타나길 원할 것이다. 또한 아마도 시판 중인 모델의 이미지를 검색하는 사람들은 물론, 시판 중인 모델에 대한 동영상을 시청하는 사람들, 이메일에서 시판 중인 모델을 언급하는 사람들에게도 접근하고 싶을 것이다. 웹페이지 이외에 다른 유형에 컨텐츠에 접근 가능한 촉수를 지닌 검색엔진은 사용자에 대해 더 많은 정보를 수집해서 (더 정확한 타겟팅을 위해) 더 많은 잠재고객에게 광고를 선보일 수 있다.

동일한 법칙이 다양한 하드웨어 플랫폼에도 적용된다. 전세계적으로 인터넷PC보다 두 배 많은 사람들이 모바일폰을 보유하고 있다. 모바일폰에 서비스되는 검색엔진은 더 많은 사용자에게 도달할 수 있을 뿐만 아니라, 더 많은 정보에 접근할 수 있어 추가적인 광고 기회를 만들어낸다. 예를 들어, 구글 래티튜드Google Latitude를 모바일폰에 설치하면 구글은 우리가 이동하는 위치를 추적할 수 있다. 이를 이용해 레스토랑 같은 업체들은 우리가 유효한 거리 안에 접근할 때마다 모바일폰에 전자쿠폰을 전송할 수 있다.

지배적인 검색서비스를 제공하는 구글은 이제 광고주들에게 마음대로 높은 수수료와 일방적인 거래조건을 강제할 수 있으며 고객서비스를 소홀히 할 수 있다.

정보를 수집, 저장, 활용하는 구글의 능력을 견제하는 눈길은 거의 없다. 구글은 정보수집을 원활히 하기 위해 사람들이 훨씬 투명하고 개방적이길 원하지만, 정작 자신은 불투명하고 극단적으로 비밀스럽다. 설사 오늘 구글이 윤리적으로 운영을 한다고 해서, 내일도 계속 그럴 것이라는 보장은 없다.

사람들은 대개 절대적인 통제권을 염려할 때 정부를 떠올린다. 하지만 정부기관은 독립적인 사법기관이나 선출된 입법부 같은 자신의 권력을 견제하는 장치를 갖추고 있다. 일개 사기업이 공격적으로 정보를 수집하고 중앙집중화함으로써, 역사상 그 누구보다 견제 받지 않는 시민에 대한 권력을 획득하게 될지도 모른다. 우리가 상상하던 빅브라더는 정부가 아니라 주식회사일 수 있다는 뜻이다.

구글은 다른 상황에서는 부적절하거나 심지어 불법적인 일도 합법적으로 수행할 수 있다. 예를 들어, 영장 없이 전화를 도청하는 것은 불법이지만, 검색, 이메일, 그 밖의 온라인활동에 대한 '도청'에 대한 가이드라인은 거의 없는 실정이다.

상당히 많은 시장에 대해 구글은 수요와 공급에 대한 거의 완벽한 정보를 보유하고 있다. 이는 비행을 저지르게 하는 유혹이다. 구글은 특정기업과 경쟁하기 위해 해당 기업에 대해 수집한 정보, 또한 그들의 종업원, 공급자, 고객에 대해 수집한 정보를 활용함으로써 사적 이득을 취할 수 있다. 관심을 끄는 스타트업을 제일 먼저 감지함으로써, 구글은 가장 유리한 방법으로 가장 적절한 시점에 인수합병을 진행할 수 있다.

구글의 검색 지배력은 물론 유례없는 도달률과 독점적인 접근성을 감안한다면, 구글이 금융시장의 판도를 바꾸고, 특정 기업을 띄우거나 파멸시키며, 선거를 요동시키고, 대중에게 영향을 끼칠 실제적인 위험이 존재한다. 또한 구글은 개인이나 집단에 대한 신상자료를 활용해서 그들을 위협하고 괴롭히거나 박해할 수 있다.

권력은 부패하기 마련이다. 절대 권력은 절대적으로 부패한다.

* * *

대부분의 기업은 정부규제와 정책으로 인해 자신들의 비즈니스에 피해가 생기지 않을까 우려한다. 성장에 따라 기업들은 정치인 관료, 관계기관에 로비하는 데 점점 더 많은 돈을 쓰게 된다. 로비의 표면적인 목적은 권한을 가진 인사들에게 자신에게 유리한 결정을 하도록 영향을 미치는 것이다.

시민들은 로비스트가 돈을 통해 정치적 권리, 특혜, 비호를 얻게 되지 않을까 우려한다. 그리고 어떤 회사들은 조사하거나 벌금을 물리면서 어떤 회사는 봐준다면 이러한 특혜에 대한 우려가 높아지기 마련이다.

그런데 구글 같은 회사가 돈은 물론 개인에 대한 정보까지 모두 축적하고 있다면 무슨 일이 벌어지겠는가? 그런 회사는 유례없는 권력을 쥘 수도 있다. 일반 기업들이 특정 정책에 영향을 끼치느라고 애쓰고 있을 때, 개개인에 대해 영향력을 가진 구글과 같은 회사는 마음 내키는 대로 특정 정책을 거부하거나 추진할 수 있을지도 모른다.

구글은 점점 더 공격적인 로비스트가 되고 있다. 일례로 구글은 법규를 바꾸기 위한 온라인 커뮤니티 내부의 광범위한 노력을 선도하고 있다. 디지털기술로 인해 도서, 음악, 영화의 복사와 재배포가 용이해졌으니 구글과 동맹세력은 저작권법을 재고해야 할 필요가 있다고 말한다.

구글은 또 다른 변화를 야기했다. 허락을 요청하지도 않고 영화나 TV 클립 같은 컨텐츠를 재배포한다. 당연하게도 항의가 넘쳐 들어오면, 구글은 검토하겠다고 약속한다. 침해한 컨텐츠를 내릴 때쯤 되면, 회복 불가능한 피해가 이미 가해진 후이다. 이런 방식의 일처리, 즉 사전허락을 구하지 않고, 일단 저지른 다음에, 사후에 개별적인 항의에 응답하는 방식은 구글의 트레이드마크가 되었다.

더 정확히 표현하자면, 구글은 저작권법을 시행하기 어렵고 비용이 많이 들어가게 만듦으로써, 조금씩 무력화하는 중이다.

법정 드라마의 결론이 나려면 아직 멀었다. 미 법무부의 반독점 부서는 상당 기간 구글을 관찰해 오고 있다. 그러나 구글은 유력 정치인과 긴밀한 유대를 맺고 있으며 일부 예외적인 특혜를 받았다.

몇몇 정치 석학은 미국이 패거리 자본주의^{crony capitalism}로 향해 가고 있다고 경고한다. 구글과 미 정부 간의 화기애애한 관계는 서로 득이 될 수 있다. 구글은 대중의 견해를 슬쩍 조작하고 정부에게 시민에 대한 정보를 제공할 수 있다. 정부는 구글에게 유리한 정책을 제정할 수 있다. 그리고 구글은 기꺼이 밀실거래를 할 의사가 있다는 점을 보여줬다. 구글 랭킹팀의 책임자 아미트 싱할^{Amit Singhal}이 진술한 대로, 구글은 '지구상에서 가장 강력한 킹메이커'이다.[28]

* * *

"아는 것이 힘이다."라는 격언이 오늘날처럼 와 닿은 적은 일찍이 없었다. 얼마 전까지도 해도, 대부분의 정보는 흩어져 있었고, 체계화되지 않았으며, 접근하기가 어려웠다. 구글은 디지털기술이 어떻게 모든 것을 바꿀 수 있는지 완벽하게 이해한 첫 세대에 속한다. 정보는 1이나 0으로 코드화될 때, 수집, 체계화, 활용이 훨씬 용이해진다.

이는 구글을 또 다른 결론으로 이끌었다. 디지털 정보를 다루고 수익화하는 일이 이렇게 쉽다면, 책이나 음소 같은 기존의 아날로그 정보를 디지털화하는 수고를 들이는 것도 충분한 가치가 있다는 것이었다. 구글은 또한 동영상클립 같은 특정 유형의 컨텐츠를 먼저 체계화하는 회사가 향후에도 해당 유형의 컨텐츠에 대한 접근경로를 장악할 가능성이 크다는 점을 알았다. 이런 과정을 컨텐츠유형에 따라 필요한 만큼 반복하면 되는 것이다.

가장 중요한 점은 정보를 중앙에서 통제할 수 있는 기회가 영원히 지속되지는 않는다는 점을 구글이 간파했다는 것이다. 결국 정부는 무슨 일이 일어나고 있는지 파악할 것이고, 그런 기회를 차단할 것이다. 그래서 구글은 재빨리 움직여야 했다.

이것이 바로 구글의 이면을 시급하게 살펴봐야 하는 이유이다.

이 책은 1부에서, 구글의 수익모델과 우리의 프라이버시 권리가 상충된다는 점을 보여줄 것이다. 세계의 정보를 체계화한다는 구글의 사명에는, 우리의 개인정보도 포함되어 있다.

나는 구글이 다른 이들의 지적재산권을 존중하지 않는다는 것을 증명할 것이다. 일례로 연방법원 판사 루이스 스탠튼Louis Stanton은 유튜브와 구글이 "자신의 웹사이트에 저작권침해자료가 올라온다는 사실을 대체적으로 알고 있을 뿐만 아니라 오히려 환영했다."고 말한다.[29] 그리고 구글은 무료제품을 시장에 쏟아내, 기존 제품의 가치를 잠식한다.

그 다음, 보안이 구글의 아킬레스 건인 이유를 설명한다. 구글의 사명은 정보를 체계화하고 접근 가능하도록 만드는 것이기에, 정보를 보호하는 행위는 오히려 방해가 된다. 하지만 보안은 구글만의 문제가 아니다. 구글이 소유하고 있는 우리에 대한 정보도 역시 위험에 처해 있다.

구글이 다른 사람들의 이해관계를 무수히 침해하고 지나친 권력을 소유한 구글오폴리Googleopoly라는 새로운 체제를 소개한다.

2부에서는, 구글의 행동이 서로 어떻게 기획되어 있는지 설명한다. 구글이 어떻게 사용자를 조작하고 자신의 비윤리적인 행위를 얼버무리는지 보여줄 것이다. 구글과 관련된 정치적 이슈를 설명하고 그것이 우리의 자유에 어떤 위협을 드리우는지 밝혀낼 것이다. 우리가 주의하지 않는다면, 구글은 역사상 가장 강력한 패거리 자본주의를 만들어낼 수 있다.

3부에서는, 정보를 중앙집중화함으로써 구글이 인터넷의 파워를 소수의 손에 집중시키고 있다는 점을 밝히고자 한다. 웹의 다양성과 선택의 기회를 보존하기 위해서는 어떻게 해야 하는지 방법을 제시할 것이다. 구글이 프라이버시, 지적재산권, 법규를 존중하고, 좀더 책임감 있게 행동하며, 훨씬 투명하고 솔직해진다면 걱정할 일이 사라질 것이다. 그리고 인터넷이 독재와 억압의 도구가 아니라 자유와 공론의 장으로 남게 하려면 왜 지금 행동해야 하는지 설명하고자 한다.

많은 일을 제대로 하지 못하면 어떤 회사도 구글만큼 성공한 기업이 될 수 없다. 구글은 높은 기준에 부응하는 회사이며 실질적인 편익을 주는 제품과 서비스를 개발한다. 우리 목표는 구글의 혁신을 가로막는 것이 아니며, 자신이 대접 받기를 원하는 방식대로 구글이 다른 이들을 대접하게 만드는 것이다.

세계의 정보를 수집하고 체계화하는 첫 번째 회사가 견제받지 않는 권력을 갖도록 내버려 두는 건 너무나 큰 도박이다. 정보의 통제를 집중시킴으로써, 구글은 경쟁에서 자유선거에 이르기까지 모든 것을 위협한다.

1부 | 구글을 신뢰할 수 없는 이유

1장
구글이 프라이버시에 재앙인 이유

구글의 수익모델은 곧 우리의 프라이버시를 침해하는 것과 깊이 연관이 있다.

구글은 타겟광고를 판매함으로써 수익을 거둔다. 우리에 대해 더 많은 정보를 확보할수록, 그 정보가 더 사적인 것일수록, 구글은 더욱 효과적으로 광고를 타겟팅할 수 있다. 더 효과적으로 광고를 타겟팅할수록, 구글은 더 많은 돈을 벌 수 있다.

구글이 우리의 프라이버시를 신중하게 다루는가? 그렇다고 주장하기는 한다. 하지만 구글의 사명, 기술, 과거행적은 다른 이야기를 들려준다. 국제인권단체 프라이버시 인터내셔널[PI, Privacy International]은 23개의 선도적인 인터넷기업에 대한 조사에서 '광범위한 소비자감시와 프라이버시에 대한 뿌리 깊은 적대행위'를 상징하는 검은 리본을 구글에게 수여하였다.[1]

구글은 우리의 사생활을 침해하면서도 미안해 하지 않는다. 사용자가 구글을 신뢰해야 하느냐 하는 질문을 하면,[2] 에릭 슈미트 회장은 주제를 딴 곳으로 돌리면서, 비윤리적인 사용자라면 위협을 느낄 것이라고 암시한다. "만일 다른 사람이 알지 않았으면 하는 뭔가를 여러분이 가지고 있다면, 우선적으로 그런 일을 하지 말아야 하지 않을까요." 또한 전지적 감시에 대한 두려움을 느낀다면 과거의 무분별한 행위에서 벗어나기 위해, 어른이 될 때 이름을 바꾸는 편이 좋을 거라는 뉘앙스로 말하기도 한다.[3] 그리고 구글 스트리트뷰에 자신의 집이 나오는 것이 싫다면 '이사 가라고' 말한다.[4]

이런 입장은 다음 문장으로 요약된다. 에릭 슈미트는 전지적 감시가 인생의 현대적 단면일 뿐이라고 사람들이 믿어주기를 원하는 것이다. "여러분이 항상 온라인에 접속해 있다면, 컴퓨터는 여러분에 관한 많은 정보를 만들어 낼 것입니다. 이건 구글이 결정한 것이 아니라, 사회적 결정입니다."[5]

그렇다면 왜 구글은 프라이버시에 대해서 주의를 기울인다고 주장하는 것일까? 대부분의 소비자들이 프라이버시에 대해 민감하므로, 구글은 자신의 추적능력을 확장하는 와중에도 이에 발맞추는 시늉이 필요하기 때문이다.

구글의 프라이버시 정책은 오리발의 정수다. 예를 들어, 구글의 다섯 가지 프라이버시 원칙 중에는 "개인정보의 수집을 투명화한다."는 항목이 있는데, 내용은 다음과 같다.

우리는 서비스를 개인화하기 위해 사용된 정보를 사용자에게 보여주려고 노력한다. 적절한 경우에, 우리는 개인사용자에 관해 우리가 보유한 정보와 그 정보를 활용하여 서비스를 전달하는 방법에 대해서 투명해지는 것을 목표로 한다.[6]

구글은 '노력'하고 '목표'로 하지만 실질적인 보장을 하지는 않는다. 구글의 웹히스토리Web History 제품에 대한 프라이버시 공지도 애매모호하기는 마찬가지다. 여기에는 사용자가 계정에서 정보를 삭제할 수 있지만, 구글은 복사본을 유지한다고 나와 있다.[7] 우리가 정보를 삭제하면 오직 우리 자신만 그 정보에 접근할 수 없게 되는 것이다.

구글이 실제로 약속한 몇 가지 프라이버시 보장 중에는 "우리는 사용자의 개인정보를 판매하지 않습니다."는 문구가 있다.[8] 유료검색광고 시장의 선도자로서, 구글은 사용자의 개인정보를 판매할 이유가 없다. 광고주들이 뭔가 더 필요해서 계속 찾아오는 건 구글의 사용자 프로필 때문이다.

구글은 얻을 수만 있다면 우리에 대해 가능한 한 많은 정보를 얻고자 한다. 우리가 사적인 정보라고 생각하는 것을 구글은 수집하고, 색인화하고, 수익화해야 할 데이터로 바라본다. 구글은 우리의 프라이버시를 보호돼야 할 권리라고 생각하지 않으며, 우리의 프라이버시를 교묘하게 회피해야 할 장애물로 바라본다.

이유는 명백하다. 구글은 우리의 사적인 정보로 돈을 벌기 때문이다. 구글의 수익모델 관점에서 보면, 우리는 상품에 불과하다.[9]

* * *

구글과 그 친구들은 프라이버시가 사멸됐다고 사람들이 믿기를 원한다.

'더 이상 아무도 프라이버시에 신경 쓰지 않는 이유'[10]라는 기사에서 저널리스트 데클란 맥클라흐Declan McCullagh는 프라이버시가 도덕을 좀먹는다고 주장한다. 과거에는 프라이버시가 언론의 자유를 가로막는 구실로 작용했다. 오늘날 프라이버시는 (행동타겟팅을 활용한) 효율적인 온라인시장에서 (참가자가 자신의 정확한 신원을 공개해야 하는) 건전한 온라인토론에 이르기까지 모든 것을 위협한다.

한술 더 떠서 맥클라흐는 인터넷 사용자들이 '정보노출증세'에 단련되어 가고 있다고 말한다. 맥클라흐는 페이스북 CEO 마크 주커버그^{Mark} ^{Zuckerberg}가 알기 쉽게 설명한 구절을 인용한다. "사람들은 더 많은 정보와 더 다양한 정보를 공유하는 것뿐만 아니라, 더 많은 사람에게 더 개방적으로 공유하는 데 익숙해졌다. 사회적 표준은 시간이 지남에 따라 진화하는 그 무엇이다."[11]

누군가가 프라이버시를 주장한다면, 그는 아마도 뭔가를 숨기고 있다는 구글의 에릭 슈미트의 주장에 맥클라흐는 동의한다. 하지만 맥클라흐는 전적으로 슈미트의 주장보다 한발 더 나간다. 사람들이 자신에 어디에 있고, 하루 종일 매 시간 뭘 하는지 친구들과 얘기하기 위해서 소셜네트워크를 사용한다면, 사적인 세부사항을 공유하는 행동이 새로운 규범이 되어야 한다고 주장한다.

그러나 맥클라흐는 두 가지 논점에서 모두 틀렸다. 대부분의 사람들이 프라이버시를 보호하고자 하는 이유는 범죄적이고 당혹스러운 증거를 숨기기 위해서가 아니다. 자신의 주체성, 자율성, 정체성을 지키기 위한 것이다. 프라이버시가 없다면, 모든 걸 밝히라는 강요에 못 이겨 우리 스스로 원하는 사람이 될 수 없다. 프라이버시가 없다면, 우리 생각이 즉각 공공의 감시에 노출되어 독립적인 사고와 이견이 들어설 자리가 없다. 프라이버시가 없다면, 다른 사람들이 아무 때나 참견하여 인간의 존엄성도 지키지 못한다.

프라이버시가 없다면, 개인적 정체성을 확립하고 유지할 수 없다. 계좌번호, 사용자ID, 패스워드, 전화번호는 우리의 사적인 재산이다. 이 모든 정보를 기밀로 유지하는 건 법적으로 타당할 뿐만 아니라, 우리의 안전을 위해서도 필수적이다. 나쁜 사람이 우리의 사적인 정보에 접근할 수 있다면, 친구와 적을 구분할 수 있는 방법이 없어질 것이다. 일단 우리를 둘러싼 신뢰의 서클Circle of Trust 안에 잠입하면, 사기꾼은 우리를 속일 수 있다. 프라이버시가 사라진다면, 안전이나 보안도 없다.

구글은 우리 모두 자신의 정보를 과시하는 사람이 되기를 원한다. 프라이버시의 대척점에 놓인 이러한 상태를 나는 퍼블리커시publicacy라고 부른다.[12]

구글의 퍼블리커시에 의하면, 사람은 캐내고 활용되어야 할 정보의 저장고다. 우리의 허락을 구해야 할 필요는 없다. 하지만 다른 사람이 우리의 사적 정보를 아무 때나 가져가서 활용할 수 있다면, 우리는 더 이상 자신의 주인이라고 할 수 없다. 우리는 더 이상 '삶, 자유, 행복 추구'에 대한 권리를 가진 시민이 아니다. 대신 우리는 노예가 된다.

더 이상 아무도 프라이버시에 신경 쓰지 않는다는 맥클라흐의 주장은 틀렸다. 여론조사는 일관되게 대다수 사람들이 프라이버시에 신경을 쓴다는 점을 보여준다. 대부분 사람들이 수집되고 있는 사적 정보의 양을 과소평가한다는 사실을 고려하면 주목할 만한 결과다.

2008년 미국 소비자협회가 발간하는 「컨슈머리포트」의 여론조사는 미국인들이 "인터넷 프라이버시에 대해 극도로 우려하고 있다."는 사실을 밝혀냈다.[13] 82퍼센트는 자신의 신용카드번호가 온라인에서 도용될까 우려한다. 72퍼센트는 자신의 온라인활동이 추적되고 기록되는 것에 대해 우려를 표했다.

사람들이 뭔가 곤란하거나 숨길 것이 있어서 프라이버시를 주장한다는 근거 없는 믿음을 깨듯이, 68퍼센트의 응답자들은 자신의 개인정보를 웹사이트에 제공한 적이 있다고 답했다. 아직도 93퍼센트는 인터넷기업들이 자신의 개인정보를 활용하기 전에 허락을 구해야 한다고 생각하며, 72퍼센트는 인터넷기업들이 자신의 온라인활동을 추적하는 것을 허용하지 않는 옵트아웃^{opt out} 기능을 제공해야 한다고 생각한다.

사람들이 뭔가 숨길 것이 있어 프라이버시를 주장한다는 저자세적인 시각과는 반대로, 여론조사는 소비자들이 자신의 정보에 대한 통제를 원하며, 다른 사람이 자신에게 좋은 것이 무엇인지 결정하기를 원하지 않는다는 점을 보여준다.

2009년 전국 전화여론조사는 '미국인들이 맞춤광고와 그것을 가능케 하는 세 가지 활동에 반대한다'는 점을 밝혀냈다.[14] 적어도 66퍼센트의 미국인들은 자신의 관심사에 맞춰진 광고를 원하지 않는다. 인터넷기업들이 광고를 개인화하기 위해 정보를 수집하는 세 가지 일반적인 방법에 대해 묻자, 그러한 관행에 반대하는 비율은 더욱 높아졌다(86퍼센트). 또한 이 조사는 미국인들이 행동타겟팅을 활용하는 인터넷 마케팅기업들이 개방되고 투명한 방식으로 운영되기를 원한다는 점을 밝혀냈다. 즉, 소비자들은 자신의 정보가 어떤 방식을 수집되고 활용되는지 정확히 알기를 원했으며, 자신의 데이터에 대한 더 많은 통제를 원했다.

2010년 내가 운영하는 회사 프리커서가 족비인터내셔널^{Zogby International}에 의뢰한 전국 여론조사는 무엇보다 다음의 사실들을 밝혀냈다.[15]

- 전국적으로 조사된 성인 중 열에 아홉(87퍼센트)은 인터넷상에서

자신의 개인정보의 안전에 대해 염려한다. 반면 13퍼센트는 염려하지 않는다.

- 다섯 중 넷(80퍼센트)은 기업들이 자신의 온라인 습관을 기록하고 그 데이터를 활용한 광고를 통해 수익을 거두지 않을까 우려한다. 반면 그 중 한 명(19퍼센트)만 우려하지 않는다.

- 다섯 중 넷(80퍼센트)은 사람들이 인터넷에서 어디에 가는지 추적하는 것을 막기 위해 '전화차단 리스트Do Not Call List'와 유사한 '추적차단 리스트Do Not Track List'를 지지한다. 이를 지지하지 않는 사람은 6퍼센트에 불과하다.

웹의 초창기 시절에는 온라인 프라이버시에 대한 우려가 과장됐다는 주장이 통할 수 있었다. 그 당시의 위협이란 개별 웹사이트가 우리의 컴퓨터를 식별하고, 해당 사이트의 이용을 추적해, 재방문할 때 알아볼 수 있는 정도였다. 웹사이트 소유자는 그러한 추적이 개인화를 가능하게 하며, 개인화는 소비자에게 도움이 된다고 반박했다.

그 이후로 개인화는 웹사이트의 일상적인 기능이 됐다. 그러나 점점 더 많은 사용자들이 온라인으로 뱅킹과 쇼핑을 하고, 세금신고까지 하게 되자 개인화로 초래되는 위험성이 급격히 증가했다. 도둑을 식별하는 문제는 심각하고 더 어려워졌다.

세계 프라이버시 포럼World Privacy Forum 같은 일부 프라이버시 단체는 인터넷사용자를 위한 '추적차단 리스트'를 제안했다.[16] 이런 단체들은 행동 타겟팅을 위한 부류의 데이터수집을 거부할 수 있는 권한을 소비자가 가져야 한다고 믿는다.

그러나 구글은 단순한 개인화 이상을 원한다. 2010년 7월 구글 런던 지사에서 열린 브리핑에서, 구글의 검색알고리즘 엔지니어 아미트 싱할은 사용자의 니즈를 예측할 수 있는 검색엔진 개발시도에 대해 이야기했다. 그는 이것을 '검색 없는 검색searching without searching'이라고 말했다. 그는 사례도 제공했다. 사용자의 배우자의 생일이 다가오자 검색엔진은 이를 알려주고 제때에 도착할 수 있도록 시간에 맞춰 선물을 추천해 준다. 싱할은 자신이 얼마나 많은 정보를 노출하고, 구글이 얼마나 공격적으로 자신의 데이터를 수집하고 분석하는지 모르는 사용자들에게 이 시나리오가 충격적일 수도 있다는 점을 시인한다.[17]

에릭 슈미트는 이 모든 것을 완벽하게 요약한다. "대부분의 사람들이 자신의 문제를 구글이 해결해 주기를 원한다고 생각하지는 않습니다…… 그들은 구글이 다음 해야 할 일을 말해주기를 원할 뿐이죠."[18]

우리가 프라이버시는 사라졌다고 믿기를 구글은 원하는 것이다.

* * *

구글의 엔지니어들은 끊임없이 더욱 강력한 추적도구를 개발하고 있다.

구글이 우리의 실제 신원을 알아내는 방법에는 여러 가지가 있다. 많은 구글제품들이 계정설정을 요구하는데, 실명이나 이메일주소, 전화번호를 입력해야 한다. 길찾기를 위해 구글 지도를 이용하면서 자신의 집주소를 드러낼 수도 있다.

페이팔의 경쟁서비스인 구글 체크아웃을 사용하다 보면, 구글은 우리의 신용카드번호나 계좌번호에 접근할 수 있다. 구글 지도, 구글 어스Google Earth, 구글 스트리트뷰나 구글 캘린더 같은 제품은 우리의 집주소와 직장주소, 자주 가는 행선지나 여행계획 등을 노출시킨다.

우리는 이름을 바꿀 순 있지만, 구글을 속일 순 없다. 구글은 실제 신원을(지금은 중지되었지만, 구글411이라는 음성 검색서비스를 이용했다면) 우리 목소리와(구글 피카사를 이용하여 자신의 사진에 이름을 태그했다면) 얼굴과 연관 지을 수 있다.

구글은 항상 우리가 어디 있는지 알고 싶어한다. 구글은 IP주소로 우리의 대략적인 위치를 파악할 수 있다. 무선 LAN을 사용한다면 구글은 훨씬 정확하게 우리의 위치를 파악할지도 모른다. 구글은 모바일폰이나 안드로이드 운영체제에 심겨진 구글 래티튜드 기능을 통해 우리의 실제 위치를 추적한다.

구글은 우리가 하는 일을 파헤친다. 구글의 개인컴퓨터 검색솔루션 구글 데스크톱은 개인 PC에 담긴 모든 파일을 스캔하고 색인화한다. '구글 데스크톱을 개선하는 데' 동참한다는 옵션을 선택할 경우, 이 프로그램은 자동적으로 업데이트되면서 '제한된 분량의 비개인적인 정보'를 수집한다.[19] 구글 데스크톱의 보안취약점은 해커들이 우리의 사적인 정보에 접근하는 통로가 될 수 있다는 것이다.[20] 구글 문서도구를 사용할 경우, 구글은 임시저장본을 포함해 우리의 업무문서와 개인문서에 접근할 수 있다. 휴지통까지도 모두 파헤친다.

구글의 개발자파트너들도 재미 보는 일에 빠질 수 없다. 안드로이드 모바일폰 애플리케이션들 역시 많은 정보를 수집한다. 사용자들에게 애플리케이션이 무슨 정보를 수집하는지 알려주긴 하지만, 어떻게 활용하는지는 알려주지 않는다.[21] 구글은 안드로이드 애플리케이션을 감독할 책임을 사용자에게 전가한다. 어떤 구글 대변인은 문제제기에 대한 답변에서 이렇게 말하기도 했다. "우리는 끊임없이 사용자들에게 자신이 믿을 수 있는 앱만 설치하도록 권고하고 있습니다."[22]

구글은 아이구글iGoogle(개인화 대시보드), 구글 알리미Google Alerts(뉴스기사 알림), 구글 그룹스Google Groups(토론게시판), 구글 리더Google Reader(RSS수집기) 등이 포함된 제품을 통해 우리의 관심사를 추적한다. 구글 버즈Google Buzz 를 사용한다면, 구글은 우리의 친구가 누구인지 알게 된다. 구글 헬스를 사용한다면 구글은 우리의 의료기록에 접근할 수 있다.

다시 한 번 에릭 슈미트 구글 회장의 말에 귀 기울여보자. "나 스스로 정한 넘지 말아야 할 선이 있습니다…… 많은 이슈에 대한 구글의 정책은 넘지 말아야 할 선에 다가가기는 하되, 넘지 않는 것입니다."[23] 예를 들면, 구글은 마우스 포인터가 움직이는 경로를 추적하는 기술을 개발하고 특허를 신청하기도 했다.[24]

구글의 목표는 전지전능이다. "지금 우리가 확보한 정보는 구글이 가질 수 있는 전체 정보에 비하면 아주 초창기에 불과합니다…… 우리는 개인화에 좀더 능숙해질 것입니다."[25]

* * *

구글워치GoogleWatch는 구글이 사용자의 프라이버시에 위협이 된다는 사실을 경고한다는 점에서 찬사를 받을 만하다. 2002년, 이미 오래 전 이 조직은 "구글은 프라이버시의 시한폭탄이다."라고 선언하면서 다음과 같이 설명했다.

> 대부분 미국 국외 지역에서 들어오는 매일 2억 회의 검색을 감안할 때, 구글은 터질 날만 기다리는 프라이버시 재앙이나 다름없다. 워싱턴의 데이터분석 관료 들은 구글이 이미 달성한 최고의 효율성을 감조차 잡지 못하고 있다.[26]

구글워치는 끊임없이 알람을 울리고 있다. 자신의 홈페이지에서 구글워치는 구글의 가장 위험스러운 관행들을 보여준다(http://www.google-watch.org). 예를 들어, '행동타겟팅'이란 페이지에서는 우리가 애드센스나 더블클릭 광고가 실린 웹페이지를 방문할 때마다 구글이 우리를 추적한다는 사실을 설명한다. 광고를 클릭하지 않아도 그렇다. 브라우저가 페이지를 로딩한 순간 우리의 존재가 감지된다.

'빅브라더로서의 구글' 페이지에서는 프라이버시 보호조치를 우회하기 위해 구글이 개발한 교묘한 방법들을 설명한다. 예를 들어, '영구적 쿠키immortal cookie' 기술 도입은 구글의 공이다. 웹쿠키는 우리의 컴퓨터 하드드라이브에 저장된 텍스트 문자열을 말한다. 세션 쿠키session cookie는 페이지로 이동할 때 웹사이트가 그 사람이 누구인지 인식하게 해준다. 지속형 쿠키persistent cookie는 우리가 해당 사이트를 재방문할 때마다 웹사이트가 우리를 인식하도록 해준다. 미연방정부가 운영하는 웹사이트에는 지속형 쿠키의 사용이 금지되어 있어, 유튜브 동영상을 삽입할 수 없다.[27]

구글이 사용자의 취향을 기억하기 위해 자신의 쿠키를 사용하겠다고 주장하는 와중에, 구글워치는 "쿠키의 실제 목적은 사용자 프로필 생성을 위해 전세계적으로 고유한 ID를 우리의 하드디스크에 심는 것이다."라고 받아쳤다.

'썩은 쿠키Rotten cookie'란 제목의 페이지에서는 업데이트를 제공한다. 2007년 구글은 2년 내에 만료되는 새로운 쿠키를 발행하고 있다고 발표했다. 구글워치에 의하면 이 발표는 사실을 오도하는 것이다. 액티브 사용자의 쿠키는 매번 구글 페이지를 방문할 때마다 자동적으로 갱신된다. 실제로 구글의 쿠키는 하드 드라이브를 폐기하거나 사용 중지한 지 2년 후에 만료된다.

* * *

구글의 무료 이메일서비스 G메일은 구글이 사용자 프라이버시를 등한시하는 가장 악명 높은 사례이다.

구글은 검색엔진과 똑같은 방식, 즉 사용자에게 관련성 높은 광고를 제시하는 방법으로 돈을 벌 수 있으리란 기대로 G메일을 시작했다. 하지만 여기에는 한 가지 중요한 차이가 있다. 이메일에서는 광고가 사용자가 자발적으로 입력한 검색조건과 연관된 것이 아니라, 사용자의 이메일 내용과 연관된 것이어야 한다. 따라서 구글은 사용자의 허락을 구하지 않고, 광고용 키워드를 찾기 위해 사용자의 이메일 내용을 자동적으로 스캔하도록 프로그래밍했다. 폭스뉴스는 헤드라인을 이렇게 썼다.

'G메일, 사용자 계정의 키워드 접근권한을 최고입찰자에게 판매.'[28]

우리가 작성하는 모든 이메일 메시지는 우리 자신과 의도된 수신인, 구글 간의 3자 대화가 되는 셈이다. 친구에게 구매하려는 자동차에 대한 이메일을 보내면, 친구의 응답과 함께 경쟁차량의 광고를 보게 될지도 모른다. 비영리 소비자보호단체 컨슈머워치독Consumer Watchdog은 이것을 전화회사가 우리의 대화를 엿듣다가 우리 귀에다 대고 제품선전을 속삭이는 것에 비유했다.

G메일에 대한 반응은 즉각적이었으며, 극도로 부정적이었다. 2004년 4월 1일에 출시됐기 때문에, 많은 기자들이 G메일을 만우절 농담이라고 생각했다.[29] G메일을 금지하는 법안이 매사츄세츠 주[30]와 캘리포니아 주[31]에 상정됐다. 「월스트리트저널」의 영향력 있는 PC제품 리뷰어 월트 모스버그Walt Mossberg도 비판에 가세했다.[32] 프라이버시 단체들도 들고

일어났다.[33]

G메일 메시지를 스캔하는 구글의 정책만이 유일한 문제는 아니었다. 방대한 데이터 저장용량을 활용해, 구글은 무한대의 이메일 보관함을 보장하면서 삭제버튼이 없는 G메일을 출시했다.[34] G메일 계정 보유자들이 주고받은 모든 메시지를 보관함으로써, 구글은 사용자 프로필을 구축하기 위한 풍부한 정보소스를 확보하게 된 것이다.

대부분의 사용자들은 오래된 메시지를 삭제하는 것이 프라이버시를 보호하는 중요한 방법이란 점을 본능적으로 안다. 메시지가 구글의 네트워크에 영구적으로 저장되어 있다면, 해커나 정부관료가 접근할 위험성이 높다. 미 정부는 온라인서비스제공자가 저장한 정보를 조사하기 위해 영장을 발부할지도 모른다. 실제로 미국 애국법[Patriot Act]에 의하면, 정부가 우리를 조사할 권리가 없는 상황에서도, 우리가 사용하는 ISP를 조사할 권리를 지닌다.[35]

소비자들과 프라이버시 옹호자들의 우려에 대해 구글은 어떤 식으로 대처했는가? 구글의 데이터분석 엔지니어들은 이 사태를 이해하지 못했다. 하지만 G메일이 시작된 지 거의 2년이 지나서야 구글은 결국 대중의 요구에 응하여 삭제버튼을 추가했다.[36] 하지만 G메일이 회사평판에 얼마나 심각한 타격을 줬는지 인식하지 못하고, 이 회사는 우는 아이에게 떡 하나 던져준다는 식으로 대처했다.

구글은 G메일 메시지에 대한 로봇 스캐닝을 중단하라는 요구를 거부했다. 대신 구글은 사용자에게 연관성 높은 광고를 제시하기 위한 이메일 메시지 스캐닝이 전혀 문제될 것이 없다면서 프라이버시 활동가들을 설득하려고 시도했다. 대부분의 프라이버시 옹호자들은 자신의 입장을 고수했다. 당시 전자프론티어재단^{EFF, Electronic Frontier Foundation} 의장 브래드 템플턴^{Brad Templeton}은 주목할 만한 예외였다. 템플턴은 구글의 자동화된 이메일 스캐닝에 의해 사용자에게 제기되는 위험성을 온라인 신용카드 거래에 의해 제기되는 위험성에 비유했다.[37]

프라이버시 단체들은 대개 기업들과 정부기관들이 기회만 있으면 사용자의 프라이버시 정보를 악용하리라 추정하며, 그렇지 않다고 입증하는 책임을 마땅히 기업들과 정부기관들에게 부과했다. 템플턴은 구글의 숭고한 사명과 반기업적 문화에 감명을 받았는지도 모르겠다.

사용자들이 기대했던 건 G메일의 삭제버튼이 아니다. 구글의 프라이버시 정책에 의하면, 구글은 사용자가 '삭제한' 이메일 메시지를 온라인시스템에 일정기간 동안 보관하고, 불특정기간 동안 오프라인 시스템에 보관할 권리를 보유하고 있다. G메일 메시지를 삭제할 때, 우리가 확신할 수 있는 유일한 한 가지는 우리 자신이 해당 메시지에 대해 더 이상 접근할 수 없게 된다는 것뿐이다. 이글스의 노래 '호텔 캘리포니아' 가사처럼, 언제든지 체크아웃은 할 수 있지만 떠날 수는 없는 것이다.[38]

한 가지는 확실하다. 구글은 G메일 사용자의 프라이버시를 보장한 적이 없다. 반대로, 구글은 이메일 메시지를 스캔하기 위해(사람이 아니라) 컴퓨터 로봇을 채용하고 있으므로 프라이버시에 대한 우려는 가당치 않다고 늘 주장해 왔다.[39]

구글의 공식 프라이버시 정책에는 입증가능한 사용자 프라이버시 보장이 포함되어 있지 않다.[40] 예를 들어, 표면상으로 구글의 정보공유를 제한하는 문장은 단순히 구글이 적절하다고 판단하는 어떤 목적을 위해서, 구글이 적절하다고 판단하는 어떤 기업이나 사람들과 구글이 정보를 공유할 수 있다는 언급일 뿐이다. 유일한 제약사항이라고는 정보가 공유되는 기업이나 사람이 구글의 프라이버시 정책을 준수해야 한다는 것뿐이다.[41]

G메일에 대해 가장 우려스러운 사항은 우리가 알 수 없는 것들이다. G메일 메시지에 의해 수집된 정보가 다른 목적으로 쓰이진 않을까? 구글은 직원들이 재미 삼아 사용자의 이메일을 읽는 것을 금지시키고 있는가? 허락되지 않은 G메일 훔쳐보기를 탐지한 적이 있는가? 그런 경우 사용자에게 알려지고 있는가? 이런 질문들에 대해선 답이 없다.[42]

G메일에는 이것 말고도 프라이버시 우려 사항들이 있다. G메일은 우리의 이메일을 빠짐없이 스캔하는데, 여기에는 우리가 작성해서 다른 이들에게 보내는 이메일과 다른 이들이 작성해서 우리에게 보내는 이메일 모두 포함된다. 결국 G메일에 가입하지 않은 사람들이 보낸 이메일까지 스캔할 수 있는 권한을 허용하는 셈이다. 그들은 자신의 이메일을 스캔하고 저장할 권한을 구글에게 허용하지 않은 사람들로서, 자신들의 메시지가 제3자에 의해 스캔되고 영구히 저장된다면 충격을 받을지도 모른다.

잘 알려지지 않은 G메일의 위험성은 '자동저장'이란 기능이다. 이메일 프로그램을 비롯한 많은 데스크톱 프로그램들이 문서 작성시 임시문서를 자동적으로 저장한다. 작업물을 저장하기 전에 프로그램이 다운되거나 PC의 전원이 나갈 때 유용한 기능이다. 데스크톱 애플리케이션은 보통 임시파일을 우리 PC에 저장하지만, 자동저장은 임시 메시지를 인터넷을 통해 구글의 서버에 저장한다. 메시지를 과격하게 작성하다가 나중에 차분한 어조로 바꾼다 해도, 구글이 당혹스러운 임시메시지 복사본을 보관하고 있을지도 모른다는 뜻이다.

G메일 사태는 실제로 로봇스캐닝에 관한 것이 아니다. 그것은 사적인 데이터를 수집하고 활용하는 데 있어 구글이 누리는 자유에 관한 것으로, 구글이 자발적으로 공개하는 사항이 얼마나 부족한지, 어떻게 구글이 사용자에게 허락을 요청하는 것을 회피하는지, 어떻게 구글이 데이터 수집과 활용에 있어 의미 있는 제한의 설정을 거부하는지에 관한 것이다.

* * *

2004년까지는 '세계의 정보를 체계화하겠다'는 구글의 노력은 웹을 색인화하고, 사용자의 검색을 추적하고, 이메일 메시지를 스캔하는 일에 국한되어 왔다. 그러나 구글은 웹페이지만이 유일한 정보소스가 아니란 점을 잘 알고 있다. 자신의 사명에 충실하게 구글은 웹에 올라와 있지 않는 정보도 공격적으로 디지털화하고 색인화하기로 결정했다. 여기에는 도서, 잡지, 카탈로그, 위성이미지, 스트리트뷰, 이미지, 영화, TV프로그램, 동영상클립, 목소리 음소 등이 망라된다.

이 방향으로 구글이 최초로 취한 주요 조치는 키홀Keyhole이란 회사를 인수한 것이었다. 2000년에 설립된 키홀은 유료구독고객에게 제한된 종류의 위성이미지를 제공하는 서비스를 통해 수익을 얻는 실험을 하고 있었다. 구글은 키홀에 대해 색다른 계획을 세웠는데, 대략 1억 4,763만 제곱킬로미터의 지구표면에 대한 정보를 체계화해 쉽게 접근할 수 있도록 만들기 위한 첫 단계로 키홀의 인수를 추진했다.[43] 고해상도 이미지를 전자지도와 연동하여, 어떤 위치의 거리, 건물, 지형이든 사용자들이 쉽게 볼 수 있도록 만들었다.

구글 어스는 2005년 중반에 출시됐다. 구글 어스는 유용할 뿐만 아니라 재미있기도 했는데, 비행기와 위성에서 찍은 이미지를 활용해서 사용자들이 손쉽게 자신의 PC를 통해 조감도 시점으로 세상을 볼 수 있게 해줬기 때문이다. 하지만 이 서비스도 역시 새롭고도 때로는 놀라운 프라이버시와 보안에 대한 우려를 불러일으켰다.

대부분의 사람들은 이웃이 자기 집 뒷마당, 진입로에 주차된 차를 쳐다본다고 해도 개의치 않는다. 하지만 구글 어스를 통해 세상 누구나 지켜볼 수 있다는 사실은 많은 사람들을 소름 돋게 만들었다. 기술이 계속 진보함에 따라, 이미지는 더욱 선명해지고, 더욱 자세해지며, 더욱 쉽게 접근할 수 있게 될 것이다. 이런 우려를 악화시키는 조치로, 구글은 2008년 스트리트뷰라는 새로운 제품을 선보였는데, 이 제품은 구글 어스와 연동하여 수평으로 360도, 수직으로는 290도 파노라마 거리 사진을 제공한다.

구글은, (구글 스스로 규정한 몇 가지 예외를 빼고는) 거리에서 보이는 것이라면 그것이 온라인 상으로 공개된다고 하더라도 무방하다고 주장한다. 법률도 이에 동의하는 듯하다. 하지만 구글 어스와 스트리트뷰는 전혀 다른 차원의 것이었다. 이웃이 우리 사유물을 본다고 해도 우리가 개의치 않는 것은 이웃끼리 서로 보호해준다는 공감대를 가지고 있기 때문이다. 하지만 그런 이미지를 어느 장소에서 누구나 쉽게 접근할 수 있다면, 위협을 느낄 수 있다. 영국의 의회의원 로버트 할폰^{Robert Halfon}은 구글이 '산업적 규모로 우리의 프라이버시를 침범'하고 있다고 말한다.[44]

또한 몇몇 위성사진은 특별히 민감하다. 구글 어스는 백악관을 비롯한 정부건물과 군사시설을 그대로 공개했다.[45] 구글 내부에서 프라이버시나 보안, 국가안보 관련업무에 대처하는 유의미한 노력이 없었음이 분명하다. 구글 어스로 야기된 소동은 구글이 G메일 사태에서 아무런 교훈을 얻지 못했다는 것을 보여준다. 일단 내놓고 문제는 나중에 고치자는 구글식 접근법의 또 다른 사례였다.

스트리트뷰는 훨씬 나쁜 평판을 받았다. 구글은 프라이버시 우려에 대해 무감각했을 뿐만 아니라, 구글의 엔지니어들은 훔쳐보기의 범위와 규모를 새로운 차원으로 끌어 올렸다. 잘 가, 프라이버시! 반갑다, 퍼블리커시!

스트리트뷰는 낙태병원 앞에 서 있는 사람들, 비키니 입은 여자들, 스트립클럽에서 나오는 남자들의 얼굴도 보여줬다. 처음에 구글은 공공장소에 서 있는 (또는 공공장소에서 명백하게 보이는) 사람들에게는 프라이버시 권리가 없다고 주장하며 그런 이미지를 그대로 공개했다. 그러나 2008년, 구글은 항의를 접수하여 특정 이미지들을 (자신들 마음대로) 삭제하는 프로세스를 도입했다. 그리고 동시에 문제가 될 수 있는 장소의 이미지들을 삭제하고, 사람들의 얼굴을 뿌옇게 처리하는 블러^blur 처리 기술을 실험하기 시작했다. 2010년에는 항의를 받고는 브라질 거리에서 시체들의 이미지를 삭제하기도 했다.[46]

구글 어스와 스트리트뷰는 표준이 된 구글의 두 가지 관행을 드러냈다. 구글은 내부통제절차가 거의 없으며, 자신의 제품을 단속하는 일을 사용자나 다른 사람들에게 떠넘긴다는 것이다. 그리고 사전에 허락을 구하지 않고, 사후에 용서를 구하는 편을 선호한다는 것이다.

구글이 사전허락을 구하지 않는 이유는, 그렇게 하면 그런 결정이 다른 누군가의 권리란 점을 인정하는 셈이 되기 때문이다. 마찬가지로, 구글이 용서를 구하는 까닭은 그렇게 하면 문제의 초점이 구글이 자신의 권한을 준수했느냐 하는 여부가 아니라, 구글이 해당 사건을 얼마나 잘 처리했느냐가 되기 때문이다.

스트리트뷰는 사용자의 프라이버시를 존중하고 있다는 구글의 주장에 의문을 불러일으켰다. 스트리트뷰에 대한 사람들의 분노가 너무나 강했기 때문에, 거리를 촬영하는 차량을 성난 시민들에게서 보호하기 위해, 구글은 언제 어디서 이미지를 기록하고 있는지 상세한 내용을 비밀에 부쳤다. 구글은 일반시민들의 프라이버시를 좀 더 효과적으로 파괴하기 위해 직원의 프라이버시를 보호했던 것이다.

아무리 좋게 생각한다 해도, 구글은 결과를 보여주기 전까지 일반사용자들이 스트리트뷰 같은 제품의 가치를 이해할 만큼 영리하지 않을 것이라고 생각했다. 또한 구글은 수중에 이미지를 가지고 있으면 협상할 때 더 유리한 입장에 설 것이라고 믿었다. 구글 어스와 스트리트뷰에는 민감한 이미지가 많으며, 특정 개인들에게 매우 당혹스러운 것들도 있었다. 선도적인 인터넷 회사가 조직적으로 그런 이미지를 수집하고 체계화했다는 사실은 구글과의 협상을 위임받은 이들에게 자신의 사적인 정보가 만천하에 드러나는 위험을 감수하기보다는 타협을 선호하도록 만들지도 모른다.

또한 구글 어스와 스트리트뷰는 기술이 뭔가를 가능하게 해준다면, 그걸 받아들이는 수밖에 없다는 구글의 태도를 여실히 보여준다. 예를 들어, 구글은 스트리트뷰에서 범죄 근거지의 이미지들을 간단히 삭제했다. 하지만 누군가가 그 이미지를 삭제하라고 요구했을 때 구글은 어떤 조치도, 언제 이미지를 검토하겠다는 약속도 하지 않았다. 이런 선택권은 구글에게 주어진 권한이 아니다. 그리고 이미지는 일단 모니터에 뜨

기만 하면 복사되고 재배포될 수 있다는 점을 구글은 잘 알고 있다.

우리 집이 공개적으로 노출되도록 내버려두길 원하면서도, 구글은 스트리트뷰의 운영에 대해서는 명백히 비밀로 일관하고 있다. 구글은 얼마나 많은 차량으로 어느 시점에 어디에서 촬영을 하는지, 또 얼마나 오랫동안 촬영하는지 밝히기를 거부한다. 「워싱턴 이그재미너」에 거리사진을 찍는 구글의 스파이카spycar 사진이 실렸을 때,[47] 구글은 자사의 비밀주의에 대한 책임을 시민들에게 전가하면서 '분노한 주민들이 운전수를 공격하거나, 비싼 카메라를 훼손할까' 두려웠다고 밝혔다.

「C넷」 기자 엘리노 밀스Elinor Mills가 구글의 에릭 슈미트에 관한 정보를 온라인으로 찾아냈을 때, 구글의 이중적인 태도가 다시 한번 드러났다.[48] 그녀가 에릭 슈미트의 자택주소가 표시된 공개 웹사이트에 접속하자, 슈미트는 자신의 사적인 정보의 노출에 대해 심하게 불평했다. 심지어 구글은 복수 차원에서 「C넷」과의 협력관계를 1년 동안 중단하겠다고 발표했다. 다른 사람들의 사생활정보에 쉽게 접근할 수 있는 것에 대해서는 아무렇지 않게 이야기하면서,[49] 에릭 슈미트의 자택주소와 연관된 공개된 정보에 접속한 사실에 대해서는 민감하게 대응하는 것이다.[50]

스트리트뷰의 촬영에 대한 반응은 유럽에서 특히 부정적이었다. 영국의 경우, 프라이버시 인터내셔널은 스트리트뷰를 '절도면허'라고 부르며, 자동차번호 같은 정보를 어떻게 가릴 수 있냐고 따졌다.[51] 북아일랜드는 영국육군기지와 경찰서의 이미지로 인해 치안상 위험이 발생했다고 항의했다. 스위스와 독일에서는 공무원들이 스트리트뷰가 기존의 프라이버시 법률을 위반한다고 주장했다.[52] 실제로, 스위스정부는 시민들의 프라이버시를 보호하기 위해 구글에 대한 법적 행동을 진행하는 중이

다. 일본에서는 일단의 저널리스트, 교수, 변호사들이 구글에게 스트리트 뷰를 중단하라고 요구했다.[53]

우려의 근거는 충분하다. 구글 어스와 스트리트뷰 이미지들은 테러리스트들이 공격목표를 잡을 때 활용한다. 예를 들어, 팔레스타인의 알아크사 순교자여단은 이스라엘에 대한 공격을 계획할 때 구글 어스를 활용했다.[54] 2007년 초에는, 이라크인들이 바스라시 부근 영국 군사기지 내 텐트나 경장갑 차량과 같은 취약 목표물을 찾기 위해 구글 어스를 사용했다고 영국 정보원이 주장했다.[55]

2009년, 한 신문은 스코틀랜드에 있는 영국 핵잠수함 기지의 위치가 구글 어스에 드러나 있다고 보도했다. 트라이던트 기지에 대한 테러리스트의 공격은 상당한 반경 내에 거주하는 사람들에게 치명적인 피해를 입힐 수 있다. 이후 구글이 기지를 가리긴 했지만, 구글 어스 데이터베이스가 업데이트된 후 다시 이미지가 공개되었다.[56]

이스라엘 국내정보부 신 벳Shin Bet의 유발 디스킨Yuval Diskin 국장은 "예전에는 강대국 정부기관만 누릴 수 있었던 정보를 이제 구글 어스 같은 인터넷 시스템으로 얻을 수 있다……"라고 말한다.[57]

또한 구글 어스와 구글 지도에 국경과 지명을 자의적으로 표기하여, 국제적인 분쟁을 초래하기도 한다. 예를 들어, 구글은 예루살렘 구시가의 성전산을 '팔레스타인'으로 표기했다. 2005년 가자지구에서 이스라엘이 완전히 철수했음에도 2007년 가자지구를 '이스라엘 점령지'라고 표기했다. 알아크사 순교자여단 테러리스트 단체의 2인자인 아부 나세르Abu Nasser는 구글 어스의 표기를 보고 '전율'을 느꼈다고 말하기도 했다.[58]

이제는 구글의 스트리트뷰를 촬영하는 차량들이 단순히 사진을 찍는 것 이상의 일을 하고 있음이 드러났다. 이 차량들은 주변의 와이파이 Wi-Fi(무선 근거리 네트워크)를 스캔하여 주소를 기록했다.[59] 이 정보가 있으면 구글은 특정 네트워크와 컴퓨터를 실제 주소와 연관시킬 수 있다. 쉽게 말하면, 구글계정을 가지고 있지 않은 개인들의 위치도 식별할 수 있다는 말이다.

와이스파이Wi-Spy라고 불린 이 스캔들은 시간이 갈수록 악화되었다. 구글은 와이파이 네트워크를 모니터링하는 도중에 '우연히' 사용자 데이터를 기록했다고 변명했지만 이후 구글은 이메일 메시지와 심지어 사용자 패스워드까지 수집했다고 시인했다.[60] 그리고 구글에게는 가능한 많은 와이파이 데이터를 수집해야 할 동기가 있음이 드러났다. 와이파이 기반 위치서비스의 선구자 스카이훅 와이어리스Skyhook Wireless와의 경쟁에서 우위를 점하려고 했던 것이다.[61] 그럼에도 차량에 와이파이 송신기를 장치하고 3년 동안 33개국에서 사용자데이터를 수집한 일을 우연이라고 주장하는 것이다.

구글은 왜 이런 사실을 결국 공개해야만 했을까? 구글은 2010년 4월에 몇 개국 정부에 와이파이 데이터 수집 활동에 대한 보고서를 제출했다. 구글은 위치기반서비스에서 활용하기 위해 와이파이 데이터를 수집한다고 설명했다.[62] 2010년 5월 5일, 독일의 정보보호 당국은 원본데이터 제출을 요구했고 9일 후 구글은 보안되지 않은 와이파이 네트워크를 통해 실수로 사용자 데이터를 수집했다고 진술했다.[63]

와이파이 데이터의 수집은 또 다른 우려를 제기했다. 이 보고서에서 구글은 GPS가 비활성화되어 있거나 GPS 신호를 이용하지 않는 모바일 기기에 위치기반서비스를 제공하기 위해 와이파이데이터를 사용할 수 있다고 설명했다. 스트리트뷰 차량이 GPS 좌표와 신호가 잡히는 와이파이 네트워크 주소를 모두 기록하기 때문에, 구글은 수신되는 와이파이 주소와 데이터베이스 내의 좌표를 상호대조하여 휴대기기의 위치를 파악할 수 있는 것이다. 북아메리카의 경우, GPS 탑재 모바일폰은 911과 같은 긴급통화로 전화를 걸 때만, 위치를 송신하도록 기본설정이 되어 있다. 하지만 구글은 이론적으로 GPS 추적을 할 수 없을 때에도 와이파이 주소를 활용해서 위치를 추적할 수 있는 것이다.

스트리트뷰 차량이 의회의원 자택을 지나면서 몇몇 주택의 와이파이 네트워크가 취약한 것으로 드러나자, 컨슈머워치독은 구글이 선출직 공무원을 도청해왔을지도 모른다는 가능성을 제기했다. 컨슈머워치독의 존 심슨John Simpson은 이렇게 말한다. "우리는 구글의 와이스파이 작전이 미국 역사상 가장 거대한 도청사건 중 하나라고 생각한다."[64]

구글의 에릭 슈미트 회장은 엉뚱한 얘기를 한다. 그는 와이파이 데이터 수집이 사내 공식허가를 받은 사안이 아니었으며, 실제로 수집된 사용자 데이터는 매우 적었고, 명성이 훼손된 구글이야말로 가장 큰 피해자라고 말한다. 소송당할 수도 있다는 언급에 대한 반응으로, 슈미트는 "해를 끼친 것이 없으므로 잘못이 없다."라고 항변했다. 또한 법원명령이 있기 전까지 구글은 데이터를 삭제하지 않을 것이라고 버틴다.[65]

구글은 우리 몰래 또 어떤 데이터를 수집하고 활용하고 있을까? CNBC 진행자인 마리아 바리토모Maria Bartiromo는 말한다. "사람들은 구글을 가장 믿을 만한 친구라고 생각합니다. 과연 정말 그럴까요?"[66]

* * *

구글은 우리의 물리적 위치를 추적하고 싶어한다.

2009년 선보인 구글 래티튜드는 언제든지 친구가 어디 있는지 알려주고, 내가 어디에 있는지 친구에게 알려주는 모바일폰 서비스이다.[67]

래티튜드를 다운로드 받아 실행하면, 구글은 우리가 언제 집에 있는지, 언제 학교나 직장에 있는지, 언제 쇼핑몰이나 친구의 집에 있는지, 언제 이동하는지 알 수 있다. 누군가 우리를 미행하는 것이나 마찬가지다.

이 모든 일은 1990년대 후반 연방통신위원회[FCC]에서 긴급통화서비스를 이용하는 모바일폰 사용자들의 위치를 자동으로 파악하는 기능을 개발하도록 모바일폰 사업자들에게 의무화하면서 시작됐다. 오늘날 대부분 사업자들은 위치확인시스템[GPS] 수신기가 내장된 단말기를 이용해 이 의무조건을 준수한다. 또한 대부분의 모바일 사업자들은 전화설정 메뉴에서 기본으로 설정되어 있는 '긴급통화시에만 위치확인 켜기'를 의도적으로 바꾸지 않는 한 사용자들의 위치는 추적되지 않는다고 보증한다.

구글 래티튜드를 사용하려면, 우선 휴대전화가 '위치확인 켜기'로 설정되어 있어야 한다. 래티튜드는 친구들(내가 지정한 사람들)이 볼 수 있게 나의 현재 위치를 지도에 표시해준다. 그리고 마지막으로 나의 위치와 현재상태도 표시해 준다. 래티튜드는 지도상에 보이는 친구들에게 문자메시지, 전화통화, 모바일메신저로 바로 연락할 수 있는 기능을 제공한다.

구글 래티튜드는 구글 지도 속에 기본적으로 장착된 애플리케이션으로 안드로이드, 아이폰, 블랙베리, 윈도우모바일, 심비안 등 거의 모든 모바일폰은 물론 애플 아이패드에서도 작동한다.[68]

물론 스프린트의 프렌드파인더, 버라이존의 VZ 내비게이터 등 비슷한 위치추적 애플리케이션이 존재한다. 하지만 구글 래티튜드는 독보적이다. 오직 구글만이 우리의 현재 위치와 우리의 선호도와 흥미에 대한 데이터를 결합하여 타겟광고를 띄울 수 있기 때문이다.

래티튜드가 유용하고 흥미로울지 모르지만, 이 서비스를 활용해 구글은 하루 24시간 내내 우리를 추적할 수 있다. 친구들에게 위치를 숨기거나, 애플리케이션을 종료한다고 해도, 단말기를 '긴급통화시에만 위치확인 켜기'로 리셋하지 않는 한, 계속해서 자신의 위치를 구글에게 전송한다. 친구의 지도에서 내가 표시되지 않으면, 친구는 나를 추적할 수 없지만 구글은 내가 언제 어디서 접속을 끊었는지, 누구에게 자신의 위치를 숨기려고 하는지 모두 알 수 있다. 친구에게는 도시 단위 정도만 보여줄수도 있지만, '계속 위치확인 켜기'로 되어 있는 한, 구글은 우리가 어디 있는지 정확히 안다.

「월스트리트저널」의 캐서린 보흐레트 기자는 이렇게 말한다. "사용자 편의성을 제외하면, 래티튜드 같은 위치기반서비스는 말 그대로 오싹하다. 특히 구글 같은 빅브라더가 우리가 어디 있는지 추적하고 있다면 말이다. 그래서 구글은 프라이버시 설정을 쉽게 변경할 수 있도록 하여 위치를 자동 확인되거나 수동 입력하거나 완전히 감출 수 있도록 만들었다."[69] 보흐레트 기자는 래티튜드를 '스토킹'의 한 형태라고 표현하기도 했다.

구글의 모바일 프라이버시 정책에는 위치데이터 수집과 활용을 금지하는 어떠한 항목도 포함되어 있지 않다. "우리는 귀하의 요청을 처리하고 개인화하기 위해 귀하의 정보를 활용합니다. 또한 우리는 사후지원과 새로운 기능개발, 그리고 구글의 제품과 서비스의 전반적 품질의 향상을 위해 해당 정보를 활용합니다."[70] 그러나 EEF는 '우리가 새로운 위치를 전송할 때마다 오래된 데이터에 덮어쓰기로' 구글이 동의했다고 발표했다.[71] EEF는 사법당국이 래티튜드의 사용자 위치 로그에 접근하지 못하도록 막기 위해 구글이 필요한 변경을 하도록 로비를 벌였다.[72] 하지만 몇 달 후, 구글은 구글 위치 히스토리와 위치 알리미라는 두 가지 새로운 기능을 발표했다.[73] 우리가 옵션을 허용하면 구글은 우리의 위치로그를 기록해서 보여주고, 프로필에 일일 이동경로, 자주 가는 위치, 행선지를 표시할 수 있다.

모바일폰 위치 추적 기능은 아직 완벽하지 않다. 위치 데이터의 정확도는 들쭉날쭉하다. 기지국을 중심으로 대략적인 위치만 잡을 때도 많다. GPS는 아무리 정확하더라도, 30미터 정도 오차만으로도 길거리에 있을 수도 있고 강 위에 있을 수도 있다. 래티튜드의 위치 업데이트 주기도 규칙적이지 않아서, 현재 위치와는 상당히 동떨어진 곳에 표시될 수도 있다.

구글 래티튜드의 가장 큰 문제점은, 구글의 제품이나 서비스들이 그러하듯이 사용자 스스로 자신의 정보가 얼마나 수집되고 있는지, 누구에게 공유되고 있는지, 어떻게 사용되고 있는지 정확히 알 수 없다는 것이다. 게다가 우리가 직접 구글 위치 히스토리를 켜지 않더라도, 다양한 애플리케이션이 자동적으로 위치 데이터를 실행하도록 만들어 캡처하고 저장하여, 광고주나 스토커가 활용하게끔 만들어준다.

24시간 내내 우리를 미행하는 사람이 있다고 상상해보면 소름이 끼친다. 매시간 우리의 지리좌표를 기록하는 것이 소프트웨어 로봇이라면 덜 불쾌하게 느껴질지 모른다. 하지만 인간 스파이는 피곤해서 우리를 놓치거나 실수할 수도 있지만 소프트웨어 로봇은 24시간 내내 쉬지 않고 우리를 추적할 수 있다. 소프트웨어 로봇은 항상 팔팔하기 때문에 시종일관 정확하고 실수가 없다. 단기적인 임무라면 인간 스파이가 낫겠지만, 소프트웨어 로봇은 수년이 지나도 우리를 추적할 수 있으며, 우리의 인생 기록이라고 불러도 될 만한 것을 만들어낼 수 있다.

* * *

서비스로서의 소프트웨어^{SaaS, software as a service}라고도 알려진 클라우드 컴퓨팅은 사용자의 프라이버시와 보안에 대한 잠재적인 위협이 되고 있다.

최초의 상용 컴퓨터는 일괄처리^{batch processing} 방식이었다. 사용자가 (편치카드에 인코딩된) 작업거리를 컴퓨터로 가져왔다. 1960년대에는 시분할^{Time-sharing} 기법이 도입됐다. 이 기법은 데스크톱 단말기를 보유한 정보노동자들이 컴퓨팅 센터에 저장된 애플리케이션과 데이터에 원격접속할 수 있도록 해줬다. 1980년대에는 개인용 컴퓨터^{PC}가 큰 성공을 거뒀는데, 사용자가 자신만의 데스크톱 기기에 애플리케이션을 설치하고 문서를 저장할 수 있기 때문이었다. 이제 클라우드 컴퓨팅은 PC를 원격단말기로 되돌리고, 대부분의 애플리케이션과 문서를 네트워크 서버에 보관하라고 주문한다.

IBM은 메인프레임 시대의 황제였고, 마이크로소프트는 PC 혁명을 이끌었다. 구글은 클라우드 컴퓨팅의 흐름을 주도하고 있다.

구글의 클라우드 컴퓨팅 서비스는 귀를 솔깃하게 한다. 보통 수백 달러씩 나가는 소프트웨어 애플리케이션을 구글은 무료, 또는 무료나 다름없는 가격으로 제공한다. 비용절감 외에도, 이 서비스를 이용해 세계 어디에서나 자신의 애플리케이션과 데이터에 접근할 수 있으며, 자동 업그레이드 서비스를 받을 수 있으며, 친구 가족 동료들과도 쉽게 공유할 수 있다.

하지만 이것은 악마와의 거래와도 같다.

클라우드 컴퓨팅에서는 애플리케이션이나 개인문서에 대한 통제력이 약해진다. 클라우드 컴퓨팅 애플리케이션은 종종 보안이 취약한 오픈소스 솔루션을 기반으로 운영되기도 한다.[74] 구글 문서도구를 사용하는 사용자라면 '자신이 제출한 어떤 컨텐츠에 대해서도 영구적이고 되돌릴 수 없으며, 전세계적이고 로열티가 없는 복제, 개조, 수정, 번역, 발행, 공개, 시연, 전시, 배포할 수 있는 라이센스'를 구글에게 허용해야 한다.[75] 구글은 이런 조건이 사용자에게 나은 서비스를 제공하고 애플리케이션 서비스를 개선하는 데 기여한다고 주장한다.

구글 문서도구를 사용하면, 우리의 사적인 문서가 기밀을 유지할 것이라는 보장을 할 수 없다.

앞서 언급한 컨슈머리포트 내셔널 리서치센터의 여론조사에 의하면, 많은 사용자들이 온라인에서 어떤 정보가 수집되고 어떻게 활용될 것인지 규제하는 엄격한 기준이 있다고 잘못 알고 있다. 더 나아가 인터넷 기업들이 그런 정보를 활용하기 위해 허가를 받아야 하는 것으로 잘못 판단하고 있는 경우도 많았다.[76]

클라우드 컴퓨팅은 기업용으로도 제공된다. 하지만 구글의 프로덕트 매니저 아담 스위들러^(Adam Swidler)는 이렇게 말했다. "구글은 여러분에게 개인 인프라스트럭처를 감독하는 수준의 권한을 허용하지 않습니다. …… 개인 인프라스트럭처를 감독하는 것과는 같을 수 없습니다. 제3자의 감독에 대해서도 일정 정도 신뢰를 가져야 할 것입니다."[77] 바꿔 말하면, 아쉬운 쪽이 위험을 감수하라는 뜻이다.

　구글이 사용자들의 문서를 뒤지지 않을지도 모르지만, 산더미 같은 원시데이터를 축적하고 있다는 점은 분명하다. 구체적으로 클라우드 컴퓨팅을 가리키면서, 에릭 슈미트는 이렇게 말한다. "우리는 사용자 행동에 대해 많은 정보를 획득해, 이를 분석하거나 흥미로운 제품을 개발할 수 있습니다."[78]

* * *

　구글은 우리가 온라인에서 하는 거의 모든 일을 추적할 수 있다.

　구글은 우리를 몰래 염탐할 수 있는 소프트웨어 코드를 개발한다. 보통은 사용자가 검색결과 페이지의 링크를 클릭하면, 검색엔진은 사용자가 어떤 링크를 클릭했는지 알 수 없다. 그러나 대부분의 웹브라우저는 자바스크립트를 지원하며, 자바스크립트는 사용자가 어디로 이동하는지 추적하는 클릭스루click-through 기능을 제공할 수 있다. 클릭스루 추적을 통해, 사용자가 검색결과를 클릭할 때 브라우저는 사용자를 새로운 페이지로 보내주고, 구글에게 링크의 복사본을 보낸다.[79]

　많은 구글제품이 구글의 염탐꾼 구실을 한다. 구글 애널리틱스는 웹사이트에 방문자 통계를 제공하는 무료서비스다. 가장 인기 있는 1만 개 웹사이트 중 50퍼센트 이상, 전체적으로 30만 개가 넘는 웹사이트가 구글 애널리틱스를 이용하고 있는 것으로 추정된다.[80] 구글 애널리틱스는 설치가 간편하다. 웹마스터는 애널리틱스의 자바스크립트 코드를 원하는 웹페이지에 복사해서 붙여 넣기만 하면 된다. 사용자가 이 코드가 포함된 웹페이지를 방문할 때마다, 브라우저는 구글로 데이터를 전송한다.[81]

　애드센스는 구글의 광고대행서비스이다. 이 서비스는 웹사이트 소유자가 구글광고를 유치해서 수익을 거둘 수 있게 해준다. 애드센스를 이용하는 웹사이트의 숫자는 공개되지 않았지만, 엄청나게 많을 것이다. 구글은 2010년 1분기 동안 애드센스 매출이 전체 매출의 30퍼센트에 달한다고 밝힌 바 있다. 사용자가 애드센스 광고가 포함된 페이지를 방문하면, 사용자의 IP주소가 자동적으로 구글로 전송된다.[82] 동일한 방식이 주요 웹사이트에 제공되는 더블클릭 광고에도 적용되는데, 더블클릭은 구글이 2007년 32억 달러에 인수했다.[83]

이런 툴을 활용해서, 구글은 웹 전반에 걸쳐 인터넷 사용자 대부분을 추적할 수 있다.

구글의 무료 웹브라우저 크롬은 검색어와 주소를 입력할 수 있는 통합창을 이용해 온라인 추적을 한 차원 높은 경지로 끌어올렸다. 구글은 우리가 최종 제출한 검색조건은 물론, 우리가 입력한 웹 주소와 검색조건까지 볼 수 있게 된 것이다. 그리고 이런 기능은 구글만이 아니라 검색 추천을 지원하기만 하면 어떤 검색엔진에서도 작동한다.[84] 크롬은 웹 브라우징 정보를 모두 빨아들이는 진공청소기와도 같은 역할을 한다.

유튜브는 구글의 가장 강력한 추적수단 중 하나이다. 2006년에 16억 5,000만 달러에 (그 당시 유튜브는 적절한 수익모델이 없는 상태였기 때문에 놀라운 가격이었다) 구글에 인수된 뒤 동영상 공유 웹사이트의 선두주자가 되었다. 유튜브는 블로그나 다른 웹사이트에서 동영상을 쉽게 삽입할 수 있도록 만들어 준다. 앞서 언급한 대로, 유튜브는 동영상이 삽입된 웹페이지를 로드할 때마다 이를 구글에게 알려준다.[85]

이것이 전부가 아니다. 동영상을 클릭하면 유튜브에서 직접 동영상을 볼 수 있다. 유튜브에서는 동영상의 평점을 매기고, 댓글을 달거나, 이메일이나 페이스북 같은 소셜네트워크를 통해 동영상을 공유할 수 있으며, 관련 동영상도 볼 수도 있다. 이 모든 행동은 구글에 의해 관찰되고 기록된다.

설마 구글이 사용자들을 그렇게나 심하게 추적할까라는 의문이 든다면, 이 점을 고려해 봐야 한다. 구글과 바이어컴Viacom 간의 법적 분쟁에 관한 기사에서 AP통신은 다음과 같이 전한다. "구글은 '법원이 시청기록에 대한 바이어컴의 지나친 요구를 수용한 점은 유감이다. 우리는 법원의 명령에 따라 로그기록을 제출하기 전에 바이어컴이 사용자들의 프라이버시를 존중하여 우리가 익명화할 수 있도록 허용해 주기를 요청한다.'는 진술을 했다."[86]

바꿔 말하면, 구글은 우리가 시청하는 유튜브 동영상의 로그를 보관하고 있을 뿐만 아니라, 해당 로그를 실제 개인정보와 연결해 놓았다. 아이러니컬하게도 바이어컴의 요청을 기각시키려는 시도 중에, 구글은 비디오 사생활법Video Parivacy Protection Act을 인용했는데,[87] 이 법은 법률학자 로버트 볼크Robert Bork의 대법원 인준청문회 도중 그의 비디오 대여기록이 언론에 누출된 사건으로 인해 통과된 것이었다. 전자사생활 정보센터EPIC는 이 법률을 '구체적 유형의 데이터 수집에 대한 가장 강력한 소비자 프라이버시 보호사례'라고 칭했다.[88]

다른 구글제품들도 추적도구 역할을 한다. 구글 북스를 검색하는 일은 도서관을 이용하는 동안 도서관 직원이 미행하게 하는 것이나 마찬가지다. 우리가 입력하는 검색조건(저자, 제목, ISBN번호, 키워드), 클릭하는 도서, 도서 안에서 실행한 검색, 들여다 본 페이지, 각 페이지에서 머무른 시간 등이 기록될 수 있다. 도서관 직원이 되는 것보다는 도서검색의 정확한 기록을 남기는 쪽이 구글에게는 훨씬 쉬운 일이다. 어떤 책에서 특정한 내용을 찾으면, 우리 뒤에 서 있는 사람에게는 그 페이지만 보게 될 것이다. 하지만 구글은 우리의 검색조건까지 들여다 볼 수 있다.

구글의 도서 디지털화 노력은 오래된 책을 보존하고 좀더 접근을 쉽게 만들어 준다. 하지만 동시에 정부가 시민들의 독서활동을 감시하기 쉽게 만들어 준다. 미국도서관협회[ALA]는 관공서가 테러리즘 조사수행 차원에서 도서후원자 기록에 접근하는 것을 허용하는 미국 애국법 조항에 대해 격렬히 반대했다. 아이러니컬하게도 구글은 몇몇 대형 도서관의 도움 덕택에 사용자의 도서검색과 독서활동을 기록할 수 있는 능력을 갖게 됐다.

온라인 검색은 우리 자신에 대해 얼핏 생각하는 것보다 더 많은 사실을 드러낸다. 『구글은 당신을 알고 있다[Googling Security]』라는 책에서 그레그 콘티는 장기간에 걸친 개인의 검색쿼리를 활용해 상세한 프로필 정보를 수집할 수 있음을 입증했다. 2006년 AOL은 65만 8,000명 사용자들이 입력한 대략 2,000만 번 검색요청이 포함된 데이터집합을 공개했다. AOL 사용자ID로만 파악된 5명의 검색 데이터를 활용해, 그의 위치, 연령, 성별, 소속, 종교, 직업, 질병 상태, 취미를 알아낼 수 있음을 증명했다.[89]

콘티는 구글계정 보유자들이 자신의 검색 히스토리를 삭제할 수 있다는 점에 주목했다. 그러나 '웹히스토리에 관한 프라이버시 FAQ'에서 구글은 내부적 용도로 사용자의 검색기록 복사본을 보관한다고 말한다.[90]

일부 전문가들은 검색활동기록이 사용자의 마음을 보여주는 창이라고 경고한다. 검색엔진 전문가 존 바텔[John Battelle]은 사용자의 검색쿼리로 그를 '의지의 데이터베이스'라고 말한다. 바텔은 우리의 검색쿼리 데이터베이스를 소유한 자가 궁극적으로 우리의 행동까지 예측할 수 있으며, 검색행동패턴이 더욱 인간적인 인공지능을 개발하는 데 유용할 것이라고 생각한다.[91]

구글의 추적과 프로필 생성 능력에 대해 정확히 알고 있는 사람은 거의 없다. 2010년 3월에 소셜네트워크 페이스북이 사용자수에서 구글을 능가했다는 사실이 화려하게 보도됐다. 하지만 그건 페이스북 사용자의 숫자와 구글 웹사이트를 사용하는 사람들의 숫자를 단순 비교한 것뿐이다. 구글은 거의 모든 웹, 거의 모든 유형의 컨텐츠와 거의 모든 하드웨어 플랫폼에 도달할 수 있는 촉수를 개발해 왔다. 구글은 인터넷 사용자들이 방문하는 거의 모든 웹사이트에서 사용자들을 추적할 수 있는 유일한 회사가 되어가고 있다고 말해도 과장이 아니다.[92]

구글이 위험을 감수하지 않는다는 뜻은 아니다. 구글의 에릭 슈미트 회장은 2010년 하반기 어떤 연설에서 "최선의 상황은 페이스북이 자신의 데이터를 개방하는 것입니다…… 그것이 실패한다면 그런 정보들을 얻는 다른 방법들을 찾아야 할 것입니다."고 말했다.[93] 슈미트는 세계의 정보를 체계화하려는 구글의 사명에 방해가 되는 경쟁자를 내버려두지 않을 것이다.

구글은 인터넷 사용자들은 물론 조직과 기업에 대한 신상자료도 수집하고 있을 것이며, 이 자료들은 전 FBI 국장 에드거 후버도 부러워할 것이다.

* * *

구글은 개인용 컴퓨터의 데이터를 색인화해서 좀더 접근하기 쉽게 만들었다. 불행하게도, 이 작업 역시 새롭고도 끔찍한 사생활 감시위험을 야기한다.

구글 데스크톱은 윈도우, 매킨토시, 리눅스 PC용 검색 애플리케이션이다. PC의 데이터 저장용량이 폭증함에 따라, 사용자들은 자신의 기기에 담긴 정보를 찾기 위한 도구가 필요해졌다. 오늘날 일반적인 PC 하드드라이브는 대략 데이터 500기가바이트를 저장할 수 있다. 운영체제에 내장된 검색기능을 이용해서 파일이나 폴더를 찾을 수도 있지만, 느릴뿐더러 무관한 결과를 쏟아낸다.

구글 데스크톱은 폴더나 파일뿐만 아니라, 이메일 메시지, 그림, 노래, 동영상 등 모든 컨텐츠를 검색한다. 구글 데스크톱을 설치하는 순간, 기기에 이미 저장돼 있는 파일을 색인화하고 이후 새로 추가되는 데이터는 저장될 때마다 색인화한다.

구글 데스크톱은 공짜 PC 유틸리티에 불과하다고 여겨질지도 모른다. 하지만 구글은 이 제품을 매우 진지하게 생각한다. 2007년 구글은 마이크로소프트의 비스타 운영체제가 반경쟁적이라며 법무부에 고소장을 제출했다. 결국 마이크로소프트는 구글 데스크톱이 문제없이 돌아갈 수 있게 비스타를 수정하기로 합의했다.[94] 구글은 모든 PC 사용자들이 구글 데스크톱을 사용할 수 있도록 만드는 일이 자신의 권리라고 생각한다.

구글 데스크톱이 PC 사용자를 염탐하는 데 사용될 수 있을까? '구글 데스크톱 개선' 기능을 켜면, 구글은 주기적으로 사용자 PC에서 '비개인적인' 정보를 수집하여 전송한다.[95] 구글 데스크톱의 또 다른 옵션으로 '컴퓨터간 검색search across computers' 기능이 있다. 표면적으로는 기업고객을 위한 것으로, 이 기능을 활성화하면 연결된 컴퓨터의 파일도 자신의 PC를 통해서 검색할 수 있다. 이러한 모든 파일색인이 복사되어 구글 서버에 전송된다. 구글 데스크톱 버전3에서는 문제가 더 심각해진다. 파일색인이 아니라 실제 파일이 복사되어 구글 서버에 저장되기 때문이다. 프라이버시 옹호자들은 이 기능을 활성화하지 말라고 권고한다.[96]

걱정해야 될 이유는 더 있다. 사용자는 구글 데스크톱 설치를 삭제하고 계정을 폐쇄한다고 해도, 구글은 최대 10일 동안 사용자의 데이터를 자사의 서버에 보관할 수 있는 권리를 보유한다.[97] 그리고 구글 데스크톱 사용자 라이센스는 구글패키지 프라이버시 정책의 예고 없는 어떠한 변화에도 사용자가 동의할 것을 사전에 요구한다.[98]

그렇다면 '구글 데스크톱 개선'과 '컴퓨터 간 검색'만 활성화하지 않으면, 구글 데스크톱은 해가 없는 애플리케이션이라고 할 수 있을까? 하지만 구글 데스크톱을 사용자들이 수용하는 비율 자체가 귀중한 정보다. 이는 현 시점에 구글을 신뢰하고, 위험성에 무지하며, 프라이버시에 대해 무감각한 사용자들의 비율을 알려주는 지표이기 때문이다.

* * *

구글은 우리가 어떻게 보여지기를 원하는지 알고 싶어한다.

2006년 구글은 물리학자 하트멋 네벤Hartmut Neven이 개발한 얼굴인식 소프트웨어를 인수했다.[99] 한 가지 응용할 수 있는 사례는 구글의 피카사 사진공유 애플리케이션으로, 디지털 이미지에 자동적으로 사람들을 태깅하는 것이다.

그러나 구글에게는 더 큰 야망이 있는지도 모른다. 오늘날 구글은 실제 개인의 모습을 빼고는 개인신원에 대한 거의 모든 것을 알고 있다. 얼굴인식 소프트웨어는 퍼즐을 완성시키는 마지막 조각이 될 수 있는 것이다. 또한 이 소프트웨어는 운전면허증, 그룹사진, 페이스북, 여권사진과

CCTV 카메라에서 얻은 이미지를 개인신상정보와 연결시키는 데 사용될 수 있다.

이 얘기가 믿기지 않는다면, 구글의 에릭 슈미트 회장이 한 다음 얘기를 들어보라. "구글이 축적한 모든 정보를 다루는 일은 이제 시작일 뿐입니다. 알고리즘은 개선될 것이고 우리는 개인화에 더 능숙해질 것입니다." 개인에 대한 가장 포괄적인 데이터베이스를 만들기 위한 구글의 전진에 대해 슈미트는 다음과 같이 구체적으로 언급했다. "우리는 여러분에 대해 충분히 많은 사실을 알고 있지 못하기에 가장 기본적인 질문조차 답할 수 없습니다. 이것이 구글의 성장을 가로막는 가장 중요한 부분입니다."[100]

구글이 사용자들의 온라인 포토앨범을 정리하는 것을 단순히 도와주는 것 이상의 어떤 일을 하고 있다는 점은 확실하다.

* * *

구글은 사용자를 염탐하는 일을 서비스로 만들었다.

구글 웹히스토리는 주요 웹브라우저에 있는 '히스토리(방문한 페이지)' 기능보다 훨씬 강력하다. 웹히스토리는 사용자의 웹서핑 취향과 습관에 대해 풍부한 정보를 구글에게 제공한다.

구글 웹히스토리는 이전에 방문한 페이지를 찾기 쉽게 해준다. 예를 들어, 사용자는 구체적인 단어와 문구로 방문한 페이지를 검색할 수 있다. 구글은 웹히스토리 서비스를 통해 사용자들이 가장 가치 있다고 생각하는 검색결과 유형을 학습함으로써, 시간이 지날수록 더 '개인화된' 검색결과를 출력할 수 있다고 주장한다.

웹히스토리에는 어두운 이면이 존재한다. 이 서비스는 사용자가 어떤 웹페이지에 어느 정도의 빈도로 재방문하는지 구글에게 알려준다. 그리고 사용자의 검색결과에 대한 만족도 지표를 구글에게 제공한다. 구글 데스크톱과 마찬가지로, 사용자 신뢰의 바로미터로 활용될 수 있다.[101]

관련된 기능은 인터넷 익스플로러나 파이어폭스 같은 웹브라우저용 구글 툴바 애드온에도 포함되어 있다. 광고잡지 「애드버타이징 에이지Advertising Age」의 대니 설리반Danny Sullivan의 기사에 의하면, 구글 툴바는 사용자가 방문한 모든 사이트를 구글이 추적할 수 있도록 해준다. '페이지랭크미터PageRank Meter'는 구글 툴바 사용자들 사이에서 각 사이트의 인기도를 1에서 10까지 단위로 순위를 매긴다. 구글의 유명한 페이지랭크 알고리즘은 각 페이지로 연결되는 링크의 수를 기반으로 웹페이지의 순위를 매기지만, 페이지랭크미터는 방문자의 수를 기반으로 페이지 순위를 매긴다. 원래 페이지랭크미터의 기본설정은 '비활성'이었으나 이후 구글은 기본설정을 '활성'으로 바꾼 구글 툴바 버전을 배포하기 시작했다.[102]

그것만이 아니다. 하버드 경영대학의 벤자민 에델만Benjamin Edelman 교수에 따르면, 구글의 브라우저 툴바는 사용자가 비활성화시킨 후에도 여전히 데이터를 수집한다고 한다. 에델만의 조사결과가 나온 후, 구글은 툴바 소프트웨어를 수정해서 해당 문제를 수정한 것으로 보인다.[103] 그럼에도 구글 툴바와 구글 크롬 웹브라우저가 우리의 웹서핑 활동을 구글에게 보고하는 정보 진공청소기 역할을 한다는 점은 명백하다.[104]

웹히스토리와 툴바를 통해, 구글은 친절한 부가기능의 대가로 사적인 정보를 맹렬하게 빨아들이기 시작했다.

* * *

TV는 소비자행동에 대한 데이터수집과 타겟광고를 위한 최후의 미개척지이다.

기업가들은 수십 년 동안 성공적인 쌍방향 TV서비스를 만들기 위해 고전해왔다. 타겟광고가 TV의 킬러 애플리케이션이란 점은 누구나 안다. 하지만 현재까지 아무도 정답을 찾아내지 못했다.

하지만 갑자기 정답이 명백하게 보이기 시작했다. 대부분의 가정에서 인터넷 연결이 가능하고, HDTV 보유비율이 늘고 있다. 타겟광고가 가능한 쌍방향 TV는, 이 두 가지 서비스를 연결시키기만 하면 된다.

그런 일을 할 수 있는 최적의 위치에 있는 자가 누구일까?

구글 TV는 다른 솔루션에 비해 명백한 이점을 가지고 있다. 구글은 자신의 기존 제품과 기술을 지렛대로 삼기만 해도 새롭고 강력한 성능을 실현할 수 있다.[105] 예를 들어, 화면분할 모드를 사용해서 구글은 사용자가 프로그램을 보면서 정보와 토론을 검색하도록 할 수 있다. 그리고 가정의 큰 화면으로 유튜브 동영상과 다른 구글 컨텐츠를 보여줄 수도 있다.

미래에는 제목을 비롯한 기본적 정보만이 아니라, 자막, 소리, 동영상 같은 다양한 유형의 컨텐츠를 통해서 TV프로그램을 검색할 수 있게 된다. 바로 구글이 지금껏 축적해온 음성인식, 음성지문voiceprint인식, 얼굴인식 기술이 빛을 발하는 것이다.

구글 TV는 구글의 거대한 수익모델이 될 것이다. 다른 이들은 더 많은 하드웨어, 소프트웨어, 서비스를 판매할 목적으로 인터넷에 TV을 연결하는 데 관심을 가질 수 있겠지만, 구글은 데이터 수집과 타겟광고로 가장 이득을 볼 수 있다.

일반인들이 매일 TV 시청에 소요하는 시간을 고려한다면, 구글 TV의 정보수집 잠재력은 거대하다. 하지만 광고에 미치는 영향은 더욱 클 것이다. 수십 년 동안, TV 광고는 한 시청지역 안에 있는 모든 사람에게 동일한 내용을 브로드캐스팅broadcasting했다. 하지만 구글TV는 광고를 내로우캐스트narrowcasting할 수 있을 뿐만 아니라, 소비자들이 상품을 구매하거나 전자쿠폰을 다운로드하거나 설문조사에 응하거나 부가정보에 접속하거나 웹을 통해 콘테스트에 참여하도록 유도할 수 있다.

TV와 인터넷, 정보수집과 타겟광고를 결합함으로써 구글은 궁극적인 텔레스크린을 창조하고 있다. 진정한 빅브라더가 탄생하는 것이다.

* * *

구글을 '빅브라더'라고 부르는 것을 지나치다고 생각한다면, 구글이 이미 여러 정부기관과 공조하고 있다는 사실을 상기하자. 이러한 공조는 정부를 개방적이고 투명하게 만들자는 취지에서 정부 웹사이트가 보유한 공공 데이터의 접근성을 높이려는 시도에서 출발하였다.

하지만 머지 않아 일부 관찰자들은 부작용을 목격하기 시작했다. 「뉴욕타임스」의 기술전문기자 미구엘 헬프트Miguel Helft는 이렇게 보도했다. "그러나 웹검색을 통해 증가된 정부기록의 노출은 프라이버시 우려를 야기할 가능성이 높다. 기업 중역, 유명인 또는 오래 전에 연락이 끊긴 친구 같은 개인에 대한 검색은 일반적으로 공개된 페이지뿐만 아니라, 재산기록, 선거후원금, 법률소송 등에 대한 링크를 노출시킬 수 있다."[106]

가장 최근에는, 표면적으로 사이버공격을 퇴치한다는 목적으로 구글이 국가안보국NSA과 공조하기 시작했다.[107] NSA는 해외 통신사로부터 정보를 수집할 수 있는 특권을 가지고 있다. 그러나 이 특권에는 종종 해외나 미국내 인사들 간의 통신을 모니터링하는 일이 포함된다. 미국의 정보 인프라스트럭처에 대한 사이버공격이 국가안보사안인 것은 맞지만, 세계에서 가장 거대한 상업용 데이터분석기관과 NSA 간의 공조는 무수한 남용의 여지를 남긴다.

* * *

구글의 부실한 프라이버시 기록을 고려해보면, 향후 프라이버시로 인해 더 이상 타격을 입지 않기 위해서 이 회사가 각별히 조심할 것이라고 기대하는 사람이 있을지도 모르겠다.

하지만 다시 한 번 생각해보라.

구글은 페이스북이나 트위터 같은 소셜네트워크에 대한 대응으로 버즈[Buzz]를 선보이면서, 이 서비스가 순조롭게 출발하기를 원했다. 그래서 구글은 사용자의 G메일과 구글 토크(인스턴트 메시징) 히스토리를 근거로 각각의 사용자에게 팔로우할 사람들을 미리 설정해 놓았다.

하지만 사용자들을 당혹스럽게 만든 건 그것이 아니었다. 문제는 사용자에게 리스트를 편집할 기회를 주기도 전에 구글이 사용자의 공개 프로필에 연락처를 나열했다는 점이다.[108] 어떤 상황에서는 심각한 문제가 될 수 있는 사안이다. 예를 들어, 어떤 여성 블로거는 자신을 학대한 전 남편에게 자동 팔로우됐다고 호소했다.[109]

구글은 사용자의 프라이버시를 존중한다고 주장한다. 그 주장이 진실이라면, 구글은 문제를 예상했어야 한다. 사용자가 이메일을 주고 받는 모든 이들이 친구는 아니다. 더 나아가 헤어진 옛 애인과 같이 전혀 알고 싶지 않은 사람도 있을 것이다. 구글이 가능성을 고려하지 않았든, 무시하기로 결정했든, 사용자 프라이버시가 구글의 우선순위가 아니라는 점은 명백하다.

더욱이 구글의 프라이버시의 사각지대는 버즈만이 아니다.

구글411은 음성인식 기술을 활용한 비즈니스 전화번호부 서비스였다.[110] 구글은 단어를 발음하기 위해 우리가 발음하는 소리의 기본 구성 요소인 음소를 채집해서 음성인식 기술을 개선할 목적으로 이 서비스를 활용했다. 하지만 사용자의 음성을 녹음하면 개인 식별용 음성지문을 개발하는 데도 활용될 수 있다.

구글411은 다른 프라이버시 우려도 야기했다. 구글은 이 서비스를 출시하면서, 발신자의 목소리가 녹음되고 있다는 사실을 분명히 밝히지 않았다.[111] 이용이 끝난 다음 "통화가 녹음됐습니다."라고 말하는 합성된 음성인사가 나오는 것이 전부였다. 명백히 상대방에게 알리지 않고 통화를 녹음하는 행위는 불법이라는 점이 지적된 다음에야 녹음거부기능을 추가했다.

다른 구글제품과 서비스들도 프라이버시 논란을 야기시킬 수 있다. 예를 들어, 웹기반 뉴스수집기 구글 리더를 이용하면, 구글에게 자신이 팔로우하는 뉴스정보원이나 블로그를 알려줘야 한다. 구글 그룹스를 이용하면, 관심 있는 주제나 아마도 같이 일하는 동료를 구글에게 알려주어야 한다. 대부분의 사용자들은 이런 유형의 정보를 수집하고 활용할 것이라고는 상상하지도 못할 것이다.

개인건강기록[PHR] 서비스인 구글 헬스는 프라이버시 시한폭탄이 될 수 있다. 구글은 사용자들의 건강기록을 스캐닝하면서 그것을 광고 때문이라고 주장할까? 구글 문서도구에 개인이 작성한 메모, 편지, 보고서 등이 구글에 귀속된다고 주장하는 것과 똑같이 개인의 PHR 컨텐츠도 구글에 귀속된다고 우길 것인가?[112] 개인의 PHR이 보험회사, 제약회사 등에 얼마나 가치 있는 것인지 상상해 보라.

구글은 장기적으로 보면 결국 사용자들이 프라이버시보다는 편리함을 선택할 것이라고 믿는다. 많은 시민 운동가들과 전문가들이 구글의 G메일 메시지 로봇 스캐닝에 반발함에도 불구하고, 어쨌든 지금도 G메일 이용자 숫자는 줄지 않고 있다. 사람들이 자신의 이메일이 스캔되는 것에 개의치 않고 구글이 특권을 남용하지 않을 것이라고 믿기 때문인지, 정말 자신의 메시지가 스캔되고 있다는 사실을 모르기 때문인지는 확실치 않다. 하지만 구글이 사용자의 프라이버시에 대한 우려가 과장되었다고 믿는다는 점만은 분명하다.

* * *

구글이 얼마나 많은 정보를 수집하고 있는지, 그걸로 무엇을 하는지 알아야 할 권리가 우리에게 있지 않을까?

전자프론티어재단의 변호사인 케빈 뱅크스톤Kevin Bankston은 이 질문에 다음과 같은 관점을 제시한다. "우리의 검색기록로그는 우리가 접했던 것 중 우리 두뇌를 출력한 인쇄물과 가장 가깝다."[113]

세상에 존재하는 정보의 많은 부분이 사적 정보다. 그럼에도 불구하고, 구글은 정보를 체계화하고 접근가능하게 만드는 일을 그만두지 않는다. 그리고 사적 정보는 공적 정보보다 보기 힘들기 때문에 더욱 가치가 있다.

구글은 자신의 웹크롤러Web crawlers가 발견하는 것은 모두 공개된 정보라고 간주한다. 하지만 어떤 웹마스터들은 사적인 정보를 공개적으로 링크되지 않은 폴더에 저장하면서, 이런 정보는 발견되지 않을 것이라고 생각한다. 그 결과, 학생들의 사회보장번호가 구글 웹크롤러에 의해 공

개되기도 했다.[114]

이처럼 사용자의 의식결핍 또한 의도하지 않은 노출에 한몫한다. 보안컨설팅 전문업체 포네몬 인스티튜트Ponemon Institute가 1,000명의 구글 사용자를 조사한 바에 따르면, 89퍼센트는 자신의 검색활동에 대해 아무도 모를 것이라고 생각하며, 77퍼센트는 자신의 검색활동이 개인적인 신원을 드러내는 데 아무런 영향을 미치지 않을 것이라고 생각했다. 이는 모두 그릇된 믿음이다.[115]

구글이 수집하는 정보 중 일부를 나열해 보면 다음과 같다.

- 나의 관심사, 욕망, 필요 (예: 검색)
- 나의 검색목록 (예: 웹히스토리)
- 내가 방문하는 웹사이트 (예: 크롬)
- 내가 시청한 동영상 (예: 유튜브)
- 내가 읽은 뉴스, 논평, 도서 (예: 구글 북스)
- 내가 토론한 화제 (예: 구글 그룹스)
- 내가 생산한 컨텐츠 (예: G메일)
- 나와 가족과 친구의 얼굴 (예: 피카사)
- 내 목소리와 내가 통화하는 사람의 목소리 (예: 구글 토크)
- 나의 의료기록과 처방기록 (예: 구글 헬스)
- 나의 구매기록 (예: 구글 체크아웃)
- 나의 여행지 (예: 구글 지도)
- 나의 관심장소 (예: 구글 스트리트뷰)
- 나의 개인정보 (예: 구글 체크아웃)

- 나의 집, 직장, 단골집 (예: 구글 래티튜드)

- 나의 활동계획 (예: 구글 캘린더)

- 내 컴퓨터에 저장된 데이터 (예: '컴퓨터 간 검색'이 활성화된 구글 데스크톱)

- 내가 시청하는 TV 프로그램 (예: 구글 TV)

이것은 전체리스트가 아니다. 구글제품은 수백 가지가 넘는다.[116] 이에 더불어 구글은 애플리케이션 개발자들에게 정보수집을 가능하게 하는 도구를 제공하며 새로운 정보소스를 개발하는 회사에게 투자한다.

예를 들어, 구글은 23앤미23andMe라는 회사에 투자했는데, 이 회사는 "최신 DNA 분석기술과 웹기반의 인터렉티브 툴을 활용해 개인이 자신의 유전정보를 이해하는 데 도움을 준다."[117] 개인의 게놈genome은 타겟광고, 개인화, 심지어 의학적 운세 진단의 궁극적 수단이 될 수 있다.

구글이 수집, 체계화, 분석화하려고 하는 정보에 한계가 있을까? 전지적 감시를 통해, 구글은 행동에 영향을 미치고, 행동을 예측하기 위한 전례 없는 지식을 축적하고 있다.

이런 기법을 기업의 근로자, 고객, 투자자들에게 응용한다면, 구글은 해당 기업이 아는 것보다 그 기업에 대해 더 많은 것을 알지도 모른다. 이 같은 기법은 관공서 같은 다른 조직에도 적용될 수 있다.

정보는 권력이다. 광범위하게 축적하고 있는 정보를 통해, 구글은 유례없는 권력을 획득하는 길로 접어들었다.

* * *

사용자들이 반격할 수 있는 방법은 없을까?

트랙미낫^{TrackMeNot}이란 파이어폭스 애플리케이션은 유령검색쿼리를 생성하여 사용자의 검색 히스토리를 교란시킨다. 구글은 물론 다른 인기 검색엔진에 작용하는 트랙미낫은 검색을 숨기지는 못하지만 대신에 희석시킨다.[118]

구글 비판자로 유명한 다니엘 브란트^{Daniel Brandt}가 만든 스크루글^{Scroogle} 이란 사이트는 사용자의 검색쿼리를 구글에 중계하면서, 사용자의 IP주소를 숨기고 도중에 모든 쿠키를 가로챈다.[119]

사용자 프라이버시에 신경 쓴다는 것을 과시하기 위해, 구글은 구글 대시보드^{Google Dashboard}를 선보였는데, 이 제품은 최대 23가지의 구글제품을 한 화면에서 관리할 수 있게 해준다. 불행하게도 구글 대시보드는 단순한 내비게이션 도구일 뿐, 프라이버시를 개선해주지는 못한다. 컨슈머 워치독의 존 심슨이 지적한 바와 같이, 이 제품에는 '나를 익명으로 만들기'나 '나를 추적하지 마시오' 같은 옵션이 추가되어야 할 것이다.[120] 구글 대시보드는 구글의 정보수집이나 활용을 더 투명하게 만들지 못한다.

물론 구글 대시보드가 특정한 사적 정보를 삭제하는 기능을 사용자에게 제공하기는 한다. 하지만 폭스경제뉴스의 앵커 닐 카뷰토^{Neil Cavuto}가 "……그런데 귀사도 그 정보를 삭제한다는 걸 어떻게 믿을 수 있나요?" 라고 묻자 슈미트는 "그것은 우리가 그렇다고 말하니까 믿으셔야 합니다. 그렇지 않으면 고소당할지도 모르니까요."라고 대답했다.[121] 다른 자리에서 슈미트는 이렇게 말하기도 했다. "……여러분이 우리를 신뢰해야 하는 이유는, 우리가 그러한 신뢰를 저버린다면, 사람들은 곧장 다른 곳으로 가버리기 때문입니다."[122]

슈미트가 이해하지 못하거나 아니면 인정하고 싶지 않은 건, 투명성과 책임이 없으면 사용자에게 통제권을 준다고 해도 건 무의미하다는 것이다. 예를 들면, 사용자는 삭제된 정보가 실제로 지워졌는지, 아니면 더 이상 자신에게 보이지 않을 뿐인지 알지 못한다.

* * *

구글은 프라이버시를 거부하고 퍼블리커시를 옹호한다.

에릭 슈미트 같은 구글 경영진은 이러한 정책을 명백하게 밝힌다. "이를 관리하는 유일한 방법은 진정한 투명성과 익명성의 근절입니다. 비동기적인 위협asynchronous threats으로 가득 찬 세상에서, 개개인을 식별할 수 있는 방법이 없다면 너무 위험합니다. 우리에게는 사람들을 위한 (검증된) 서비스가 필요합니다. 정부가 그것을 요구할 것입니다."[123]

인터넷의 개척자이자 구글의 인터넷 에반젤리스트 빈트 서프Vint Serf는 밝은 면을 보라고 말한다. "프라이버시는 급속히 거품이 빠지는 중이지만, 한편으로는 그런 프라이버시의 감소가 투명성을 유도합니다."[124]

이는 수사적 궤변에 불과하다. 우리가 어떤 사람에게서 프라이버시를 제거하면 그 사람이 '투명'해지는 건 사실이다. 하지만 투명성이 필요하다고 말할 때, 대부분의 사람들은 사용자를 언급하는 것이 아니라, 사용자의 사적 정보를 수집하고 이용하는 인터넷 기업을 얘기하는 것이다.

가끔 구글은 사용자가 합당한 프라이버시 우려를 가질 수 있다는 점을 인정조차 하지 않으려는 것처럼 보인다. 어느 패널토론에 중에, 구글의 윌 데브리스Will Devries는 프라이버시의 '어두운 측면'에 대해 말해달라는 요청을 받았는데, 그는 즉각 '사람들이 구글과 구글이 할 수 있는 일에 대한 믿음을 상실하는 것'이라고 규정했다.[125] 정보의 수집과 활용에는 제한이 있어야 한다는 점은 그의 머리 속에 떠오르지 않았다.

온라인 데이터는 전적으로 1과 0으로만 구성되어 있고, 과정이 자동화될 수 있으므로, 온라인에서 데이터를 수집하는 일은 쉽다. 구글은 유례없는 스케일로 온라인 데이터를 수집할 수 있는 기술을 개발했다. 그것이 창업자들이 자신들의 회사명을 1 다음에 0이 100개 붙은 숫자를 의미하는 구골googol에서 본뜬 이유이기도 하다. 하지만 그렇다고 프라이버시를 파괴하는 일이 정당화되지는 않는다.

수익모델, 말만 앞세우는 프라이버시 정책, 무지막지한 프라이버시 위반과 극단적인 비밀주의를 통해 알 수 있는 구글의 태도는 "나에겐 프라이버시가 필요하고, 너희들에겐 철저한 투명성이 필요하다."란 것이다.

우리의 프라이버시는 부수적이거나, 사소하거나, 쓸모 없지 않다. 우리의 프라이버시는 개인적 자유와 안전을 위해 필수적이다. 이와 다른 얘기를 하는 사람들의 말에 귀 기울여서는 안 된다.

구글은 자기 것이 아닌 정보를 이용해 수익을 만들어내고 있다.

구글은 타인의 자산을 존중하지 않는다. 구글의 창업자들은 스탠포드 대학 시절 자물쇠를 따서 다른 사람의 개인용 컴퓨터를 멋대로 사용했다고 한다. 그 이후로도 구글은 조직적으로 상표권, 저작권, 특허권를 침해하고, 저작권 침해를 돕거나 그로부터 이익을 취하며, 타인의 자산을 유용해서 새로운 비즈니스를 만들어 소송을 당해 왔다. "내 것은 내 것이고, 네 것도 내 것이다"라는 농담만큼 구글에게 잘 어울리는 표현은 없다. 구글은 반복적으로 타인의 지적재산권을 침해한다. 자기 것은 열심히 보호하면서 말이다. 구글은 자기 것이 아닌 컨텐츠를 디지털화하고 체계화한다. 허락도 구하지 않고 말이다. 급진적인 무료 수익모델을 통해 다양한 제품을 쏟아내며, 나름대로 가치를 지닌 경쟁제품과 컨텐츠를 굴복시킨다. 구글은 불법 컨텐츠를 밀매하는 웹사이트에 광고를 실어 수익을 거둔다. 300억 달러의 거인은 프리랜서들을 압박해 그들의 작품을 공짜로 올리게 한다. 자신이 굶주리는 예술가인 양 말이다.

구글의 창업자들은 극단적으로 번지르르한 말로 자신들의 행동을 정당화한다. 주주들을 위한 투자안내서에서 그들은 이렇게 떠벌린다. "세르게이와 나는 이 세상에 위대한 서비스를 세공할 수 있다고 믿고 구글을 창업했습니다…… 우리의 목표는 가능한 많은 사람들의 삶을 증진시킬 수 있는 서비스를 개발하는 것입니다. 세상을 위한 일을 하는 것입니다."[1]

구글의 최고경영진들은 자신들의 목적이 돈이 아니라고 주장한다. 하지만 그들은 더블 아이리쉬Double Irish 같은 정교한 세금회피 술수를 부렸다. 미국 내 상위 5개 기술회사 중에(시가 총액 기준), 구글은 가장 낮은 비율의(2.4퍼센트) 세금을 납부했다.[2]

* * *

스탠포드대학원생 래리 페이지와 세르게이 브린은 자신만의 검색엔진과 웹크롤러를 개발할 무렵, 마음대로 다룰 수 있는 개인용 컴퓨터가 가능한 많이 필요했다. 한 가지 방법은 신용카드로 컴퓨터를 구매하는 것이었고, 또 다른 방법은 스탠포드대학 수취물 하역장에서 PC를 '빌리는' 것이었다.[3] 두 사람은 스탠포드의 네트워크 대역폭을 지나치게 잡아먹어서, '전체 스탠포드 네트워크를 다운시킬' 정도였다.[4]

이것만이 전부는 아니다. 페이지의 대학원생 기숙사에 설치된 두 사람의 컴퓨터는 너무 많은 전력을 잡아먹어, 빌딩의 누전차단기가 자주 내려갔다. 브린은 자물쇠따기 기술에 어떻게 도사가 되었는지 자랑스럽게 회상하며, 빌딩 지하로 잠입해서 필요할 때마다 누전차단기를 재가동했다.[5]

일부 논평가들은 이런 사건을 기업가적인 열정이라고 간주한다. 그러나 일을 완수하기 위해 어떤 일이든지 하는 것과 자신의 필요가 모든 사람의 필요보다 앞선다고 생각하는 것은 차원이 다르다.

* * *

구글이 유용한 제품과 서비스를 제공한다는 사실은 누구도 부정할 수 없다. 하지만 처음 몇 해 동안, 구글의 창업자들은 멋진 검색엔진과 웹크롤러를 가지고 있었지만, 수익모델이 없었다. 구글이 큰 돈을 벌기 시작한 건, 고투닷컴이라는 회사의 창업자 빌 그로스[Bill Gross]를 만난 뒤였다.

그로스는 타겟광고를 통해 검색키워드를 수익화하는 방법을 처음으로 고안한 사람이다. 이 수익모델은 광고주들이 온라인 경매를 통해 가장 가치 있는 키워드를 잡기 위해 경쟁하도록 한다. 또한 성과기반 클릭당 지불모델로 1,000회 노출당 지불모델에 비해 훨씬 많은 광고주를 끌어 들일 수 있다. 키워드광고로 얻은 수익을 활용해 더 많은 트래픽을 구매할 수 있고, 이를 통해 한층 더 많은 광고를 노출하는 선순환구조를 만들어 낼 수 있다.[6]

빌 그로스는 온라인사업의 천재였다. 그는 문제를 파악하고 그 누구보다 훨씬 먼저 해결책을 구상해냈다.

래리 페이지와 세르게이 브린은 2001년 TED[Technology+Entertainment+Design] 컨퍼런스에서 빌 그로스를 만났다. 그로스는 검색파트너를 찾는 중이었으나 페이지와 브린은 검색결과에 유료광고를 섞는 것에는 확고한 반대입장을 표명했다. 그로스의 회사가 구글보다 훨씬 많은 돈을 벌고 있었지만, 페이지와 브린은 그와 함께 일하는 데 관심이 없어 보였다. 그러다 2002년 초 구글은 그로스가 선전했던 바로 그 아이디어인 클릭당 지불하는 키워드경매 서비스를 내놓았다. 구글의 수익은 천정부지로 치솟았

고, 그로스는 특허침해로 구글을 고소했다.[7]

구글의 창업자들은 스탠포드대학 수취물하역장에서 PC를 '빌렸듯이' 그로스의 아이디어를 '빌렸던' 것일까?

빌 그로스에 대해 약간만 더 알아보자. 그로스는 고투닷컴을 1998년 설립했다.[8] 그의 첫 번째 중요한 통찰력은 인터넷이 식별되지 않는 트래픽으로 뒤덮이고 있다는 것이었다. 만일 어떤 방법으로든 양질의 트래픽을 식별할 수 있다면, 그걸 수익화할 수 있다는 이론을 정립했다.

그로스는 12살 때 차익거래로 돈을 버는 방법을 배웠다. 동네가게가 캔디를 세일로 판매할 때 캔디를 대량구매해 아파트단지로 가져가 자신이 지불한 돈보다는 약간 높고, 정가보다는 약간 낮은 가격으로 낱개판매를 했다. 그는 개당 조금씩 이익을 거두었고, 다른 아이들은 조금씩 돈을 절약했다. 누이 좋고 매부 좋은 사업이었다.[9]

수년 후, 그로스는 검색사이트를 만들어 일정 규모 이상의 트래픽을 끌어들이고 난 다음 광고주들에게 검색키워드를 팔 수 있다는 사실을 깨달았다. 그로스의 구상은 대담했다. 그는 다른 이들에게서 트래픽을 구매하여, 성과 기반 광고를 판매한다면 돈을 벌 수 있다고 생각했다. 광고를 볼 가능성이 있는 사람수를 기준으로 과금하는 것이 아니라 사용자가 광고를 클릭했을 때만 과금하는 것이다. 광고주들에게는 상당히 매력적인 제안이었다. 효과가 없을지도 모르는 광고에 미리 돈을 지불하는 대신, 실제 반응자에 대해서만 지불하면 되기 때문이다. 더구나 그로스가 제시한 비용은 클릭당 1센트에 불과했다.

1998년 그로스가 이 개념을 실행에 옮겼을 때, 검색은 스팸으로 뒤덮혀 있었다. 그로스의 전략은 우선 저렴한 성과 기반 광고로 광고주들을 길들인 다음에, 키워드 경매제도를 도입해 광고주들 스스로 클릭당 가격을 높이도록 만드는 것이었다. 1999년까지, 고투닷컴을 이용하는 광고주는 8,000명에 달했다. 이때 그는 자신의 광고서비스를 다른 검색엔진에 판매하는 아이디어를 생각해 냈는데, 외부 사이트들이 검색요청을 처리해주는 대가로 그들에게 정액, 또는 광고수익의 일정 비율을 대가를 지불하기로 했다.

2000년 후반 고투닷컴은 이러한 방식으로 AOL에 5,000만 달러를 지불하고 검색광고를 제공하기로 합의했다. 그 당시에는 다른 사이트의 검색요청을 대신 처리해주고 돈을 지불한다는 개념이 없던 상황이었기에 상당히 위험한 제안이었다. 그럼에도 고투닷컴은 이 계약을 통해 괜찮은 수익을 거뒀다. 1년 후 고투닷컴은 돈을 받고 광고주와 소비자를 연결해준다는 자신의 수익모델을 연상시켜주는 이름인 오버추어Overture로 회사 이름을 변경했다.

성공적인 유료검색광고 수익모델을 구축하기 위해서는 우수한 검색엔진, 방대한 트래픽, 다수의 광고주라는 세 가지 조건이 필요하다. 오버추어는 많은 사이트들을 통해서 트래픽을 얻고, 이를 바탕으로 광고주들을 끌어들였지만, 근본적으로 훌륭한 검색엔진을 보유하지 못했다. 반면, 인기 있고 급속히 성장하는 검색엔진을 보유한 구글은 장차 트래픽과 광고주를 확보할 수 있는 좀 더 유리한 위치에 있었다. 오버추어는 2002년에 6억 7,800만 달러 매출에 7,800만 달러 순익을 거두었지만, 결국 구글이나 마이크로소프트와 경쟁을 해야 할 운명을 예견하고 있었다.

오버추어와 계약을 맺고 있던 AOL을 설득해 구글은 광고계약을 따냈다. 오버추어에게서 계약을 빼앗기 위해 구글이 적정한 수준보다 훨씬 많은 비용을 AOL에게 약속하지 않았을까 그로스는 의심했다. 결국 그로스는 2003년 7월 오버추어를 야후에게 16억 3,000만 달러에 매각하는 데 성공했다.

한편, 구글은 2004년 8월 19일 상장될 예정이었다. 8월 9일, 구글은 고투닷컴의 특허[10]를 영구적으로 사용하는 대가로 자사의 일반주식 270만 주를 야후에게 공여하였고, 이로써 오버추어 소송건을 마무리지었다고 발표했다.

왜 구글의 창업자들은 타협을 했을까? 아무래도 각종 진술과 증거들이 쏟아져나오면 다가오는 IPO에 부정적 영향을 미칠 수 있다고 생각했기 때문일 것이다. 이미 IPO 침묵기간quiet period 동안 창업자들이 「플레이보이」와 인터뷰한 내용이 출간되어 SEC 규칙을 위반했다는 우려가 있었다.[11]

IPO 투자자들이 가장 신경을 쓰는 건 무엇일까? 바로 기업의 본질적 가치다. 구글은 사람들이 자신의 재정적 성공이 주로 페이지랭크 알고리즘이나 구글봇 웹크롤러 같은 내부개발혁신 때문이라고 생각해주길 원했다. 오버추어 소송건은 구글의 눈부신 매출성장이 다른 사람의 기술로 이루어졌다는 점을 암시했다. 고투닷컴 특허에 대한 추가적인 논쟁은 구글 창업자들의 신뢰성에 의문을 불러일으켜, IPO 성공을 위험에 처하게 할 수도 있었다.

야후와 합의한 액수인 구글 주식 270만 주는 한 푼이라도 비용을 절감하고자 하는 창업자들의 노력에 비춰보면 엄청난 규모다. 2004년 11월 기준으로 구글 주식 270만 주의 가치는 5억 달러가 넘었다.

아무리 따져 보아도 구글은 거저 먹은 것이나 다름 없었다. 구글은 자사의 검색광고 비즈니스의 핵심기술을 영구적으로 사용할 수 있는 라이센스를 얻었다.[12] 야후는 자신의 권리에 대해 더 이상 따지지 않기로 했음이 틀림없다. 소송건이 마무리되자, 구글의 사업은 비상했다.

역사는 승자에 의해 쓰여진다고 한다. 오늘날 유료검색광고 하면, 사람들은 구글 애드워즈를 떠올린다. 하지만 엄청난 성공으로 입증된 성과기반 과금의 키워드경매 모델은 구글이 아니라 빌 그로스의 회사가 창안하고 특허를 받은 것이었다.

타협을 통해 소송에서 빠져 나옴으로써 구글은 대부분의 증거를 파묻어 버릴 수 있었고, 오버추어의 혁신이 구글의 성공에 얼마나 중대한 역할을 했는지는 아무도 알 수 없게 되어버렸다.

* * *

머지 않아 구글은 애드워즈 검색광고 서비스에 대한 법적 도전에 휘말리게 된다. 광고주들이 검색키워드로 다른 회사의 상표(브랜드명)에 입찰하기 시작한 것이다.

유료검색광고 이전에는 경쟁사가 자신의 브랜드를 유용해 소비자들을 혼란스럽게 만들지 않도록 상표로 등록함으로써 법적으로 보호받을 수 있었다. 이를 통해 자신의 브랜드명이 무단으로 사용되는 것을 막거나 최소한 중지시킬 수 있었다.

하지만 유료광고 검색은 새로운 꼼수를 낳게 했다. 다른 회사의 상표를 자신의 타겟광고키워드로 사용하는 광고주들이 생겨난 것이다. 경쟁자들로서는 시장 선도자가 어렵게 획득한 브랜드 인지도를 고스란히 이용하는 기발한 방법이었다. 경쟁자들은 시장 선도자의 브랜드명을 공개적으로 언급하지 않고도 뒷구멍으로 시장 선도자의 고객과 잠재고객을 끌어올 수 있었다.

구글은 경쟁자의 상표를 검색키워드로 사용하는 광고주의 권한을 옹호했으며, 몇몇 국가에서는 하급법원 분쟁에서 승리를 거뒀다. 결과적으로, 상표를 키워드로 사용할 수 있는 권한에 대한 구글의 정책은 국가에 따라 달라졌다.

하지만 이것으로 이야기가 끝나는 것이 아니다. 구글이 법정에서 보여준 상표소유자에 대한 태도와 행동은 매우 우려스러웠다.

2003년 아메리칸블라인드^{American Blinds}와 월페이퍼팩토리^{Wallpaper Factory}는 경쟁자들이 자사의 상표명을 검색키워드로 사용하고 있다고 이의를 제기했다.[13] 즉, 사용자가 'American Blinds'라고 검색하면 저스트블라인드^{JustBlinds.com}나 셀렉트블라인드^{Select Blinds} 광고가 떴다. 구글의 초기 대응은 해당 광고주들이 타사의 상표를 검색키워드로 사용치 못하도록 중지하는 것이었다.

하지만 구글은 갑작스럽게 방향을 바꿔, 법적으로 선제행동을 취하면서 광고주가 원하는 어떤 키워드라도 자유로이 사용할 수 있어야 한다고 미연방 지방법원을 설득하려고 시도했다. 이를 통해 구글은 언론자유의 옹호자로 자신을 포장했다. 그러나 상표권 침해로 고소당하자, 구글은 완전히 다른 주장을 들고 나왔는데, 자신은 상표권자와 광고주 사이의 분쟁에서 중간자일 뿐이라고 항변했다.

바꿔 말하면, 구글은 방어적 입장일 때 자신이 결백한 방관자일 뿐이라고 주장했다. 하지만, 공격을 취할 기회가 보이면, 구글은 결백한 방관자의 자세를 버렸다.

2004년 초 아메리칸블라인드가 구글을 고소한 직후, 구글은 상표로 등록된 단어도 광고검색단어로 판매할 수 있다고 발표했다. 구글은 언론자유를 수호하고 관련 광고를 보장하기 위한 방편이라며 이러한 조치를 옹호했다. 하지만 아메리칸블라인드의 변호사 데이비드 라멜트[David Rammell]가 지적한 바와 같이, 구글은 광고주들이 특정 검색조건을 사용하지 못하도록 금지한 적이 있었다.[14]

구글은 아메리칸블라인드 사건에 대한 기각 동의안을 신청했다. 법정에서 동의안에 대한 소송 당사자들의 찬반토론 일정이 확정되기 전날 아메리칸블라인드의 어느 변호사가 구글에서 'American Blinds'에 대한 검색을 실행해 봤다. 어찌된 영문인지 검색결과 페이지에는 경쟁사 광고가 하나도 뜨지 않고 아메리칸블라인드의 광고만 나타났다. 이상하다고 생각한 변호사는 미국의 다른 지역에 있는 동료들에게 같은 검색을 해보라고 부탁했다. 다른 지역에서는 여전히 경쟁사의 광고가 보였다.

구글은 공판장소인 캘리포니아 산호세에서 뜨는 검색결과만 수정했을까? 아메리칸블라인드가 다른 도시에서는 여전히 경쟁사의 광고가 뜬다는 증거를 제시하자, 구글은 절대로 검색과 애드워즈 알고리즘은 건드리지 않는다고 주장하며 기술적 착오라고 대수롭지 않게 여겼다.[15]

애드워즈 고객이 타사의 상표에 입찰해서는 안 된다고 생각한 회사는 아메리칸블라인드만이 아니었다. 가이코[GEICO]는 2004년 5월 상표권 침해사유로 구글을 고소했다.[16] 구글은 경쟁사들이 'GEICO'와 'GEICO Direct'에 입찰할 수 있도록 허용했다. 가이코는 사용자들이 'GEICO'라고 입력했을 때, 경쟁사의 다른 광고가 보이므로 혼선을 일으킨다고 주장했다.

그럼에도 구글은 법적 방어를 위해 또 다른 주장을 제시했다. 저작권을 가진 자료에 대한 '공정사용^{fair use}' 주의와의 유사점을 들이대면서, 구글은 자신의 상표권 정책이 불충분한 보호와 지나친 보호 사이에서 타협점을 제시했다고 주장했다.[17] 하지만 공정사용은 언론자유를 보장하기 위해 고안된 것이다. 애드워즈 광고주가 잠재고객을 끌어들이기 위해 또 다른 회사의 상표를 사용할 때, 광고주는 다른 회사가 브랜드 인지도에 투자한 시간과 노력을 이용해 이득을 보는 것이다.

구글은 스스로 플랫폼을 개발해서 서비스를 제공하고, 규정을 구축했음에도, 자신이 결백한 방관자라는 주장을 계속했다. 레오니 브린케마 Leonie M. Brinkema 판사는 가이코가 자사 상표가 검색조건으로 사용됨으로써 혼란이 야기됐다는 사실을 입증하지 못했다고 판결하고, 재판을 종료해 달라는 구글의 동의안을 수용했다.[18] 2010년 3월 유럽 재판소의 판결[19] 역시 상표를 검색키워드로 사용하는 행위가 상표법[20]을 위반하지 않는다고 결론 내렸다.

하급법원들은 상표권 보호의 취지를 망각했단 말인가? 기업들은 소비자 인지도를 구축하기 위해 상표를 사용한다. 시간이 지남에 따라, 상표는 구체적 회사나 제품과 결부된 독특한 가치제안을 상징하게 된다. 기업들은 대개 브랜드 인지도를 구축하기 위해 막대한 투자를 감행하기 때문에, 당연히 그 성과를 보호하고 싶어한다. 상표권은 특허권, 저작권, 영업비밀과 마찬가지로 지적재산이다. 상표권에 대한 법적 보호는 단순히 의장광고뿐만 아니라 모든 적법한 사업적 용도를 포괄해야 한다.

이 문제에는 또 다른 측면이 있다. 애드워즈 고객이 타사의 상표에 입찰하도록 허용하는 행위는 경쟁사가 타사의 상표를 이용해 이득을 볼 뿐만 아니라, 상표 소유자가 자신의 투자를 보호하려는 방편에서 입찰에 참여하도록 압력을 가한다.

언어학습 소프트웨어 개발사인 로제타스톤Rosetta Stone은 구글의 상표권 남용과 투쟁하면서 업계의 지지를 얻었는데, 경쟁기술협회ACT와 산하 3,000개 회원사의 지지표명이 눈에 띈다. ACT의 사무 총장인 모건 리드Morgan Reed는 다음과 같이 거침없이 표현한다.

구글은 검색광고 지배력을 이용해 상표권 보유자들을 갈취하고 있다. 구글은 가짜들이 자신의 네트워크에서 광고하도록 허용함으로써, 표절자가 자신의 소프트웨어 불법 복사본을 판매할 수 있게 했다. 이를 못하도록 막기 위해 로제타스톤 같은 기업은 표절자보다 높은 값으로 키워드경매에 입찰해야만 했다. 구글이 검색광고 시장의 78퍼센트를 장악하고 있는 상황에서, 로제타스톤은 표절자들과 싸우기 위해 구글에게 더 많은 광고비를 써야 하는 수밖에 없다.[21]

구글은 디지털 경제를 이해하기에도 벅찬 하급법원들에게 현란한 주장들을 연달아 늘어놓음으로써 타인의 지적재산을 수익화하고 있다. 지적재산권 옹호 진영은 항고에서 승리할 것으로 보인다. 하지만 그때까지 살아남을 수 있어야만 가능할 것이다.

* * *

구글은 뉴스통신사가 저작권을 가진 컨텐츠를 허락 없이 사용해 구글 뉴스를 만들었다. 이 과정에서 구글은 저작권법을 회피하는 효과적인 전술을 익혔다.

구글 뉴스는 뉴스통신사가 만든 컨텐츠를 무단으로 게재했다. AFP는 2005년 3월 구글이 자사의 헤드라인, 사진, 기사를 허락 없이 도용했다고 고소했다.[22] 또한 AFP는 구글이 사용정지명령을 무시했다고 주장했다. 결국 구글은 AFP와 AP 통신사와 타협했다.

구글 뉴스의 저작권침해 고소에 대한 구글의 대응은 이 회사의 책임 회피 모델이 되었다. 구글은 뉴스통신사가 옵트아웃할 수 있는 과정이 있었다고 주장했다. 다시 말해 구글이 허락 없이 저작물을 사용한 것이 문제가 아니라, 저작물 보유자가 옵트아웃하지 않은 것이 문제라고 주장했다.

영리한지는 모르겠지만 사악한 전략이다. 구글은 고의적이고 뻔뻔한 저작권침해를 사소한 실무적인 오류로 보이게끔 만들었다. 옵트아웃 과정과 리뷰 프로세스를 제공함으로써 구글은 자신이 저지른 저작권 침해를 감독하는 부담을 희생자에게 전가했다. 반면 구글은 저작물을 불법적으로 사용해 트래픽 측면에서 상당한 이득을 봤다.

구글의 전략은 저작권 보유자들을 꼼짝 못하게 만들어, 끝없이 소송을 제기하든지 아니면 구글에게 유리한 조건으로 광고협상을 시작하든지 양자택일할 것을 강요했다.

결과적으로, 구글이 자신의 컨텐츠로 돈을 벌고 있을 때 저작권 위반을 감시하고 신고하느라 돈을 잃는 것보다 구글과 광고수익 배분협상을 통해 적은 돈이라도 버는 편이 나았다.

* * *

이쯤 되면 그림이 그려질 것이다. 구글은 허락 없이 타인의 지적재산을 수익화하는 새롭고도 영리한 길을 개척하고 있는 것이다.

더 많은 광고를 팔기 위해, 구글은 더 많은 정보와 컨텐츠를 체계화하고 접근할 수 있도록 만들어야 한다. 책, 음반, 영화 같은 세상의 정보는 대부분 아날로그 포맷으로 존재한다. 이런 자료를 온라인에 올리려면, 아날로그를 디지털로 변환해야 한다.

우리는 대부분 더 많은 정보를 온라인에서 보고 싶어한다. 하지만 지배적인 검색과 검색광고 제공자인 구글을 빼고는 재정적으로 이러한 일에 감히 뛰어들만한 기업은 없다.

하지만 구글에게도 한 가지 어려움이 있다. 어떻게 다른 이들이 창작하거나 소유한 컨텐츠를 디지털화할 수 있단 말인가? 허락을 요청할 수도 있지만, 만일 허락을 거부한다면 어떻게 할까? 아니면 이전처럼 먼저 컨텐츠를 디지털화한 다음, 나중에 닥치면 법적인 대처를 할 수도 있다.

구글은 스스로 기존의 기업과 다르다고 표방한다. 인도주의적 목표와 예외적인 윤리적 기준을 구현한다고 주장한다. 주요 기업세계에서 상표권, 저작권, 특허권 등의 침해는 흔한 사건이다. 구글이 더 높은 기준을 추구한다면, 다른 이들의 지적재산권을 침해할 가능성은 훨씬 낮아야 하지 않을까?

그렇다면 구체적으로 구글이 상표권, 저작권, 특허권 침해를 예방하기 위해 준비한 정책과 절차에는 어떤 것이 있을까? 구글의 행동수칙에는 어떻게 나와 있나 살펴보자.[23]

구글의 행동수칙 7장은 '법률준수'이다. 이 장은 영업관리, 경쟁규정, 내부영업규정, 뇌물금지규정, 네 부분으로 나눠진다. 구글의 '법률준수' 장에는 지적재산권[IPR]이 전혀 언급되어 있지 않다.[24]

이런 누락은 구글이 농산물 유통과 같은 비즈니스를 하고 있다면 이해될지도 모르겠다. 하지만 인터넷 기반 제품과 서비스 사업을 하는 구글에게, 지적재산권법은 매우 중요한 규칙이다.

구글의 행동수칙은 구글의 프라이버시 정책과 마찬가지로, 상투적 표현으로 가득 차 있다. "사용자가 신뢰하는 회사로서 우리의 평판은 우리의 가장 중요한 자산이며, 우리가 지속적으로 그러한 신뢰를 얻을 수 있는지는 우리 모두에게 달려있다." 구글의 직원들은 어떻게 사용자의 신뢰를 얻고 지켜야 하는가? "우리와 사용자들 간의 커뮤니케이션을 비롯한 모든 상호작용은 우리에 대한 사용자들의 신뢰를 증진시켜야 한다."

구글의 행동수칙에는 '지적재산'이란 부분이 포함되어 있다. 하지만 이 부분은 5장 '구글의 자산 보호'에 속해 있다. 당연히 이 장의 주요 관심사는 구글의 지적재산을 보호하는 것이다. 직원들에게 "······다른 이들의 지적재산권을 존중하라."고 강조하긴 하지만, 이 충고에 이어 다음 문구가 이어진다. "다른 이들의 지적재산을 유용하면 구글과 담당직원은 민형사상 벌금과 과태료를 물 수 있다."[25]

오픈소스 소프트웨어에 관한 부분에서, 행동수칙은 '다른 이들의 적법한 지적재산권을 존중하는 우리의 정책'에 대해서 말한다. 분명히, 구글은 다른 이들의 IPR 주장이 항상 적법하지는 않다는 점을 시사한다.

다른 이들의 IPR은 존중되어야 한다든지, 모든 IPR 주장이 항상 적법한 것은 아니라든지, 그리고 다른 이들의 IPR을 침해하면 구글을 곤경에 처하게 만들 수 있다는 등 구글의 행동수칙에 있는 문장에 잘못은 없다.

하지만, 구글의 행동수칙에 나타난 전반적인 인상은 구글의 IPR을 보호하는 일은 모든 종업원의 의무이지만, 다른 이들의 IPR을 지키는 일은 그저 조심해야 한다는 정도에 그친다.

* * *

구글의 창업자들은 저작권법을 뻔뻔하게 무시해가며, 세상의 모든 책을 디지털화하고 검색 가능하게 만들겠다고 표명했다. 구글 도서관 프로젝트는 8억 달러로 추정되는 비용을 들여 10년 동안 3,200만 권의 도서를 스캔하는 작업이다. 목표 도서의 4분의 3은 이미 절판된 책이지만 여전히 저작권이 살아있다. 구글은 자신의 목적에 맞게끔 저작권법의 '공정사용' 면제권을 재규정해서 책들을 복사하기 시작했다.[26]

공정사용은 토론이나 교육 같은 목적을 위해 책을 간략하게 발췌하는 행위를 허용한다. 발췌란 한 문장, 한 단락 또는 한 페이지까지는 가능하지만, 절대 한 챕터나 책 전체를 의미하지 않는다.

구글의 창업자들은 사실상 저작권법에서 자신을 해방시켰다. 검색 가능하도록 만드는 것이 목적이기 때문에, 자신들이 책 전체를 디지털화하는 것은 충분히 용인될 수 있다고 주장한다. 하지만 저작권 보유자들은 책의 번역본을 비롯한 파생저작물을 만들 수 있는 독점적인 권한을 보유하고 있으므로, 같은 규칙이 디지털 버전에도 적용되어야 한다.

검색 가능하게 만든다는 제한적인 목적을 위해서 전체 도서를 디지털화한다는 구글의 주장은 설득력이 부족한 변명이다. 도서는 일단 디지털 형태로 변환되고 나면, 재배포가 용이해지고 비용도 저렴해진다. 만일 구글의 네트워크가 해킹된다면, 구글 서버에 저장된 모든 책은 순식간에 퍼져나갈 것이다. 전체 도서를 디지털화하여 인터넷 서버에 저장함으로써, 구글은 저작권 보유자들을 심각한 위험에 노출시킨다. 저자와 출판사에 대한 잠재적인 손해라는 측면에서는, 구글 도서관 프로젝트는 공정사용보다는 불법복사에 가까워 보인다.

도서관들이 보유장서를 디지털화하고 싶어하는 데에는 타당한 이유가 있다. 시간이 경과함에 따라 노후화되고 닳는 물리적인 도서를 디지털화 하는 것은 도서의 컨텐츠를 보존하는 한 가지 방법이다. 많은 도서관들이 고객에게 빠르고 편한 방법으로 도서에 접근하는 방법을 제공하는 데 관심이 있긴 하지만, 저작권법을 지지하는 것이 도서관에게도 최선의 이익이 된다.

구글은 도서관들과도 협력하고 있는데, 그것은 바로 도서관에 책이 있기 때문이다. 구글은 스탠포드대학 도서관, 하버드대학 도서관, 뉴욕 공공도서관과 먼저 협력했다. 이어서 다른 15개 도서관과 계약했다. 동시에 구글은 일부 출판사들에게 신간도서를 디지털파일로 제공해달라고 유혹했다.

확실히 짚고 넘어가자. 구글 도서관 프로젝트는 허락 없이 세계의 모든 책을 복사하려는 의도적이면서 대담한 시도다. 저작권 보유자의 허락을 구하는 대신, 이를 기정 사실화하려고 시도했다. 구글은 더 많은 디지털도서를 보유할수록, 교섭에서 좀더 유리한 위치를 차지한다는 점을 알고 있다.

돈이 오가기 전에 판매조건을 흥정하는 일과, 이미 물건을 차지한 누군가와 판매조건을 흥정하는 일은 전혀 다르다. 전자는 적법한 상거래 행위지만, 후자는 일종의 강탈이다.

시사비평가 조나단 라스트Jonathan Last는 이렇게 말한다.

구글의 기업철학은 그들을 성공으로 이끈 모델에 근거하고 있다. 즉, 다른 사람의 컨텐츠를 체계화해서 공짜로 제공하고 그 과정에서 광고를 위한 공간을 만드는 것이다…… 구글의 세계관에서 컨텐츠는 개별적인 가치가 없다. 어떤 페이지는 다음 페이지보다 더 중요하지 않다. 1회의 페이지 방문은 1회의 페이지 방문일 뿐이다. 해당 페이지의 내용이 고양이 그림이든지, 또 다른 사이트로의 링크든지, 아니면 『괴짜경제학Freakonomics』이란 책의 내용으로 가득 찬 페이지든지 상관없다. 판매하는 물건이 광고공간이라면, 가치는 컨텐츠에서 방문자에게로 전이된다. 궁극적으로 컨텐츠의 가치는 제로가 된다…… 도서의 세계에서 가장 중요한 건 독자가 아니라 생각과 저자이다. 이것이 그런 창작물의 가치를 보호하기 위해 저작권이 존재하는 우선적인 이유인데, 구글은 이런 가치를 부인하려고 맹렬히 노력하고 있다.[27]

구글은 도서 디지털화를 2002년에 시작했다. 2년 후, 구글은 도서검색을 선보였는데, 공개된 책들에 대해서는 '전체보기'를 제공하고, 아직 저작권보호 하에 있는 책들에 대해서는 '발췌보기'를 제공했다. 이후 출판사들에게 잠재적인 판매수단으로서 '제한된 미리보기' 모드가 도입됐다.

작가협회는 2005년 9월, 구글에 대해 집단소송을 제기했다. 한 달도 안 되어 맥그로힐, 피어슨에듀케이션, 펭귄USA, 사이먼앤슈스터, 존와일리 등이 주축이 된 미국출판협회APA에서 소송을 제기했다. 구글은 저작권 보유자들이 이 프로그램을 옵트아웃할 수 있는 메커니즘을 만들어 대응하면서(앞서 뉴스통신사의 경우와 마찬가지로) 동시에 '발췌보기'는 저작권 법률상 공정사용 조건에 해당된다고 주장했다. APA 총재이자 CEO인 패트리샤 슈뢰더Patricia Schroeder는 이를 인정하지 않았다. "……저작권법의 전반적인 원칙은 자신에게 유리한지는 자신이 판단해야 한다는 것이다."[28]

게다가 또 다른 분란의 소지가 있었다. 원고는 미국의 모든 저작권 보유자들을 대변하겠다고 주장했는데, 중소출판업자들은 산업의 미래에 대한 중요한 결정에서 자신들이 소외되어 있다고 불평했다. 2006년 개시된 관련 당사자들 간 협상내용은 마침내 2008년 합의문으로 작성되어 발표됐는데, 이에 따르면 구글은 쥐꼬리만한 1억 2,500만 달러를 일시불로 지급하고 향후 추가수익을 분배키로 했다.

합의안이 구글 입장에서는 너무나 유리했지만, 한편으로는 구글이 저작권 침해에 책임이 있다는 점을 암묵적으로 인정한 것이었다. 미 법무부는 합의안이 반독점법에 위배된다고 이의를 제기했다. 합의안은 2009년 초에 구글이 권당 소액의 수수료와 추가 정액요금, 광고, 기타수단을 통해 발생한 매출의 63퍼센트를 권리보유자들에게 지불하는 것으로 수정되었다.

미 법무부는 수정된 합의안에 대해서도 반대했는데, 이 합의안이 집단소송법, 저작권법, 반독점법에 위배된다는 이유에서였다. 법정에 제출된 의견서에서, 법무부는 수정합의안은 '구글에게 수많은 도서의 디지털 상업화에 대한 전면적인 통제력을 인정할 것'이라고 경고했다.[29] 법무부는 수정합의안을 가격담합 술책이라고 묘사했다.[30]

특히 법무부는 수정합의안이 '저작권법에 예외를 만들려는' 시도라고 규정하면서[31] 이렇게 결론을 내렸다. "……법원에는 수정합의안을 승인할 권한이 없다고 생각한다."[32]

모든 도서관들이 구글 도서관 프로젝트에 관심을 보인 것은 아니다. 일부 공공도서관들은 구글이건 또 다른 회사이건 일개 사기업이 세계의 모든 도서를 디지털화한다는 가능성을 불쾌하게 여겼다. 그들은 하나의 조직이 통제하게 될 경우 검열의 압박에 굴복하거나 특정 도서나 저자를 부당하게 금지할 수도 있기 때문이다.[33] 또한 세계의 모든 도서를 디지털화하는 작업이 물리적 도서의 종말을 초래해 결국 전통적 도서관을 퇴출시키지 않을까 우려한다.

다른 이들은 구글 북스(구글의 온라인 도서 검색서비스)가 개인사용자의 도서검색 활동을 기록으로 만들어 관리할 수 있으며, 반대자나 정적을 감시하려는 정부가 구글에게 해당 기록을 제출하라는 요구를 받을 수 있다는 점을 우려한다. 또한 프랑스 국립도서관장이었던 장 노엘 자네 Jean Noel Jeanneney는 구글 북스가 영어와 미국 책을 편애한다고 불만을 토로한다.[34]

그렇다면 해외저자나 출판사들과 구글은 어떤 관계를 맺고 있을까? 합의안에서 그들의 자리는 어디일까? 오픈북 얼라이언스 Open Book Alliance는 다음의 경고를 담은 연구결과를 발표했다.

> 합의안은 (1) 어떠한 해외저작권 보유자나 저자에게 아무런 허가도 구하지 않고, 수백만 권의 책을 디지털화하여 이용할 수 있는 자동적인 권리를 구글이 소유함으로써, (2) 이들 해외저작권 보유자들을 역경으로 내몰 것이다.[35]

사실, 허락 없이 도서를 디지털화하는 행위는 명백한 권리침해 행위이다. 유로피아나 Europeana, 갈리카 Gallica, 하티트러스트 HathiTrust 같은 구글 도서관과 똑같은 프로젝트는 허락을 전제로 한 디지털화가 가능하다는 것을 보여준다.

구글은 단지 세계의 모든 책을 디지털화해서 검색 가능하게 만드는 작업만 하는 것이 아니다. 구글은 저작권법을 좀먹고 궁극적으로 사라지게 하는 시도를 선도하고 있는 것이다.

* * *

구글은 2006년에 16억 5,000만 달러에 가장 선도적인 동영상 공유 사이트 유튜브를 인수했다. 당시 유튜브에는 적절한 수익모델이 없었다. 유튜브는 엄청난 트래픽과 훌륭한 동영상 공유 플랫폼을 갖고 있었지만, 저작권 침해 문제가 폭발하기 직전 상황이었다.

수많은 유튜브 사용자들은 저작권이 있는 동영상 클립을 일상적으로 업로드한다. 그들은 허락 없이 저작권이 있는 자료를 업로드하지 말라는 경고도 무시했다. 도서뿐만 아니라 동영상에도 공정사용이 적용되는 것은 명백하다. 근거를 제시하기 위해 책을 인용하듯이, 동영상 클립 일부를 보여주는 것도 가능하다. 하지만 영화나 TV프로그램을 5분짜리 클립으로 잘라 연달아 올린다면 이것은 인용이라고 할 수 없다.

구글에 인수되기 전, 유튜브는 자신이 하는 일이 불법이란 사실을 분명히 알고 있었다. 이에 대해 바이어컴이 제출한 반박의 여지가 없는 진술, 구글과의 법적 분쟁과정에서 제출한 유튜브 이메일 등 부정할 수 없는 증거가 있다.[36]

유튜브의 전략은 가능한 한 많은 트래픽을 재빨리 모아서 회사를 매각하는 것이었다. 유튜브의 공동창업자 스티브 첸Steve Chen은 프로덕트매니저 메리로즈 던튼Maryrose Dunton에게 이렇게 말했다. "……어떤 전술을 쓰든, 사악한 방법이라 해도 최대한 공격적으로 수치를 높이는 데 집중합시다."[37] 공동창업자 자웨드 카림Jawed Karim은 비디오에 녹화된 인터뷰에서 파트너에게 이렇게 물었다. "어느 시점에 우리의 지저분한 비밀을 털어놓을까? 바로 그것이 우리가 유튜브를 빨리 팔고 싶어하는 이유인데 말이야……"[38]

유튜브는 자신의 목표를 달성하기 위해 저작권법 위반이 불가피하다는 점을 알고 있었다. 예를 들어 2005년 7월, 이메일에서 첸은 이렇게 말했다. "몇 트럭 분의 성인물과 저작권이 있는 컨텐츠를 유튜브에서 찾을 수 있을 것이다……"[39] 그는 창업자들이 전적으로 사용자가 만든 동영상에만 의존할 수 없다는 사실을 알았다. "훔쳐라! ……우리는 트래픽을 끌어야 한다는 점을 명심해라. 일상적인 동영상만 가지고 트래픽을 얼마나 끌어 모을 수 있겠는가?"[40]

첸은 저작권 침해를 조장한 결과를 걱정했다. "공동창업자 중 한 명이 뻔뻔하게 다른 사이트에서 컨텐츠를 훔쳐 모든 사람이 볼 수 있도록 노력하는 상황에서…… 우리 사이트에 올라온 저작권 있는 자료가 우리 책임이 아니라는 것을 입증하는 데 상당한 어려움을 겪을 것이다."[41] 반대로 이런 일을 중지하면 무슨 일이 일어날지 분명히 알고 있었다. "저작권 위반 위험이 있는 자료들을 삭제한다면…… 트래픽과 새로운 유입량이 20퍼센트는 줄어들 거야."[42]

궁극적으로, 첸은 저작권법을 우회하는 방안들이 있다고 결론지었다. "하지만 우리는 그런 자료를 사이트에서 내릴 수는 없다. 무슨 일이 일어날지는 나도 모른다. 뭐? CNN이 기사화할 거라고? 영향력을 있는 누군가가 문제 삼을지도 모른다고? 누군가 당장 그런 자료를 내리라고 요청해온다고? 저작권 침해로 인한 게시물삭제 명령서가 날아온다고? 그럼, 그때 동영상을 내리면 되지."[43]

첸의 파트너들은 더 조심스러웠다. 자웨드 카림은 어떤 이메일에서 이렇게 제안했다. "새로운 클립은 저작권 있는 자료만 업로드를 허용하자." 공동 창업자 채드 헐리^{Chad Hurley}는 좀더 비관적이었다. "법률소송이 들어올 것에 대비해 우리 몫은 미리 챙겨놔야지!"[44]

구글이 유튜브를 인수할 때 이 회사가 뭘 하고 있었는지 몰랐을 리 없다. 어떤 회사를 16억 5,000만 달러를 주고 인수할 때는, 당연히 회사 운영의 모든 측면을 체크하고 또 체크할 것이다.

바이어컴의 반박의 여지가 없는 진술은 또다시 결정적인 증거를 제공한다. 구글의 컨텐츠제휴 담당 부사장 데이비드 은^{David Eun}은 에릭 슈미트에게 인수 전에 보낸 이메일에서 이렇게 말한다. "저는 구글이 유튜브를 잡아야 한다고 생각합니다. 하지만 어떤 대가라도 치를 정도는 아닙니다. 어느 미디어업체 중역이 자신들도 유튜브를 면밀하게 모니터링하고 있다고 말하면서 유튜브를 '동영상의 그록스터'라고 비유하기도 했습니다."[45] 그록스터^{Grokster}는 저작권이 있는 음악을 허락 없이 손쉽게 재배포할 수 있도록 만들었다가 미 대법원에 의해 운영중단 명령을 받은 웹사이트이다.

데이비드 은은 회의 도중 세르게이 브린이 한 말을 전했다. "불법 다운로드를 활용해 수익을 얻는 것이 우리의 비즈니스모델인가요? 이것이 구글 방식입니까?"[46] 구글의 동영상 비즈니스 프로덕트 매니저 에단 앤더슨^{Ethan Anderson}이 보낸 이메일에는 '우리가 저작권 위반 검사를 중단하지 말아야 하는' 10가지 이유가 명시되어 있다. 첫 번째 이유는 다음과 같다. "다른 사람들의 지적재산 배포를 용이하게 하는 일은 "사악해지지 말자"라는 선을 넘는 것입니다……"[47]

유튜브는 구글에 인수된 후에도, 저작권법 위반을 계속했다. 예를 들어, 줄리 하벤스^{Julie Havens}는 이메일에 이렇게 썼다. "눈에 띄는 경향은 사

람들이 저작권이 있는 동영상을 자신의 사적 동영상에 올린다는 점이
다…… 그리고 많은 사람을 초청해 동영상을 보게 한다는 것인데, 이는
우리의 저작권 규제를 우회한다."[48]

2007년 초, 미디어 재벌 바이어컴은 구글에게 10억 달러 소송을 제기
하면서 이렇게 주장했다.

> 유튜브는 자사와 모회사 구글의 이윤을 목적으로, 다른 사람의 창작물에 대한 팬
> 들의 애착을 이용해 수익성이 좋은 비즈니스를 구축한 상당한 규모의 이익 추구
> 조직이다. 라이센스 받지 않은 컨텐츠를 활용해 트래픽을 구축하고 광고를 판매
> 하는 그들의 수익모델은 명백히 불법이며 저작권법과 정면으로 충돌한다.[49]

바이어컴은 구체적으로 자신들이 만든 10만 개가 넘는 클립이 허락
없이 유튜브에 올려져 있고, 이 클립이 15억 회 이상 조회되었으며, 그
결과 바이어컴은 손실을 입고 구글은 이득을 얻었다고 주장했다.

구글은 저작권 보유자들의 요청이 있다면 저작권이 있는 동영상을
삭제하겠다고 약속했다. 하지만 이는 동영상이 보여진 후 저작권 보유자
들이 항의하고, 구글이 항의를 검토한 후에야 가능한 일이다. 바이어컴
은 업로드된 동영상클립을 조회 가능하도록 게시하기 전에 검사할 수 있
음에도 구글이 그렇게 하지 않았다고 주장했다. 모든 책임을 저작권 보
유자에게 전가함으로써, 구글은 저작권 위반 동영상을 사용자들이 마음
대로 게시하도록 방치한다. 설사 어떤 동영상이 삭제된다 하더라도, 이
후에 또 다른 사용자가 똑같은 동영상을 업로드할 수 있어 저작권 보유
자들은 원점으로 돌아가야 한다.

공정사용주의에 기반하여 저작권이 있는 동영상의 짧은 클립을 게시하는 것은 위법이 아니며, 디지털 밀레니엄 저작권법^{DMCA}에 근거하여 저작권 위법에 해당하지 않는다고 구글은 주장했다. DMCA는 서비스제공자가 고지를 받은 즉시 컨텐츠를 차단하거나 삭제하기만 한다면, 사용자들이 허락 없이 업로드한 저작권 있는 컨텐츠에 대해 서비스제공자에게 책임을 물을 수 없다고 규정한다. 하지만 DMCA의 면책조항은 원래 인터넷 서비스 제공자^{ISP}나 기타 단순 망 사업자 역할을 하는 사업자들에 면책권한을 주기 위해 만들어진 것이다. 유튜브는 망 사업자보다는 컨텐츠 발행자에 가깝다.

검색엔진이 검색결과에서 좀더 높은 위치를 차지하기 위해 악용될 수 있는 것처럼, 법률도 더 수익이 나는 사업거래를 지키기 위해 악용될 수 있다. 구글은 DMCA의 구멍을 이용해 저작권 보유자들이 광고합의안에 응하도록 압력을 가할 수 있을까?

구글은 바이어컴과의 법적 분쟁 개시 단계에서 누설된 문서들을 공개하는 것에 격렬하게 반발했다. 바이어컴은 일부 문서를 사업상 비밀로 제외할 수 있다는 점에 동의했지만, 전부 공개하지 않아도 된다는 것은 아니었다. 바이어컴이 공개하기를 주장하고, 구글은 감추고 싶어했던 증거로는 다음과 같은 항목이 있다.

- 인수합병 이전 유튜브의 계획, 정책, 관행
- 구글의 계획, 정책, 관행
- 구글이 유튜브에 대한 평가 및 인수합병으로 인한 재무상 이득
- 통제권리와 권한 문제

● 저장과 직접적인 책임 문제[50]

이들 증거는 결국 공개됐으며, 대부분 구글을 난처하게 만드는 사항들이었다. 이 중 두 가지 폭로가 특히 충격적이었다. P2P 파일 공유서비스는 MGM 스튜디오와 그로커 유한회사 간의 법률분쟁에서 미 대법원의 판결로 운영이 중단됐는데,[51] 구글은 초기부터 유튜브가 동영상으로 그런 서비스를 한다는 것을 간파하고 있었다.

하지만 더욱 놀라운 폭로는 구글의 전략과 관계된 것이다. 구글의 수석 부사장 조나단 로젠버그Jonathan Rosenberg는 저작권을 선택적으로 감시하는 방안을 추진했다. 쉽게 말해 구글의 비즈니스 파트너에 대한 저작권 침해 동영상은 차단하고, 그렇지 않은 동영상은 방치하는 방안이었다. "유료컨텐츠 제공자들이 수익모델을 무료로 전환하도록 압박을 가한다…… 저작권 정책이 변경될 수 있다고 위협한다…… 계약에 합의하도록 협박을 할 수 있다."[52]

바이어컴이 구글과 협상하고자 시도했을 때, 데이비드 은은 바이어컴에게 구글의 툴에는 "저작물이 플레이될 때마다 오디오 지문audio fingerprint을 오더블 매직Audible Magic 데이터베이스로 전송하는 기능이 포함되어 있어, 컨텐츠파트너가 자신의 저작물이 몇 번 플레이되었는지 확인할 수 있다."고 말했다. 오디오 지문이 "이제는 상용서비스 중이며 구글과 수익분배 계약에 합의한 파트너들에게만 제공된다"[53]고 덧붙였다. 명백히 데이비드 은은 로젠버그가 제안한 그대로 압박을 가하고 있었다.

그 밖의 미디어 기업들은 이미 구글의 압박전술에 굴복했다. 예를 들어, CBS는 (아이러니컬하게도, 바이어컴의 자매회사이다) 유튜브에 나오는 동영상 클럽에 광고를 추가하고 구글과 수익을 배분하기로 합의했다. 이 계약은 유튜브가 저작권 있는 컨텐츠에 미디어 기업이 표식을 남길 수 있게 해주는 기술을 도입한 후 체결됐다. 유튜브는 이 기술을 활용해 동영상을 삭제하기보다는 동영상을 수익화하는 쪽으로 나가겠다고 시사했다.[54]

유튜브는 대략 43퍼센트의 시장점유율을 보유한 동영상 스트리밍 사이트의 선두주자로,[55] 2위 경쟁사보다 10배 정도 큰 시장을 점유하고 있다. 게다가 유튜브는 지배적인 검색엔진에 의해 소유되고 홍보되는 유리함까지 누리고 있다. 일부 미디어 기업들이 세계에서 가장 강력한 정보 문지기인 구글과 비용경쟁을 계속하느니 거래계약을 선택하는 건 놀라운 일이 아니다.

하지만 유튜브의 저작권침해에 문제를 제기하는 회사는 거대 기업만이 아니다. 독일의 작곡가 프랭크 피터슨Frank Peterson은 유튜브의 공짜 뮤직비디오 때문에 자신의 비즈니스가 타격을 받고 있다고 말한다. "나는 구글 유튜브에 의해 옥박당하고, 강탈당하고, 위협받고 있습니다…… 구글과 유튜브 같은 기업에 의해 계속되는 예술가들에 대한 도적질과, 소유자의 승낙이 없이 또는 그들의 의사에 반하여 저작권을 도용하는 행위는 예술과 문화에 대한 범죄로 간주돼야 합니다."[56]

구글은 2010년 중순 루이스 스탠튼Louis Stanton 연방판사가 구글이 DMCA의 삭제규정을 준수했다고 판결함에 따라 법정에서 승리를 거뒀다. 하지만 판결문에서 판사는 유튜브와 구글이 "저작권침해 자료가 자신의 웹사이트에 올라 있다는 사실을 일반적으로 알고 있었을 뿐만 아니라, 환영했다."는 점을 인정했다.[57] 대법원이 유사한 중대사건인 그룹스터 소송에서 하급법원의 판결을 뒤집은 사례를 알고 있는 바이어컴은 항소할 계획이다.

대법원은 디지털 온라인시대에서, 저작권을 감시할 부담을 대부분 저작권 보유자에게 돌린다면, 미 헌법이 보장한 지적재산권이 쓸모가 없어진다는 점을 파악했다.

* * *

구글은 온라인 저작권침해를 지원하고 선동했다는 혐의로 고소당한 적도 있다. 구글은 저작권이 있는 컨텐츠를 밀매하는 사이트 이지 다운로드 센터Easy Download Center와 다운로드 플레이스Download Place에 광고를 판매했다. 이 사이트들이 무슨 일을 하는지 구글이 몰랐을까? 진술서 내용을 알고 있는 사람들은 구글이 이 사이트에게 '해적판pirated'이나 '불법복제 영화bootleg movie'와 같은 키워드를 팔았다고 말한다.[58]

앞서 살펴본 것처럼, 영화업계는 구글이 검토를 위해 보류할 수 있도록 저작권침해 가능성이 있는 동영상에 표식을 남기는 기술을 가지고 있다고 믿고 있다. 구글에게 부족한 건 그렇게 해야 할 동기뿐이다. 구글은 도용을 조장하고, 저작권 침해자들은 유튜브에 샘플을 올려서 방문자들을 해적판 영화를 판매하는 사이트로 유도한다.

음악업계에서도 구글이 저작권이 있는 음악을 안드로이드 모바일폰으로 불법 다운로드하도록 조장한다는 불만이 제기되고 있다. 튜니Tunee라고 불리는 안드로이드 애플리케이션은 "……원하는 어떤 MP3 파일이든 무료로 다운로드할 수 있다."고 자랑한다. 한 음악 블로거는 구글의 전략이 '자체 뮤직스토어를 선보일 때까지 불법 음악 다운로드를 방관하는 것'일지 모른다고 말한다.[59]

또 다른 음악블로거는 구글이 '자체적으로 '적법한' 비즈니스 목적으로 라이센스하려던 바로 그 작품의 불법복사본을 판매하는' 사이트에 광고를 판매한다고 주장한다.[60] 이 주장이 사실이라면, "계약을 서명하도록 협박을 활용하라."는 조나단 로젠버그 구글 부사장의 말이 떠오른다.

독립영화 제작자 엘렌 세이들러[Ellen Seidler]는 자신의 영화 「앤 덴 케임 롤라[And Then Came Lola]」가 수백 개의 웹사이트에서 허락 없이 무단배포되고 있다는 사실을 발견하고 혼란에 빠졌다. 합법적인 비즈니스를 할 것 같은 구글과 같은 회사가 그런 사이트에 광고를 해서 도둑 맞은 자신의 컨텐츠로 돈을 벌고 있다는 사실을 어떻게 이해해야 할까? 세이들러는 이렇게 말했다. "내가 보기에 구글은 훔친 상품에 울타리를 쳐주고 있어요."[61]

세이들러는 미국영화협회[MPAA]에 문제를 제기했으며, MPAA는 해당 문제를 검토하는 중이라고 응답했다. 구글에게 문제를 제기하자, 구글은 애드센스에 대해 DMCA 소송을 제기해야 한다고 말했다. 결국 그녀는 한 가지 소송 건이 해결되더라도, 그녀의 영화와 구글광고가 실린 다른 사이트들이 등장한다는 사실을 깨달았다. 그녀는 이런 상황을 가리켜 '구글 회전목마[Google-Go-Round]'라고 일컬었다.[62]

* * *

만일 프리랜서 예술가들에게 창작물의 대가를 지불할 여유가 있는 회사가 있다면, 그 회사는 구글이라고 하는 매머드급 현금장사 기업임에 틀림없다. 하지만 구글은 2009년 크롬 웹브라우저의 테마(배경이미지) 제작을 위해 예술가들을 초대했을 때, 예술가들에게 현금을 지급하기는커녕, 구글을 통해 전세계 시장에 '노출'되는 것이 보상이라고 밝혔다.[63]

이는 파렴치한 기업들이 예술가, 컨설턴트를 비롯한 자영업자들을 착

취하기 위해 사용하는 고전적 기법이다. 이제 막 독립을 시작한 개인들에게는 '노출'이 복권처럼 보일지도 모른다. 하지만 대부분 자신에게 정말 필요한 건 돈을 내는 고객들이라는 점을 금세 깨닫는다.

구글 정도의 규모와 위상을 갖는 회사가 이런 기법을 쓴다는 점은 정말 후안무치라 할 수 있다. 얼핏 보기에, 구글은 프리랜서 예술가들에게 자신을 선보일 수 있는 기회를 제공했을 뿐이고, 받아들이고 말고는 예술가들의 자유인 것처럼 보인다. 하지만 그렇게 간단하지 않다. 프리랜서들의 상업용 예술시장은 제한되어 있는 반면, 발판을 만들려고 애쓰는 예술가들은 많다. 한 대기업이 십수 명의 예술가들을 공짜로 일하도록 설득하는 데 성공한다면, 다른 기업들도 왜 돈을 지불해야 하는가라는 의문을 갖게 될 것이다. 합당한 보수 대신에 '노출'을 예술가들에게 지불함으로써, 구글은 수치스러운 흥정을 했을 뿐만 아니라, 더 넓은 프리랜서 상업용 예술시장 기반을 잠식시킨 셈이다.

프리랜서 예술가들도 다른 모든 사람들처럼 생계를 유지해야 한다. 예술가들이 자신의 소중한 디자인을 공짜로 헌납하게 함으로써, 구글은 디자인 제작비용을 해당 예술가들의 다른 고객들에게 전가했다.

프리랜서 예술가들이 만든 작업물의 가치를 잠식한 것 말고도, 구글의 접근법은 특히 위선적이다. 구글은 사용자들이 광고를 클릭하면 현금으로 지급받기를 기대한다. 공짜 디자인 작업을 요구하는 파렴치한 관행에 대해 질문하자, 구글은 이렇게 대답했다. "우리는 이런 프로젝트에 대해 대개 금전적인 보상을 제공하지 않지만, 우리가 여태까지 받은 긍정적인 피드백을 고려할 때 이런 프로젝트가 예술가들에게 자신의 작품을 수백만 명의 사람들 앞에 선보일 수 있는 독특하고 흥미진진한 기회를 제공했다고 믿는다."[64]

바꿔 말하면, 구글은 지금 시스템이 잘 돌아가고 있다는 사실로 예술가들에게 돈을 지급하지 않은 자신의 행동을 정당화한다.

* * *

재산권에 대한 구글의 접근방식은 이중기준을 기반으로 한다. 구글은 직원들에게 구글의 지적재산권을 보호해야 한다고 교육한다. 하지만 다른 이들의 지적재산은 근거가 있을 때만 존중한다고 교육하며, 그것은 주로 문제를 회피하기 위한 방편이다.

그러나 이는 크게 망신을 당할 수 있는 태도다.

10여 개의 회사가 특허침해 건으로 구글을 고소했다.[65] 이중 몇몇은 그저 성가신 사건일지도 모르지만, 구글이 저작권에 대해 보이는 존중의 결여가 특허와 비밀협정에서도 나타나고 있다는 강력한 증거가 있다.

최근의 많은 문제제기는 구글의 소비자 기기용 안드로이드 운영체제와 관련되어 있다. 예를 들어, 안드로이드 모바일폰은 핀치pinch와 줌zoom 동작까지 애플 아이폰의 유저 인터페이스를 베꼈다. 이것은 구글의 오판일지도 모른다. 애플 같은 거대한 회사는 큰 판돈을 걸고 도박을 할 수도 있다.

구글의 에릭 슈미트 회장은 3년 동안 애플의 이사로 활동했다. 그는 2009년 8월 연방통상위원회FTC의 압력으로 사임했다. 슈미트는 애플의 이사로 활동할 동안에는, 애플이 구글의 주요경쟁자가 아니라고 주장했다.[66] 그러나 그 이후 구글은 애플과 직접 경쟁이 될 수 있는 몇 가지 행동을 취했다. 애플 아이폰에 맞서 스마트폰 넥서스원Nexus One을 출시했으며, 애플 TV에 맞서 구글 TV 프로젝트를 공개했고, 애플 아이튠즈에 맞서 웹기반 구글 뮤직스토어 계획을 공개했으며,[67] 모바일 광고회사 애드몹^{AdMob} 인수전에 뛰어들어 애플보다 더 높은 금액을 제시해 애드몹 매출의 10배가 넘는 돈을 지불했다.[68]

애플은 구글의 안드로이드 운영체제를 사용한 모바일폰 제조사 대만 HTC에 대해 20가지 특허위반 소송을 제기했다.[69] 해당 특허에는 아이폰의 그래픽 유저 인터페이스를 비롯해서 하드웨어와 소프트웨어 요소들이 포함되어 있다.

또한 구글 역시 오라클 아메리카의 7가지 자바 특허를 침해한 혐의로 고소 당했다.[70] 오라클 아메리카가 인수합병한 썬마이크로시스템즈의 모바일 자바기술을 구글이 라이센스를 획득하지 않고 안드로이드 모바일 운영체제에 사용했다(몇 년 전 마이크로소프트도 똑같은 소송으로 값비싼 비용을 치뤘다).[71] 오라클은 구글이 특허침해라는 사실을 알고 있었음이 분명하기 때문에(썬 출신 엔지니어를 고용했다), 결과적으로 고의적으로 저작권을 침해했다고 비난했다.[72] 고의적 침해라는 것이 입증된다면, 벌금은 법적으로 세 배로 뛴다.

저널리스트 다나 블랭캔혼^{Dana Blankenhorn}은 이 사건에 대해 이렇게 말했다. "나는 그 누구보다 구글의 열렬한 팬이다. 나는 그들의 제품을 좋아하고 그들의 스타일을 좋아한다. 그런데 법이 자신의 편이 아닐 때는 사실을 주장하고, 사실이 자신의 편이 아닐 때는 법을 주장하지만 어느 쪽도 아닐 때는 테이블이나 두드리라는 오래된 법률 속담이 있다. 구글은 이제 자주 테이블을 두드려야 할 것이다."[73]

오라클의 소송에 대한 의견을 묻자, 구글의 대변인은 이렇게 말했다. "우리는 오라클이 근거 없는 소송으로 구글과 오픈소스 자바커뮤니티 양쪽을 공격하기로 선택한 데 대해 실망스럽다. 오픈소스 자바커뮤니티는 일개 기업의 범위를 넘어서 웹을 더 좋은 곳으로 만들기 위해 항상 노력한다. 우리는 오픈소스 표준을 강력히 보호할 것이며 안드로이드 플랫폼을 개발하기 위해 업계와 협력을 지속할 것이다."

숨이 턱 막히는 반응이다. 오라클은 특허 침해로 구글을 고소했는데, 구글은 이를 전체 '자바 커뮤니티'에 대한 공격으로 간주한다. 오라클은 고의적으로 특허법을 위반했다고 구글을 고소했는데, 구글은 자신이 웹을 사용하는 모든 이들의 이익을 위해 일하고 있다고 주장한다. 오라클은 필요한 라이센스 없이 자사의 기술을 도용했다고 구글을 고소했는데, 구글은 자신이 전체 산업을 보호하고 있다고 주장한다.[74]

오라클이 소송을 제기한지 얼마 되지 않아, 구글에 대한 또 다른 고소가 표면화됐다. 위치 기반 서비스 전문회사 스카이훅 와이어리스가 특허 침해와 부당상거래 사유로 구글을 고소했다.

스카이훅의 주장은 법정에서 입증될 경우, 치명적인 결과를 가져올 수도 있다. 스카이훅 와이어리스는 수년 전 와이파이 네트워크 매핑을 시작해 수만 개의 도시에서 2억 5,000만 개가 넘는 와이파이 공유기 데이터베이스를 구축했다. 구글은 2005년부터 2007년까지 스카이훅의 기술을 테스트했다. 스카이훅은 구글이 자사의 4가지 특허를 침해하고 있다고 주장한다.[75] 스카이훅은 한술 더 떠, 구글이 스카이훅의 파트너들이 스카이훅의 XPS 기술이 설치된 단말기를 출하하지 못하도록 막기 위해 강압적인 전술을 사용하고 있다고 주장한다.[76]

사연은 더 있다. 구글은 스트리트뷰 차량을 활용해서 와이파이 네트워크 매핑을 시작했다. 그 과정에서 구글은 이메일이나 패스워드 같은 사적인 데이터를 기록한 것 때문에 곤경에 처했다. 스카이훅의 진술에 따르면, "구글은 사용자가 모르는 상황에서 모바일폰을 추적하는데, 최종소비자에게 절대로 명확하게 공개되지 않을 방식과 범위로 추적한다."[77] 이는 구글이 와이파이 네트워크를 매핑하는 데 안드로이드 모바일폰을 은밀히 사용할 수도 있다는 점을 암시한다.

상황은 더 심각해진다. 스카이훅은 자사의 XPS 기술을 모토롤라의 안드로이드 단말기에 삽입하는 계약을 마무리 지었다고 발표했다. 하지만 2010년 4월 구글의 앤디 루빈[Andy Rubin] 부사장은 모토롤라의 공동 CEO 산제이 자[Sanjay Jha]에게 전화를 걸어 즉각 XPS 탑재 모바일폰 출하를 중단하라고 요구했다. 루빈은 스카이훅의 XPS 기술이 안드로이드와 호환되지 않는다고 주장했다. 스카이훅은 XPS가 안드로이드 호환성 테스트를 받았고 통과했다고 주장한다.[78]

이 사건은 특히 악랄한데, 만일 주장이 사실이라면, 구글은 기밀유지협약[NDA] 하에서 스카이훅으로부터 얻은 기술을 활용해서 경쟁 솔루션을 개발했고, 추후에 스카이훅의 소프트웨어를 탑재한 단말기의 출하를 금지하도록 두 개의 단말기 제조사에게 압력을 가한 것이다.

패턴은 명확하다. 구글은 새로운 제품이나 서비스가 필요한 비즈니스에 진출하기로 결정하면, 다른 이들의 지적재산권을 간단히 무시한다는 것이다. 구글은 자신의 것이 아닌 것도 얻을 수 있다고 믿고 있음이 분명하고, 어떤 법적 분쟁도 피해가면서 다른 이들의 지적재산으로부터 엄청난 돈을 벌어서, 결국에는 지적재산 소유자들이 스스로 벌 수 있었던 양보다 더 많은 액수를 그들에게 제공할 수 있다고 믿는 것이 분명하다.

바꿔 말하면, 구글은 다른 이들의 지적재산을 도용하는 일이 거대한 규모로 비즈니스를 수행할 수 있는 비교적 저렴한 방법이라는 것을 깨달았다. 잘 할 수만 있다면 말이다.

* * *

구글은 다른 이들의 지적재산, 구글 외부의 지적재산 저작권자, 상표권, 저작권, 특허법을 전혀 존중하지 않는다는 점을 거듭해서 입증했다.

구글의 전략은 다른 이들의 지적재산을 허락 없이 사용하는 것이다. 소유자들이 불평을 제기하면, 구글은 시간을 끌고 얼버무리며 법률을 자신에 입맛에 맞게 재해석하는 방법을 찾는다.

이는 영리한 전략이다. 왜냐하면 이 전략은 다른 이들의 지적재산을 수익화할 수 있는 방법을 제공하고, 권리가 침해된 사람에게 시행의 책임을 전가하며, 법률을 준수하는 선택보다 비용이 덜 드는 것이 확실하기 때문이다.

그리고 이는 거의 구글의 승리가 보장된 전략이다. 구글은 디지털 경제로 인해 지적재산권법을 회피하는 새로운 기회가 생겨나고 있다는 점을 간파했다. 만일 법률을 준수하지 않고도 잘 해낼 수 있다면, 아주 적은 비용으로도 구글은 엄청난 경쟁적 우위를 점유할 수 있다는 것을 이해한다.

이것들은 개별적인 사안이 아니다. 구글은 도서, 영화, 음악, 뉴스 등 모든 유형의 컨텐츠에 대한 상표권, 저작권, 특허권, 영업비밀 등 모든 유형의 지적재산권을 조직적으로 침해한 혐의로 고소당한 입장이다. 그것도 여러 나라에서 고소당했다.

2부에서는, 이런 행동을 정당화하려는 구글의 시도에 배경이 되는 정치적 철학에 대해 살펴본다.

3장
보안은 구글의 아킬레스건

우리가 의존하게 된 온라인세상은 위험한 곳이다. 온라인세상은 우리와 우리의 가족에게 안전상의 문제를 선사했다. 자신의 계좌번호나 패스워드 같은 사적 정보를 도둑질 당할 수도 있고, 신원정보를 강탈 당할 수도 있으며, 평판에 오점을 얻을 수도 있다.

구글은 온라인세상을 훨씬 더 위험하게 만든다.

우리는 지금까지 구글이 사용자의 프라이버시를 존중하지 않는다는 점과 다른 이들의 지적재산권을 존중하지 않는다는 점을 살펴보았다. 따라서 구글이 우리의 온라인보안 요구를 존중하지 않는다는 점도 그다지 놀랍게 느껴지지 않을 것이다.

구글의 사명은 정보를 접근 가능하게 만든다는 것인데, 뭣하러 정보를 보안장벽 뒤에 두겠는가? 구글은 정보접근속도가 빨라지기를 원한다. 뭣하러 과속방지턱을 설치하겠는가? 구글은 정보의 비용을 공짜로 유도하고 싶은데, 뭣하러 공짜인 뭔가를 보호하는 데 돈을 투자한단 말인가?

안전과 보안은 대부분 사람들의 우선순위이다. 심리학자 아브라함 매슬로우는 인간의 욕구는 계층구조로 이루어져 있다고 주장했다.[1] 가장 기본적인 인간의 욕구는 음식이나 물에 대한 욕구와 같이 육체적인 것이다. 그 다음으로 기본적인 욕구는 안전에 대한 욕구이다. 신체적 안전뿐만 아니라, 재산, 재정을 비롯한 여러 자원에 대한 욕구도 포함된다.

보안은 구글의 우선순위에 속하지 않는다. 구글의 회사 웹사이트에는 '우리의 철학: 구글이 발견한 10가지 진실'이라는 제목의 페이지가 있다. 여기에는 쉬운 영어로 '구글의 행동을 인도하는 핵심원칙'이라는 부분이 있는데, 사용자 데이터에 대한 보안은 포함되어 있지 않다. 사실 보안은 한 마디도 언급되지 않았으며, 원칙은 속도, 접근성, 가용성에만 초점을 맞춘다.[2]

구글은 보안에 대해서는 말만 앞세운다. 구글의 보안철학을 설명한 별도의 페이지가 있다. 불행하게도 이 페이지는 확신을 불러일으키지 못한다.

우리는 보안을 제대로 하려면, 공동으로 이뤄져야 한다는 점을 배웠습니다. 보안에는 구글 서비스를 사용하는 사람들, 우리 애플리케이션을 개발하는 소프트웨어 개발자, 우리에게 자극을 주는 외부의 보안애호가 등 모두가 관련됩니다. 이러한 공동의 노력이 인터넷을 더욱 안전하게 만들어 주는 데 큰 역할을 합니다.[3]

구글이 보안에 대한 책임을 사용자, 개발자, '보안애호가'라는 요상한 이름을 붙인 사람들에게 떠넘긴다는 점에 주목하라. 실제로 책임을 지는 범위 내에서도, 구글은 선제적이라기보다는 사후약방문 스타일이다. 구글의 보안철학 페이지에서 대부분은 '보안문제 신고'에 할애되어 있다.

* * *

2007년 2월, 로스리오스^{Los Rios} 커뮤니티 칼리지의 한 학생은 자신의 이름을 구글에서 검색하고서 결과에 충격을 받았다. 링크 중 하나는 그의 이름, 생년월일, 사회보장번호가 포함된 데이터베이스로 연결되었다. 이 데이터베이스에는 대략 2,000명의 학생에 대한 유사한 정보가 포함되어 있었다.[4]

어떻게 이런 일이 벌어졌을까? 구글의 검색봇은 전체 웹을 탐색하면서 복사한다. 실제 웹 대신에 색인화된 웹의 복사본을 검색하면 결과를 번개같이 내놓을 수 있기 때문이다. 보통은 웹호스트 컴퓨터 상의 비공개폴더에 포함된 정보를 웹 방문자는 볼 수 없지만, 만일 해당 폴더가 패스워드로 보호되어 있지 않다면 웹크롤러에 의해 채취되고, 검색엔진에 색인화될 수 있다.

구글은 법률을 위반하지 않지만, 자동화된 해커처럼 행동한다. 구글은 링크가 연결되지 않은 폴더는 비공개해야 한다는 점을 조금이라도 고려해보았어야 한다. 다른 이들의 데이터를 비공개로 보호하는 일은 구글의 고려대상이 아니기 때문이다.

* * *

구글은 사용자들을 수많은 보안위험에 노출시키지만, 위험을 제거하는 조치를 취하지 않는다.

구글은 양과 질 면에서 유례가 없는 개인사용자에 대한 정보를 수집한다. 사실상 구글은 급속도로 통합 정보 인지^{Total Information Awareness}[5]를 손아귀에 넣고 있다. 구글은 대부분 사용자들의 온라인 검색활동을 기록한다. 구글은 대부분의 클릭을 추적하고, 기록하며, 상호참조한다. 구글은 사용자들이 어디에 가고, 무엇을 찾으며, 무엇을 읽고 보고, 게다가 얼마나 자주 그리고 얼마나 오랫동안 이런 활동을 하는지 알고 있다.

구글은 1조 개가 넘는 웹페이지의 최근 복사본을 저장한다. 구글은 그 누구보다 많은 컨텐츠를 긁어 모으는데, 구글이 수집한 컨텐츠에 대한 접근을 추적할 수 있는 건 구글뿐이다. 안드로이드 모바일폰은 사용자의 위치를 추적한다. 구글은 음성지문과 얼굴지문를 수집한다. 우리의 은행계좌번호, 신용카드번호, 휴대전화번호, 이메일주소, 일정, 비즈니스 문서를 수집하는 구글 제품도 있다.

구글이 수집하고 보관하는 사적 정보가 엉뚱한 사람의 손에 들어갈 때 발생할 수 있는 손해는 아무리 과장해도 지나치지 않는다.

구글이나 그 임직원 또는 비즈니스 파트너가 사용자의 사적 정보를 고의적으로 공개할 위험성은 희박하다. 그런 일이 발생하는 건 구글의 사업적 이해관계에 부합되지 않는다. 하지만 로스리오스 커뮤니티칼리지의 어떤 학생 입장에서는 발생할 수 있는 일이다.

구글은 아마도 세계에서 가장 거대한 민간 컴퓨터 네트워크를 운영한다. 분산형 아키텍처로 인해 정보가 다수의 장소에 저장되어 있어 다수의 진입 지점이 존재하므로, 구글은 해커의 공격에 더욱 취약하다.

구글의 제품에도 보안위험성이 상존한다. 구글은 종종 '베타테스트' 버전을 공개적으로 출시한다. 전통적인 접근법은 일반 출시에 앞서 필드테스트 목적으로 제한된 그룹의 고객에게 베타버전을 제공하는 것이다. 구글의 방식은 제품이 대규모 필드테스트를 거치게 하는 것인데, 동시에 폭넓은 고객들을 잠재적인 보안결함에 노출시키는 셈이다.

이런 문제점들은 구글의 기업문화로 인해 악화된다. 구글은 프라이버시와 보안을 데이터수집, 접근, 활용의 장애물로 여기는 데이터분석 엔지니어들에 의해 운영된다. 구글은 구체적인 보안위험성을 사용자에게 적절히 경고하지 못하며, 문제가 발생하면 책임을 회피한다.

구글의 급진적인 무료 수익모델은 느슨한 보안을 조장한다. G메일 같은 제품은 다양한 단계에서 우리의 데이터를 함부로 다룬다. 구글의 관점에서는, 우리의 정보가 도용되거나 누출되더라도 별 문제가 아니다. 공짜로 쓰면서 무슨 기대를 했단 말인가?

일류대학 출신의 최고학점, 멘사 두뇌퀴즈 풀이능력, 면접의 난관을 견뎌낼 수 있는 지구력을 중시하는 구글의 채용관행은 인상적으로 보일지도 모른다. 하지만 이런 채용관행은 편협한 시야를 지닌 획일적인 문화를 낳는다.

이러한 편협한 시야는 구글이 다양한 보안위험성을 파악할 가능성을 가로막는다. 예를 들어, 무제한적으로 문서를 저장하면 해킹될 가능성이 증가한다. 사용자의 연락처가 노출되면, 장난전화로 이어질 수 있다. 사용자의 위치를 추적하면 스토킹이 조장된다.

구글의 데이터 분석 엔지니어들은 이런 위험성을 예견하는 데 실패했을 뿐만 아니라, 대중의 부정적인 반응에 무방비로 노출됐다. 구글은 신제품이 프라이버시와 보안에 미치는 영향에 대해 피상적인 검토조차 하지 않는다. 구글은 보안문제를 탐지하고 보고하는 것은 사용자의 몫이고, 해당 문제점을 방치해도 제품의 광범위한 수용에 위협이 되지 않는다면 그대로 둬도 된다는 인식을 가지고 있다.

여러 국가의 데이터보호 당국은 구글이 반복적으로 사용자의 프라이버시를 무시하는 데 불만을 표시한다.[6] 사용자의 프라이버시를 보호하는 일은 구글의 문화가 아니다. 프라이버시 법률을 준수하는 것도 마찬가지임에 틀림없다. 캘리포니아 프라이버시 법규를 준수하라는 요구를 받았을 때, 구글은 매우 비협조적이었다.[7]

마찬가지로, 검색결과 링크 몇 군데에 문제가 있어도, 구글은 사용자들에게 위험성에 대해 경고하지 않는다. 구글은 사용자들을 바이러스와 신원도용으로부터 지키는 것보다 웹 매체사와 광고주들이 매출손실을 보지 않도록 하는 데 더 신경을 쓴다.

심지어 구글 TV까지 불필요한 보안 위험성을 선사한다. 구글 TV는 크롬 웹브라우저를 이용해, 웹을 가정의 대형스크린에 표시한다. 하지만 TV용 브라우저에는 사용자 컨트롤이 없으므로, 구글 TV에는 보안 소프트웨어를 설치할 수 없다. 이는 사용자가 원하지 않는 웹사이트나 팝업을 막을 수 없다는 뜻이다. 구글 TV는 전체 웹을 우리에게 선사한다. 우리가 원하지 않는 것까지 포함해서 말이다.[8]

이제 새로운 구글의 보안위협이 등장했다. 구글은 해외 해커들과 싸우기 위해 국가안보국[NSA]과 협력하고 있다. 이는 구글이 외부공격으로부터 자신의 네트워크를 지키는 데는 보탬이 되겠지만, 개인 사용자의 정보가 국가정보기관의 수중에 떨어지는 악몽을 떠올리게 한다.

* * *

일부 전문가는 일반시장에 베타(테스트)제품을 출시하는 방법이 멋진 아이디어라고 생각한다. 그들의 말에 따르면, 시장이 뭘 원하는지 알아내기보다는, 시장을 지속적인 대화에 참여시킨다는 것이다. 실제 사용자에게 피드백을 구하고, 그런 피드백을 활용해서 제품을 디버깅하고 개선하라는 것이다. 대중의 지혜를 수용하려는 것이다.

여기에는 한 가지 문제가 있다. 베타제품에는 거의 항상 버그가 있고, 일부 버그는 프라이버시와 보안에 부정적인 영향을 미친다. 보안컨설팅업체 섹시오리^{SecTheory}의 CEO 로버트 한센$^{Robert\ Hansen}$은 구글 제품에서 발견되는 다양한 보안문제를 밝혀냈다. 예를 들어, 2007년 초반 그는 구글의 PC 검색제품 구글 데스크톱에 의해 색인화된 데이터에 해커들이 접근할 수 있는 결함을 발견했다.[9]

나중에 한센은 사적인 기업정보가 구글 캘린더에 의해 우연히 누설된 사실을 발견했다. 구글 캘린더는 캘린더 항목을 비공개로 만들어주는 옵션을 사용자에게 제공하긴 하지만, 많은 기업사용자들은 자신의 캘린더 항목이 웹에 공개되지 않도록 하려면 이 옵션을 선택해야 한다는 점을 모르고 있다.[10] 당연하겠지만, 대부분의 사용자들에게 제품의 기본설정이 제일 적당할 것이라고 믿게 마련이다.

한센은 사용자들이 개인화된 홈페이지에 삽입할 수 있는 작은 프로그램인 구글 가젯$^{Google\ Gadget}$을 데이터 절도범이 가로챌 수 있다는 점을 발견했다.[11] 예를 들어, 지역 날씨정보를 전해주는 해로워 보이지 않는 프로그램이 사용자의 웹검색을 감시하는 데 사용될 수 있다. 누구나 이런 종류의 작은 애플리케이션을 올릴 수 있다는 사실 때문에, 이런 위험성은 더욱 심각하다.

또한 한센은 구글 버즈,[12] 구글의 크롬 웹브라우저,[13] 굴랙^{Goolag}이라는 오픈소스 소프트웨어 툴에서 보안상의 헛점을 밝혀냈다. 죽은황소숭배$^{Cult\ of\ the\ Dead\ Cow}$라는 회사에서 개발한 굴랙은 구글검색엔진을 이용해 웹사이트에서 취약성을 찾는다.[14] 굴랙은 보안전문가가 웹사이트의 보안위험성을 발견하고 해결하는 것을 돕기 위해 개발됐지만, 동시에 해커들에 의해 사이버공격에 가장 취약한 사이트를 파악하는 데 사용될 수도 있다.

실제로, 웹검색자에게 악의적인 링크를 제공하도록 구글을 속이는 방법은 예술의 경지에 도달했다. 이런 방법을 '블랙햇 SEO^Black Hat SEO'라고 한다(SEO: 검색엔진 최적화). 검색자와 컨텐츠 매체기업 간의 중개자 역할을 하는 대신에, 구글은 자기도 모르게 해커와 그들의 희생자의 중개자 역할을 할 수도 있다. 구글이 새로운 보안위협에 대한 신고에 대응하기는 하지만, 보안 전문가들은 구글이 정보공유를 꺼린다고 불평한다.[15]

* * *

구글의 네트워크 인프라스트럭처는 보안보다는 속도, 확장성, 효율을 주안점으로 구축됐다.

구글 네트워크는 전체 인터넷의 복사본을 갖춘 가장 강력한 슈퍼컴퓨터와도 같다. 이 네트워크는 저렴한 서버, 분산형 아키텍처, 가상화 기술을 활용하여 구축되었다. 무어의 법칙은 가격은 떨어지고 컴퓨팅 파워와 메모리가 지속적으로 증가한다는 점을 예언한 법칙인데, 구글이라는 네트워크는 무어의 법칙을 전 지구적 스케일로 확장한다.

정확히 표현하자면, 구글은 인터넷의 기하급수적인 성장에 발맞춰 확장되는 인프라스트럭처를 구축했다. 구글의 혁신적인 네트워크 설계는 커다란 경쟁우위를 안겨주었다.

하지만 불행히도, 손쉽게 확장되지 않는 한 가지 속성이 바로 보안이다.

구글의 인터넷 에반젤리스트 빈트 서프도 그 점은 인정한다. 기업들에게 더 나은 보안을 제공할 수 있도록 인터넷을 두 계층으로 나눌 수 없는지 묻자, 그는 이렇게 답했다. "현재 제 의견은, 자기 일은 자기가 알아서 해야 한다는 쪽입니다. 자신이 믿을 만한 무리 속에 있는지 아닌지 잘 판단해야 합니다. 그렇지 못하면, 엉성한 계획은 무너지기 마련입니다."[16]

번역하자면, 인터넷을 사용할 때 보안 측면에 대해서는 스스로 알아서 챙겨야 하며, 구글로부터 많은 도움을 기대하지 말라는 뜻이다.

그 이유는 이렇다. 구글 창업자들의 원래 목표는 전체 웹을 색인화하는 것이었다. 그들은 머지않아 이러한 작업이 단일 서버로 처리하기에는 너무나 크다는 사실을 깨달았다. 그래서 그들은 빅파일BigFile이라고 하는 가상파일 시스템을 만들었다. 빅파일은 네트워크에 연결된 PC의 개별적인 하드 드라이브를 거대한 가상 드라이브의 섹터로 취급한다. 신속한 접근을 보장하기 위해, 그들은 파일마다 3개 이상의 복사본을 만들어 각 복사본을 다른 위치에 저장하기로 결정했다. 시간이 경과함에 따라, 빅파일은 개선되어 빅테이블BigTable로 이름이 바뀌었다.[17]

구글의 빅테이블은 많은 측면에서 비운의 증기 여객선 타이타닉과 닮아있다.[18] 타이타닉은 방수구획으로 나눠져 있지 않고 이중선각이 없어 침몰하기 쉬운 구조로 되어 있었다. 타이타닉은 어디든 한 곳만 구멍이 생겨도 전체 배가 가라앉을 수 있었다. 마찬가지로, 구글의 빅테이블에도 방수구획과 이중선각에 해당하는 데이터 방어벽이 없다.

페이지와 브린이 상대적으로 취약한 설계를 선택한 이유는 무엇일까? 그들의 주 목적은 세계의 정보를 준공공적인 정보공유 공간에 축적하는 것이었다. 무엇보다도 그들은 누구나 손쉽게 데이터를 추가하고 공유하고 결합할 수 있기를 원했다.

빅테이블은 가상화를 새로운 차원으로 끌어올린다. 많은 개별적인 하드 드라이브를 거대한 가상 하드 드라이브의 섹터로 취급하는 것과, 지구 곳곳의 데이터센터에 흩어져 있는 수십만 대의 컴퓨터를 거대한 슈퍼컴퓨터의 일부로 취급하는 것은 다른 일이다. 구글의 네트워크에서는 데이터와 애플리케이션이 너무나 고도로 분산되어 있어 구글조차 특정 시점에 그들이 어디에 존재하는지 정확히 알 수 없다. 빅테이블은 한 마디로 정신 없는 가상화라고 생각해도 좋다.

빅테이블은 구글의 모든 보안달걀을 한 바구니에 담는다. 빅테이블은 해커들이 거부하기 어려운 목표를 만든다. 게다가 빅테이블은 상식적인 위험분산전략을 위배한다. 고대 알렉산드리아 도서관처럼, 빅테이블은 모든 책(정보)을 한 장소에 모은다. 한번의 화재(사이버공격)가 재앙적인 손실로 이어질 수 있다.

바꿔 말하면, 빅테이블로 인해 구글은 실패하기에는 너무나 거대해졌다.

구글은 속도에 집착한다. 구글의 검색엔진은 검색결과의 개수뿐만 아니라 그것을 찾는 데 걸린 시간까지 (100분의 1초 이하 단위까지) 알려준다. 구글은 '웹을 빠르게 만들기'[19] 위한 계획을 주도하기도 했는데, 이 계획은 인터넷의 자동 전화번호부 역할을 하는 도메인네임 시스템DNS을 대체할 자사의 무료 시스템을 기반으로 한 것이었다.[20]

안타깝게도 보안장벽이 진행을 둔화시켰다. 보안계층이 많아질수록, 전반적인 보안은 개선된다. 하지만 이는 과속방지턱을 연속으로 배치하는 것과 같다. 견실한 보안과 최고의 속도는 양립할 수 없다.

구글의 네트워크가 해커에게 취약한 또 한 가지 이유는 서버가 무료 오픈소스 리눅스 운영체제를 사용한다는 점이다. 리눅스는 완전히 투명하며, 비밀이 없다. 아무도 리눅스를 소유하고 있지 않기에, 어떤 단일조 직이 주기적인 보안 업데이트를 배포할 권리를 가지고 있지 않다. 리눅 스 기기는 해커를 끌어들이는 먹잇감이다.[21]

구글의 분산형 아키텍처는 한번 뚫기만 하면, 모든 자원을 마음대로 조작할 수 있기 때문에 해커들에게 매력적이다. 이 경우 '모든 자원'이 란 페타바이트(1페타바이트는 10억 메가바이트)의 데이터를 의미한다. 분산 형 아키텍처의 또 다른 문제점은 무엇을 훔쳐갔는지 정확히 파악하기 어 렵다는 점이다. 무엇을 훔쳐갔는지 아는 것은 적절한 예방조치를 취하는 데 필수적이다. 예를 들어, 특정 신용카드번호군이 절도됐다면, 카드소유 자들에게 미리 통지할 수 있다.

다시 한번 은행강도 윌리 서튼의 말을 바꿔 말하자면, 해커들이 구 글을 목표로 삼은 이유는 그곳에 정보가 있기 때문이다. 사실상 구글은 세계 정보의 중앙은행이다. 불행스럽게도 그곳에는 금고나 무장 경비가 없다.

* * *

구글은 심각한 보안위협에 노출됐을 때, 사용자들에게 주의를 주지 않는다.

2008년 초반, 「USA 투데이」는 해커들이 유해한 링크를 구글의 검색 결과에 삽입한다고 보도했다. 사용자들이 이런 손상된 링크를 클릭하면 정확한 사이트로 데려다 주기는 하지만, 사용자의 PC는 보이지 않는 서 버로부터 악성 소프트웨어를 다운로드 받는다. 악성 소프트웨어는 무엇 보다도 키입력 기록기keystroke logger를 설치해서 사용자 이름과 패스워드를 관찰하고 전송하는 데 이용될 수 있다. 구글은 공격 받은 웹사이트에는

연락을 취하지만, 사용자들에게는 주의를 주지 않는다.[22]

구글은 자신의 이해와 충돌하기 때문에 이러한 위험을 사용자들에게 알리지 않는다.

구글은 사용자가 아니라 광고주와 매체기업을 위해 일한다. 구글은 검색광고로 돈을 벌기 때문에 검색에 방해가 되는 그 어떤 일도 꺼려한다.[23] 하지만 그것이 변명이 될 순 없다. 오늘날 합의된 여론은 엔론Enron 과 월드컴WorldCom이 뭔가 잘못되기 시작했을 때, 투자자들에게 알렸어야 했다는 것이다. 그렇게 하지 않음으로써 상황은 걷잡을 수 없게 커졌다.

구글의 공식 블로그는 「USA 투데이」가 해당 기사를 폭로한지 1개월 쯤 뒤 몇 가지 보안가이드를 제공했다. 하지만 그것은 이메일 피싱공격 을 파악하는 방법에 관한 안내였다.[24] 위험한 검색결과에 대해 사과하고 재발방지를 위해 최선을 다하겠다는 약속 대신에, 구글은 사용자들에게 좀더 보안에 유념하라고 얘기한다.

구글의 보안문제에 대한 대응방식을 보여주는 또 다른 사례가 있다. 2007년 구글은 사용자들이 보유한 모든 휴대전화에 대해 단일번호를 제 공해주는 그랜드센트럴GrandCentral을 인수했다. 어느 날 아침 서비스가 다 운됐지만, 구글의 웹사이트에는 어떤 문제가 발생했는지, 언제 서비스가 재개될지 아무런 언급도 없었다. 해당 서비스를 이용한 사람들에게도 아 무 소식도 알리지 않았다. 그랜드센트럴의 공동 창업자 크레이그 워커 Craig Walker는 서비스가 복구된 후 사과하며, 전화회사는 조용히 사라져서 는 안 된다고 시인했다. "향후에는 여러분에게 상황을 잘 알리도록 좀더 노력하겠다."고 말했다.[25]

구글의 무료 이메일서비스 G메일은 보안문제로 가득 차 있다. 스팸업자들은 스팸필터를 몰래 통과하는 데 G메일을 사용해 왔다. G메일 계정이 없는 사용자는 G메일 사용자에게 보내는 메시지가 구글의 로봇에 의해 스캔되고 구글서버에 저장된다는 점을 모를 것이다. 게다가 G메일은 사용자가 작성하는 도중에 임시저장 메시지의 복사본을 저장한다. 보관된 메시지는 구글의 서버에 방치된 채 해킹 당할 수 있다.

스팸업자들이 구글을 악용한다는 점은 특히 아이러니컬하다. 구글 창업자들이 검색엔진을 개발했던 한 가지 이유는 기존 검색엔진에 스팸이 범람한다고 생각했기 때문이다. 게다가 구글 창업자들이 광고를 꺼려했던 이유도 원하지 않는 무차별적인 광고는 스팸이나 다름없다고 생각했기 때문이었다. 하지만 다른 이메일 제공사들이 구글을 신뢰하게 되자, 스팸업자들은 스팸필터를 몰래 통과하기 위해 활용할 수 있는 개방된 중개자로서 구글을 이용할 수 있었다.[26]

사용자의 이메일과 기타 문서에 대해 무제한 용량을 지원하는 정책은 구글의 급진적인 무료 수익모델의 일부이다. 하지만 모든 자료에 대해 복사본을 보관하는 구글의 정책 역시 불필요한 보안위험을 야기한다. 해커들에게 비공개 문서는 숨겨진 보물이다.

인터넷 서버에 모든 자료의 복사본을 저장하는 행위는 무책임하다. 사용자에게 더 이상 필요하지 않은 사적인 정보를 삭제하는 일은 상식이다.

* * *

구글의 분산형 네트워크는 해커들이 침입할 수 있는 무수한 문과 창문을 제공한다. 구글의 정보집중화는 사용자의 모든 보안 달걀을 한 바구니에 담는다. 사용자 안전 측면에서 보면, 구글은 안전벨트나 에어백 또는 구조적 보강이 없는 자동차나 마찬가지다.

그레그 콘티는 자신의 책『구글은 당신을 알고 있다』에서 번뜩이는 명석함으로 핵심을 짚는다. 현재의 트렌드는 커뮤니케이션을 통합해서, 사용자에게 통합주소록, 이메일, 캘린더 등 커뮤니케이션 도구를 통합하는 것이다. 하지만 이런 편리함에는 대가가 있다. "이런 애플리케이션을 통합하면 단일장애지점single point of failure이 생겨난다. 한번만 취약성을 악용하거나 공격해도 사용자 커뮤니케이션이 전부 누설될 수 있다."[27]

구글은 계속해서 위험성을 악화시킨다. 2010년 중반, 구글은 사용자들이 복수의 계정에 동시에 접속하게 해주는 기능을 선보였다. 편리하다고 선전된 이 기능은 사용자들이 복수의 G메일 계정과 구글 앱스 계정에 접속하고 계정간 전환을 가능하게 해준다.[28]

하지만, 이 기능은 동시에 해커들에게도 편의를 제공한다. 만일 해커들이 우리의 구글 계정관리 페이지에 접근하는 데 성공한다면, 그들은 우리의 G메일, 캘린더, 리더 등에 접속할 수 있게 된다. 갈취될 수 있는 정보와 그로 인한 피해를 생각하면 등골이 오싹해진다.[29]

* * *

구글은 데이터보안을 진지하게 고려하는가?

구글은 최고보안 직책 중 한 자리에 마술가이자 독심술사를 채용했다. 구글 앱스 보안책임이자 에란 페이겐바움Eran Feigenbaum은 NBC TV프로그램「페노메논Phenomenon」에서 죽음에 도전하는 곡예를 선보였다.[30] 예를 들면, 여섯 개의 압축공기 네일건 중에 한 개를 장전하고 그 중 다섯 개를 자신의 이마에다 대고 쏘는 방식으로 러시안 룰렛을 연기했다.

마술가와 독심술사는 연예인이다. 마술가는 환상을 창조하고, 독심술사는 마음을 읽고 미래를 예측하는 체한다.

페이겐바움은 "해커들은 우리가 생각하지 못하는 시스템의 취약점을 찾으려고 하고, 자신들이 저기서 뭔가를 하고 있을 때 우리가 여기를 쳐다보게 만들며, 그러한 취약점을 이용하기 때문에 마술가 경력이 보안업무에 좋은 훈련이 되었다."고 주장한다.[31]

해커들이 '저기서 뭔가를 하고 있을 때 우리가 딴 곳을 쳐다보도록' 만드는 것인가? 아니면 구글이 보안취약점에서 우리의 시선을 돌리려고 하는 것인가?

페이겐바움은 구글의 클라우드 컴퓨팅과 관련된 기업용 애플리케이션의 보안을 책임지고 있다. 그것은 마술사를 필요로 할지도 모른다. 정보기술 부서가 자신의 시설 내에서 어떤 위험성에 직면할지 모르겠지만, 중요한 비즈니스 데이터를 원격서버에 저장하고 인터넷을 통해 접근함으로써 야기되는 위험성은 훨씬 크다. 하지만 페이겐바움은 IT 경영진들에게 이렇게 말한다. "클라우드 사업자가 어떤 종류의 보안통제를 제공하는지 보안담당자들이 파악하도록 하는 일은 여러분의 책임이다."[32]

기밀 비즈니스 정보의 공개적 노출은 위험의 일부일 뿐이다. 문서들이 분실되거나 훼손될 수도 있다. 해커들이 몰래 문서를 변경할 수도 있다. 기업이 애플리케이션에 대한 원격접속에 의존한다면, 네트워크 다운으로 인해 중대한 업무가 중단될 수도 있다.

아마도 구글의 클라우드 컴퓨팅 기업용 고객은 구글 서버에 저장된 데이터를 위장하기 위해 자신만의 마술사를 고용하고, 구글 네트워크가 다운됐을 때 접속하기 위해 독심술사를 고용해야 할지도 모른다.

* * *

구글 제품은 못된 자들이 혁신적이고 위험한 보안위협을 개발하는 데 활용되어 왔다.

연구자인 사미 캄카^{Samy Kamka}는 구글 스트리트뷰 데이터베이스에서 뽑은 지리 위치 데이터를 이용해 누군가를 스토킹하는 방법을 보여줬다. '당신의 여자친구를 만나는 방법'이라는 컨퍼런스에서 캄카는 실험 대상자를 웹사이트로 꾀어 자바스크립트를 사용해서 그의 맥^{MAC: media access control} 어드레스를 알아내는 방법을 설명했다. 만일 대상자가 무선 LAN을 통해 인터넷에 접속하고 있다면, 해당 맥 어드레스와 구글이 스트리트뷰 차량으로 수집한 맥 어드레스를 대조할 수 있다.[33]

그 자신이 'XXXSS'라고 이름을 붙인 캄카의 기법이 오늘날에는 심각한 위협이 아닐지도 모른다. 하지만 이는 구글에 의해 수집되고 체계화된 정보가 나쁜 의도를 가진 사람들에 의해서도 접근되고 활용될 수 있다는 사실을 보여준다.

마찬가지로, 구글의 일부 제품과 툴은 불법업자들에 의해 컨텐츠를 재배포하는 데 이용될 수 있다. 예를 들어, 안드로이드 운영체제의 오픈 아키텍처는 모바일게임 불법복사판을 배포할 수 있는 기회를 만들었다.

안드로이드 게임개발사 헥스에이지^{Hexage}가 만든 레이디언트^{Radiant}의 경우, 정식판보다 더 많은 불법복사판이 돌아다니고 있다. 실제로 아시아에서 플레이되는 레이디언트 중 97퍼센트는 불법복사판이다. 또 다른 모바일게임 개발사인 한국의 컴투스^{Com2US} 역시 안드로이드 게임의 불법복사문제에 대해 하소연한다.[34]

구글은 애플리케이션 개발자들이 구글 서버를 통해 해당 제품의 정식판 여부를 체크할 수 있는 시스템을 개발 중이다. 개발자는 해당 제품이 불법판으로 드러난다면, 사용하기 어렵게 만들 수 있다. 하지만 이 방법으로 불법복사의 물결을 저지할 수는 없을뿐더러 불법행위에 대한 감독 부담을 개발자들에게 짐 지우는 것이다. 다시 한 번, 구글은 보안책임을 다른 이들에게 전가한다.

구글은 확장이 잘 되는 속성을 선호한다. 책임이 그런 속성에 포함되지 않음은 분명하다.

* * *

아니나 다를까, 구글은 2009년 후반에 중요한 보안사고를 발표했다.

구글은 공격을 이렇게 묘사했다. "12월 중순, 우리는 중국에서 시작된 매우 정교하고 의도적인 기업용 인프라스트럭처에 대한 공격을 감지했으며, 그 결과 구글의 지적재산이 갈취됐다."[35] 다른 발표에서는 해커들이 구글 임직원의 컴퓨터에 침입해서 귀중한 소스코드를 훔쳤다고 시사했다.[36]

구글의 진술은 당혹스러웠다. "조사 도중 우리는 인터넷, 금융, 기술, 미디어, 화학을 비롯한 광범위한 분야에서 최소 20개 대기업도 유사한 방식으로 공격대상이 됐다는 점을 발견했다. 우리는 현재 이 회사들에 통지하고 있으며, 관련 당국과 협조 중이다." 기업들이 직접적 대상이 됐는가, 아니면 구글 네트워크에 있는 그들의 데이터가 대상이 됐는가? 전자라면, 구글이 알려야 될 필요가 있을까? 후자라면, 발표는 사실을 호도하는 것이다.

공격을 발표한 바로 그 블로그 게시물에서, 구글의 최고 법률 담당책임자는 갑자기 입장을 바꿔 사용자들에게 온라인에서 개인정보를 온라인에서 공유하는 행동과 미심쩍은 링크를 클릭하는 행동을 삼가라고 설교한다. 구글의 네트워크가 해킹당했다는 사실에서 주의를 돌려서, 사용자들이 (구글의 엔지니어들보다) 더 주의를 기울여야 한다는 점을 시사하고, 보안책임을 사용자들에게 전가하는 교묘한 술책이다.

이제 더 이상 검토해 볼 필요도 없다. 보안은 구글의 아킬레스건이다. 중국의 해커 공격으로 입증됐다. 여러 상황을 종합해 보면, 중국발 공격은 광범위한 공격이었다. 구글이 중국 철수 가능성까지 제기할 정도였다.

이후, 이 사고에 대해 구글이 과잉대응했다는 정황이 드러나기 시작했다. 구글의 발표로는 다른 기업들도 동시에 대상이 됐다고 하지만, 중국을 공개적으로 비난한 회사는 구글뿐이었다.[37] 하지만 「포브스」에 실린 탐사기사에 따르면 중국의 해커들은 아마추어였다.[38] 위키리크스 문서에 의하면, 중국의 만리장성 방화벽Great Firewall of China을 고안한 바로 그 중국 당국자들이 이 공격을 사주했다고 미 외교관들은 믿기도 했다.[39]

다른 이들은 피해에 더 관심이 있었다. 「뉴욕타임스」의 존 마코프John Markoff는 해커들이 수백만 구글 사용자들의 접근을 관리하는 패스워드 시스템에 침입했다고 보도했다. 이는 해커들이 추가 정보를 얻기 위해 다시 돌아올 수도 있다는 악몽을 낳았다.[40]

밝혀진 공격방식은 구글의 취약성을 입증한다. 전하는 바에 따르면, 중국의 구글 직원이 인스턴트 메시지의 어떤 링크를 클릭했다. 그 링크는 직원 PC에 접근하기 위해 해커들이 활용하는 유해 웹사이트로 연결됐다. 이곳에서 해커들은 구글 소프트웨어 개발자들의 PC에 접근할 수 있는 방법을 확보했다. 공격이 끝날 무렵, 해커들은 구글의 주요 소프트

웨어 저장소 중 하나에 침입하는 데 성공했다.[41]

구글은 중국의 인터넷 검열정책에 대해 시끄럽게 불평을 토로하는 것으로 공격에 대응했다.[42] 구글은 google.cn을 검열받지 않는 구글 홍콩 (google.com.hk)으로 리디렉션했지만, 6개월 지나지 않아 사용자 리디렉션을 중지키로 합의했고, google.cn 운영허가가 갱신됐다. 구글은 허술한 패스워드 시스템이 들통나기 전에 탈출할 수 있는 충분한 시간을 벌기 위해 중국의 검열정책에 대한 세계적인 사건을 만들어 낸 것이다.

구글은 관심을 사용자들에게 돌리려 시도하고, 중국의 검열정책을 이슈로 만들었으며, 국가안보국의 도움을 얻었다. 하지만 그 어떤 것도 구글의 네트워크가 대규모로 해킹됐다는 사실을 숨길 수는 없었다. 마이크로소프트가 소프트웨어 업데이트 서비스에 영향을 준 보안사고에 대응했던 방식과 비교해 보라. 마이크로소프트는 다른 이를 비난하거나 화제를 돌리는 대신에 서비스를 전반적으로 점검했다.[43]

* * *

국가안보국과 구글 간의 전략적 협력관계는 국가안보국이 덜어주는 위험성보다 더 큰 위험성을 야기한다.

구글이 사이버공격에 대항하여 자사의 네트워크 보호하는 데 NSA의 도움을 요청했다는 뉴스가 2010년 2월 「워싱턴포스트」의 1면 기사로 보도됐다.[44]

구글과 NSA의 동맹은 프라이버시와 보안이슈에 대한 판도라의 상자를 여는 것이다. 이 사건은 인터넷의 지배적인 정보문지기와 미 정부 간의 위험스러운 밀월관계의 시작인가?[45] 구글이 국내외 사용자들에 대한 정보를 NSA에 공여하겠다는 약속을 했을까?

구글은 세계 최대의 컴퓨터 네트워크를 운영한다. 구글은 세계 최고의 엔지니어들을 고용한다. 구글은 특별대책팀을 소집해서 해커들이 이용한 취약점을 분석하고 재발을 방지할 전략을 세울 수도 있었다. 하지만 취약점에 대한 책임을 인정하고 고치는 대신, 구글은 NSA를 호출함으로써 해커들의 능력과 기술을 과장하는 방법을 선택했다.

이 동맹은 일련의 새로운 보안우려를 불러일으킨다. 구글과 NSA는 모두 극도로 비밀스럽다. 우리는 그들이 함께 무엇을 하고 있는지 정확히 알 수 없다. 구글이 10억 사용자들에 대한 정보를 NSA와 공유하고 있는가? 구글의 사용자들을 NSA가 감시하도록 허용하고 있는가?

더욱 중요한 질문이 떠오른다. 구글과 NSA의 협력활동은 누가 감시할 것인가? 미국 최대의 정부 정보조직과 세계 최대의 데이터분석 회사 간의 전략적 관계가 정당화된다면, 이 동맹을 감시할 독립적인 조직의 권한도 틀림없이 보장돼야 한다.

구글만으로도 대부분의 국가보다 힘이 세다. 구글의 예외적인 영향력을 상기시키는 차원에서, 저술가 제프 자비스Jeff Jarvis는 '구글 합중국The United States of Google'[46]이라는 문구를 만들어 냈다. 구글은 세계 최대의 컴퓨터 네트워크를 소유하고 운영하며, 그것을 활용해 주요 언어 간 텍스트 자동번역과 같은 복잡한 문제와 씨름하고 있다.[47] 구글은 점차 다른 나라들에게는 미 정부기관 중 하나로 인식되고 있다. 미 국무장관 힐러리 클린턴은 해외정책연설에서 구글이 "비즈니스 의사결정에 있어 인터넷과 정보의 자유에 대한 이슈를 훨씬 큰 폭으로 고려했다."는 점에서 구글을 칭송하기도 했다.[48] 구글은 공개적으로 중국의 인터넷검색 관행에 대해 세계무역기구WTO가 문제를 제기하도록 미 무역당국자들에게 공개적으로

압력을 가했다.[49]

구글의 힘을 미국정부가 이용할 수 있다고 우려할 만한 충분한 이유는 많다. 에릭 슈미트 회장은 CNBC 인터뷰에서 이렇게 밝혔다. "……현실적으로 구글을 비롯한 검색엔진들은 이런 정보를 일정 기간 보관해야 한다. 이것이 중요한 이유는, 예를 들면 우리는 모두 미국 내에서 애국법의 대상이기 때문이며, 모든 정보를 당국이 이용 가능하도록 만들어야 할 수도 있기 때문이다."[50]

구글과 NSA의 악수는 미 정부가 다른 많은 나라의 시민뿐만 아니라 미 시민 개개인의 민감하고 은밀한 사적 정보의 근간에 접근할 위험성을 증가시켰다.

* * *

구글은 적절한 데이터보안을 제공하지 않으며 만족스러운 보안 전략을 가지고 있지도 않다.

다른 「포춘」 500대 기업, 예를 들어 뱅크오브아메리카^{Bank of America}의 패스워드 시스템이 해킹된다고 상상해 보자. 고객들은 철저한 조사를 요구할 것이다. 어떤 데이터가 절도됐으며, 피해를 최소화하기 위해 어떤 절차가 취해졌는지, 그리고 해당 기업이 또 다른 공격을 방지하기 위해 어떤 계획을 가지고 있는지, 고객들과 소비자 보호단체와 금융당국은 모두 뱅크오브아메리카에게 철저한 책임을 물을 것이다.

반면 구글의 반응은 말만 뻔지르르하지 알맹이는 없다.

구글은 보안이 자신의 아킬레스건이라는 점을 사람들이 눈치채길 원하지 않는다. 구글은 마술사를 채용해서 기업고객의 보안을 책임지도록 했다. 구글은 중요한 보안사고를 겪으면, 최소 21개의 다른 회사도 역시 공격당했다고 주장하고, 보안의 기초에 대해 사용자들에게 설교하며, 갑작스럽게 중국의 오래된 인터넷 검열정책을 국제적인 사건으로 비화시키고, 도움을 구하러 국가안보국에 달려간다.

요약하자면, 구글은 자신의 인프라스트럭처를 안전하게 만드는 데 대한 책임을 인정하는 것만 빼고는 모든 일을 한다.

4장
구글오폴리

구글은 독점기업이다.

'세계의 정보를 체계화하고 보편적으로 접근 가능하게 만들자'는 구글의 사명은 경쟁을 파괴하는 구상이다. 그리고 그렇게 되고 있다. 지난 10년 동안, 구글은 온라인정보 접근을 점차 지배하게 되었다.

구글은 자유세계의 웹검색 중 5분의 4를 처리한다. 구글은 전세계 검색 비즈니스의 대략 90퍼센트를 좌지우지한다. 오직 한 회사, 구글만이 대부분의 인터넷사용자, 광고, 웹매체에 서비스를 제공한다. 구글은 PC와 모바일 검색광고를 지배하며 (모바일검색의 98퍼센트 이상을 처리한다.)[1] 온라인 동영상, 지도, 도서, 지역정보, 다른 유형의 컨텐츠 같은 다른 형태의 광고까지 뻗어 나가고 있다.

점점 더 많은 사용자들이 구글을 인터넷, 그 자체로 여긴다.

특정 일용품에 대한 시장을 이야기하는 것이라면, 상황은 그리 심각하지 않을지도 모른다. 그러나 우리는 사람들이 하는 거의 모든 일에 근본이 되는 것, 바로 정보 접근에 대해 이야기하고 있는 것이다. 방대한 네트워크 인프라스트럭처를 통해 구글은 웹 색인화와 검색서비스에서 넘보기 어려운 철옹성을 구축했다.

공식적으로 구글은 자신이 독점기업이 아니라고 주장하지만, 경우에 따라 이 회사의 경영진들은 구글의 예외적인 시장지배력을 인정하기도 한다. 에릭 슈미트 회장은 이렇게 진술한다. "우리의 모델이 확실히 좋다. 이를 기반으로, 우리는 100퍼센트 점유율을 가져야 한다."[2] 구글의 노사관계 책임자 피터 그린버거Peter Greenberger는 "인터넷 생태계에 득이 되는 것이라면 구글에게도 득이 된다."고 말한다.[3] 랭킹팀 책임자 아미트 싱할은 구글의 검색서비스가 인터넷의 승자를 선택할 수 있는 영향력을 가지고 있다고 시인했다.[4]

구글은 독점기업처럼 보이고, 독점기업처럼 행동한다. 대부분의 광고주들은 구글과 비즈니스를 하는 것 외에는 다른 선택의 여지가 없다. 그러지 않는다면 온라인시장 20퍼센트에만 도달할 수 있을 뿐이다. 애드워즈를 통해 광고를 한다는 것은 그 결과가 어떻게 될지 알 수 없다는 뜻이다. 구글의 소위 '키워드 경매'에서는, 가장 높은 값을 제시하는 입찰자가 항상 이기지 못하는데, 구글이 아무 때나 극비리에 사전공지 없이 결정적인 품질점수만 빼고 경매공식을 바꿔 버릴지 모르기 때문이다.

구글은 10여 가지의 새로운 시장에 신속히 진출하면서 최대한 트래픽, 컨텐츠, 행동데이터를 쥐어짜내기 위해 정도에서 벗어난 전략을 꾸며냈다. 구글은 검색광고시장에서 독점적 지위를 이용해 공짜제품과 서비스를 밀어 붙이는데, 경쟁사들은 이런 제품과 서비스를 제공하기 위해서는 요금을 매겨야 한다. 이런 전략적 차이는 구글에게 즉각적인 대규모 시장을 보장하여, 모든 유형의 컨텐츠, 모든 주요 하드웨어 플랫폼, 웹의 모든 구석구석까지 구글의 독점적 영향력을 확장시켜 준다. 구글의 전략은 대부분의 경쟁위협을 봉쇄한다. 누가 공짜상품과 경쟁해야 하는 비즈니스에 투자하려고 하겠는가?

실제로 구글은 소비자 디지털 미디어 생태계를 독점화하는 길로 들어섰다.[5] 구글은 점점 더 인터넷의 정보문지기 및 전자상거래의 요금징수원이 되어 가고 있다. 그리고 구글은 안드로이드 운영체제를 탑재한 모바일폰이나 구글TV와 같이 정보를 생산하고 이용하는 다른 제품들에도 한몫 끼고 있다.

구글의 검색서비스를 사용할 때, 우리는 구글이 보여주기를 원하는 인터넷을 보게 된다. 세르게이 브린조차도 '사람들에게 어떤 정보를 보여줄지 결정함으로써' 구글이 영향력을 행사하고 있다고 시인했다.[6] 안드로이드 모바일폰을 사용할 때, 우리는 구글의 모바일 웹에 접속된다. 도서 내용을 검색하고, G메일로 메시지를 작성하거나 피카사 디지털사진을 정리할 때, 이 모든 행동은 구글의 미심쩍은 블랙박스 안에서 이루어진다. 구글은 빠른 속도로 한 회사가 우리가 원하거나 필요로 하는 모든 것들을 통제하는 장소인 기업도시의 인터넷 버전이 되고 있다.

구글은 마이크로소프트의 홍보실패에서 교훈을 얻었다. 즉, 구글은 눈에 띄지 않고 움직이는 법의 중요성을 알고 있다. 구글은 자신이 하는 모든 일이 혁신을 주도하기 위해서이거나, 사용자들을 구속하지 않으면서 편의를 제공하기 위한 것이라고 주장한다. 구글의 홍보전략은 자신을 반독점 집행으로부터 방어해 줬을 뿐만 아니라, 현대에서 가장 강력한 독점을 달성하도록 해줬다.

구글의 독특한 독점형태로 인해 야기되는 위험성을 의미하는 구글오폴리[7]는 스탠다드오일, AT&T, 마이크로소프트 같은 거대 기업에 의해 야기된 적 있는 그 어떤 위협보다 훨씬 심각할 뿐만 아니라 질적으로 다르다. 하버드대학 법대교수이자 구글 숭배자인 로렌스 레식Lawrence Lessig은 구글이 마이크로소프트의 최전성기 영향력을 능가하는 과정에 접어들었다고 말한다.[8]

* * *

다른 사람들도 역시 구글을 독점기업이라고 생각한다.

미 법무부[DOJ]는 2008년 하반기 구글과 야후 간의 광고제휴안을 막기 위해 반독점소송을 제기할 것이라고 발표했다.[9] 한 팀이 되면 구글과 야후는 검색광고 시장의 90퍼센트 이상을 좌지우지하게 된다. DOJ 특별검사 샌포드 리트박Sanford Litvack은 "……구글은 독점권을 가지고 있으며, 광고제휴안은 그들의 독점권을 강화시킬 것이다."라고 말했다.[10]

반독점 부서를 책임지고 있는 법무부 보좌관 토마스 바넷Thomas O. Barnett은 "이러한 담합은 소비자들에게 경쟁의 이득, 즉 저렴한 가격, 더 나은 서비스와 더 큰 혁신을 누리지 못하게 할 것이다."라고 진술했다.[11]

법무부의 크리스틴 바니Christine Varney는 법무부 반독점 보좌관에 임명되기 전에도 구글에 대해 심각한 우려를 가지고 있었다. 그녀는 어느 컨퍼런스에서 참석자에게 이렇게 말했다. "내가 보기에 마이크로소프트는 지나간 과거일 뿐이며 더 이상 문제가 되지 않는다…… 구글은 인터넷 온라인광고에서 독점적 지위를 획득했다." 비록 구글이 그런 지배력을 합법적으로 얻었다고 하더라도 "급속히 시장권력을 결집시키고 있다."고 덧붙였다. 그녀는 구글이 "……마이크로소프트의 복사판이 되고 있으며…… 구글의 제품이 자신의 제품과 호환되도록 허용하지 않음으로써…… 구글이 불공정한 행위를 하고 있다고 주장하기 시작하는 기업들이 생겨날 것"이라고 예견한다.[12] 바니는 구글과 야후의 제휴안 외에도 더블클릭 인수건에 대해서도 우려했다.

DOJ만이 아니다. 유럽연합 회원국들도 구글이 독점기업이라고 생각한다. 일례로, 독일 법무무 장관 자비네 로테우쎄-슈나렌베르거Sabine Leutheusser-Schnarrenberger는 "대체로, 구체화되고 있는 것은 매우 거대한 독점기업이다……"고 말하면서 구글에게 좀더 투명해지라고 주문했다.[13] 구글워치는 '구글의 독점, 알고리즘, 불법복사 정책'을 감시하는 데 웹사이트를 전부 할애하고 있다.[14] 개인 저자, 출판사, 아마존닷컴에 이르기까지 광범위한 당사자들은 구글 북스 중재안 하나만으로도 구글에게 독점력을 제공할 것이라고 믿고 있다.[15] 「월스트리트저널」의 발행인 레스 힌튼 Les Hinton은 구글을 '디지털 흡혈귀digital vampire'라고 부른다.[16]

반독점 당국은 구글이 거대하다는 이유만으로 벌을 주려고 기를 쓰는 것이 아니다. 미 법무부는 구글-야후 연합이 검색광고 시장 90퍼센트와 기업용 검색시장의 95퍼센트를 좌우할 것으로 추정했다. 인터넷의 승자독식 역학을 고려한다면, 이 수치는 100퍼센트에 육박하는 우려스러운 수준이다.

*　*　*

구글의 검색광고 독점은 흔히 과소평가된다.

구글의 검색시장점유율에 대한 대부분의 추정은 구글의 소비자 서비스만을 언급한다. 컴스코어ComScore는 구글의 미국 소매시장 점유율을 65.1퍼센트로 보도했고[17], 히트와이즈Hitwise는 70퍼센트에 육박한다고 추측했다.[18] 하지만 구글은 애스크닷컴Ask.com과 AOL 같은 사이트를 대상으로 기업용 검색서비스도 제공하고 있다. 구글의 전체 검색시장 점유율은 좀더 높아 71.4퍼센트(컴스코어) 또는 74퍼센트(히트와이즈)이다.[19]

미국을 벗어나면 구글의 시장점유율은 더 높아지는 경향이 있다. 예를 들어, 영국과 프랑스에서 구글의 검색시장 점유율은 똑같이 91퍼센트다. 독일, 스페인, 스위스 각각 93퍼센트, 이탈리아 90퍼센트, 오스트레일리아 87퍼센트, 캐나다 78퍼센트, 브라질 89퍼센트다.[20] 컴스코어는 "유럽에서 검색 10회 중 8회는 구글에서 일어난다."고 밝혔다.[21]

구글의 검색광고 매출점유율은 더 높다. 내가 계산한 바로는 구글의 2010년 2분기 미국 매출점유율은 93.8퍼센트라는 엄청난 수치다.[22] 동시에, 야후와 마이크로소프트에 대한 구글의 우위는 계속 커지고 있다. 유럽에서 구글의 검색시장 지배력이 훨씬 크다는 점을 감안하면, 유럽에서 구글의 검색광고 매출점유율은 훨씬 더 높을 것이다.[23]

비록 구글이 중국과 한국에서는 검색광고시장을 지배하지 못하고 있지만, 일본에서는 유일한 경쟁자인 야후재팬과 제휴하여[24] 독점기업을 만들었다.[25] 구글의 온라인 경제에 대한 전반적인 영향력은 훨씬 크다. 웹매체기업들은 구글검색결과에서 자신의 랭킹을 올리기 위해 다년간의 노력을 기울이는데, 구글의 랭킹은 주로 각 페이지로 연결되는 링크의 숫자와 품질에 의해 좌우되기 때문이다. SearchNeutrality.org가 밝힌 바와 같이, 2008년 구글의 230억 달러 매출은 '구글이 검색결과와 애드워즈 리스트를 통해 간접적으로 영향을 미치는 다른 기업들의 수천억 달러 매출'에 비교하면 작은 규모다.[26]

구글은 「파이낸셜타임스」의 논평기사에서 자신의 검색 비즈니스가 규제를 받아서는 안 된다고 주장했다.[27] 다음날,「파이낸셜타임스」는 편집자들의 반응을 게재했다. "구글은 면밀히 관찰되어야 한다."[28] 바로 그날「뉴욕타임스」역시 구글의 검색 서비스에 대한 우려를 표명했다.[29] 아무도 혁신을 방해하려고 하지는 않지만, 구글이 검색광고에서 거의 경쟁을 하지 않으며, 자신의 독점적 권력을 남용할 수 있는 솔깃한 기회를 많이 가지고 있다는 점은 공통된 인식이다.

반면 구글의 검색광고 독점 범위와 영향력에 대해 인식하고 있는 사용자는 거의 없다.

* * *

구글은 독점기업이라는 비난을 회피하기 위해 진실을 오도하는 주장을 펼친다.

구글이 즐겨 하는 변명은 '경쟁은 한 번의 클릭 너머에 있을 뿐'이라는 것이다.[30] 하지만 이는 구글의 고객을 사용자라고 가정하는 것이기 때문에 부당한 주장이다. 실제 구글의 고객은 광고주들이며, 광고주들은 한번의 클릭만으로 자신의 광고캠페인을 다른 서비스 공급자로 전환시킬 수 없다. 만일 광고캠페인을 한번의 클릭으로 전환할 수 있다고 하더라도, 다른 공급자들은 검색시장의 80퍼센트 근처에 접근하지도 못한다.

구글은 대부분의 소비자들이 복수의 검색엔진을 사용하고 있으며, 검색 공급자를 바꿀 용의가 있다는 결과를 보여주는 포레스터와 JP모건의 여론조사를 인용한다. 이는 다시 한번 구글의 고객이 사용자라고 잘못 가정하고 있다.

구글은 소비자들에게 무료제품을 제공하고 있으므로, 독점기업이 될 수 없다고 말한다. 구글의 반독점 변호사 다나 와그너[Dana Wagner]는 이렇게 말했다, "우리는 산타클로스가 되고 싶다. 우리는 사람들이 즐길 수 있는 장난감을 만들고 싶다. 하지만, 당신이 우리 장난감을 즐기고 싶지 않다면, 당신 마음대로 할 수 있다."[31] 분명히 구글은 사용자를 장난감이 가득한 바구니로 사로잡을 수 있는 순진한 아이로 생각하고 있다.[32]

하지만 이는 또 다른 불성실한 주장일 뿐이다. 구글은 공짜상품으로부터 매출과 수익을 거두지 않는다. 광고로부터 매출과 수익을 거둔다.

게다가, 구글의 '무료'상품은 실제로 무료가 아니다. 매번 구글의 무료상품을 사용할 때마다, 우리는 구글에게 데이터 추적과 그에 따라 증가하는 프라이버시의 훼손으로 구글에게 비용을 지불하는 셈이다.

경쟁제품을 판매하는 회사들은 훨씬 높은 비용을 치르는데, 자신의 제품을 공짜로 뿌릴 수 있는 독점적인 검색 비즈니스를 가지고 있지 않기 때문이다. 다르게 표현해서, 모든 웹기반 제품이 무료여야 한다면, 오직 구글만이 그런 제품을 공급할 여력이 있다. '구글이 그 일을 한다면?What If Google Does It?'이란 웹사이트는 구글의 무료제품이 진출하는 곳에서는 새로운 비즈니스 아이디어가 사라진다는 점을 무서울 정도로 명료하게 일깨워준다.[33]

길게 보면 구글의 무료제품은 사실상 상당한 비용을 유발한다. 경쟁자를 사라지게 함으로써, 소비자들에게서 대안을 빼앗는다. 공짜정보와 컨텐츠는 양질의 컨텐츠를 생산할 동기를 감소시킨다. 이는 결과적으로 이용 가능한 정보와 컨텐츠의 다양성을 제약한다. 구글의 무료제품이 시장을 장악하고 나면, 오직 한 개의 공급사만 존재하기 때문에, 미래의 제품이 사용자의 관심사에 부응할 필요가 없는 환경이 조성된다. 그리고 무료제품은 고객지원, 기능개선, 데이터보안 같이 고객들이 기대하는 중요한 부가기능에 소요되는 비용을 감당할 수 없다. 추가로, 독점기업이 지원하는 무료제품으로 인터넷을 가득 차게 만들어서, 구글은 수조 달러 규모의 경제를 파괴하며, 현재 같은 세계 경기 침체기에 일자리와 성장의 가장 큰 원천에 심대한 타격을 가한다.[34]

구글은 '사악해지지 말자'라는 모토만 바라보고 독점기업이 아니라고 믿어주길 바란다. 하지만 그런 모토는 구글이 사용자의 프라이버시를 손상시키고, 다른 이들의 저작권을 침해하는 행동을 막지 못했다. 상습범들은 언제나 법 위반이 어쩔 수 없다고 자신을 합리화하는 데 성공한다.

또한 구글은 혁신적 기술을 개발하는 데 너무나 몰두하고 있어서 독점기업이 되기는 어렵다고 우리가 믿어주길 바란다. 하지만 구글에서 가장 인기 있는 제품과 서비스 대부분은 내부에서 개발되기보다는 인수한 기술에 의존한다.[35] 예를 들어, 구글 어스는 키홀이 개발한 기술에, 구글 보이스는 그랜드센트럴GrandCentral이 개발한 기술에 기반한다. 구글의 동영상 공유서비스는 유튜브에 의해 개발되고 여전히 유튜브에 의해 운영되고 있다. 구글의 모바일광고 기술은 최근 인수한 애드몹에서 나온다. 심지어 구글의 상징인 애드워즈와 애드센스마저도 오버추어와 어플라이드시맨틱스에서 개발한 기술을 채용하고 있다.[36]

이런 주장의 이면에는 시장에 수많은 혁신이 일어나고 있기 때문에 인터넷 독점기업이 장기적으로 문제가 되지 않으리라는 시각이 있다. 장기적으로는 맞는 생각일지도 모른다. 하지만 구글은 경쟁이 필요할 때면 어디선가 '갑자기 쑥 나타날' 것이라고 우리들이 순진하게 믿어주기를 원한다.[37] 이는 아전인수격 주장이다. 독점을 막기 위해 적시에 경쟁이 저절로 일어나리라는 보장은 없다. 특히 구글이 70개의 부상하는 경쟁자들을 먹어치우고, 수많은 공짜제품을 제공함으로써, 끊임없이 확장되는 '무경쟁' 지역으로 자신을 둘러싼 상황에서는 더욱 그렇다.

구글은 자신의 인수합병이 다른 시장이나 초창기 시장을 대상으로 한 것이라고 대수롭지 않게 여긴다. 이는 또 하나의 허위주장이다. 구글은 온라인경제가 독점기업으로 가는 대체경로를 제공한다는 점을 간파했다. 구글의 전략은 다른 검색서비스 제공사를 매입하지 않고, 더블클릭, 유튜브, 애드몹 같은 회사를 인수하여 가치사슬 전체를 장악하는 것이다.

구글은 검색광고 독점을 달성하기 위해서는 트래픽, 도달률, 컨텐츠, 잠재적 경쟁자를 약화시킬 무료제품 공세, 그리고 반독점 적용에 대한 대비가 필요하다는 점을 알고 있었다.

* * *

다른 이들은 몰라도, 구글은 자신이 거머쥔 엄청난 시장권력을 잘 알고 있다.

구글이 장악한 시장권력의 최대범위는 쉽게 파악되지 않는다. 구글이 채용한 회장(에릭 슈미트)조차도 이해하는 데 시간이 필요했다. "나는 이곳에 부임한지 수년 동안 구글의 힘을 진정으로 이해하지 못했습니다. 뒤돌아 보면, 부임 첫 해에 내가 쓴 메모만 봐도, 구글의 공동창업자 래리 페이지와 세르게이 브린이 현재 수준의 구글을 내다봤다는 점을 알 수 있습니다. 그들은 알고 있었고, 나는 몰랐어요."[38]

인터넷은 진입장벽을 낮추기도 하지만, 동시에 권력의 신속한 집중을 가능하게 한다. 인터넷을 전통적 신문과 비교하면서, 슈미트는 이렇게 말한다. "신문에 관해 이해해야 할 근본적인 요점은 인터넷 배포는 희소

성의 경제학을 기반으로 구축된다면 성공하지 못하며, 편재성^{ubiquity}과 풍부함^{abundance}의 경제학으로만 효과가 있다는 점입니다."[39] 「뉴욕타임스」 인터뷰에서는 이렇게 밝혔다. "혹독한 경제적 답변은 이러한 대량배포로 인해 인터넷은 실제로 다른 비즈니스를 변화시킨다는 것입니다…… 우리는 이를 있는 그대로 인정해야 하며, 그로부터 회피하지 말아야 합니다."[40]

구글의 수석 경제학자 할 배리언$^{Hal\ Varian}$은 이런 현상들을 전체적으로 설명할 수 있는 이론을 개발했다. 바로 구글노믹스^{Googlenomics}다.[41] 이 이론은 두 가지 주요부분으로 구성되어 있는데, 하나는 거시경제학 측면이고 다른 하나는 미시경제학 측면이다. 거시경제학 측면은 사용자에게 무료로 제품과 서비스를 제공하는 구글의 '외관상 이타적인 행동'을 다룬다. 배리안의 설명에 의하면 구글은 더 많은 인터넷 트래픽을 만들기 위해 이런 행동을 하며, 이는 결과적으로 구글이 더 많은 광고를 팔 수 있도록 해준다.

하지만 미시경제학 부분이 가장 중요하다. 이 부분은 트래픽과 사용자 행동이 분석되는 곳으로, 구글이 소비자 행동을 예측하고, 더 많은 사용자를 끌어들여 더 많은 광고를 판매하게 해준다. 이 부분은 성과를 최대화하기 위해 끊임없이 개선이 이루어지는 거대한 데이터 피드백루프이다. 배리안은 구글노믹스를 요약하면서, 웹 상에서 데이터는 흔하고 값싼 반면, 데이터를 분석하고 이용할 수 있는 능력은 희귀하다고 설명한다.[42]

작가 스티븐 레비$^{Steven\ Levy}$는 이렇게 결론 내린다. "물론 배리안은 자신의 고용주가 성공한 이유가 영감 받은 광기의 결과가 아니라, 규모, 속도, 데이터분석, 고객만족에 광적으로 집착할 때 인터넷이 보답해 준다는 점을 재빨리 깨달았기 때문이라는 것을 알고 있다."[43]

에릭 슈미트 회장은 구글이 네트워크 효과를 어떻게 이용하는지 설명한다. "……우리는 더 많은 사용자를 모을수록 더 많은 광고를 모을 수 있게 됩니다. 더 많은 광고주는 우리에게 더 많은 현금을 가져다주며, 더 많은 현금은 더 많은 데이터센터를 가져다주고, 더 많은 데이터센터는 훨씬 더 큰 데이터센터 구축을 원하는 더 많은 엔지니어들을 얻을 수 있게 해줍니다…… 이런 사이클이 구글에서는 현실이지요."[44]

「이코노미스트」의 어느 기사에서 주목했듯이, "구글의 비용은 대체로 고정적이므로, 증가된 매출은 전부 순익이 된다. 구글 입장에서는 TV나 다른 시장으로 진출하는 것이 타당하다고 배리안 교수는 말한다. 심지어 구글이 고객당 1센트씩만 받더라도 (웹에서 클릭당 평균 50센트와 비교할 때) 1센트에는 변동비가 들어가지 않으므로 순수익이 된다…… 이러한 인프라스트럭처의 의미는 구글이 어떤 신규 서비스라도 무시할 정도의 비용이나 위험성으로 추진할 수 있다는 뜻이다."[45]

구글의 에릭 슈미트 회장은 이 개념을 한발 더 발전시켜, 구글은 비용유발과 위험성이 없는 소유권의 장점을 깨달았다고 설명한다. "나는 더욱 철저한 통합이 해결책이라고 생각합니다. 바꿔 말하면, 우리는 인수없이 이런 과업을 성공할 수 없습니다. 내가 사용했던 용어는 '합병 없는 합병'이었습니다. 두 조직의 웹시스템이 상당히 훌륭하게 통합되면서도, 배타적 기반일 필요가 없는 상황이 웹에서는 가능합니다."[46]

바꿔 말하면, 구글은 정보를 통해 돈을 벌기 위해 사람들이 원하는 정보를 생산하는 비용과 위험성을 짊어질 필요가 없다는 것이다. 구글에게 필요한 것이라고는 그런 정보에 대한 접근을 통제하는 일뿐이며, 트래픽을 발생시키고 그 과정에서 데이터를 추적하는 일이다. 독점적 지위를 이용해서 다른 이들이 비용을 떠맡도록 하고 그 와중에 구글은 이득을 거둔다니 이상적인 비용-편익의 타협점인 셈이다.

분명히 해야 할 점은 구글은 자신이 무슨 일을 하고 있는지 정확히 알고 있다는 것이다.

실제로 구글은 자신이 거의 하룻밤 사이에 실질적 표준을 만들 수 있는 유일한 회사란 점을 알기에 확신에 가득 찬 나머지, 시장지배력을 이용해 자신의 솔루션으로 표준을 교체하기도 한다. 일례로, 구글은 URL 단축시장에 진출했다. 블로거 제시 놀러Jesse Noller는 이렇게 언급했다. "비틀리bit.ly보다 괜찮다고 해서 구글이 갑자기 들고 나온 것이 아니다. 구글은 자신들이 우월하다고 생각하는 기술적 규격을 실현할 수 있는 뭔가를 들고 나온 것이며, 거의 무적에 가까운 인프라스트럭처를 기반으로 거기에다 자신의 브랜드를 건 것이다."[47]

이 말이 무슨 의미인지 생각해 보자. 구글이 온라인 제품을 무료로 제공하기로 하고 그 제품에 자신의 독점광고 시스템을 얹는다면, 다른 회사가 그런 제품과 경쟁하기는 거의 불가능하다. 그런 압도적인 승산에 대항해야 하는 제품에 그 누가 투자하려고 하겠는가? 구글은 혁신의 주도세력이라고 자처하지만, 검색과 검색광고의 독점을 지속할 경우 장기적인 결과는 신규진입자들을 짓밟음으로써, 결과적으로 혁신을 저해하게 된다.

자신을 위험에 빠뜨릴 수 있음에도 구글이 무시하고 있는 점은, 지배적인 기업은 지배적이지 않은 경쟁자들과 같은 정도의 자유를 누리지 못한다는 것이다. 지배적인 기업은 그들의 영향력을 남용할 기회가 더 많다는 바로 그 이유 때문에 더 엄격한 반독점 기준에 구속된다. 하지만 독점기업은 내성적이거나 소극적인 사람들에 의해 만들어지지 않는다.

제닛 로우$^{Janet Lowe}$는 『구글파워』에서 이렇게 묘사한다. "어느 전략회의에서 브린과 페이지는 프리젠테이션에 화가 났다. 페이지는 엔지니어들의 야망이 부족하다고 질타했다…… 우리는 뭔가 큰 것을 원한다고 페이지는 말했다. '그런데 여러분은 작은 것만 제안하고 있어. 왜 이리 말을 안 듣는 거지?'"[48]

* * *

구글의 목표는 세계의 정보에 대한 접근을 통제하는 것이다.

구글은 '세계의 정보를 체계화해서 보편적으로 접근 가능하고 유용하게 만든다'는 자사의 사명을 수줍어하지 않는다. 그러나 세계의 정보를 다른 사람들이 보편적으로 접근 가능하도록 만들려면, 우선 구글이 세계의 정보에 대해 보편적으로 접근할 수 있어야 한다.

구글은 자신의 실제 목표가 세계의 정보에 대한 독점적인 접근임을 상당히 잘 이해하고 있다. 에릭 슈미트 회장은 와이어드에서 이렇게 밝혔다. "어느 날 래리와 세르게이와 내가 방에 서 있었는데, 세르게이가 우리를 보고 이렇게 말했습니다. '우리의 전략이 무엇이어야 하는지는 명확합니다. 그 누구도 해결할 수 없는 규모의 문제를 해결하는 것이죠.'"[49] 세계의 정보를 체계화하는 일은 그런 종류의 문제였다.

슈미트는 어느 컨퍼런스에서 구글은 모든 것을 원한다고 시인했다. "궁극적으로 구글에서 우리의 목표는 가장 강력한 광고 네트워크와 세계의 모든 정보를 소유하는 것입니다."[50]

구글은 반드시 정보를 생산하거나 소유할 필요가 없다는 점을 이해하고 있다. 지배적인 전달자가 되는 것만으로도 충분하다. 구글의 대변인 가브리엘 스트리커Gabriel Stricker는 이렇게 밝혔다. "사람들이 무엇을 검색하고 어떤 답을 찾든지 그 사이에서 사람들을 연결해줌으로써, 가능한 최고의 전달자가 되겠다는 우리의 비전에는 변함이 없습니다. 그런 이유로 우리는 컨텐츠를 소유하거나 생산하는 데 관심이 없습니다."[51]

구글이 다른 이들의 정보를 체계화하는 스케일은 유례가 없는 것이다. 구글의 공동 창업자인 래리 페이지는 이렇게 밝혔다. "완벽한 검색엔진은…… 우리가 의도하는 바를 바로 이해하고 정확히 우리가 원하는 답을 줄 것입니다…… 구글은 정확한 답을 찾는 데 있어 그 당시 다른 검색엔진보다 우수하고 빨랐다는 바로 그 이유 때문에 성공했습니다."[52] 구글은 정보에 대한 독점적 접근권한을 계속 획득해가고 있다. 구글의 에릭 슈미트 회장은 이렇게 말한다. "우리는 구글이 가질 수 있는 전체 정보의 초창기 시점에 있습니다."[53]

구글의 수석 경제학자 할 배리언은 굳이 구글의 전략을 숨기려고 하지 않는다. 그는 작가 스티븐 레비에게 인터넷 사용을 높이는 것이라면 모두 구글을 부유하게 만든다고 말했다. 웹을 쳐다보는 눈이 많아지면 필연적으로 더 많은 광고판매가 이루어져 구글에게 보탬이 되기 때문이다.[54] 배리안은 저술가 켄 올레타Ken Auletta에게도 이렇게 말했다. "인터넷은 정보를 이용 가능하게 만듭니다. 구글은 정보를 접근 가능하게 만듭니다."[55] 배리안은 구글이 유일한 선택이라고 믿고 있음이 틀림없다.

많고 많은 회사 마스코트 중에, 구글은 사람 크기의 티라노사우루스 렉스 모형을 본사에 설치하기로 결정했다. 티라노사우루스는 역사상 가장 무시무시한 포식자 중의 하나로, 세계의 정보를 집어 삼키겠다는 구글의 결심과 어울리는 상징이다.

* * *

어떻게 구글은 독점기업이 됐을까?

역사는 승리자에 의해 쓰여진다고들 한다. 구글은 자신의 놀라운 성공을 우월한 검색엔진과 검색 알고리즘(진실), 사용자 중심주의(약간의 과장), 혁신(대부분 지어내 얘기) 덕택으로 돌린다. 잘 알려지지 않은 이야기는 구글이 대부분의 트래픽을 야후, AOL, 애스크닷컴 같은 회사들로부터 돈으로 샀다는 것이다.[56]

사용자들은 구글의 검색 서비스가 좋다는 이유만으로 선택한 것이 아니다. 아이러니컬하게도, 대규모 사용자에게 구글을 선보인 회사는 현재는 구글의 가장 큰 경쟁사인 야후였다. 야후는 자신의 검색을 잉크토미inktomi에 아웃소싱하다가, 2000년 구글로 바꿨다. 이 결정이 구글의 검색시장 점유율을 대략 5퍼센트에서 50퍼센트로 밀어 올렸다. 3년 후 야후는 전략적 실수를 저질렀음을 깨닫고, 이전에 알타비스타를 인수한 오버추어와 잉크토미를 인수했다. 한편, 구글은 검색의 우위를 이용해 추가적인 트래픽을 구매했다. 구글은 여전히 전화 인터넷접속의 선두주자인 AOL과 애스크닷컴, 당시의 소셜네트워크의 선두주자인 마이스페이스와 기업용 검색계약을 맺었다. 동시에 구글은 높은 트래픽을 보유한 수백 개의 웹사이트에 검색을 제공했다. 그리고 구글은 어도비와 같은 소프트웨어 기업들과도 계약에 맺어, 그들의 제품을 다운로드할 때 애드온add-on 형태로 구글 툴바를 제공하기로 합의했다.

대부분의 사용자들은 스스로 구글의 검색 서비스를 선택하지 않았다.

그들은 기존의 서비스와 소프트웨어 제공사들에 의해 구글로 인도됐다.

구글은 구글오폴리를 완성하기 위해 영구적인 피드백루프를 만들었다(물론 비독점기업 하에서는 '선순환'이 될 수 있다).[57] 이러한 무적의 피드백루프는 사용자들이 모든 컨텐츠에, 매체기업들이 모든 광고주들에게, 광고주들이 모든 사용자들에게 도달할 수 있게 해주는 유일한 플랫폼을 구글이 보유하고 있다는 사실을 이용한다.[58] 구글의 수석 부사장 조나단 로젠버그는 공개적으로 구글오폴리가 무적이라고 자랑했다. "따라서 더 많은 사용자는 더 많은 정보로, 더 많은 정보는 더 많은 사용자로, 더 많은 광고주는 더 많은 사용자로 반복해서 돌고 도는 아름다운 사이클로 이것이 내가 직업으로 삼는 일입니다. 누군가는 이것을 멈추지 않는 엔진으로 비유했지요."[59]

구글의 영구적인 피드백루프는 스스로의 힘으로 등장하지 않았다. 구글은 조직적으로 전략적 위치를 가진 소비자 인터넷 기업들을 75개 이상 인수했다. 더블클릭, 애드몹, 안드로이드, 키홀, 피카사, 그랜드센트럴, 포스티니Postini, 얼친Urchin 등이 여기에 포함된다.[60] 하지만 균형을 무너뜨릴 정도로 구글에게 압도적인 우위를 제공했던 것은 2006년 11월 유튜브 인수였다. 유튜브는 세계에서 두 번째로 많은 검색을 발생시키며, 이제는 구글 검색의 25퍼센트를 차지한다.[61] 지난 4년 동안 구글의 검색시장 점유율에서 증가분의 대략 4분의 3은 유튜브 때문이라 할 수 있다.[62]

더블클릭은 구글이 기존에 가지고 있지 않았던 사용자, 광고주, 매체기업을 가장 많이 제공해 줬다. 더블클릭을 인수함으로써, 구글은 8억 명의 광고시청자, 상위 1,500개 가량의 인터넷광고주, 상위 20개 웹사이트 중 17개와 관계를 맺게 되었다.[63]

구글의 애드몹 인수는 구글 독점체제를 모바일 시장으로 확장할 수 있도록 굳혀줬다. 구글의 가장 강력한 검색경쟁자인 야후와 마이크로소프트는 모바일 시장에서 대수롭지 않은 주자이다. 구글은 경이롭게도 (더블클릭과 유튜브를 포함하여) 150만 개의 광고주들을 거느린 것으로 추정되는데, 어떠한 모바일 경쟁자들보다 단연코 많은 수치이다. 애피탈리즘Appitalism.com의 사이먼 버킹엄Simon Buckingham은 기사에서 구글이 자사 광고 클라이언트의 기본설정을 PC뿐 아니라 IP접속이 가능한 모바일 기기에도 광고가 표시되도록 변경했다고 밝혔는데, 이후 이 기사는 웹에서 삭제됐다.[64] 구글과 애드몹 조합은 인앱in-app (애플리케이션 내에 표시되는) 모바일 광고시장의 75퍼센트를 구글에게 안겨줬다.[65]

전자 프라이버시 정보센터의 마크 로텐버그Marc Rotenberg 사무총장은 구글의 애드몹 인수에 놀랐다. "구글의 진화단계를 볼 때, 우리는 워싱턴 정부와 의회위원회에서 이 회사의 인터넷 서비스 지배력에 대해 살펴봐야 하는 시점에 도달했다."[66]

유튜브는 온라인 동영상 시청자의 80퍼센트를 구글에게 안겨줬다. 컴스코어에 따르면, 구글은 시청횟수와 시청시간에서 경쟁자들을 압도한다. 느슨한 반독점 적용으로 인해, 구글은 지배적인 글로벌 인터넷 TV 서비스사업자가 됐다.[67]

실제로 수직적 미디어 통합을 통해 구글은 소위 구글 인터넷 TV 네트워크라는 걸 만들어냈다. 안드로이드 기기와 크롬 웹브라우저 운영체제 같은 제품과 아울러 자신의 사용자, 광고주, 웹매체 기반을 지렛대 삼아 구글은 PC 동영상에서 지배력을 모바일 기기와 HDTV까지 확장할 수 있는 입지를 갖췄다.[68]

구글은 단지 인터넷뿐만 아니라 웹기반의 모든 소비자 미디어를 장기간 지배하는 데 필요한 구성요소 대부분을 수중에 넣었는데, 그것도 반독점 당국의 눈앞에서 그 일을 해냈다.

* * *

구글은 반독점조사가 대기업이라면 모두 의례적으로 겪는 것으로 오도한다.

구글의 수석 경쟁변호사 줄리아 홀츠^{Julia Holtz}는 이렇게 썼다. "이런 종류의 조사는 대기업에서 일상적으로 벌어지는 일이다."[69] 글쎄, 그 말은 과연 사실일까? 「포춘」 선정 1000대 기업이라면 당연히 대기업이겠지만, 그들 중 99퍼센트는 반독점 위반으로 조사를 받지 않는다.

또한 홀츠는 이렇게 밝혔다. "우리는 언제나 올바른 방식으로 성공을 거두기 위해 열심히 노력해 왔다. 즉, 우리 사용자나 광고주를 구속하거나, 아니면 인위적인 진입장벽을 치는 방식이 아니라 기술적 혁신과 훌륭한 제품을 통해서이다."[70] 하지만 영국의 가격비교 전문서비스 파운뎀^{Foundem}이나 다른 고객들이 발견한 바와 같이, 구글은 경쟁자를 내쫓기 위해 때때로 검색결과를 조작한다.

구글은 경쟁자들의 불평은 단순한 시기일 뿐, 신경 쓸 필요가 없다고 주장한다. 당연히 대부분의 반독점조사는 경쟁자들의 문제제기로 촉발된다. 마이크로소프트는 그 누구보다 넷스케이프의 주장에 대한 대응으로 조사됐다. 결과적으로 중요한 점은 누가 문제를 제기했느냐가 아니라 문제제기의 실체가 있느냐의 여부이다.

홀츠는 「뉴욕타임스」에서, "우리는 잘못한 게 없습니다."라고 밝혔다.[71] 구글의 행동에 대해 사적인 당사자들이 다수의 소송을 제기했다는 점을 감안하면, 포괄적인 면죄선언인 셈이다. 법무부는 구글 북스 중재안이 반독점법, 저작권법, 집단소송법에 위배된다고 두 번에 걸쳐 반대했으며, 구글과 야후의 광고제휴안에 대해서도 반대했다.

구글 직원 아미트 싱할은 구글의 검색 서비스가 '어려운 일'이기 때문에 반경쟁적인 경향이 있다고 시사했다.[72] 그는 수십 억 개의 문서를 검색해서 그 결과를 1초 안에 표시하는 일을 아무나 할 수 없다고 말한다. 하지만 누구를 꼭대기에 올릴 것인지, 누구를 바닥으로 가라앉힐 것인지 결정하는 알고리즘과 필터를 사람이 조정해서 끊임없이 변경하는 지배적인 검색엔진에 대항하여 경쟁하는 일도 어렵기는 마찬가지다.

싱할은 컴퓨터와 알고리즘은 근본적으로 편파적이지 않으므로 반경쟁적일 수가 없다고 주장한다.

> 구글 랭킹은 관련성 높고 유용한 결과를 찾는 데 사용되는 알고리즘의 집합이
> 다⋯⋯ 우리의 알고리즘은 주어진 쿼리에 맞는 최고의 결과를 선택하기 위해 수
> 백 가지의 다양한 신호를 활용한다. 이러한 신호와 알고리즘은 끊임없이 변화되
> 고 있으며, 끊임없이 개선되는 중이다. 평균적으로 우리는 신호와 알고리즘에
> 매일 한두 가지 변경을 가한다.[73]

알고리즘에 편견이 있을 수 없다고 주장하는 건 불합리하다. 만일 객관적인 알고리즘의 설계가 가능했다면, 끊임없이 그걸 바꾸는 일이 정당화될 수 없다. 구글이 특정 웹페이지를 올리거나 내리고 싶기 때문에 매일 바꾸는 것이다. 이런 행위는 완전히 주관적인 결정이다. 이런 결정이 알고리즘에 구현되어 있다는 사실은 그것이 반경쟁적인지의 여부와는

결코 아무런 관련이 없다.

싱할은 제3자가 구글의 검색엔진을 조사할 가능성에 대해 우려를 표했다. "최근 나는 규제 당국이 구글 같은 검색엔진의 랭킹 결정방법에 개입하는지 검토해야 한다는 기사를 읽은 적이 있습니다."[74] 하지만 반드시 구글이 알아서 하거나 아니면 정부 담당자가 검색결과를 결정하는 양단간의 선택만 있는 것은 아니다. 구글이 반경쟁적으로 행동하지 않는다는 점을 모두에게 납득시키기 위해 필요한 건 타당한 수준의 투명성과 책임성이면 충분하다.

구글은 어떤 웹사이트가 검색결과에서 낮게 랭크되면, 해당 사이트가 분명 뭔가 부족하기 때문이라고 주장한다. 싱할에 따르면, "우리는 검색결과에 포함되는 웹사이트에 대해 문서화된 명백한 정책을 가지고 있으며, 우리의 정책에 위배되거나 법적 의무사항, 아동 포르노, 스팸, 바이러스/악성코드 등 다른 사유에 해당되는 사이트에 대해서는 조치를 취합니다."[75] 하지만, 많은 웹 매체사들이 사전경고나 설명 없이 강등됐다고 하소연한다. 구글의 정책이나 관행이 반경쟁적이어서 결과적으로 불법인지 가려내는 일은 반독점 당국이나 법원에게 달려있다.

대략 10년마다 회사들은 자신의 분야에서 경쟁의 존속을 위협하는 방식으로 행동한다. 대기업이기 때문이 아니라, 해당 기업이 자신의 독점적 지배력을 남용하기 때문이다.

* * *

구글오폴리가 나쁜 이유는 무엇이며, 누구에게 피해를 입히는가?

카드게임에 비유하면 구글오폴리를 좀더 쉽게 이해할 수 있다. 자체 컨텐츠의 검색순위를 올림으로써, 구글은 자신에게 에이스카드를 돌리는 셈이다.[76] 수동평점과 품질점수를 활용함으로써, 구글은 경쟁자들에게 나쁜 카드를 돌리는 셈이다. 온라인지배력을 통해, 오직 구글만이 다른 참가자들의 카드를 보고 계산할 수 있다. 구글은 참가비를 결정하고, 누가 어떤 패를 플레이할지 결정하며, 누가 돈을 걸 수 있는지 결정한다. 딜러가 견제되지 않는 권력을 가진다면, 딜러를 정직하게 유지하는 방법은 있을 수 없다.[77]

구글의 비밀무기는 통합 정보 인지Total Information Awareness다. 에릭 슈미트가 밝힌 바와 같이, "구글은 여러분이 다음에 무엇을 해야 하고, 무엇을 신경 써야 하는지 추천할 수 있습니다. 구글은 여러분이 어디에 있고, 무엇을 좋아하는지 알고 있습니다."[78] 슈미트는 인터넷이 연결된 기기의 위력에 대해서 언급하면서 "여러분은 말 그대로 모든 것을 알 수 있습니다."라고 말했다.[79] 간단히 말해서, 인터넷은 궁극의 추적/감시 기술이다.[80] 구글 경영진들이 '허락 없는 혁신'을 논할 때는, 다른 이들의 데이터와 컨텐츠를 제멋대로 쓴다는 의미이다.

검색 독점기업은 검색될 정보를 결정한다. 검색광고 독점기업은 승자와 패자를 결정한다. 모든 주요한 정보저장고와 기기 플랫폼을 수중에 넣는 첫 번째 기업은 정보의 근원과 행선지 양쪽을 모두 장악한다.

정보는 권력이다. 구글오폴리는 절대권력이다.

* * *

구글이 독점기업이라면, 그들의 독점전략은 무엇일까?

행동으로 유추해 보건대, 구글의 독점전략은 5가지 주요 구성요소를 갖는 것으로 보인다.[81]

구글은 사용자의 신뢰를 얻기 위해 이해관계의 충돌을 숨긴다. 구글은 사용자를 위해 일한다고 주장하지만, 돈은 광고주에게 받는다. 이는 의사가 환자를 진단실험실에 보내면서, 자신이 실험실 주인이라는 점을 속이는 것이나 마찬가지다. 구글은 사용자를 섬기는 데 중점을 둔다고 말하지만, 실은 사용자를 이용해 광고주로부터 돈을 챙긴다. 구글은 임계규모의 사용자 신뢰를 얻은 다음, 속임수를 부려 말 그대로 현금인출기로 운용한다.

구글은 조직적으로 경쟁자를 인수하거나 제휴에 끌어들이고, 아니면 제거한다. 구글은 시장에 대한 독점적이고 폭넓은 시야를 활용해서 키홀, 그랜드센트럴이나 유튜브 같이 부상하는 가장 중요한 회사들을 파악하고 인수하며, 종종 현재 가치보다 높은 값을 지불한다. 구글은 야후나 애스크닷컴 같은 회사를 검색광고 제휴에 끌어들여 이런 회사들이 경쟁자가 되는 길을 막는다. (사실, 지배적인 기업이 잠재 경쟁자와 제휴를 맺는다면, 그들은 당연히 시장공모로 고소돼야 마땅하다.) 그리고 무료제품과 서비스 공세를 펼침으로써, 구글은 기존 경쟁자들이 자신의 시장점유율을 포기하게 만들고, 새로운 경쟁자들의 정착을 방해한다.

구글은 수상쩍은 '경매'를 통해 가격을 조작한다. 구글은 광고키워드 경매를 운영한다고 표방한다. 하지만 이 '경매'에서는 가장 높은 가격을 부른 입찰자가 항상 이기지 못한다. 추가로 구글은 개별적인 최저경매가를 설정했다. 이 과정은 참가자들에게 비밀로 부쳐진다. 참가자들은 이기기 위해서 무엇이 필요한지, 심지어 경매가 공정하게 수행

됐는지조차 알 길이 없다. 광고주들 사이에 경쟁을 촉진하기보다, 구글의 최대매출을 보장하기 위해 설계된 것으로 보인다.

구글은 경쟁자들이 필요한 정보에 접근하지 못하도록 배제한다. 구글은 다른 이들이 경쟁하기 위해 필요한 결정적 데이터에 대한 접근을 독차지하거나 통제한다. 예를 들어, 구글은 독점적인 지식의 보고를 만들기 위해 수백만 권의 도서를 디지털화했다. 오직 구글만이 이런 정보를 체계화해서 검색 가능하게 만들 수 있다. 어떤 경우에는, 독점적 지위를 이용해 배타적인 통제력을 획득한다. 다른 경우에는 엄청난 규모라는 이점을 활용해서 아무도 획득하리라고는 꿈꾸지 못했던 인구통계집단, 기업과 전체시장 프로필 정보 같은 메타데이터를 수집한다.

구글은 떠오르는 경쟁자와 내부 거래를 차별한다. 구글은 수동 평가를 통해 검색랭킹 알고리즘을 조정한다. 이런 관행의 목적은 경쟁자(트레이드카밋^{TradeComet}, 마이트리거스^{MyTriggers}, 파운뎀)의 검색랭킹을 낮추고, 자사의 클릭당 검색가격을 높이기 위한 것으로 보인다. 한편 구글은 자신에게 유리한 방향으로 경쟁자, 파트너, 사용자들에 대한 내부정보를 활용한다. 예를 들어, 구글의 검색엔진은 야후나 마이크로소프트의 디스플레이 광고보다 구글의 텍스트 광고 같이 빠르게 로딩되는 웹사이트를 선호한다.

또한 구글이 디스플레이 광고가 구글로 몰리도록 하기 위해 대형 광고대행사들에게 돈을 지불한다는 설도 있다. 이런 돈을 구글은 '인센티브'라고 부르고,[82] 비판자들은 '리베이트'라고 부른다.

이런 각각의 전략은 조직적으로 실행된다. 구글의 독점전략은 의도적이고, 면밀히 계획되어 있으며, 완벽하게 실행된다.

* * *

2007년 3월, 어느 중대한 법원판결은 구글이 매체기업이며 그에 따라 검색결과에 대한 편집권을 갖는다고 판결했다.

이 사건은 2006년 초반, 아이를 가진 부모를 대상으로 하는 검색엔진 킨더스타트^{KinderStart}가 구글이 검색결과에서 자신의 페이지를 삭제했다고 소송을 제기함으로써 시작됐다. 구글은 이에 대한 대응으로 킨더스타트가 자신의 검색 알고리즘을 악용하고, 방문자가 게시한 특정컨텐츠가 문제가 되는 저품질 사이트를 운영한다고 맞고소했다. 킨더스타트는 구글의 품질 가이드라인이 너무나 모호하다고 응수했다. 연방판사는 킨더스타트의 소송을 기각하고, 구글이 원하는 어떤 방식이든 자신의 검색결과를 자유로이 관리할 수 있다고 판결했다.

구글이 검색 독점기업이라는 판례가 없는 상황에서, 구글은 킨더스타트에 대해 하급법원에서 승리를 얻었으며, 이는 향후 구글에게 웹매체기업을 원하는 대로 다룰 수 있는 권리가 있다는 점을 입증하는 근거로 인용될 수 있다.[83]

* * *

다른 많은 기업들도 구글의 변덕스러운 행동과 책임감 부족 때문에 손해를 입었다고 토로한다.

오브 오디오^{Orb Audio}의 CEO 에단 시겔^{Ethan Siegel}은 자신의 광고를 구글이 변경할 수 있도록 허용한 결과 회사가 망할 지경에 처했다고 말한다.

사건은 구글이 그의 회사 광고를 최적화해 주겠다고 제안할 때부터 시작됐다. 구글이 오브 오디오의 광고예산의 90퍼센트를 가져가고, 매출의 90퍼센트를 만들어 줬기 때문에, 이 제안은 멋진 아이디어로 보였다. 하지만 변경이 진행되자, 오브 오디오의 매출은 30퍼센트 곤두박질치고, 반면 비용은 30퍼센트 증가했다.

오브 오디오는 홈시어터와 PC용 원형스피커를 제조 판매한다. 이 회사는 애드센스를 통해서 전적으로 온라인으로만 광고하며, 소비자들에게 직접 판매한다.

시겔이 깨닫지 못했던 점은, 광고캠페인을 변경하는 바람에, 높은 평점과 좋은 광고위치를 가능하게 한 4년 간의 히스토리를 상실했다는 것이다. 게다가 복구버튼이 없었기 때문에, 변경 이전 상황으로 되돌아갈 수 없었다.

판매는 6개월 연속 매월 10만 달러가 하락했다. 한편, 오브 오디오의 일일 광고예산은 500달러에서 1,000달러로 증가했다.

이 사건에서 구글은 오브 오디오에게 상당량의 광고 크레디트를 제공함으로써 손실을 보전해 줬다. 2007년과 2008년에는 곤경을 겪었지만, 2009년경 오브 오디오는 정상궤도로 돌아왔다.[84]

* * *

전 넥스태그^{NexTag} 직원들에 의해 시작된 수직적(기업용) 검색회사 마이트리거스는 자신의 검색키워드에 대한 최저경매가를 이전보다 10배에서 100배 가량 올림으로써 자신을 파산으로 내몰았다는 혐의로 구글을 고소했다.

마이트리거스^{MyTriggers}는 3개의 비교쇼핑 웹사이트, MyTriggers.com, ComparisonSearches.com, ShopBig.com을 운영한다. 마이트리거스는

애드워즈 광고를 통해 트래픽을 얻었으며, 구글은 이 회사의 신용한도를 25만 달러로 늘려줬다. 마이트리거스가 대규모 데이터센터 리스를 마무리할 즈음에, 회사의 비즈니스가 추락했다.

구글은 마이트리거스의 애드워즈 품질점수를 변경해서, 최저입찰가를 끌어 올렸다. 마이트리거스는 임직원을 대부분 해고하고, 마케팅을 중단할 수밖에 없었다.

마이트리거스에는 구글에게 갚지 못한 대금이 33만 5,000달러가 있었으며, 구글은 재판을 걸기로 결정했다. 마이트리거스는 오하이오 주의 반독점법인 발렌타인법Valentine Act을 위반했다며 구글을 고소하는 것으로 대응했다.

마이트리거스는 두 가지 잠재적으로 중요한 문제를 제기했다. 우선, 마이트리거스는 구글이 선별한 쇼핑봇을 통해 더 우호적인 품질점수를 보장하는 계약을 맺는다고 주장했다. 둘째로, 마이트리거스는 구글이 화이트리스트를 보관하고 있으며 쇼핑봇이 포함되어 있지 않는 사이트는 구글과 검색파트너에 의해 블랙리스트에 올려진다고 주장했다.[85] 오하이오 법무장관은 마이트리거스를 지지하는 의견서를 제출했다.

구글의 옹호자들은 2008년 마이트리거스의 보험금청구가 이 회사의 주장에 배치된다고 지적했다. 보험금청구건에 의하면, 마이트리거스 데이터센터의 과열로 인해 서버가 다운됐고, 이 결과 회사의 애드워즈 품질점수가 하락됐다는 것이다.[86] 그러나 마이트리거스가 문제 삼는 건, 새로운 데이터센터로 이전해서 과열문제가 사라진 지 꽤 오래가 지나서도 낮은 품질평점이 지속됐다는 것이다.

구글은 언제나 다른 사람에게 책임을 전가하려고 시도한다. 마이트리거스의 문제는 구글의 품질점수라는 장벽과 충돌했다는 점이다. 불투명하고, 융통성이란 전무하며, 쓸데없는 지원과정만 갖춘 벽 말이다.

* * *

토트롤Totlol은 어린이에게 어울리는 최고의 유튜브 동영상을 모으기 위해서 설립됐다. 토트롤은 테크크런치TechCruch의 필자 에릭 숀필드Erick Schonfeld에 의해 토요일 아침만화를 대신할 멋진 대안이라는 호평을 받았다. 캐나다 밴쿠버에 사는 토트롤의 개발자 론 일란Ron Ilan은 부모들을 위한 필터와 몇 가지 컨트롤을 개발했다.[87]

일란은 유튜브 API를 기반으로 토트롤을 개발했다. API는 소프트웨어 프로그램이 다른 프로그램이나 기기와 연결될 수 있도록 해준다. 안타깝게도, 일란은 구글의 유튜브 API가 일종의 함정이라는 사실을 깨달았다. 토트롤 개발이 마무리 된 후, 구글의 유튜브 API 서비스 조건이 변경되었다. 즉, API를 상용목적으로 사용할 때는 유튜브의 서면허락을 받아야 한다는 것이었다. 일란은 허락을 요청했지만, 결코 응답을 받지 못했다.[88] 분명히 구글은 유튜브 서비스에 가치를 부가해서 돈을 버는 사이트를 좋아하지 않는다. 수천 명의 부모들을 끌어 모았음에도 불구하고 론 일란은 서비스를 폐쇄해야 했다.[89]

그럼에도 불구하고, 유튜브는 이렇게 입장을 표명했다. "API 서비스 조건의 업데이트는 통상적으로 수개월의 준비와 검토가 필요하며 주로 우리의 사용자, 파트너, 개발자들에게 더 나은 서비스를 제공하기 위해 진행됩니다. 새로운 서비스 조건이 준비되면, 우리는 개발자 블로그를 비롯해 가능한 많은 채널을 통해 개발자들에게 공지합니다."[90] 즉, 변경은 모든 이들의 이익을 위한 것이며, 서비스 조건의 공표시점이 의심스럽다면 단지 우연의 일치일 뿐이라는 것이다.

* * *

네브엑스Navx는 경찰 레이더 속도위반 단속장치의 위치데이터베이스를 운영하는 프랑스 회사이다. 프랑스에서 레이더 감지기는 불법인데, 속도위반장치의 위치정보를 제공하는 것은 그렇지 않다.

네브엑스는 서비스판매를 구글 애드워즈에 많이 의존했다. 이 회사는 매년 수십만 달러를 애드워즈에 지출해서 신규 가입자 대부분을 모으고 있었다. 사전경고 없이 구글은 네브엑스의 애드워즈 계정을 중지시켰다. 이 회사가 두 번째 라운드의 투자를 마무리하려는 바로 그 시점이었다. 네브엑스는 자신의 서비스를 구글이 자체적인 지리 위치서비스와 경쟁하는 것으로 생각하지 않았을까 의심하고 있다.[91]

프랑스의 반독점 당국은 구글이 네브엑스를 차별했다고 결론 내렸다. 프랑스 반독점 당국은 구글이 컨텐츠 제한을 집행할 수 없다고는 말하지 않았지만, 정책은 명확하고 집행은 투명해야 한다고 강조했다. 구글에게는 5일 안에 네브엑스 애드워즈 계정을 복구시키고 4개월 안에 컨텐츠 정책과 집행과정을 명확히 하라는 명령이 떨어졌다.[92]

* * *

스카이훅 와이어리스는 구글에 대해 중대한 소송을 제기했다.

만일 스카이훅의 고소가 법원에서 인정된다면, 스카이훅 와이어리스는 마이크로소프트에 대한 넷스케이프의 역할을 구글에게 할 수 있다. 즉, 향후 지대한 영향을 미칠 법무부의 반독점소송의 초석 역할이 그것이다.

스카이훅의 법적 주장에 따르면, 구글은 스카이훅과의 오랜 토론 후에 스카이훅의 기술을 자신만의 버전으로 개발해서 마케팅하기로 결정했을 뿐만 아니라, 스카이훅의 솔루션을 자신의 것으로 교체하려는 시도에서 흉악한 전술을 사용했다. 스카이훅은 구글이 스카이훅의 위치 기반 소프트웨어를 탑재한 안드로이드 모바일폰을 출하하지 못하도록 모토롤라를 비롯한 여러 회사들에 압력을 가했다고 주장했다.

스카이훅 와이어리스는 구체적으로 구글의 엔지니어링 담당 부사장 앤디 루빈이 모토롤라의 CEO 산제이 자에게 전화를 걸어서 스카이훅의 소프트웨어가 안드로이드와 호환되지 않으므로 해당 소프트웨어를 탑재한 기기의 출하가 중지돼야 한다고 말했다고 주장한다.[93]

여기에는 반복되는 행동패턴이 보인다. 구글은 다른 이들의 지적재산을 허락 없이 사용하며, 미래의 타협에 필요한 비용을 해당 재산으로부터 충분히 발생시킬 수 있으리라 기대한다. 요약하자면, 구글은 단연코 최대집단의 사용자, 광고주, 매체기업을 거느리고 있기 때문에, 해당 지적재산의 원 소유자가 스스로 버는 것보다 더 많은 돈을 다른 이의 지적재산으로부터 벌 수 있다는 점을 알고 있다.

스카이훅의 비즈니스인 위치기반 서비스는 구글에게 엄청나게 가치 있고 전략적인 서비스이다. 이 서비스를 갖는다면, 구글은 지역광고와 모바일광고 서비스를 모두 지배할 수 있다. 엄청난 잠재력을 가진 비즈니스인 셈이다. 우선, 전세계적으로 인터넷 사용자보다 두 배나 많은 모바일폰 사용자들이 존재한다. 게다가, 지역기반 사업자들은 즉각적이고 편리하게 구매자들을 끌어들일 방법을 찾고 있기 때문에, 모바일 광고는 가장 수지 맞는 광고 형태가 될 수 있다.

아마도 이런 이유 때문에 공짜로 제공됨에도 불구하고 안드로이드가

연간 100억 달러 비즈니스가 될 수 있다고 에릭 슈미트가 말했을 것이다.[94]

* * *

많은 전문가들은 페이스북이 구글에게 심각한 위협이 되고 있기 때문에, 결과적으로 구글이 독점기업이 될 수 없다고 주장한다. 갈등은 언제나 좋은 기사거리가 되기 때문에 기술산업언론들은 이런 스토리에 매혹된다. 특히 실리콘밸리의 부유한 거인들 간의 대결이라면 더욱 그렇다. 언론은 얼마나 많은 사용자를 페이스북이 보유하고 있는지, 얼마나 많은 시간을 그들이 페이스북에서 보내는지 그리고 얼마나 많은 구글 직원들이 페이스북으로 옮겼는지에 초점을 맞춘다.

하지만 이는 모호한 비교다. 구글과 페이스북이 모두 광고로 돈을 벌긴 하지만, 닮은 점은 거기까지다. 예를 들어, 페이스북은 자신의 사이트에서 시간을 보내는 사용자에 의존하는 반면, 구글은 사용자들을 다른 사이트로 실어 나른다.[95] 페이스북은 어느 누구보다 많은 디스플레이 광고를 서비스하는 반면, 구글은 주로 텍스트 광고에 의존한다.[96] 페이스북은 낮은 클릭률을 보이는 반면, 구글은 높은 클릭률을 보인다.[97]

핵심은 구글과 달리 페이스북은 양에 의존한다는 것이다. 닷컴버블은 방문자수와 페이지뷰로 측정되는 양에 대한 집착으로 가속화됐다는 점을 기억해야 한다. 하지만, 구글의 2009년 매출은 페이스북보다 25배 컸다. 그리고 구글은 오랜 세월 동안 웹을 지배할 전략적 위치에 있다.

오해하지 말기 바란다. 페이스북은 무시 못할 세력이며 향후 몇 년 동안 큰 성장을 누릴 것이다. 하지만 그렇다고 페이스북이 구글킬러가 되지는 못한다.

페이스북이 구글의 독점에 심각한 위협이 되지 못하는 이유에는 여러 가지가 있다. 구글은 인터넷에서 모든 사람을 대상으로 한다. 페이스북은 최고의 소셜네트워크를 찾는 사용자들의 일부를 대상으로 한다. 대부분의 구글 사용자들은 하루에 여러 번 구글과 상호작용한다. 페이스북 사용자들의 절반 정도는 사이트를 매일 방문하지도 않는다.[98] 언제나 페이스북의 도달률은 구글에 비하면 보잘것없다. 구글은 전체 인터넷 파이를 대상으로 하는 반면, 페이스북은 조각(물론 매우 큰 조각이긴 하지만)에 집중하기 때문이다.

구글은 정보에 대한 접근을 수익화한다는 입증된 모델을 완벽히 다듬고 확장하는 중이다. 페이스북에게는 좀더 많은 난관이 기다리고 있다. 페이스북은 성공하지 못한 앞선 소셜네트워크 마이스페이스의 시도를 감안하면 소셜네트워크를 수익화하는 개척자이다. 야후의 경험은 페이스북이 선호하는 디스플레이 광고만으로 온라인 비즈니스를 끌고 가기에는 한계가 있음을 시사한다.

대부분의 사람이 간과하는 미묘하지만 중요한 사실이 있다. 구글은 급속히 닫히고 있는 프라이버시 창문을 뚫고 들어가는 경쟁에서 페이스북에 앞서 있다. 특히 구글은 현재 일어나고 있는 프라이버시에 대한 반발을 피할 수 있게끔 사용자 프로필을 만들고 수익화하는 일과 관련된 성공적인 수익모델을 제때 완성했다. 페이스북은 이미 추적을 제약하는 압력을 받고 있는데 이는 결과적으로 매출을 생성하고 성장시키는 능력을 제약한다. 새로운 프라이버시 입법은 구글보다는 페이스북의 성장을 둔화시킬 가능성이 높다.

사용자들의 친밀한 개인적 관계에 대한 상세한 정보라는 페이스북의 황금거위 후보는 동시에 아킬레스건이기도 하다. 구매결정은 종종 가족이나 친구들에 의해 영향을 받기 때문에, 관계에 대한 정보는 강력하다. 하지만 현재 분위기에서, 이런 정보는 바로 사람들이 회사가 이용하지 않았으면 하는 바로 그러한 종류의 사적인 정보이다.

아이러니컬하게도, 페이스북에게 온라인 친구들을 효과적으로 체계화하는 방법을 가르친 것은 구글이었다.[99] 수년 동안, 페이스북은 사람들이 자신의 모든 친구들을 하나의 큰 그룹에 넣기를 원한다고 생각했다. 실제로는 대부분의 사람들이 서로 다른 정보와 경험을 공유하는 다양한 유형의 친구들을 가지고 있다. 구글의 공개적 설명에 대한 반응으로, 페이스북은 2010년 미친 듯이 자신의 서비스를 정비했다.

구글은 인터넷 비즈니스 운영방법에 있어 페이스북보다 훨씬 깊은 이해를 가지고 있음을 입증했다.

* * *

전 세계적인 정보독점은 위험한 것이다.

주요한 정보저장고를 모두 독차지하고 검색과 검색광고를 지배함으로써, 구글은 다음 항목들을 통제한다.

- 교육, 뉴스, 여론, 선거에 영향을 미치는 이용 가능한 정보
- 우리의 믿음, 자유, 다양성의 근원이 되는 공식 발행되는 정보와 컨텐츠
- 일자리 창출과 경제성장의 동력이 되는 혁신과 경쟁능력
- 의식주 다음으로 가장 기본적인 인간의 욕구인 우리의 프라이버시와 안전

- 개인, 국가, 종교, 문화적인 모든 형태의 주권

구글은 인터넷을 구글에 의해 그리고 구글을 위해 운영되는 구글타운으로 변모시키고 있다. 우리는 원하는 링크를 아무 것이나 클릭할 수 있지만, 열에 아홉은 구글이 우리가 뭘 얻게 될지를 결정한다.

아마도 그 이유 때문에 전설적인 반독점 변호사 게리 리백[Gary Reback]이 구글에 대한 법무부의 전면적인 조사를 이끌고 있는 것이다.

5장
숨겨진 충돌의 늪

구글은 정직한 중개업자가 아니다.

　구글은 두 가지 주요영역에서 중개업자 역할을 맡는다. 검색 중개업자로서, 구글은 사용자와 웹매체기업 사이를 중개해서, 사용자들이 적절한 컨텐츠를 발견하도록 돕는다. 검색광고 중개업자로서, 구글은 광고주와 사용자 사이를 중개해서, 광고주들이 연관된 광고를 관심 있는 사용자들에게 제시하도록 돕는다.

　두 가지 경우 모두, 당사자들은 구글이 공정하고 균형 잡힌 방식으로 중개하기를 기대한다.

　이해관계의 충돌은 중개업자로서 피할 수 없다. 정직한 중개업자는 잠재적인 이해관계의 충돌을 솔직하게 공개한다. 구글은 이해관계의 충돌을 숨기려고 한다. 구글의 엔지니어링 수석 부사장은 이렇게 시인했다. "솔직히 우리는 하는 일에 대해 매우 비밀스럽다."[1] 잠재적인 이해관계의 충돌을 털어놓지 않으려고 함으로써, 구글은 사용자, 고객, 파트너들을 불필요한 위험에 노출시킨다.

수많은 이해관계 충돌에 대해 질문하면, 구글은 화제를 바꿔 자신들이 역사상 가장 신뢰할 만한 회사라는 점을 우리에게 확신시키는 데 초점을 맞춘 공들인 프리젠테이션을 시작한다. 여기에는 구글이 넘지 않겠다고 약속한 모래 위에 그은 선인 '사악해지지 말자'라는 모토와 사용자를 위한 공짜제품과 서비스가 가득 찬 주머니를 가진 산타클로스 회사 구글이 등장한다.[2] 이해관계의 충돌을 해결하는 대신에, 구글은 개방성, 투명성, 우수한 보안관행에 대해서 우리에게 설교를 늘어 놓는다. 구글이 답을 끝마칠 무렵이 되면, 우리는 이해관계의 충돌을 숨기는 기업을 신뢰해야 하는지가 문제였다는 점을 망각한다.

우리가 경험을 통해 배운 것은, 자신을 믿으라는 누군가의 말만 듣고 그 사람을 믿어서는 안 된다는 점이다. 새로운 관계에 대해서는 신중하고 의심하는 편이 현명하다. 파트너들은 자신이 해를 끼치거나 위협이 되지 않는다는 점을 입증함으로써, 시간이 지남에 따라 우리의 신뢰를 획득해야 한다. 이 모두는 진실성으로 귀결된다. 그들은 자신이 말한 대로의 사람인가? 그들은 자신의 약속을 실천하는가? 그들은 자신이 믿는 가치에 맞게 살고 있는가? 그들은 위험성에 대해 솔직한가?

잠재적인 이해관계의 충돌이 있다는 것만으로 자동실격 사유는 아니다. 모든 비즈니스에는 충돌이 존재하며, 불가피하다. 만일 어떤 기업이 잠재적이고 실제적인 모든 이해관계의 충돌을 공개하고, 개방되고 투명한 방식으로 운영된다면, 우리는 그 기업과 여전히 계속 함께 일하고 싶을 것이다. 솔직한 기업은 우리가 자신을 보호하고 적절한 결정을 내리는 데 필요한 정보를 제공해 주기 때문에 좋은 파트너이다.

구글은 이해관계의 충돌을 숨김으로써 우리와 관련된 위험성을 증가시킨다. 구글이 가진 이해관계의 충돌을 모른다면, 우리는 어떤 자산을 보호해야 하는지 알 수 없다. 우리는 무방비가 될 가능성이 커진다. 자신의 이해관계의 충돌을 은폐함으로써, 구글은 우리가 위험성을 완화시키지 못하도록 가로막고 그 결과, 우리가 손해를 당하고 심한 타격을 입을 가능성을 증가시킨다.

로널드 레이건 대통령은 종종 이렇게 말했다. "신뢰하라. 하지만 검증하라." 중개업자로서 구글의 정직성에 대해 확인해보려고 시도하는 사람은 거의 없었다. 그런 시도를 하는 사람들은 예외 없이 벽에 부딪쳤다.

* * *

구글은 자신이 하는 모든 일은 다른 이들의 이익을 위한 것이라고 말한다.

구글은 언제나 사용자의 이익을 앞세운다고 단언한다. "사용자에게 집중하면 나머지는 모두 따라오게 된다."[3] 하지만 구글의 매출 대부분을 지불하는 건 광고주들이다. 또한 구글은 자사의 모든 애플리케이션과 툴이 사용자에게 서비스를 제공하기 위한 것이라고 주장한다. 하지만 그건 반쪽의 진실일 뿐이다. 구글의 애플리케이션과 툴은 사용자에게 서비스를 제공할 뿐만 아니라 사용자를 추적하도록 설계됐다.

실제로, 구글이 신경 쓰는 일들은 다른 온라인 기업들이 신경 쓰는 것과 똑같다. 단지 구글이 이타주의를 가장하는 데 능할 뿐이다. 예를 들어, 구글은 '오픈시스템'의 선도적인 신봉자로서, 오픈시스템이 모두를 위해 더 낫다고 주장한다.

구글은 오픈시스템이 승리한다고 믿는다. 오픈시스템은 더 많은 혁신, 가치, 소비자를 위한 선택의 자유, 활력 넘치고 수익성 있고 경쟁력 있는 비즈니스 생태계를 낳는다. 자신을 개방적이라고 선언하는 편이 자사의 브랜드에 득이 되기도 하며 위험할 이유도 전혀 없으므로 많은 기업들이 똑같은 주장을 펼칠 것이다.[4]

오픈시스템이 '더 많은 혁신, 가치와 선택의 자유'를 낳는다는 건 결코 진실이 아니다. 성공적인 많은 제품과 서비스는 폐쇄적 기술을 채용한다. 실제로 구글이 폐쇄적인 기술의 대표적인 제품으로 예를 든 IBM 메인프레임, 애플 아이팟, 애플 아이폰은 대단한 성공을 거두었다.

게다가 구글이 쓸데없이 어떤 식으로 다른 기업들을 후려치는지 주목해 보자. 구글은 많은 기업들이 이기적인 이유에서 오픈시스템을 지원한다고 암시한다. 오픈시스템에 대해서는 오직 구글의 지원만이 순수하다는 뜻이다.

개방성에는 다양한 수준이 있다. 리눅스 운영체제는 최고 수준의 개방성에 대한 사례이다. 무료 소프트웨어 라이센스에는 소스코드가 포함되며, 소스코드에 변경을 가하거나 추가하는 사람은 누구나 변경사항을 라이센스 받은 다른 이들과 공유해야 한다.

구글의 주장과는 반대로, 이런 종류의 급진적 오픈시스템 유형에는 심각한 약점이 있다. 공짜로 구할 수 있는 소스코드를 기반으로 한 제품은 해커의 표적이 되기 쉽다. 변경사항과 추가사항을 다른 사람들과 공유해야 하는 의무는 혁신을 약화시킨다. 대부분의 발명가들은 자신의 발명품을 공짜로 주고 싶어하지 않는다.

구글이 급진적인 개방성을 지지하는 숨겨진 동기를 가지고 있는 건 아닐까? 구글 입장에서는 완전히 개방된 제품에서 정보수집하기가 좀더 쉽다. 폐쇄적 시스템에서 정보를 채취하기는 훨씬 더 어렵다. 하지만 많은 폐쇄적 시스템이 소스코드를 넘기지 않고도 다른 제조사 제품들과의 상호연동을 (소비자들에게 선택의 자유를 제공하면서) 지원한다.

구글은 다른 시스템이 급진적으로 개방되길 바라면서도 자신의 많은 시스템을 폐쇄적으로 유지하는 데 대해 교묘한 변명을 늘어 놓는다.

> 개방에 대한 우리의 정의에는 개방형 기술과 개방형 정보라는 두 가지 측면이 있다. 오픈소스가 포함된 개방형 기술에는 우리가 인터넷을 성장시키는 데 도움이 되는 코드를 공개하고 적극적으로 지원한다는 의미의 오픈소스, 그리고 우리가 수용된 기술을 준수하고, 만일 그런 기술이 없을 경우 전체 인터넷(구글의 이익만이 아니라)을 개선시킬 표준을 만들기 위해 협력한다는 의미인 개방형 표준open standard이 포함된다. 개방형 정보란 사용자들에 대한 정보를 가지고 있다면, 사용자들에게 가치 있는 뭔가를 제공하기 위해 그런 정보를 활용하고, 어떤 사용자 정보를 가지고 있는지에 대해 투명하며, 사용자들에게 자신의 정보에 대한 궁극적인 통제를 제공한다는 의미이다. 이것이 우리가 해야 하는 일이다. 많은 경우 우리는 아직 목표에 도달하지 못했지만, 이 글을 통해 우리가 현실과 목표 사이의 간극을 좁히기 위한 노력을 시작하기를 기대한다.[5]

구글은 '개방형 정보'를 언급할 때 솔직하지 않다. 모든 오픈소스 기술이 공통적으로 가지고 있는 속성은 다른 제조사들의 참여를 허용하는 점이다. 하지만 구글은 자신이 사용자들에 대해 수집하는 정보를 사유물이라고 간주한다.

나머지는 진실을 더욱 호도한다. 구글은 광고주에게 가치 있는 뭔가를 제공하기 위해 사용자에 대해 자신이 보유한 대부분의 정보를 활용한다. 그렇다고 구글이 수집하는 정보에 대해 투명하지도 않다. 오직 정부 당국이 스트리트뷰를 위해 수집한 원천정보를 살펴보겠다고 요청했을 때만, 구글은 무선 LAN 전송내용을 저장했다고 시인했다. 게다가 구글은 온라인추적을 통해 수집한 정보에 대해서 사용자들에게 거의 통제권을 허용하지 않고 있다.

구글은 다른 이들의 투명성에 대해서는 옹호자이다. 구글은 법에 의무화되어 있다며, 서비스에서 컨텐츠를 삭제하거나 사적인 사용자데이터를 넘기라는 정부요청에 대부분 순응한다.[6] 사용자 고지에 대한 구글의 약속은 또 다른 변명의 걸작이다. "상황이 허락할 경우, 우리는 해당 사용자에게 개인적으로 영향을 미칠 수 있는 요청에 대해 사용자에게 알린다." 실제로, 내부과정에 대한 정보공유를 꺼리는 점은 구글의 고객과 파트너 사이에서 가장 흔한 불만거리다.

정보의 오용에 대해서 질문을 받자, 구글의 에릭 슈미트 회장은 사용자들이 더 투명해져야 한다고 강조했다.

이를 [해로운 목적을 위한 정보의 사용] 관리하는 유일한 방법은 진정한 투명성과 익명성의 제거뿐입니다. 비동기적 위협으로 가득 찬 세상에서, 개인을 식별할 수 있는 어떤 방법이 없다면 너무나도 위험합니다. 우리에게는 사람들에 대한 [검증된] 이름 관리 서비스가 필요합니다. 정부는 그것을 요구할 것입니다.[7]

하지만 구글이 좀더 투명해져야 되지 않느냐는 질문을 받자, 슈미트는 매우 다른 입장을 표명했다.

식견 있는 사람들이 보는 바로는, 구글은 투명함 덕택에 신뢰를 얻었습니다.[8]

바꿔 말하면, 일부 엘리트만이 구글에게 투명함을 요구한다는 뜻이다. 일반 사용자들은 신뢰가 무너지면 다른 곳으로 가면 된다고 생각하니까 구글에게 투명해지라고 요구하지 않는다는 뜻이다.

우리가 시행한 모든 테스트 결과는 거의 대부분의 사람들이 우리의 정책에 완벽하게 만족한다는 점을 보여줍니다. 이 메시지는 아무도 듣고 싶어하는 메시지가 아니기에, 다시 한번 강조하겠습니다. 실체적 진실은 우리는 일반 사용자들이 우리에게 요구하는 점을 기준으로 의사결정을 내리며, 정말로 점검한다는 것입니다. 그리고 여러분이 우리를 신뢰해야 하는 이유는 만일 우리가 사람들의 신뢰를 저버린다면 그들은 바로 다른 누군가에게 가버린다는 것입니다. 우리는 사용자들을 붙잡을 수 없기 때문에, 사용자들의 신뢰를 유지하는 데 큰 관심을 가지고 있습니다.[9]

그러나 「월스트리트저널」의 컬럼니스트 홀먼 젠킨스Holman Jenkins는 사용자들이 쉽게 떠날 수 있다는 구글의 주장을 의심했다.

예를 들자면, 피카사에 1,000장의 사진을 올려놓은 사용자가 쉽게 떠날 수 있다고 생각하지 않을 것이다. 아니면 10년 동안 G메일로 이메일을 쓴 사용자라든가, 마이크로소프트 오피스의 대체품으로 구글 문서도구에 의지해 온 중소기업들도 마찬가지다. 약간은 부당한 방식이라도, 사용자를 계속 붙들어 놓는 것이 구글서비스의 목적이 아닌가?[10]

구글은 자신이 편향적이지 않은 정보와 광고의 중개업자라고 주장한다. 항상 사용자를 우선하면서, 숭고하고 중요한 일을 하고 있으며, 공통의 이익을 위해 오픈시스템을 지지하고, 우리에게 실질적으로 필요한 투명성을 모조리 제공하며, 매일 우리의 신뢰를 쌓아가고 있다고 주장한다.

불행히도, 이런 주장은 현실과는 거리가 있다.

* * *

구글은 폐쇄적이고, 불투명하며, 비밀스럽다.

영국의 독립적인 싱크탱크 원월드트러스트One World Trust의 보고서는 책임성을 기준으로 30개 국제조직의 순위를 매겼다. 이 주제에는 10개의 정부간 국제기구IGO, 10개의 비정부간 국제조직INGO, 10개의 다국적기업TNC이 포함됐다. 구글은 개방성과 투명성의 철저한 부족으로 인해 전체 점수에서 최하점을 받았다.[11]

구글은 자신이 지배하는 시장에 대해서는 폐쇄적인 시스템을 지지한다. 일례로 구글은 모바일폰 네트워크는 개방적이길 원하지만, 애드워즈, 애드센스, 검색광고 신디케이션은 폐쇄적으로 유지되어야 한다고 주장한다.

많은 경우, 특히 우리의 검색과 광고 제품에서 코드를 공개하는 일은 이런 목적에 보탬이 되지 못할뿐더러 실제로는 사용자들에게 해가 될 수 있다. 검색시장과 광고시장은 이미 매우 낮은 전환 비용을 가진 대단히 경쟁적인 시장이므로,

사용자들과 광고주들은 이미 충분한 선택의 기회를 가지고 있으며 구속되어 있지 않다. 이런 시스템을 공개하면 사람들이 우리의 알고리즘을 '악용'하여 검색과 광고 품질 랭킹을 조작하여 모두를 위한 서비스 품질이 훼손된다는 점은 말할 나위도 없다.[12]

구글은 자신이 지배하지 못하는 시장에 대해서는 오픈시스템을 지지하는데, 오픈시스템은 폐쇄적 기술로부터 파생되는 경쟁적 우위를 사라지게 만들기 때문이다. 만일 누군가 업계를 설득해서 오픈시스템을 도입하고 폐쇄적 시스템을 단계적으로 폐지하기로 한다면, 모두 출발선으로 되돌아가 다시 경쟁을 펼쳐야 할 것이다. 시장선도자를 무너뜨리는 영리한 방법이다.

하지만 구글은 자신이 지배하는 시장에서는 오픈시스템이 필요 없고 스팸 같은 부작용만 불러일으킬 것이라고 주장한다.[13]

마찬가지로 구글은 자신을 제외한 모든 이들의 투명성을 요구한다. 그러나 공개된 회사로서 구글에게는 투명함이 기대된다. 예를 들어, 구글은 투자가와 애널리스트에게 실적전망을 제공하지 않는다. 그러면서 투자가들에게 호의를 베푸는 것처럼 행동한다. "……우리는 단기적 목표 수치를 인위적으로 만드는 일은 주주들에게 득이 되지 않는다고 믿는다."[14]

* * *

구글이 얘기하기를 꺼리는 법적 책임은 한두 가지가 아니다.

법무무가 구글과 야후의 광고제휴안[15]에 대한 반독점소송을 제기하기 불과 몇 시간 전에 제휴안은 무산되었다.[16] FTC는 구글의 에릭 슈미트 회장에게 애플 이사회에서 사임하라고 압박을 가했다.[17] 그리고 미 법무부는 반독점, 저작권, 집단소송법을 위반했다는 이유로 구글 북스 중재안에 두 차례에 걸쳐 반대했다.

구글은 유럽에서도 문제점에 봉착해 있다. 유럽연합은 구글에 대해 공식적인 반독점조사를 개시했다.[18] 영국의 파운뎀, 프랑스의 이저스티스 Ejustice.fr, 독일의 챠우 Ciao GmbH 등 EU의 세 기업은 구글이 검색랭킹에서 소규모 검색경쟁자를 차별하고 자체 컨텐츠에 특혜를 준다고 주장한다.[19]

구글에는 보안 문제점이 있다. 메인 패스워드 시스템이 해킹되면, 구글이 사용자, 구글의 기업고객, 구글의 정부고객에게 막대한 피해를 입힐 수 있다. 구글은 자사 매출의 53퍼센트를 차지하고 있음에도 불구하고, 해외기업들에 대한 위협은 언급조차 하지 않는다. 이 회사가 현재 미 국가안보국과 협력하고 있는데, 구글의 제품과 서비스를 사용하고 있는 해외기업들과 정부들이 어찌 안심할 수 있단 말인가?

구글이 반복적으로 프라이버시 기준을 위반하고 있기 때문에, 몇몇 국가의 관계당국은 구글을 면밀히 지켜보고 있으며, 구글의 제품과 서비스를 일부 차단하거나 제한할지도 모른다. 이런 우려는 가설이 아니다. 구글은 이미 "검색과 블로거에서부터 유튜브와 구글 문서도구 이르기까지 구글 제품은 서비스를 제공 중인 100개국 중 25개국에서 차단된 적이 있다."고 보고한 바 있다.[20] 몇 개국의 데이터보호 당국으로 구성된 한 그룹은 구글에게 사적인 정보의 보호를 위해 추가적인 조치를 취하라고 요구하는 문서를 발표했다.[21]

구글의 전임 대정부 관계책임자는 백악관에서 근무하게 된 이후에도 구글 인사들과 계속해서 접촉한다. 구글 버즈의 프라이버시 결함은 과학기술정책청Office of Science and Technology Policy의 기술담당 최고책임보좌관Deputy Chief Technology Officer 앤드류 맥러플린Andrew McLaughlin이 20여 명이 넘는 구글의 로비스트와 변호사들과 접촉했음을 드러냈다. 맥러플린은 징계를 받았지만, 많은 이들은 그를 파면해야 한다고 생각했다.[22]

행동광고behavioral advertising에 대한 프라이버시 규제안은 구글의 투자자들에게 또 다른 위협이 되고 있다. 구글 같은 기업에 의해 사적인 정보가 어떻게 수집되고 활용되는지에 대해 소비자들에게 더 많은 통제권을 주게 될 포괄적인 프라이버시 입법에 대한 지지가 증가하고 있다.[23] 광고 목적의 온라인 추적을 사용자들이 옵트아웃할 수 있는 추적금지 규제에 대한 지지도 높아지는 중이다.[24] FTC는 소비자들을 위한 추적금지 메커니즘을 포함한 프라이버시 보호를 지지하는 보고서를 발행했다.[25]

구글에 대한 바이어컴의 저작권침해 소송도 또 다른 골칫거리다. 구글은 공표단계에서 에릭 슈미트 회장의 이메일이 우연히 삭제됐다고 주장했다. (임시저장 메시지까지 보관하는 구글의 집착을 고려할 때 믿기 어렵다.) 구글이 하급법원 판결에서 승리를 거두긴 했지만, 바이어컴은 항소절차를 밟고 있다.[26] 만일 바이어컴이 성공한다면, 구글은 지적재산권 소유자들로부터의 수많은 소송에 시달릴 수도 있다.

구글은 안드로이드 운영체제에 관련된 다수의 특허 침해소송에 직면해 있다. 안드로이드는 급성장 중인 스마트폰 시장에서 입지를 넓혀가고 있으며, 다른 기기에도 활용될 수 있다. 인터넷 사용자보다 더 많은 모바일폰 사용자들이 존재한다는 사실을 감안하면, 불리한 법원판결은 구글의 재무성과에 상당한 영향을 미칠 수 있다.

구글은 지금까지 투명성 부족으로 많은 이득을 누려왔다. 하지만 운이 다한다면, 폭삭 주저앉을 수도 있다.

* * *

구글의 주요 수익원인 광고경매는 미스터리한 블랙박스이다.

구글의 애드워즈에서 광고주들은 검색결과 페이지에 등장하는 텍스트광고에 대해 입찰한다. 원래 계획은 '스폰서링크'라는 표지를 붙여 순수 검색결과와는 광고를 별도로 표시되도록 한다는 것이었다. 그런데 애드워즈에 경쟁입찰을 도입하고 클릭당 과금을 붙이자, 구글의 비즈니스는 인기가 치솟았다.

하지만 구글은 원래의 개념으로 후퇴했다. 이제는 검색결과 페이지에 종종 두 가지 집합의 광고가 보여진다. 한 집합은 가장 우측 칸에 별도로 표시된다. 다른 집합은 순수 검색결과 상단 위에 바로 놓여진다. 두 종류의 광고는 모두 낮은 대비의 그림자 배경 위에 표시된다. '스폰서링크' 표지는 알아보기는 좀더 힘들어졌지만 더욱 분명한 '광고' 표지로 대체됐다.[27]

미리엄웹스터 법률사전에 따르면, 경매는 '가장 높은 가격을 제시하는 입찰자에게 공개적으로 재산을 판매하는 행위'로 정의된다.[28] 하지만 구글의 애드워즈 경매는 공개적으로 수행되지 않으며, 반드시 최고가격을 제시하는 입찰자가 승리하지도 않는다.

구글은 입찰가 기준으로 광고순위를 매기는 오버추어의 키워드경매를 가져와서, 또 다른 랭킹 요인인 클릭률을 추가했다. 클릭당 1.5달러에 입찰한 광고주가 적은 클릭을 만들어 낼 것으로 예상되고, 클릭당 1달러에 입찰한 광고주가 많은 클릭을 만들어 낼 것으로 예측된다면, 1달러로

입찰한 광고주가 이기게 된다.[29]

「뉴욕타임스」기자 미구엘 헬프트Miguel Helft는 이렇게 말했다. "구글의 접근법을 모든 광고주가 좋아하지는 않는다. 더 투명해지려는 구글의 노력에도 불구하고, 많은 이들은 이 회사의 광고시스템 내부에서 무슨 일이 벌어지고 있는지 전혀 알지 못한다고 말한다."[30]

광고주들이 구글광고 경매의 작동법을 알 수 없다는 점만이 문제가 아니다. 문제는 광고주들이 경매가 공정하게 수행되는지 알 수 있는 방법이 전혀 없다는 점이다. 구글이 광고주들을 안심시키기 위해 정확한 과정을 공개해야 하는 건 아니다. 과정을 모니터링해서 공정하다는 점을 입증해 줄 독립적인 감독관을 고용하기만 하면 되는 것이다. 불행하게도 구글은 이 방안을 거부했다.

검색과 검색광고에 대한 구글의 지배력을 감안할 때, 구글을 정직하게 유지시켜 줄 경쟁적 압력이 충분하다고 볼 수 없다. 반면, 불법행위로부터 대중을 보호할 권한을 가진 연방통상위원회FTC, 법무부DOJ, 증권거래위원회SEC, 선물거래소CFTC 등 정부당국은 구글의 광고경매를 조사하지 못했다.

우리가 확신할 수 있는 한 가지 사실은 구글의 광고경매는 구글의 이득을 위해 고안된 시스템이라는 점이다. 구글의 투명성 부족과 책임감 부족을 고려할 때, 설사 현재 구글의 광고경매가 공정하게 운영된다고 하더라도, 차후에 구글의 불공적 운영을 막을 방법은 없다.

실제로 구글의 광고경매가 불공정하게 운영되고 있다고 의심할 만한 이유들이 존재한다. 과정은 불투명하고 최고입찰자가 반드시 승리하지도 못한다. 구글은 가격을 조작하는 데 이용될 수 있는 메커니즘을 만들었다. 구글이 애드워즈 가격을 조작함으로써 내부거래를 수행한다면, 누가 알아챌 수 있단 말인가?

구글은 자체 상품과 서비스를 홍보하기 위해 키워드에 입찰하기도 한다. 이는 두 가지 이유에서 불공정하다. 구글은 경쟁자에게 승리하기 위해 정확히 얼마를 입찰해야 하는지 알고 있다. 구글은 자신에게 비용을 지급하므로 (한 계좌에서 다른 계좌로 이체), 독점적 할인을 받을 수도 있다. 대조적으로 경쟁자들은 아무 것도 모르고 입찰해야 한다.

개방적이고 투명하며 중립적이라기보다, 애드워즈는 폐쇄적이고 불투명하며 구글에게 유리하도록 편향되어 있다. 애드워즈는 미스터리한 블랙박스다. 독립적인 감독이란 없으며, 완전히 불투명한 과정에 의존한다.

다른 이들은 광고주들이 애드워즈의 작동법을 알지 못한다는 사실로부터 구글이 이득을 보고 있지 않을까 의심한다.[31] 오데트미디어 AudetteMedia의 검색마케팅 컨설턴트 아담 오데트Adam Audette에 따르면, "애드워즈의 복잡성을 숨김으로써 구글은 수익을 극대화한다. 어쨌든 이해관계가 충돌할 가능성이 존재한다."[32] 심지어 구글은 베타테스트 중이라고 선포함으로써 애드워즈의 새로운 기능에 대한 질문에 답하기를 거부한다. 종종 구글은 제품과 기능이 발표된 지 수년이 지나도록 베타버전이라는 딱지를 붙여놓는다.

미국 하원 증언에서, 하버드경영대학의 벤자민 에델만 교수는 가격이 전적으로 수요와 공급에 의해서만 결정되지 않기 때문에, 구글 애드워즈는 경매가 아니라고 설명했다.

에델만은 구글이 가격에 영향을 미치기 위해 다양한 요인들을 조작하고 있다고 증언했다. 예를 들어, 한 회사가 특정 키워드에 단독 입찰한 경우, 이 회사는 구글이 설정한 최저경매가격을 지불해야 한다. 다양한 목적을 위한 다양한 최저경매가격이 존재한다. 광고가 나타나기 위한 최저가격, 검색결과 바로 위의 공간에 나타나기 위한 최저가격, 심지어 특정광고와 특정키워드와 관련된 최저가격까지 존재한다.[33]

에델만은 계속해서 최저경매가격이 모든 광고주들에게 동일하지 않다고 설명한다. 구글은 광고주의 지불능력을 감안해 요금을 높일 수도 있다. 최저입찰가는 다른 광고주들에게도 영향을 미친다. 한 광고주의 최저입찰가가 상승하면, 경쟁입찰자들도 자신의 입찰가를 올려야 한다. 최저입찰가를 비밀에 부침으로써, 구글은 바람잡이처럼 행동한다. 바람잡이란 경매에서 입찰가를 올리기 위해 판매자가 만든 입찰자를 뜻한다.

「레지스터」의 케이드 메츠Cade Metz 기자도 애드워즈가 경매라는 구글의 주장에 문제를 제기한다.[34] 메츠는 애드워즈 광고주들이 입찰을 통해 최고로 올라갈 수 없다는 점을 지적한다. 메츠에 따르면, "애드워즈는 우리가 규칙을 알지 못하는 경매이며, 규칙이 항상 변하는 경매이다." 게다가 구글은 '구글 슬랩Google Slap'이라는 현상으로 알려진 대로, 광고주의 광고를 삭제할 수 있는 권한을 보유하고 있다. 메츠는 다른 기업들이 수요감소를 겪고 있던 시점에 구글의 3분기 매출이 31퍼센트 급등한 점에 주목한다. 구글은 이런 성장을 '품질개선'의 덕으로 돌렸다. 구글의 투명성 부족을 감안할 때, 이런 품질개선이 구글을 위한 것만큼 광고주들에게도 득이 되었는지 판단하기는 어렵다.

애드워즈 가격 조작이 드러난 이후에도, 구글의 수석 경제학자인 할 배리안은 애드워즈 가격이 경매에 의해 결정된다고 계속해서 주장한다. 구글과 야후 간의 제휴안을 비판하는 「서치이그나이트」 기사에 대한 대응으로, 배리안은 이렇게 진술했다. "우선 가장 중요한 점은, 이 기사는 광고가격이 야후나 구글에 의해 설정되지 않고, 경매과정을 통해 광고주 자신들에 의해 설정된다는 사실을 인정하지 않고 있다는 것이다. 광고주들이 경매과정을 통해 스스로 가격을 설정하기 때문에, 가격은 궁극적으로 광고주의 가치를 반영하게 된다. 이런 과정은 제휴안에 의해 전혀 변하지 않을 것이다."[35] 동시에 배리안은 야후가 야후와 구글의 광고를 비교해서 더 비싼 광고를 표시할 것이라는 「서치이그나이트」의 주장을 반박했다. 배리안에 따르면, 제휴안은 관계당사자들이 상대방의 광고가격을 조사하지 못하도록 금지하고 있다. 하지만 이는 그런 가격조작이 가능하다고 시인하는 것이나 마찬가지다. 독립적인 감독 없이는, 야후와 구글이 가격상승을 위해 담합하고 있는지 알 길이 없다.

구글이 자신의 이득을 위해 애드워즈를 조작하고 있다는 증거가 있다. 2008년 구글은 대담하게도 '자동매칭'이라는 기능을 추가하고 기본 설정을 '활성화'로 설정했다. 자동매칭은 광고주의 일일예산에서 남아 있는 돈을 활용해서 광고주가 선택하지 않은 키워드로 애드워즈 캠페인을 확장한다. 광고주는 언제든지 옵트아웃할 수 있지만, 이 술책은 많은 고객들이 시간에 맞춰 옵트아웃하기 어렵기도 하고, 그 방법을 알아내지 못할 것이라는 점을 악용한다.[36]

구글은 자체적인 애드워즈 광고를 다른 광고주의 광고와 똑같이 취급한다고 주장한다. 하지만 구글은 강조표시를 넣거나, 특별한 드롭다운 상자에 넣는다든지 아니면 다른 광고주들에게 허용된 것보다 긴 제목을 사용함으로써 자사의 광고에 특혜를 준다는 혐의로 피소됐다.[37]

또한 구글이 광고주 키워드와 해당 텍스트 광고의 검색쿼리 연관성을 기반으로 한다고 주장하는 '품질점수' 때문에 소규모 광고주들이 적절한 가격에 키워드경매에서 승리하기 어렵다는 문제제기가 있다.[38] 품질점수 공식의 변경은 이전에는 성공적이었던 캠페인에 타격을 가해서, 소규모 광고주들을 당혹스럽게 만들 수 있다. SEO북[SEOBook]의 아론 월[Aaron Wall]은 구글이 대형 브랜드를 선호하며, 심지어 중소 광고주들을 실험용으로 활용해서 그들의 대기업 경쟁자들에게 적합한 키워드를 파악하기도 한다고 시사한다. 월은 구글의 태도를 자조적으로 묘사한다. "대형 브랜드에게 입찰해야 할 키워드를 알려주는 데 필요한 키워드데이터를 제공해 주신 데 대해 감사드리며, 트래픽은 어딘가 다른 곳으로부터 얻길 기원합니다."[39]

확실히 짚고 넘어가야 할 점이 있다. 엄청난 부정클릭 문제다. 부정클릭[click fraud]은 사람이나 컴퓨터가 오직 광고주에게 과금하기 위한 목적으로 광고를 클릭할 때 일어난다. 구글은 누군가 애드센스 광고를 클릭할 때마다 웹사이트 보유자에게 돈을 지급하지만, 구글이 광고주로부터 거두는 돈이 훨씬 크다. 구글이 부정클릭으로 득을 보기 때문에, 일부 사람들은 구글이 부정클릭을 막는 데 진지한 관심이 없다고 느낀다. 광고주들의 부정클릭 탐지를 돕는 일을 전문으로 하는 기업들이 존재한다. 그들 중 하나인 클릭포렌식[Click Forensics]의 2010년 보고에 의하면, 전체 부정클릭률은 18.6퍼센트였다.[40]

구글은 온라인광고에 있어 선수이자 심판이며 득점기록원이다. 과정이 투명하고 신뢰할 만하다면, 문제가 될 리 없다. 자신의 미스터리 블랙박스 내에서 벌어지는 일을 숨기려는 구글의 결정은 필연적인 의심을 낳는다.

* * *

광고주들은 '부정클릭'이라고 부르고, 구글은 '클릭스팸'이라고 부른다. 이것은 범죄인가 아니면 단순한 골칫거리인가? 주택담보 대출회사 렌딩엑스퍼트^{LendingExpert.com}의 사례를 살펴보자. 오너인 사무엘 바루키 코헨^{Samuel Baruki Cohen}의 전략은 온라인광고를 활용해서 비용을 절감하는 것이었다. 코헨은 갑작스럽게 광고클릭의 숫자가 급증했다는 점을 눈치챘다. 추가클릭으로 인해 광고비용은 늘어났지만, 추가적인 대출은 일어나지 않았다. 대출신청 건수 역시 명백히 증가하지 않았다. 렌딩엑스퍼트의 검색엔진 마케팅 전문가 니콜 버그^{Nicole Berg}는 자사가 부정클릭의 희생자가 되었다고 판단했다. 일례로 단일 IP주소로 200번 클릭이 일어나서, 회사에 200달러의 비용을 지출했다는 사실을 발견했다.[41]

아무도 구글이 부정클릭을 조장한다고 고소하지는 않는다. 하지만 저술가 데이비드 바이스^{David Vise}는 구글이 부정클릭을 예방, 탐지, 근절하기 위해 더 많은 일을 할 수 있다고 지적한다. "구글은 데이터는 가지고 있지만, 그럴 동기가 없다."[42] 더욱이 구글은 책임을 광고주들에게 전가한다. 신용카드회사와 달리, 구글은 조사 중인 건에 대해서도 요금을 받으려고 한다. 2001년 부정클릭 전문 탐정 제시 스트릭치올라^{Jessie C. Stricchiola}는 이 문제를 부각시키는 역할을 했다. 그녀는 바이스에게 구글이 야후보다 무관심하며, 부정클릭에 대한 문제제기를 자주 무시한다고 말했다.[43]

부정클릭은 구글에게 추가적인 수익을 안겨준다. 구글이 부정클릭과 싸우기 위해 아무 조치도 취하지 않는다는 것이 일반적인 인식이라면, 광고주들은 구글을 외면하기 시작해야 한다. 하지만 구글은 일부 문제제기를 조사하고, 약간의 환불을 제공하기만 하면, 광고주들의 분노를 억제할 수 있다. 부정클릭에 대한 구글의 대처는 저작권 침해에 대한 대처와 유사하다. 구글은 도용할 수 있는 기회를 만들어 놓고, 자신의 내부 운영에 대해 변명하며, 침해에 대한 보고와 입증의 책임을 희생자들에게 전가한다.

일부 관찰자들은 부정클릭이 구글이 인정하는 것보다 훨씬 더 큰 문제라고 믿고 있다. 경쟁사의 클릭당 과금 검색엔진은 보호조치 시행 전에는 클릭의 40퍼센트가 부정클릭이었다고 추산했다. 부정클릭의 상당 부분은 소프트웨어 툴에 의해 저질러진다.[44]

* * *

검색순위는 웹에서 결정적인 영향을 미친다. 치티카리서치[Chitika Research]의 보고서는 맨 윗자리가 두 번째 자리보다 두 배나 많은 트래픽을 끌어모은다는 점을 보여준다. 마찬가지로, 검색결과의 첫 번째 페이지에 노출되면 두 번째 페이지에 노출될 때보다 엄청나게 유리하다.[45]

사용자들이 구글을 신뢰하는 큰 이유는 검색엔진이 편파적이지 않으며, 검색결과가 알고리즘에 의해 결정된다는 반복된 주장 때문이다.

구글은 결과를 수작업으로 변경하지 않는다.[46]

우리의 세 번째 철학은, 수작업으로 개입하지 않는다는 점이다…… 결과의 최종적인 순위는 우리의 수작업에 의해서가 아니라…… 우리의 알고리즘에 의해 결정된다. 우리는 어떤 개인의 주관적인 판단도…… 주관적이라고 믿으며, 우리의 알고리즘에 의해 정제된 정보가…… 개인적인 주관보다 우월하다고 믿는다.[47]

구글의 검색결과는 근본적으로 웹 상의 대중적인 취향을 반영하는 컴퓨터 알고리즘에 의해 전적으로 결정된다. 우리의 검색결과는 수작업으로 조작되지 않는다. 우리는 결과에 대해 어떤 변경도 가할 수 없다.[48]

하지만 어떤 상황에서는 이것이 사실이 아닐 수도 있다는 점을 구글은 인정한다.

구글 파이낸스Google Finance를 출범할 때, 우리는 구글 링크를 앞에 내세웠다. 검색 페이지와 관련된 모든 것을 우리가 자체적으로 만들었기 때문에 앞에 내세우는 것이 당연히 옳은 일이라 생각됐다. 구글 파이낸스로 인해 그 이후로 이런 방침은 우리의 정책이 됐다. 구글 지도의 경우에도 다시 한번 구글 검색에서 첫 번째 링크가 됐다.[49]

그 외에도 수많은 증거들이 존재한다. 수많은 회사들이 구글검색결과에서 자신의 높은 랭킹이 갑작스럽게 떨어져서 종종 심각한 결과를 낳았다고 보고했다. 일부 기업들은 구글과의 경쟁관계 때문에 의도적으로 강등됐다고 믿는다. 이런 모든 기업들은 사전경고나 설명 없이 강등이 이뤄졌으며, 유일한 대처방법이라곤 공식 항의를 제출하고 구글의 답변을 기다리는 것뿐이라고 불평한다.

서치뉴트럴리티SearchNeutrality.org는 구글이 일상적으로 패널티 필터penalty filter를 적용해 자신을 특정 검색결과에서 삭제하거나 처음 세 페이지 뒤로 강등시켜서 결과적으로 대부분의 사용자들에게 보여지지 않도록 만들었다고 비난한다. 원래 구글은 스팸이나 자사의 검색 알고리즘을 악용한다고 생각되는 회사를 처리하기 위해 패널티 필터를 만들었다. 반면, 일부 웹사이트는 패널티 필터에서 면제된다. 서치뉴트럴리티에 따르면, 구글은 경쟁 관계의 수직 검색이나 디렉토리 서비스에 대해 패널티 필터 사용을 높이고 있다.[50]

구글은 스팸과 시스템의 악용을 방지하기 위해 필수적이라며, 자사의 검색 알고리즘을 둘러싼 비밀주의를 정당화한다. 아니면 에릭 슈미트가 서투르게 표현한대로, "실제로 구글은 여러분이 성공하기를 바라지 않습니다. 여러분의 랭킹을 올리는 근본적인 방법은 연관성을 증가시키는 것입니다."[51]

슈미트의 주장과는 반대로, 구글의 비밀주의는 웹매체기업들이 적법하게 가능한 최고의 랭킹을 달성하는 방법을 배우지 못하도록 막는다. 구글은 경쟁, 오픈소스 협업, 대중의 지혜가 가진 힘을 믿는다고 주장하지만 구글의 비밀주의는 이런 힘들이 실현되지 못하도록 방해한다. 더 심각한 문제는 구글의 비밀주의로 인해 외부인은 구글이 모든 적법한 웹매체기업들을 공정하게 대하는지 확신할 수 없다는 점이다.

근본적인 문제는 구글이 자신의 검색서비스에 대해 거짓을 말한다는 점이다. 구글은 검색서비스의 목적이 사용자에 대한 정보를 취합해서 검색결과의 상단이나 우측에 표시되는 광고판을 온라인 광고주에게 판매하는 것임을 분명하게 말하지 않는다. 결과적으로 사용자 대부분은 자신의 프라이버시가 희생되고 있다는 사실조차 깨닫지 못한다.

실제로는 광고주를 위해 일하면서, 사용자를 위해 일하는 척하는 구글의 태도에는 어떤 문제가 있을까? 구매자의 입장을 대변하면서 동시에 해당 구매자에게 자신이 제시하는 물건 중 일부의 판매를 대리하고 있는 부동산 중개인을 상상해 보자. 구매자는 부동산 중개인이 특정 물건의 판매로부터 더 많은 이득을 얻을 수 있는 입장이라는 점을 알아야 할 필요가 있다.

구글의 창업자들은 시작할 무렵부터 잠재적인 이해관계의 충돌이 있다는 점을 깨달았다. 자신들의 1998년 학술 논문 '대규모 하이퍼텍스트 웹검색엔진의 해부학The Anatomy of a Large-Scale Hypertextual Web Search Engine'의 부록 A에서 래리 페이지와 세르게이 브린은 이렇게 썼다.

> ……우리는 광고주들의 돈을 받는 검색엔진은 태생적으로 광고주에게 편향적이며 소비자들의 요구를 외면할 것이라고 예상한다…… 검색엔진을 평가하는 일은 전문가들에게조차 매우 어려운 일이므로, 검색엔진의 편향성은 드러나기 어렵다.[52]

구글의 검색지배력은 추가적인 문제를 야기한다. 사용자들은 검색엔진에 의존해서 웹 상에서 정보를 찾는다. 지배적인 검색서비스는 유일한 정보원천과 같다. 자유사회에서는 다양한 정보원천을 갖는 것이 중요하다.

사용자들이 구글을 신뢰하게 됐기 때문에, 이런 위험은 더욱 커진다. 노스웨스턴대학이 후원한 한 연구는 대학생들이 최상위 검색결과를 자주 클릭한다는 점을 입증했다. 이 연구는 102명 학생 중 대다수가 사실상 최상위 결과를 가장 연관성 있고 신뢰성 있다고 믿는다는 점을 발견했다.[53]

구글의 검색랭킹에 대한 맹신과 구글의 시장지배력을 결합하면 정보

독재에 가까운 뭔가가 등장한다. 열렬한 구글사용자들에게는 이 회사의 검색엔진이 정보의 병목지역이 되며, 이런 사용자들은 구글을 전지적인 정보원천으로 잘못 생각하게 된다.

검색지배력은 자유사회를 뿌리째 위협한다. 자유에는 권력의 분립, 견제와 균형, 선택과 경쟁이 필요하다. 바벨탑과 마찬가지로, 전세계적인 단일정보관문이란 교만의 산물이다. 지배적인 검색엔진은 한 회사가 모든 것을 공급하는 궁극적인 기업 도시이다.

구글의 검색서비스는 구글이 오랫동안 가장해 온 것처럼 완전히 자동화되거나 알고리즘에 의해 운영되지 않는다. 구글은 '인간 평가자'를 이용해서 일부 웹사이트의 품질을 평가하고 검색랭킹을 올리거나 내린다.[54] 아미트 싱할은 인간평가자들이 매해 600번 정도 구글의 검색 알고리즘을 조정한다고 시인한다. 하지만 구글은 자사의 인간 평가자들에 의해 사용되는 등급규약이나 인간 평가자의 채용조건 또는 그들의 개인적 편견이 작업에 반영되지 않도록 방지하기 위한 조치에 대해 공개하지 않는다. 그리고 구글은 '구글의 시각으로 보기에, 극도로 조악한 사용자 경험을 제공하는' 웹사이트를 강등시킨다는 점을 시인했다.[55]

남용의 가능성은 어마어마하다. 인간 평가자를 활용함으로써, 구글은 검사, 판사, 배심원, 집행관이 된다. 구글이 강등시키거나 차단하는 웹사이트들은 달리 하소연할 곳이 없다.

구글 검색은 중립적이지도 않고 공평하지도 않다.[56] 벤 에델만의 연구 결과에서 입증된 바와 같이, 구글은 검색랭킹에서 구글이 소유하지 않은 컨텐츠에 비해 구글 소유 컨텐츠와 제품과 서비스에 특혜를 주도록 검색엔진 코드를 만든다. 이런 방법은 사용자를 구글의 소유물 위에 머물게 만들고, 구글 제품과 서비스의 사용을 촉진함으로써, 구글에게 더 많은 광고기회를 안겨준다.

구글은 검색결과에 의도적으로 편향성을 주입해 왔다. 2010년 4월, 구글은 검색랭킹을 결정할 때 사이트 로딩속도를 고려하겠다고 발표했다.[57] 일부 웹마스터들은 이로 인해 다량의 사진이나 복잡한 디스플레이 광고를 가진 웹페이지가 차별 받게 될 것이라고 지적했다.[58] 이 조치는 구글 스타일의 간단한 텍스트광고를 가진 사이트에 유리하다.

심지어 구글의 유명한 페이지랭크 알고리즘조차 편향성이 있다. 웹페이지는 자신에게 링크되는 사이트의 숫자와 그 사이트에 링크되는 링크의 숫자에 의해 순위가 매겨진다. 실제로 이것이 뜻하는 바는, 구글의 검색엔진이 오프라인 컨텐츠보다 온라인 컨텐츠에 유리하고, 정액 기반의 컨텐츠보다 광고로 돈을 버는 컨텐츠에 유리하며, 무명 브랜드보다는 유명 브랜드에 유리하고, 비기술적 컨텐츠에 비해 기술적 컨텐츠에 유리하다는 뜻이다.

또한 여기에는 그리 아름다워 보이지 않는 순환고리가 있다. 구글 검색창에 검색어를 입력할 때 뜨는 추천단어에서 상업용 웹사이트가 비상업용 웹사이트보다 높은 랭킹이 매겨진다.[59]

구글의 검색랭킹은 구글의 이해관계를 최우선에 놓는다.

* * *

트레이드카밋TradeComet.com은 반경쟁적 행위 혐의로 구글을 고소했다.

트레이드카밋은 산업제품 구매자와 공급자를 연결하는 소스툴닷컴SourceTool.com이라는 기업 간 검색엔진을 운영한다. 1개월 내에, 이 사이트의 방문자는 하루에 65만 명으로 성장했다. 컴스코어는 소스툴닷컴을

'세계에서 두 번째로 빨리 성장하는 인터넷 사이트'라고 평가했다.[60]

소스툴닷컴의 운영자는 댄 새비지Dan Savage이다. 그는 애드센스 광고를 운영하고 애드워즈에 광고를 실어서 돈을 벌었는데, 애드센스 클릭마다 대략 0.1달러를 받았고, 클릭마다 대략 0.05달러를 지불했다. 전성기에 소스툴닷컴은 애드워즈 광고에 매달 50만 달러의 광고비를 지출했다. 그러다 갑자기 구글이 최저경매가를 클릭당 1달러에서 10달러까지 올려버렸다. 새비지는 트래픽이 급락한 후에야 이 사실을 알았다.

새비지는 자신의 틈새 검색엔진이 구글의 컨텐츠 파트너인 비즈니스닷컴Business.com과 경쟁하기 때문에 구글이 좋아하지 않았을 것이라고 의심했다. 「뉴욕타임스」 기자 조 노세라Joe Nocera는 이 사이트가 광고중개에 개입하는 걸 구글이 싫어한다는 점이 문제이지 않았을까 의심했다. 구글은 무엇이 문제였는지 정확히 밝히지 않았지만, 새비지에게 트래픽을 높이는 방법에 대해 몇 가지 조언을 제공했다. 새비지는 몇 가지 조정을 했지만 별로 소용이 없었다. 겨우 트래픽율은 1퍼센트 오르는 데 그쳤다.[61] 구글은 최종적으로 소스툴닷컴의 문제를 자사의 '공정한' 알고리즘의 탓으로 돌렸다.[62] 노세라는 이렇게 결론지었다.

물론 독점기업의 문제점은 그들이 독점기업처럼 행동할 수 밖에 없다는 점이다. 심지어 구글처럼 온화한 독점기업의 경우에도 그러하며, 그들이 의식적으로 경쟁을 말살하려고 노력하지 않아도 그렇다는 것이다. 그들은 언제나 옳으며 다른 이들은 틀렸다. 그들은 자신의 고객이 달리 갈 곳이 없다는 점을 알기에, 자신의 고객들도 무시하게 된다. 그들은 새비지 같은 피라미에게는 귀찮게 하지 말라고 말한다.

뉴욕의 남부지방법원에 제기된 트레이드카밋의 소송건은 부적절한 장소라는 사유로 기각됐다. 구글의 표준계약에 의하면 모든 법적 분쟁은 캘리포니아법원 관할이다. 트레이드카밋은 그 구절이 선택적으로 강제됐다고 지적한다. 어쨌든 구글의 뒷마당에서 소송을 진행하는 것은 불공정할 것이다.[63] 트레이드카밋은 소송을 계속 진행하고 있다.

웹기반 엔터테인먼트 산업 뉴스사이트 역시 구글이 자사의 비즈니스를 파괴했다고 고소했다. 스튜디오 브리핑Studio Briefing은 블로그를 개설하고 구글이 제공하는 광고를 게재하는 웹사이트에 돈을 지불하는 구글의 애드센스 프로그램에 가입했다. 이 회사는 몇 달 후에 구글의 정책을 준수하지 않았다는 이유로 애드센스 프로그램에서 탈락됐다는 공문을 받았다. 이에 대해 문제를 제기했지만 어떤 구체적인 위반사항도 발견되지 않았고, 거듭된 해명요구도 아무런 결실을 맺지 못했다. 더욱이 스튜디오 브리핑은 자사의 웹사이트가 구글의 검색결과에서 사라졌으며, 구글이 '랜딩페이지와 사이트품질에 관련된 광고정책을 한 가지 이상 위반했다는 이유로'[64] 애드워즈 프로그램 참여자격을 취소했다고 주장한다.

이 사건에서 기이한 점은 몇 주 후 구글이 스튜디오 브리핑을 원상복귀시켰다는 점이다. 이 회사는 사업을 재개할 수 있게 된 점을 반겼으나, 오너인 루 어윈Lew Irwin은 이런 혼란의 원인이 무엇이었는지 이해하고 싶어한다. 구글로부터 분명한 설명이 없는 상태에서, 그는 구글이 엔터테인먼트 컨텐츠를 좋아하지 않는 것이 아닐까 추측할 따름이다.[65]

유럽집행위원회EC도 역시 구글이 경쟁자로 인식하는 기업들의 검색결과를 강등시켰다는 소장을 수령했다. 파운뎀Foundem은 영국 소재의 수직검색엔진으로서 여행, 부동산, 채용에 관련된 웹사이트를 전문적으로 다룬다. 예를 들어, 파운뎀은 구체적인 여행 관련 질의에 대해 여행사이트로의 단순 링크만 제공하는 것이 아니라 항공편과 가격목록을 보여준다.

파운뎀은 3년 반 동안 야후와 빙의 검색결과에서는 지속적으로 높은 랭킹을 유지하고 있음에도 유독 구글의 검색결과에서는 거의 사라졌다고 주장한다. 예를 들어, 특정 오토바이 헬멧 가격검색에서 파운뎀은 야후에서는 1위, 빙에서는 7위, 구글에서는 144위를 기록했다. 이러한 하락은 파운뎀의 애드워즈 광고의 클릭당 비용을 급등시켰다.

기특하게도, 결국 구글은 파운뎀의 불만에 대응해서 패널티 필터를 철폐했지만, 이미 몇 년 동안 파운뎀의 비즈니스에 회복 불가능한 손해를 끼친 후였다. 파운뎀은 구글에서 5위로 상승했고, 적절한 비용 보전을 위해 애드워즈에서 화이트리스트 처리됐다.

불행히도, 단순히 불만을 제기하고 구글이 검토하기를 기다리기만 하는 건 검색과 검색광고에 의존하는 기업들에게는 엄청난 불이익이 될 수 있다. 우선, 피해기업은 무슨 일이 벌어졌는지 정확히 문서화해야 한다. 그 다음 자신의 사례를 구글에게 제시해야 한다. 그 동안, 피해 기업의 비즈니스는 완전히 회복되지 못할 정도로 곤경을 겪을 수 있다.

프랑스기업 이저스티스Ejustice.fr과 마이크로소프트에게 인수된 독일기업 챠우Ciao GmbH도 유사한 사례로 EC에 제소했다. 파운뎀과 마찬가지로, 이저스티스는 수직 검색사이트로 사전경고 없이 검색랭킹이 강등됐다. 챠우는 오랫동안 애드센스에 참여했는데, 구글에 따르면, 마이크로소프트에 인수된 다음부터 구글의 계약조건에 대해 불만을 제기하기 시작했다고 한다. EC는 제소에 충분한 근거가 있다고 판단해서 구글에 대한 공식적인 반독점조사를 개시했다.[66]

구글은 이외에도 많은 잠재적이거나 실제적인 이해관계의 충돌을 안고 있다.

구글의 검색결과 내 검색기능은 특정 대형 웹사이트를 검색하는 동안 사용자들이 구글 사이트에 머무르게 해준다. 사용자들은 실제로 해당 웹사이트를 검색하는 것이 아니다. 그들은 구글서버에 있는 웹사이트의 복사본을 검색하고 있는 것이다. 구글이 2차 검색상자에서 경쟁 사이트의 광고를 표시할 때 이해관계의 충돌이 발생한다.[67]

구글의 클라우드 컴퓨팅 솔루션은 잠재적인 이해관계의 충돌로 가득 차 있다. 믿기 힘들겠지만, 구글의 클라우드 컴퓨팅 판매포인트 중 하나는 보안이다. 구글은 로컬 PC에 데이터를 저장하는 것을 침대 밑에 현금을 숨겨 놓는 것에 비유한다.[68] 구글은 이미 타겟광고를 표시하기 위한 목적으로 (클라우드 기반의) G메일 메시지를 스캔하고 있다. 구글이 모든 클라우드 컴퓨팅 데이터와 문서를 스캔하리라고 예상할 만한 충분한 이유가 있다.

구글의 이해관계 충돌 중 일부는 좀더 미묘하다. 구글은 유료 컨텐츠보다 무료 컨텐츠를 높게 매기는데, 이는 구글이 세계의 모든 정보에 손쉽게 접근하기를 원하기 때문이다. 구글 뉴스나 구글 파이낸스 같은 정보수집 서비스를 제공함으로써, 구글은 유료 기반 서비스의 가치를 하락시킨다.

구글은 검색광고주의 검색광고캠페인 계획 수립을 돕는 서비스를 제공하는 회사에 투자한다. 그러한 투자는 캠페인 계획을 수립할 때 야후나 빙보다 구글을 선호하도록 기업들에게 압력을 가할 수도 있다.[69]

구글은 컴페리슨애드^{Comparison Ads}라는 제품을 통해 리드 제너레이션*
비즈니스에 진출했다. 구글은 주택담보대출과 같은 제품을 비교한 다음
참여한 광고주들에게 리드를 보낸다. 하지만 구글은 더 수익이 높은 비
교광고를 최상단 검색결과에 노출하기 때문에, 고객들이 광고주의 광고
를 보기 전에 그들을 사로잡을 수 있다. 그래서 「서치엔진저널^{Search Engine}
^{Journal}」은 "구글의 비교광고는 구글 자신의 광고주들과 효과적으로 경쟁
하는 도구다."라고 말한다.[70]

구글의 크롬 웹브라우저에도 잠재적인 이해관계의 충돌이 존재한다.
다른 주요 브라우저는 키워드 입력을 위한 검색 창과 URL을 입력하는 주
소창이 분리되어 있다. 하지만 크롬은 이 두 창을 '옴니박스^{Omnibox}'라고
하는 것으로 통합했다. 구글은 사용자들이 옴니박스에 입력할 때 검색
추천을 제공한다.[71] 특정 브랜드를 찾으려는 사용자에게 의도한 브랜드
에게서 관심을 돌릴 수 있는 검색추천이 제시될 수 있어 결과적으로 광
고 형태의 역할을 할 수 있다. 야후가 특허를 주장하고 있는 구글의 새로
운 기능인 순간검색은 부분적으로 입력된 단어로 가장 쉽게 만들어지는
대형 브랜드명을 찾아준다. 이로써 사용자가 찾고자 하는 것보다 구글이
원하는 것을 강요한다.[72]

구글에는 정치적 이해관계의 충돌도 있다. 구글의 에릭 슈미트 회장
은 버락 오바마 지원캠페인을 펼쳤으며, 오바마의 대통령직 인수위원
회 위원이었고, 백악관의 공직을 제안 받을 것으로 예상된다. 명백한 개
인적인 성향에도 불구하고, 슈미트는 스스로 온라인 "진실 예보자^{truth}

---

* lead generation: 주로 인터넷 마케팅에서 사용되는 용어로 잠재고객을 획득하기 위해 특정 제품이나 서비스에 대해
  소비자의 관심을 불러일으키는 행위를 말한다. 구체적으로는 소비자를 특정 사이트의 회원으로 가입시키거나 설문
  에 응답하도록 유도하는 서비스로 나타난다. – 옮긴이

predictor가 되어 정치인들에게 책임을 물을 것"이라고 정치인들에게 경고한다. 슈미트는 한 마디 덧붙인다. "우리는 진실을 책임지고 있지 않지만, 확률은 알려 줄 수 있습니다."[73]

슈미트는 부적절한 뭔가를 무해하게 보이도록 만드는 구글의 방식을 실천한다. 구글은 한쪽의 정치적 당파를 선호하기로 결정했다. 구글은 어느 정치인이 가장 정직한지 확신할 만한 위치에 있지 않다. 판단을 확률로 제시하는 것은 편견을 제거하는 전략이 아니라, 편견을 포장하는 전략이다. 일부 사람들은 스미스 상원의원이 의료정책에 대해 말한 내용이 진실이 아닐 확률이 83퍼센트라는 말을 들으면 감명 받을지도 모르지만, 결국 이는 숫자로 포장된 견해일 따름이다.

구글이 포괄적인 공공정책 이슈에 관련되어 있다는 사실 때문에 문제는 더욱 복잡해진다. 구글은 반독점조사의 대상이 되어 왔다. 구글은 새로운 프라이버시 법률과 규제를 좌절시키는 데 관심이 있으며, 몇 개만 예를 들더라도 무선대역폭, 전국 전력망, 전자 의료기록에 관련된 정부정책에 의해 영향을 받는다.

최상단 검색결과를 클릭하는 사용자들의 성향을 고려할 때, 구글은 관련된 웹페이지를 한 자리씩 상승이나 강등 시키는 것만으로도 선거에 영향을 미칠 수 있다. 구글의 검색엔진에는 투명성이 결여되어 있으므로, 구글 외부의 어떤 사람이라도 정치적 동기로 인한 자그마한 상승이나 강등을 감지하기는 어려울 것이다. 또한 구글은 정치인들의 온라인 캠페인에 관련된 독점적인 추적 데이터를 보유하고 있으므로, 이 데이터를 자신이 선호하는 후보를 돕기 위해 활용할 수도 있다.

구글이 자사 제품을 밀어주고 경쟁사 제품에 손해를 입히기 위해 자신의 검색엔진을 이용한다는 우려가 증가하고 있다.[74] 블로그전문 검색엔진 테크노라티Technorati는 자사의 검색랭킹이 몇 가지 상황에서 가파르게 추락했다는 불만을 제기한다. 여행전문사이트 익스피디아Expedia의 회장인 배리 딜러Barry Diller는 구글이 자사의 여행전문사이트에 특혜를 준다는 혐의로 구글을 고소했다.[75]

구글이 온라인 여행전문서비스 ITA소프트웨어를 인수한 것을 언급하면서, 딜러는 이렇게 말한다. "나는 구글이 검색 중립적 위치를 지키지 않고, 개별적인 영역의 서비스에 진입하는 점을 우려스럽게 생각한다. 이는 필연적으로 고객과 규제 당국과 문제를 일으키게 되어 위험스러운 상황이다."[76]

구글은 주요 검색엔진이 투명하게 운영되거나 '검색 중립성' 표준을 준수하도록 요구하는 법률에 공개적으로 반대한다. 「파이낸셜타임스」의 기사에서 구글의 검색 제품과 사용자 경험 부사장 마리사 메이어Marissa Mayer는 이렇게 밝혔다.

> 이런 알고리즘들이 어떤 정보가 '최고'이고, 그것을 어떻게 측정해야 하는지 결정하는 규칙을 구체화한다. 어떤 제품이나 서비스가 최고라고 명백히 규정하는 행위는 주관적이다. 현재 우리의 관점에서 '검색 중립성'이란 개념은 혁신과 경쟁 그리고 본질적으로는 정보를 찾는 방법을 개선하는 사용자로서의 우리의 능력을 위협한다.[77]

메이어는 계속해서 어떤 유형의 검색 중립성이라도 혁신에 방해가 될 것이라고 주장한다. 그녀는 구글이 저지르는 남용에 대한 점증하는 증거를 무시했을 뿐만 아니라, '스팸업자들'에 의한 남용을 불러일으킬 것이라는 이유로 구글의 검색엔진을 투명하게 만들려는 시도에 대해 경고했다.

똥 묻은 개가 겨 묻은 개 나무라는 격이다.

* * *

구글은 돈을 벌기 위해 비즈니스를 한다. 세상을 좀더 살기 좋은 곳으로 만들기 위해 비즈니스를 하는 것처럼 가장함으로써, 구글은 검색과 검색광고 중개업자로서 피할 수 없는 이해관계의 충돌을 숨길 수 있는 교묘한 연막을 친다.

구글의 신화는 더욱 공고해지고 있지만, 지성과 영향력을 갖춘 사람들은 구글을 점차 비판하기 시작한다. 구글은 선택의 기회를 제공함으로써 이해관계의 충돌을 피하려고 시도한다. 신뢰하든지 아니면 다른 곳으로 가라는 것이다.

불행히도 문제는 그렇게 간단치 않다. 구글은 검색과 검색광고 시장을 지배하고 있다. 구글은 실질적으로 모든 사람에 대한 내부정보를 보유하고 있다. 구글이 가진 정보의 비대칭성은 구글에게 사용자, 매체기업, 광고주에 대한 권력을 안겨준다. 우리는 결코 다른 곳으로 갈 수 없다.

문제는 구글이 거대하다는 점이 아니다. 구글이 이해관계의 충돌을 숨기고 부정한다는 점이다. 광고에 대한 공정한 설명, 완벽한 공개, 진실이 유일한 해답이다.

6장
견제받지 않는 권력

구글은 역사상 가장 강력한 회사다.

1996년 구글의 창업자들은 검색 프로젝트를 시작하면서 디지털 경제가 이제 막 형성되고 있다는 사실을 깨닫고 앞으로 펼쳐질 세상에 대한 몇 가지 중요한 통찰을 했다. 예를 들어, 그들은 계속 확장되는 온라인 공간이 검색을 중심으로 돌아갈 것을 깨달았다. 그리고 웹이라는 건초더미에서 정보라는 바늘을 재빨리 찾아내기 위해서는 자동화와 알고리즘화된 과정이 필요하다는 결론을 내렸다. 결국, 전체 웹을 그대로 본뜬 확장 가능한 네트워크를 구축하면 그 누구도 꿈꾸지 못했던 문제들을 처리할 수 있다는 사실을 깨달았다.

이후 구글의 창업자들은 사용자를 추적하고 사용자에 대한 정보를 수집하는 것이 광고주에게 얼마나 큰 가치를 지니는지 깨닫게 되었고, 자신들이 구축해놓은 확장 가능한 네트워크와 데이터베이스를 활용해 돈을 벌 수 있는 가장 이상적인 위치에 있다는 점을 깨달았다.

게다가 그들은 예리한 비즈니스 통찰력을 지녔다. 예를 들어, 그들은 인터넷 골드러시가 폭주하는 시대에도, 아무도 관심을 갖지 않는 기회가 있음을 알아차렸다. 그리고 그곳을 먼저 선점하면 막대한 수익을 거둘 수 있다고 확신했다.

이러한 심오한 통찰력을 기반으로, 구글은 규모, 범위, 영향력을 획득하기 위해 질주했다. 구글은 다른 이들이 존재 여부조차 깨닫지 못하는 권력을 신속하게 축적했다. 다른 기업들, 그리고 정부 당국은 한참이 지나서야 무슨 일이 벌어지고 있는지 서서히 깨닫기 시작했다. 하지만 이미 때는 늦었다. 공격적으로 오랜 시간 돌진해온 구글과 정면으로 경쟁하는 건 거의 불가능한 상태가 되었다.

권력이 무조건 나쁜 건 아니다. 권력은 자비로운 명분을 실현하는 데 사용될 수 있다. 권력은 자유사회를 유지하는 데 꼭 필요한 요소다. 시민들은 법을 통한 지배, 시민의 기본권 보장, 정당한 법 절차의 대가로 정부가 권력의 독점할 수 있도록 허용한다. 합법적인 정부는 권력을 행사하는 방법에 대해 책임을 져야 하며, 견제와 균형의 원칙을 따라야 한다.

또한 권력은 남용될 수 있기 때문에, 항상 제약되어야 한다. 밀턴 프리드먼Milton Friedman이 기술한 대로 "좋은 일을 하기 위한 권력은 나쁜 일을 하기 위한 권력이기도 하다."[1] 액튼 경Lord Acton의 유명한 명언대로, "권력은 타락하기 마련이며, 절대 권력은 절대로 타락한다." 역사는 우리에게 견제받지 않는 권력을 조심하라고 가르쳐준다.

선점 효과를 거머쥠으로써, 구글은 디지털 경제에 대한 유례없는 권력을 손에 넣었다. 현실적으로는 구글이 너무나도 신속하게 행동했기 때문에, 필요한 견제와 균형을 마련할 시간이 없었다. 손쉽게 성공할 수 있다는 점을 알았기에, 구글은 한 가지 기술을 더 익혔다. 바로 책임회피 기술이다.

15년 전 대학 연구프로젝트로 출발한 이래, 구글의 견제받지 않는 권력은 급성장해 온라인시장은 물론 개인의 자유까지 모든 것을 위협하고 있다.

* * *

구글은 단연 최대의 인터넷기업이다.

구글은 10억 명 이상의 사용자를 보유하고 있다. 구글은 검색과 검색 광고를 모두 지배한다. 구글은 매일 20억 회가 넘는 인터넷검색을 처리한다.[2] 구글의 촉수는 모든 유형의 주요 컨텐츠, 모든 주요 하드웨어 플랫폼, 인터넷은 물론 전 지구의 구석구석까지 뻗고 있다.

구글은 1조 개의 웹페이지를 색인화했다.[3] 구글이 색인화한 페이지를 1분씩 훑어본다고 해도, 페이지를 모두 훑어보는 데 3만 8,000년 이상 걸린다. G메일의 데이터 보유량은 음악 CD 17억 4,000만 개 분량에 해당된다. 구글이 매일 처리하는 정보를 인쇄하려면, 나무 120만 그루를 베야 한다. 가장 인기 있는 유튜브동영상은 2억 회 이상 조회됐다.[4]

구글은 가장 많은 온라인광고주를 거느리고 있다.(100만을 훌쩍 넘는다.)[5] 실질적으로 모든 웹매체 기업들이 구글의 고객이다. 구글 번역은 57가지 언어를 처리하여, 거의 모든 인류를 대상으로 서비스한다. 구글 유튜브는 세계 최대의 동영상 공유사이트로서 43퍼센트의 시장을 점유하고 있다. 이는 2위 경쟁자보다 10배 큰 규모다. 구글은 상상할 수 있는 거의 모든 유형의 정보를 다루는 500가지의 제품과 서비스를 보유하고 있다.[6]

디지털 기술은 정보의 폭발적 증가를 촉발했다. 구글의 에릭 슈미트 회장에 따르면, "지구가 탄생한 이래 2003년까지 생성된 정보는 5엑사바이트다. 지금 우리는 이틀만에 5엑사바이트의 정보를 쏟아낸다."[7] 1엑사바이트exabyte는 퀸틸리언(10^{18}) 바이트를 의미한다.

이렇게 큰 수를 이해하기는 쉽지 않다. 1엑사바이트는 대략 여태까지 쓰여진 모든 책에 포함된 정보의 2만 배에 해당하는 양이다. 1엑사바이트 용량의 DVD 품질의 비디오를 시청하려면 5만 년이 걸린다.[8]

페이지와 브린이 자신의 회사 이름을 가장 큰 수를 의미하는 '구골'에서 딴 것은 우연의 일치가 아니다. 둘은 시작할 때부터 웹이 기존의 모든 정보와 컨텐츠의 디지털화, 새로운 디지털 정보의 신속한 생성을 촉진할 것을 내다보았다.

구글은 그런 거대한 용량의 데이터를 처리할 수 있는 유일한 기업이다. 슈미트는 덧붙였다. "그 곡선을 그려 보십시오. 정보의 폭발적 증가는 어느 누가 상상했던 것보다 엄청나게 큽니다. 하지만 이것은 기회가 만든 결과입니다. 우리는 정보를 더욱 체계화할 수 있기를 바랍니다."[9]

구글의 경영진이 "세계의 정보를 체계화해서 보편적으로 접근 가능하게 만들고 싶다."라고 말할 때, 그것은 세계의 정보를 기록, 저장, 복사, 배포하고 싶다는 뜻이다. 세계의 정보를 기록하기 위해서는, 비유하자면 지구적인 눈과 귀가 필요하다. 세계의 정보를 저장하고 배포하기 위해서는 말 그대로 세상에서 가장 큰 컴퓨터, 세상에서 가장 큰 저장 네트워크, 지구적 규모의 파일시스템이 필요하다.

구글은 그 이름 그대로 세상의 가장 큰 정복자다. 많은 과학자와 기업들이 분자 단위의 나노솔루션에 몰두하는 동안, 구글은 스펙트럼의 반대편 끝에서 세상을 포괄하는 단위의 거대솔루션을 개척했다. 이 정도 수준에서 작업하기 위해서는, 방대한 인프라스트럭처와 완전히 새로운 도구가 필요하다.

기특하게도, 구글은 온갖 세상의 정보 건초더미에서 원하는 정보 바늘을 1초 내에 찾을 수 있는 검색엔진을 개발해 냈다. 그것이 얼마나 어려운 일인지 쉽게 이해하지 못할 것이다. 구글을 대도시 규모, 미국 규모, 지구라는 행성 규모, 전체 태양계 규모의 도서관이라고 생각해 보라. 그런 도서관에서 특정 항목을 순식간에 찾아내는 파일시스템과 내비게이션 도구가 바로 구글이다.

가장 강력한 검색엔진이란, 가장 많은 정보를 색인화하고 가장 많은 사용자를 보유한 검색엔진이다. 그렇기 때문에 구글은 모든 주요한 유형의 컨텐츠, 모든 주요 기기, 웹의 모든 구석구석에까지 영향력을 확장하는 데 집착한다. 이는 또한 구글이 다른 이들에게 '개방'하고 '투명'해지라고 촉구하는 이유를 설명해 준다.

어떤 방법으로 구글의 권력을 가늠할 수 있을까? 검색 가능한 정보의 총량을 유효한 검색 경쟁자의 숫자로 나누면 구글의 시장권력을 계산할 수 있다. 구글이 엄청난 양의 데이터를 색인화한 반면 실질적인 검색경쟁자는 하나 뿐이므로 이 수치는 매우 큰 값이 나온다.

인터넷은 양날의 검이다. 한쪽 날은 사용자들을 정보, 컨텐츠와 연결해주거나 사용자들끼리 서로 연결해줌으로써, 그들에게 힘을 실어준다. 인터넷은 텍스트, 그래픽, 오디오, 동영상을 전 세계 어디서나 빛의 속도로 교환할 수 있는 보편적인 언어를 제공한다.

다른 한쪽 날은 인터넷 기업들에게 힘을 준다. 비전과 야망을 가진 기업들에게 세계의 정보를 수집하고 체계화하고, 대부분의 소비자에게 도달하며 예전에는 상상하지 못했던 규모로 데이터를 분석할 수 있게 해준다. 거대한 구상을 함으로써, 구글의 창업자들은 역사상 가장 강력한 회사를 만들었다.

* * *

구글은 마이크로소프트보다 훨씬 더 큰 위협적인 존재가 되고 있다. 켄 올레타는 「뉴요커」에서 이렇게 밝힌다.

구글의 창업자들이 1998년 회사를 출범시켰을 무렵에는 그들의 열렬한 지지자였던 전 인텔 회장이자 CEO인 앤디 그로브Andy Grove는 구글이 마이크로소프트보다 더 위험스러울지도 모른다고 생각한다. "마이크로소프트의 권력은 산업 내부에 머물러 있었다. 하지만 구글의 권력은 다른 산업계에서 벌어지는 일에도 영향을 미친다." 이런 이유로 그는 구글이 점점 '모든 산업에 손을 대는' 회사로 비춰지고 있다고 말한다.[10]

오늘날의 구글과 1990년대의 마이크로소프트 사이에는 몇 가지 큰 차이점이 존재한다. 마이크로소프트는 정보가 생산되고 보여지는 방식을 지배했다. 구글은 어떤 정보가 발견되고, 읽혀지고, 보여지고, 들려지고, 배포되며 수익화될지 결정한다.

마이크로소프트는 대부분의 소비자들이 개인용 컴퓨터를 보유하기 전에 독점권력을 획득했다. 구글은 대부분의 소비자들이 인터넷에 접속하게 된 후에 독점권력을 획득했다.

마이크로소프트가 자신의 모바일 운영체제를 판매하기 시작했을 무렵에는, 모바일폰 사용자는 수억 명에 불과했으며, 무선 역시 협대역 narrowband에 머물러 있었다. 구글이 무료 모바일 운영체제를 도입할 즈음엔 수십억 명의 사용자, 고속 디지털 네트워크, 급증하는 스마트폰 시장이 있었다.

마이크로소프트의 소프트웨어는 주로 단말기 기반이었으며, 상당수는 공장에서 사용되었다. 반면 구글의 소프트웨어는 주로 클라우드 기반이며 웹을 통해 손쉽게 접근하여 사용할 수 있다.

마이크로소프트는 인터넷시대 이전의 기업으로, 물리적 세계에 뿌리를 둔 규모, 범위, 네트워크 효과를 발휘하는 기업이었다면 구글은 훨씬 거대한 규모, 범위, 네트워크 효과로 무장한 인터넷 기업이다.

마이크로소프트도 야후도 구글의 경쟁상대가 되지 못한다. 검색은 구글의 핵심경쟁력이지만, 야후와 마이크로소프트에게는 부업일 뿐이다. 구글은 다수의 데이터센터에 백만 대가 넘는 서버로 이루어진 세계최대의 분산 컴퓨터 망을 운용한다. 구글은 1초에 수억 개의 검색을 처리한다. 구글은 매일 수백억 개의 웹페이지를 색인화하고 그 사본을 보관한다.[11]

구글은 최소 26가지 시장권력의 원천을 정복했는데,[12] 규모(10억 명의 사용자), 범위(110개 이상의 언어로 구현되는 검색엔진 인터페이스), 시간(가장 빠른 검색), 표준(구글은 기업용 검색의 표준이다), 끼워팔기(구글 툴바), 네트워크효과(소비자×광고주×매체기업×트래픽) 등이 그 중 일부다.

구글의 검색 알고리즘은 수조 회의 실제 검색에서 얻는 피드백을 갈고 닦아 만들어낸 200개가 넘는 관련변수(신호signal)와 공식(분류자classifier)을 기반으로 한다. 예를 들어, 구글은 사람들이 검색에서 오타를 내거나 철자를 잘못 쓰는 수만 가지 경우의 수를 찾아냈다.[13] 엄청난 이용자의 수는 구글이 앞서나갈 수 있는 강력한 이점이다. 구글은 사용자 수와 광고주 수 양쪽에서 상당한 우위를 점하고 있으므로 추가 트래픽을 구매할 수 있는 훨씬 더 큰 여력이 있다.

마이크로소프트는 PC의 운영체제 소프트웨어를 독점했지만, PC용 재무 소프트웨어 개발사인 인튜이트^{Intuit}를 인수하고자 했을 때, 법무부에 의해 제지당했으며, 넷스케이프 웹브라우저를 고사시키려고 했을 때도 마찬가지였다. 반독점 당국은 마이크로소프트가 범용 운영체제 시장을 지배하는 것은 허용했지만, 지배력을 수직시장으로 확장하는 것은 가로막았다.

대조적으로 구글은 검색광고 독점을 활용해서 자사의 지배력을 지도와 위치데이터, 모바일 운영체제, 동영상 스트리밍, 뉴스 등 다양한 영역으로 확장하고 있다. 반독점 당국은 1990년대 마이크로소프트에 대응했던 방식과는 달리 구글에게는 더블클릭과 애드몹 인수를 승인함으로써, 구글이 범용 검색시장과 핵심정보와 컨텐츠 수직시장 양쪽에서 독점권력을 획득할 수 있는 길을 터 주었다.

한 마디로 마이크로소프트의 독점권력은 반독점 당국에 의해 견제됐지만, 구글의 독점권력은 통제를 벗어나 번성하도록 허용됐다.

* * *

대부분의 사용자들은 인터넷 정보 광맥 중 절반만을 볼 수 있다.

웹은 정보를 전파하기 쉽게 만들었을 뿐만 아니라, 정보의 수집, 저장, 응용도 쉽게 만들었다.

과거에는 정보의 수집, 저장, 분석과 관련되어 개별적인 병목 지점들이 존재했다. 인터넷과 그 기반이 되는 디지털기술은 모든 상황을 바꿔 버렸다. 이제 정보와 컨텐츠는 1과 0의 연속적인 흐름일 뿐이다.

사용자들은 경험을 통해 웹이 엄청난 양의 정보를 이용 가능하게 해 준다는 점을 알고 있다. 사용자들은 동시에 프라이버시와 보안에 대한 우려 때문에, 인터넷이 자신에 대한 정보를 기업, 정부, 해커들이 이용 가능할 수 있도록 해 준다는 점도 어렴풋이 알고 있다.

하지만 대부분의 사용자들이 완전히 이해하고 있지 못하고 사실은 자신들이 온라인에서 하는 모든 일이 기록되어서, 고유의 '디지털 지문' 을 남기고 있다는 점이다.

디지털 지문은 분명한 정보와 불분명한 정보로 구성되어 있다. 대부분의 사용자는 자신이 야후나 아마존 같은 웹사이트에 몇 개월이건 로그온된 채로 있어서, 그런 사이트에 재방문하면 자동적으로 자신이 인식된다는 점을 알고 있다. 하지만 말 그대로 온라인에서 우리가 하는 모든 일은 기록될 수 있으며, 사용자의 디지털 지문을 독특하게 만들어 주는 것은 세부적인 사항들이다. 예를 들어, 우리의 디지털 지문에는 우리가 개별 웹페이지에서 시간을 얼마나 보내는지, 링크를 얼마나 자주 클릭하는지, 심지어 마우스로 커서를 움직이는 방식에 대한 정보까지 남을 수 있다. 관찰되고 측정될 수 있다면, 이런 정보는 우리의 디지털 지문에 포함될 수 있다.

온라인정보의 기록과 영구적 보관을 이끌고 있는 한 가지 요인은 니콜라스 카^{Nicholas Carr}의 『빅 스위치^{The Big Switch: Rewiring the World, from Edison to Google}』 에서 찾을 수 있다. 카는 전기가 일부 가정을 위한 개인용 발전기에서 많은 가정에 서비스를 공급하는 발전소로 진화했듯이, 컴퓨팅도 개인용 컴퓨팅에서 클라우드 컴퓨팅으로 진화하고 있다고 설명한다. 고객들로서는 개인용 발전기를 설치하고 운영하는 것보다 집적화된 발전소에서 서비스를 받는 것이 비용면에서 효율적이다. 마찬가지로, 사용자들 개인의 PC보다는 인터넷 '클라우드'에서 애플리케이션을 실행하고, 문서를 저장하는 편이 좀더 비용 효율적이다.

클라우드 컴퓨팅으로 인해 모든 정보와 컨텐츠는 거침없이 영구적으로 보관되고 있다. 저장되고 있는 건 도서, 연구논문이나 사업상의 기록뿐만이 아니다. 지난 화요일에 우리가 웹에서 검색한 내용과 우리가 지웠다고 생각했던 이메일 메시지의 임시저장본도 저장되고 있다.

이런 정보 대부분은 없어지는 편이 나을 것이다. 하지만 구글은 우리가 폐기한 정보조차 우리에 대해 뭔가를 알려주며, 더 정확하게 우리를 선택하고 타겟팅하는 데 활용될 수 있다는 사실을 배웠다. 그리고 구글은 우리가 버린 온라인 쓰레기통을 뒤지는 행동도 개의치 않는다.

정부와 대기업은 인터넷이 광대한 보관장소를 갖춘 개방된 네트워크이기 때문에, 결코 완벽히 안전할 수 없다는 점을 깨닫기 시작했다. 이로 인해 역유행이 등장하기 시작했다. 즉, 공개된 네트워크에 속해있지 않았던 민감한 정보, 예를 들어, 군사정보나 기업의 기밀정보 같은 정보는 도용이나 원치 않는 공개와 부적절한 사용을 방지하기 위해 점차 어딘가 다른 장소에 저장되고 있다. 안타깝게도 대부분의 소비자들에게는 그런 선택의 여지가 없다.

우리에게 손해를 끼칠 수 있는 건 바로 우리가 볼 수 없는 정보 광맥의 나머지 반이다.

* * *

구글은 통합 정보 인지^{Total Information Awareness}를 향해 전진하고 있다.

2001년 9월 11일 테러 공격 이후에, 레이건 대통령의 국가 안보보좌관이었던 존 포인덱스터^{John Poindexter} 제독은 미국 정보기관들이 감시기술과 정보기술을 공격적으로 활용해서 테러리스트를 식별하고 추적해야 한다고 제안했고 이에 따라 통합 정보 인지라고 하는 목적을 위해서 2002년 초에 한 기관이 발족됐다. 하지만 이런 기술이 일반시민을 염탐하는 데 사용될 수 있다는 우려에 대한 대응으로, 의회는 2003년 이 프로그램에 대한 예산을 중단했다.

아이러니컬하게도, 구글은 이와 유사한 프로그램을 시작하여 계속 추진하고 있다.

구글은 기하급수적인 정보의 증가를 처리할 수 있는 방법을 창안한 데 대해 평가받을 자격이 있다. 하지만 모든 정보가 '보편적으로 접근 가능'해야 되는 것은 아니다. 대부분의 인터넷 사용자는 자신의 온라인 활동에 대한 정보가 광고주에게 판매되길 원하지 않는다. 컨텐츠 제작자와 발행자는 저작권이 있는 자신의 창작물이 공짜로 접근되길 원하지 않는다. 그리고 정부는 국가 보안 기밀이 온라인에 공개되길 원하지 않는다.

많은 우려와 상식적인 반대에도 불구하고, 구글은 손에 닿을 수 있는 정보라면 모조리 발견, 기록, 복사, 저장, 배포, 분석하는 데 몰두한다. 구글의 에릭 슈미트 회장이 말한 대로, "우리는 구글이 보유할 수 있는 전체 정보의 측면에서 초창기 시점에 있습니다. 알고리즘[소프트웨어]은 더욱 개선될 것이며, 우리는 개인화에 좀더 능숙해질 것입니다."[14]

사실상 구글은 자기 방식대로 포인덱스터의 통합 정보 인지 프로그램을 추진하고 있다.[15] 구글은 개인정보, 시장정보, 세계정보라는 3개 주요 카테고리의 정보를 기록, 저장, 분석한다.

　개인정보에는 신원, 취향, 위치, 유대 관계가 포함된다. 개인적 신원에는 IP 주소, 이메일주소, 전화 번호에서부터 음성지문, 은행계좌, 개인 유전자에 이르기까지 모든 정보가 포함된다. 개인 취향에는 검색한 키워드, 클릭한 광고, 캘린더 약속이 포함된다. 개인 위치의 예를 들면, 모바일폰 이동경로, 행선지까지의 지도, 안드로이드 모바일폰으로 찍은 디지털 사진을 활용해서 주요 지형물에 대한 정보를 검색해주는 애플리케이션 구글 고글스^{Google Goggles}가 포함된다. 개인 유대관계에는 주소록, 토론그룹, 소셜네트워크 등이 포함된다.

　구글은 온라인광고의 수요공급을 모니터링하고, 검색의 경향, 유행과 급성장을 탐지함으로써 시장정보를 획득한다. 구글은 주기적으로 1조 개의 웹페이지를 탐색하고, 도서를 디지털화하며, 지구 표면의 위성 이미지를 획득하는 방법으로 세계의 정보를 채취한다. 하지만 이것들은 소수의 사례에 불과하다.[16]

　구글은 대중이 세계의 모든 정보에 접근할 수 있어야 한다고 진심으로 믿지는 않는다. 실제로, 구글은 어떤 유형의 정보는 통째로 숨기고 주의 깊게 보호해야 한다고 믿는다. 구글이 예외적으로 고려하는 정보는 구글의 검색 알고리즘과 필터, 애드워즈 경매 과정, 구글의 인프라스트럭처에 관한 세부사항과 구글 내부에서 진행되는 거의 모든 사항에 대한 정보들이다.

　구글은 특정 정보를 기밀로 유지하는 것이 자신의 권리라고 생각한다. 구글은 다른 이들도 동등한 권리를 가지고 있다는 점을 반드시 이해할 필요가 있다.

* * *

견제되지 않는 권력은 오만을 낳는다.

구글은 거의 매일 이 단순한 진리를 입증해 준다. 예를 들어, 비즈니스위크와의 인터뷰에서, 구글의 에릭 슈미트 회장은 구글이 웹 상에서 사람들의 움직임에 대해 지나친 영향력을 가진 것이 아니냐는 질문을 받았다. 슈미트는 이렇게 답했다. "……구글이 지나친 영향력을 가졌다고 말하는 건 사용자들이 결국 잘못된 선택을 하고 있다는 뜻인가요?"[17]

슈미트의 반응은 책임을 전가하는 구글 전술의 전형을 보여준다. 구글이 지나치게 강력하다니, 사용자들이여 부끄러운 줄 알아라. 슈미트는 구글이 지나친 영향력을 가질 수 있다는 점을 부인할 뿐만 아니라, 구글의 투명성 부족으로 인해 대부분 사용자들의 입장에서 구글이 얼마나 많은 권력을 축적했는지 알 수 없다는 점을 인정하지 않는다.

사용자들이 구글을 신뢰해야 하는 이유를 묻자, 슈미트는 건방지게 대꾸한다. "우리가 그렇게 말했기 때문입니다."[18] 자신의 회사가 책임감이 있다는 걸 입증하는 대신에, 슈미트는 만족하지 못한 사용자들이 얼마나 쉽게 다른 곳으로 갈 수 있는지 강조한다.

때때로 슈미트의 오만은 위협과 구분하기 어려울 정도다. "우리가 할 수 있음에도, 하지 않기로 결정한 일들은 아주 아주 많습니다. 언젠가 주식시장을 예측할 수 있지 않을까라고 생각하며 대화를 나눈 적이 있었지요. 그러다가 우리는 그것이 불법이라고 판단했습니다. 그래서 우리는 추진을 중단했습니다."[19]

슈미트는 구글의 경영진이 다른 사람들보다 앞서서 금융시장의 경향을 탐지할 수 있는 힘이 있다고 인정했다. 그들을 막을 수 있었던 유일한 이유는 그것이 불법이라는 깨달음뿐이었다. 그런데 표현의 애매모호함에 주목하자. 단지 아이디어를 생각해보는 것뿐이었다면, 추진을 중단했다는 말은 무슨 뜻인가?

구글은 검색엔진이 편향적이지 않다고 주장한다. "모든 랭킹은 알고리즘에 의해 결정되며, 광고주나 상업적 이득이 아니라 사용자의 이득에 초점이 맞추어져 있다."[20] 그러나 구글의 검색랭킹팀 책임자인 아미트 싱할은 구글이 '지구상에서 가장 거대한 킹 메이커'라고 시인한다.[21] 그리고 구글의 수석 부사장인 조나단 로젠버그는 다른 이들을 주저앉힐 수 있다고 시인한다. "우리는 헛소리를 해대는 어중이 떠중이들을 멈추려고 시도하지 않을 것이고, 그래서도 안되지만, 경기장의 맨 뒷줄로 옮길 수는 있다."[22]

만일 구글의 검색엔진이 편향적이지 않다면, 구글은 왕을 만들거나 쫓아내지는 못하고 파악할 수만 있을 것이다. 오만하게도 구글은 자신이 두 가지를 다 할 수 있다고 믿는다. 자신의 검색서비스가 편향적이지 않다는 신화를 퍼뜨리면서도 자신의 검색서비스가 킹 메이커라고 으스대면서 말이다.

에릭 슈미트 회장은 자신이 구글의 지배력에 대해 완벽히 감을 잡는데 상당히 시간이 걸렸다고 실토한다. "나는 구글의 힘에 대해서 여기에 부임한 지 수년이 지나도록 진정으로 이해하지 못했다."[23] 분명히, 그것은 사람을 겸손하게 만드는 경험이 아니었을 것이다.

또한 구글은 자신들이 사용자, 웹매체기업, 광고주로부터 보편적으로 흠모를 받는 체하며 오만을 드러낸다. 실상은 빈번한 불만의 대상이다.

예를 들어, 사용자들은 페이팔의 대응 서비스인 구글 체크아웃에 가입한 대가로 약속된 10달러를 받지 못했다고 불평을 제기한다. 일부 사용자들은 연방통상위원회에 제소하기까지 했다.[24]

구글은 사전경고나 설명 없이 조치를 취할 때 오만의 극치를 보여준다. 예를 들어, 구글의 블로거[Blogger] 서비스는 저작권침해 항의를 받은 후에 음악 블로그 몇 개를 폐쇄했다.[25] 구글이 저작권침해 블로그를 폐쇄할 권리를 가진 것은 분명하지만, 그 중 일부 블로거들이 결백하다면? 구글은 사전경고를 하거나 호소를 들어줄 눈곱만큼의 아량도 없다.

구글은 압도적인 시장점유율 덕택에 원하는 대로 아무렇게나 해도 된다고 생각하는 것 같다.

* * *

에드거 구글을 만나보자.

에드거 후버[J. Edgar Hoover]는 FBI의 초대국장이었다. 후버는 과학수사를 발전시키고, FBI 조직을 구축했다는 공로를 인정받는 반면에, 유력 정치인과 반대파들의 신상자료를 불법적으로 수집했다는 비난을 받기도 한다.[26]

구글은 인터넷사용자들에 대한 신상 자료를 만들고 있는데, 이런 자료가 정부와 공유된다면 위험스러울 수 있다. 작가인 앤드류 킨[Andrew Keen]은 이렇게 말한 바 있다.

그들은 10년 동안 세계의 모든 정부를 합친 것보다 더 많이 사람들에 대한 정보를 축적했다. 그들은 비밀 경찰이나 KGB를 순박한 이웃집 할머니처럼 보이게 한다. 이건 너무나 중요한 일이다. 누군가 사악한 자가 그들을 거머쥔다면, 그들

은 손쉽게 빅브라더가 될 수 있다.[27]

사용자의 온라인활동을 추적하고 분석하는 구글의 능력에는 그 누구도 필적할 수 없다. 구글은 클릭추적, 폼, 쿠키, 로그서버 요청, 자바스크립트 웹 비콘beacon 같은 기법을 채용해서 데이터를 수집한다.[28]

더 많은 데이터는 구글의 무료상품에 의해 수집된다. 검색엔진 최적화 전문가 대니 도버Danny Dover에 따르면, 구글 헬스는 사용자의 신체적 특징, 건강상태, 수술, 테스트결과, 의사, 처방, 알레르기, 예방접종 등이 포함된 정보를 수집한다.[29]

에드거 후버가 개인에 대해 수집한 정보의 전체적 윤곽은 그의 사후에야 밝혀졌다.[30] 마찬가지로, 사용자들은 구글이 수집하고 있는 자신들에 대한 정보의 전체적 윤곽을 모르고 있다. 구글에게는 정보공개법 Freedom of Information Act이 적용되지 않는다.

하지만 구글과 에드거 후버 사이에는 몇 가지 차이점이 존재한다. 구글은 사용자들에 대한 정보를 수집할 뿐만 아니라, 사람들이 접하는 뉴스, 시청하는 동영상, 읽는 책에 영향을 미친다.

구글은 자신들의 힘이 다른 사람들과 조직에 드리우는 위협을 이해하고 있다. 에릭 슈미트는 이렇게 말하기도 했다. "각국의 정부들은 우리가 뭘 하는지 파악하느라 바쁜 몇몇 조직을 가동하고 있습니다. 왜냐하면 정보가 힘이기 때문입니다."[31]

* * *

구글이 지나치게 강력해지지 않을까 많은 사람들이 두려워한다.

구글의 더블클릭 합병안에 대해 EU 당국에 보낸 편지에서, 유럽의 소비자 단체인 유럽소비자동맹[BEUC]은 이렇게 밝혔다. "일개 기업이 사용자들이 인터넷상에서 하는 일에 관해 그토록 많은 정보를 수집하고 이용할 수 있는 시장권력과 기술권력을 보유한 적은 일찍이 없었다. 또한 타의 추종을 불허하는 유례 없는 사용자 프로필 데이터베이스는 사용자의 프라이버시 권한에 정면으로 위배되는 것으로 보인다."[32]

웹의 정보문지기로서 구글의 부상에 관해 언급하면서, 시턴홀대학의 법학교수 프랭크 파스퀘일[Frank Pasquale]은 이렇게 말한다.

> 구글은 우리에 대해 점점 더 많은 것을 알고 있지만, 현재 시점에서 구글이 그러한 정보로 무엇을 하고 있는지 정확히 파악하기 위해 우리가 할 수 있는 일은 거의 없다. 우리는 강력한 인터넷 조직을 책임감 있게 만들고 싶다.[33]

『구글드, 우리가 알고 있던 세상의 종말』의 저자 켄 올레타 역시 유례 없는 권력을 목격한다. "……미디어 세계를 너머 이렇게 멀리까지 영향력이 확장된 회사나 이토록 많은 수익모델을 뒤흔들 능력을 가졌던 회사는 일찍이 없었다."[34]

이제 많은 이들이 폭주기관차에 제동을 걸어야 할 시점이라고 생각한다. 독일의 「슈피겔」은 구글이 지나치게 많은 걸 알고 있는 것이 아닌지 의문을 제기하며, 구글의 "책략, 권력, 지배력에 대한 갈망에 대해 면밀히 조사해야 한다"[35]는 작가 제럴드 라이슐[Gerald Reischl]의 제안을 인용한다.

구글과 야후의 제휴안에 대해 의문을 제기하면서, 구글의 고객사인 인터콘티넨탈호텔그룹의 글로벌 마케팅 서비스 부사장 마이클 메니스[Michael Menis]는 이렇게 말한다, "어떤 산업 분야에서도 한 회사가 이런 수준의 합병이나 지배력을 갖게 될 경우, 우려를 야기할 수 있다."[36]

「비즈니스위크」의 한 기사는 "구글이 지나치게 강력해진 것일까?"라는 질문을 던졌다. 아마도 2007년에는 "아니오"라고 대답할 수 있었을 것이다. 이 기사는 구글의 전세계적 고객의 급격한 증가, 일개 회사의 손에 쥐어진 정보와 컨텐츠에 대한 권력집중, 구글의 파괴적이고 반경쟁적인 전략에 이목을 집중시켰다.[37] 그 당시의 관건은 구글이 지나치게 강력해지는 길로 접어드는 것이 아닌가 였다.[38]

일부 논평가들은 구글의 유례없는 권력에 대한 우려가 과장됐다고 생각한다.[39] 하지만 어떤 사람이 편집증이라고 생각하는 걸 다른 사람은 고조된 관심이라고 생각할 수도 있다. 어떤 사람이나 조직이든 지나친 힘을 갖는다면 경계해야 한다. 그 사람이나 조직이 비밀스럽고 책임감이 없다면 더욱 경계해야 한다.

구글은 최대 규모의 고객을 보유함으로써, 시장우위를 지킬 수 있을 뿐만 아니라 확장할 수 있다는 점을 알고 있다.[40] 예를 들어, 구글은 파이어폭스 오픈소스 브라우저의 제작사인 모질라와의 협상에서 구글의 검색 페이지를 브라우저의 기본 홈페이지로 만들고, 파이어폭스의 검색 바에서 구글을 기본 검색제공자로 만드는 조건에 합의했다. 구글이 모질라에게 로열티를 지급하는 계약을 마무리 지으면서, 모질라는 협정의 세부사항을 비밀에 부치기로 합의했다. 일부에게는 이 계약으로 오픈소스 브라우저의 황제가 하룻밤 사이에 '구글의 사업부서'가 된 것처럼 보였다.[41]

구글의 권력을 과소평가하기는 쉽지만, 과대평가하기는 어렵다.

* * *

구글은 정확히 얼마만큼 책임감이 있을까?

공개될 무렵에, 구글은 3명의 최고경영진들이 다른 주주들에게 최소한의 책임을 갖도록 주식 구조를 바꿨다. 3인은 특별의결권을 갖는 특별 주식을 분배받았다. 창업자들이 IPO 편지에서 시인한 바와 같이 "……새로운 투자자들은 구글의 장기적 경제적 미래를 완벽히 공유하겠지만, 의결권을 통해 구글의 전략적 결정에는 거의 영향을 미칠 수 없을 것입니다."[42]

이 말이 의미하는 바는 구글은 공개적으로 소유되고, 사적으로 통제되는 기업이라는 뜻이다. 법적으로는 문제가 없는 계약인지는 모르겠지만, 이는 구글이 자신이 설파하는 공유, 개방성, 보편적 접근을 실천하지 않는다는 점을 보여준다. 공개적으로 소유되고, 사적으로 통제되는 기업은 외부 주주들에 대한 책임감이 덜하다.

구글은 심지어 미 대법원에 대해서도 무책임하다. 국토안보위원회의 조 리버맨^{Joe Lieberman} 상원의원이 폭력을 선동하고 테러리즘을 조장할 의도를 가진 컨텐츠를 내리라고 요청했을 때, 구글은 언론의 자유를 보장한다며 거부했다.[43] 실제로, 미 대법원은 어떤 종류의 발언이 미국 헌법 하에서 보장되는지에 대한 최종 판단자로서, 법원은 폭력을 선동하는 발언은 보장되지 않는다고 판결했다.[44]

무책임성은 구글의 '허락 없는 혁신'의 본질이다. 구글은 독점 소프트웨어가 혁신을 가로막으며 개발자들이 자유로이 코드를 복사, 수정, 공유해야 한다고 믿는 무료 소프트웨어/오픈소스 커뮤니티의 열렬한 참여자이다. 이런 '기술 유토피아적' 철학은 매쉬업을 위한 필수요소인데, 매쉬업이란 두 개 이상 출처의 데이터나 기능을 결합시킴으로써 새로운 애플리케이션을 창조한다는 뜻이다.

구글은 자신이 좋다고 생각하는 것이라면 그 어떤 것이라도 허락을 받을 필요가 없다고 믿고 있다. 예를 들어, 구글의 크롬 웹브라우저는 사용자의 허락을 요청하지 않고 스스로 자동 업데이트한다.[45] 구글은 광고주 계정의 기본설정을 허락 없이 변경해서, 수억 달러의 추가적인 매출을 창출했다.[46]

먼저 허락을 구하는 대신에, 구글은 불평이 밀려 들어올 때까지 기다렸다가 용서를 구한다. 구글의 에릭 슈미트 회장은 「파이낸셜타임스」에서, "두더지 잡기가 우리의 일입니다."라고 밝혔다.[47] 그는 단순한 반응형 아케이드게임을 언급하고 있는데, 이 게임에서 플레이어는 어느 구멍에서 튀어나올지 모르는 플라스틱 두더지를 재빠르게 망치로 때려야 한다. 슈미트는 계속해서 구글의 자유분방한 문화를 보호하는 일이 자신의 임무 중 일부분이라고 설명한다. "저는 견제와 균형을 원합니다. 하지만 창조성에 찬물을 끼얹는다면 끔찍한 일이 될 것입니다. 우리는 약간 더 관리를 하면서도 지속적으로 창조적일 수 있는 방법을 찾아야 합니다."[48]

이런 태도는 구글이 조그만 스타트업이라면 정당화될지도 모른다. 하지만 구글은 세계에서 가장 큰 인터넷 회사로 그에 걸맞는 책임을 져야 한다. 예상되는 문제점을 사전에 방지하는 대신에, 구글은 다른 사람들에게 지적된 후에 문제에 대응하기를 선호한다. 저작권 침해를 사전에 방지하는 대신에, 구글은 종종 이미 피해가 발생한 후에 저작권 보유자들에게 자신의 권리를 주장할 부담을 떠넘긴다.

분명히 다른 업계에서는 대중이 이런 태도를 용납하지 않을 것이다.

예를 들어, 제약 회사가 새로운 제품을 테스트하지 않고 출시한 다음에, 해당 약의 약효와 안전성을 판단하는 일은 환자와 의사의 책임이라고 주장한다고 상상해 보라.

구글이 조제약을 생산하지는 않지만, 이 회사의 행동은 사용자를 위험에 빠뜨릴 수 있다. 일례로 어느 여성은 구글 버즈 계정에 자신의 이메일 연락처가 노출되는 바람에 자신을 학대하던 전남편에게 친구와 가족들의 연락처 정보가 공개되었다고 한다.[49]

더 책임감있게 행동하는 대신에, 구글은 어떻게 하면 자신을 보호할 수 있는지 다른 이들에게 설교하는 쪽을 선호한다. 예를 들어, 구글은 구글 버즈에 대한 문제제기에 대해 10대의 안전에 관한 동영상을 제작하는 것으로 대응했다.[50]

구글은 자신의 문제가 내부통제의 부족이라고 인정하기를 거부한다. 그런 거대한 회사를 관리하는 어려움에 대해 질문을 받자, 에릭 슈미트 회장은 이렇게 말했다, "통제는 구글에서 그렇게 중요한 단어가 아닙니다."[51] 하지만 그 또한 구글 임직원들로 하여금 그들이 지난 주에 했던 일을 한 문장으로 요약하는 이메일을 보내도록 하는 일이 얼마나 어려운지 토로했다.[52]

래리 페이지와 세르게이 브린은 혁신에 지장을 주는 그 어떤 것에 대해서도 우려한다. 켄 올레타에 따르면, "래리와 세르게이는 모두 일사불란하게 움직이도록 만들면, 일을 진행되는 데 방해가 된다고 믿는다…… 그런 방식은 그리 효과적이지 않은 오래된 방식일 뿐이라고 믿는다…… 아무도 그들이 틀렸다는 점을 증명하지 못했다. 아직까지는."[53]

에릭 슈미트는 제품을 철저히 테스트하기 전에 공개하는 구글의 관행을 옹호한다. 「파이낸셜타임스」에 따르면, "……슈미트는 '우선 출시하고, 나중에 고쳐라'는 접근법이 세계에서 가장 인기 있는 검색엔진, G메일, 구글 어스를 개발한 극단적으로 창조적이고 유연한 회사의 DNA에 필수적이라고 반박했다……"

또한 슈미트는 입법활동이 정보경제에 의해 초래된 변화를 아직 따라잡지 못했다는 점에 만족을 표했다. "우리는 정보 비즈니스 분야에 있으며, 모든 사람은 정보에 대해 의견을 가지고 있습니다. 하지만 [이 분야를 다루는] 법률에는 일관성이 없습니다."[54]

여기서 조금만 더 나가면, 구글은 책임과 심지어 수많은 법률에서도 예외가 되어야 한다고 믿는다. 어느 무대 인터뷰에서, 에릭 슈미트는 구글의 명분이 전통적 비즈니스의 관심사를 초월한다고 설명했다. "구글의 목표는 모든 것을 수익화하는 것이 아니라, 세상을 바꾸는 것입니다…… 우리는 돈에서 출발하지 않습니다. 우리는 우리가 가진 문제가 어떤 것인지에 대한 시각에서 시작합니다."[55]

구글은 책임에 저항할 뿐만 아니라, 구글을 책임있게 만드려는 다른 사람들의 노력을 헛되게 만든다. 예를 들어, 구글의 웹사이트 트래픽 측정 서비스인 구글 트렌드^{Google Trends}는 컴스코어나 닐슨 온라인^{Nielsen Online} 같이 구글을 측정하는 기업들과 경쟁한다.[56] 광고업계의 중역들은 온라인광고의 선도기업이 온라인 성과를 측정, 보고하는 사업을 병행하는 건 이해관계의 충돌이라고 지적한다.[57] 한 마디로, 이는 구글을 증인이자, 검사이면서, 판사이자, 배심원의 역할로 만들어 준다.[58]

무책임함이 자신 스스로의 규칙을 준수하지 않는다는 의미는 아니다. 구글의 공식적 입장은 절대로 검색결과를 조작하지 않는다는 것이다. 하지만 구글은 자신의 검색서비스가 중립적이지 않다고 시인했다. 구글의 대변인인 가브리엘 스트리커Gabriel Stricker는 이렇게 밝혔다, "때때로 이는 우리 자신의 자산이 먼저 등장한다면 의미가 될 수 있는데, 귀하가 언급한 사례에서는 지도가 되며, 이런 일은 사용자들에게 이득이 되는 빠른 해결책을 제시하려고 할 때 일어납니다. 하지만 그러한 경우를 제외하고는, 구글의 검색결과는 알고리즘에 의해 결정되고 수시로 변하는 순수 검색결과입니다."[59] 또한 구글이 선택적으로 광고를 차단한다는 불만이 제기되어 왔다.[60]

구글에게는 많은 책임감이 절실히 필요하다.

* * *

구글 북스 중재안은 구글에게 좀더 책임감이 요구되는 이유를 더욱 여실히 보여준다.

구글 북스 중재안은 구글과 작가협회와 미국출판협회 사이의 합의안이다.[61] 중재안의 한 가지 문제점은 도서를 스캔, 디지털화, 저장, 검색할 독점적인 권한을 구글에게 암묵적으로 부여한다는 것이다. 뉴욕 북리뷰New York Review of Books 사이트의 글에서, 하버드대학 교수 로버트 단턴Robert Darnton은 이렇게 밝혔다, "중재안은 일개 기업의 손에 권력을 집중시킴으로써 디지털 세계에 근본적인 변화를 초래한다……" 동시에 그는 중재안을 '정보사회의 발전에 있어 티핑포인트tipping point'라고 칭했다.[62]

중재안은 구글에게 다른 이들의 지적재산권을 강탈해서 수익화할 수 있는 권한을 부여한다. 예를 들어, 중재안은 구글에게 타겟광고, 컨텐츠에 대한 한시적인 온라인 접근과 인쇄된 주문형 발췌본을 판매할 수 있는 기회를 만들어 준다.

구글은 도서 인쇄본을 디지털화기 위해 광범위한 업계의 노력을 이용했다. 캐나다의 일간지 「글로브앤드메일Globe and Mail」의 기사에서, 토론토의 변호사 그레이스 웨스콧Grace Westcott은 이렇게 말한다, "미국 최대의 학술도서관들의 소장 도서가 합쳐진 자료로 구성된 데이터베이스의 소유자로서 구글이 차지할 권력의 위상은 정말 숨이 막힐 정도이다. 그리고 우려스럽다."[63]

대부분의 도서관들이 도서의 장기보존을 보장할 수단으로 도서의 스캔을 지지하긴 하지만, 많은 이들이 중재안에 대해 의혹을 품고 있다. 토론토대학 도서관장 캐롤 무어Carole Moore는 「이코노미스트」에서 이렇게 언급한다. "어떤 도서관 직원들은 이 작업이 인터넷 기업에게 엄청난 권력을 주지 않을까 우려한다. 이는 20세기의 산물에 대한 접근권한에서 우리가 경험한 그 어떤 것보다 강력한 독점이다."[64]

희귀하고 손상되기 쉬운 고서를 스캔하는 작업을 한 회사에 맡기는 것이 현명한 방침일지도 모른다. 하지만 이런 특권은 다른 검색회사와 접근권한을 공유하고 광고수익을 타당한 저자, 출판사, 도서관과 나누는 의무와 균형을 이뤄야 한다.

하지만, 이는 구글이 투명하고 책임감 있는 방식으로 운영할 때나 가능한 일일 것이다.

* * *

구글의 유례없이 신속한 권력획득은 구글의 힘이 통제불능으로 치달을 수 있는 위험한 환경을 초래했다.

구글은 이미 프라이버시, 지적재산권, 온라인 보안을 파괴하고 있다. 인수, 제휴, 급진적인 무료수익모델을 공격적으로 활용함으로써 구글은 경쟁을 파괴하는 중이다. 그리고 구글의 숨겨진 갈등은 공정성과 신뢰를 파괴하는 중이다.

이제 점들을 연결할 시점이다. 인터넷 사용자들에 대한 구글의 입장은 무엇인가? 구글의 가치와 윤리는 무엇인가? 구글에게는 숨겨진 아젠다가 있는가? 2부에서는 이런 질문에 답하고자 한다.

2부 | 구글이 파괴적인 이유

7장
구글 마인드

구글은 인터넷 사용자를 실험용 동물처럼 취급한다. 구글은 사용자의 인식을 조작하고, 그들의 반응을 관찰하고 행동을 연구한다.

구글은 전체주의 정부가 실제 세계에서 시민을 감시하는 것보다 치밀하고 정확하게 온라인에서 사용자를 추적한다. 구글은 때로는 놀라울 정도로 거슬리는 방식으로 자신의 추적능력을 끊임없이 확대하고 있다. 앞서 언급한 바와 같이, 구글은 사용자가 마우스로 화면상의 커서를 움직이는 행동방식을 모니터링하는 시스템에 대한 특허를 얻었다.[1] 또한 구글은 PC 마이크에 잡히는 배경소리를 포착하는 방법을 개발 중인 것으로 알려져 있다.[2]

구글은 사용자의 인식을 조작하는 데도 그만큼 능숙하다. 구글은 기업홍보를 좋아하지 않는 회사치고는, 가장 효과적인 홍보전략을 활용한다. 그 전략은 너무나 교묘하기 때문에, 대부분의 사람들은 자신이 21세기 산업에 관한 동화를 듣고 있다는 점을 깨닫지 못한다. 구글의 이미지는 유명인사의 꾸며진 자화상이다. 세계를 좀더 나은 곳으로 만들고 있다는 둥, 최종사용자에게 100퍼센트 초점을 맞춘다는 둥, 웹 2.0의 개방성, 투명성, 신빙성을 이끌고 있다는 둥, 역사상 가장 윤리적인 기업이라는 둥 이야기를 늘어놓는다.

구글은 인간심리의 작용에 대해 집중적인 관심을 보인다. 당연히 구글은 엔지니어의 시각에서 문제를 바라보며 (사실과 데이터와 분석을 기반으로[3]), 자신이 배운 것을 임직원뿐만 아니라 사용자에게도 적용한다.

일례로, 구글은 임직원들을 애지중지하면서 그들에게 최대한 뽑아낸다. 아마도 그것이 심리학자인 데이비드 록David Rock 박사가 구글을 '기업계의 클럽메드Club Med'[4]라고 부르는 이유일 것이다. 그리고 구글은 사용자들의 행동을 관찰하고 기록함으로써 그들을 최대한 활용하는데, 이 과정에서 대개 그들에게 알리지 않고 거의 언제나 그들의 동의를 받지 않는다.

구글이 온라인 사용자들을 추적하고 기록하는 방식은 파블로프와 스키너에 의해 개척된 행동주의behaviorism라는 분야의 최근 발전상을 대표한다. 러시아의 과학자 파블로프는 그 자신이 '조건 반사'라고 하는 행동연구로 유명하다. 예를 들어, 그는 음식을 줄 때 개가 어떻게 침을 흘리는지 연구했다. 미국의 심리학자 스키너는 한발 더 나아가, 언어적 반응을 포함한 인간의 모든 행동의 원인이 되는 환경적 원인을 추적하려고 시도했다.

행동주의가 데이터분석 엔지니어들의 흥미를 끈 것은 전혀 놀랍지 않다. 안타깝게도, 행동주의는 우리를 인간답게 만들어주는 자유의지 같은 것에 대한 여지를 남겨 놓지 않았다.

* * *

구글은 우리의 마음을 가지고 논다.

구글은 언론, 사용자, 광고주, 웹매체기업, 법원을 상대할 때 활용하는 심리학적 도구 레퍼토리를 가지고 있다.

에릭 슈미트는 이사회의장이라는 직위에 '수석 심리학자'라는 직함을 덧붙여도 좋을 듯하다. 슈미트에게 질문공세를 날리면, 그는 질문으로 답한다. "귀하는 우리가 훌륭한 가치를 지니고 있다고 믿습니까?" 갑자기 초점은 구글에서 질문자로 옮겨간다. 슈미트는 구글이 한 행동의 정당성에 대한 질문을 질문자의 가정에 대한 질문으로 바꿔 버린다.

때때로 구글은 역심리학reverse psychology에 호소하기도 한다. 구글은 대담하게도 우리가 구글의 잘못된 행동을 지켜보도록 내버려 두고, 그런 자신만만함을 자신이 결백하다는 증거로 해석하리라는 도박을 한다.

이런 전술은 1988년 대통령선거 후보였던 게리 하트가 이용하려고 시도했다가 비참한 결과를 맞았다. 혼외정사를 가졌다는 의심에 대해 아무리 부인해도 기자들이 믿지 않자 하트는 과감하게 기자들에게 자신을 따라다니도록 했다. 그는 자신이 더 이상 감시당하지 않는다고 생각했다. 그것은 잘못된 판단이었다.

구글은 와이스파이 스캔들로 알려진 사건에서 유사하게 행동했다. 구글은 자사의 스트리트뷰 차량이 와이파이 네트워크의 위치를 스캔, 식별, 기록하도록 프로그래밍했다. 독일 당국이 원본데이터를 보자고 요청했을 때, 구글은 암호화되지 않은 사용자 데이터까지 기록했다는 사실이 밝혀졌다.[5]

구글은 엄청난 신뢰를 요구했으며, 또한 그 정도의 신뢰를 받았다. 사실상 구글이 가진 주요 권력의 원천은 10억 명 사용자들이 구글에 대해 갖는 신뢰에 있다.

어떻게 구글은 그토록 많은 신뢰를 끌어 모을 수 있을까? 구글은 신뢰를 심리학적 무기로 변모시켰다. 경험 많은 사람은, 신뢰는 힘들게 획득해야 하며 신뢰 받는 사람의 신뢰도는 주기적으로 검증돼야 한다는 점을 알고 있다. 역심리학을 새로운 수준으로 끌어올려, 구글은 우리가 신뢰를 대부분의 사람들이 거저 주는 뭔가라고 믿게 만들려고 한다. 구글을 믿지 못한다면 무정한 사람으로 취급받는다.

일례로 「뉴욕타임스」 기자 데이비드 카^{David Carr}가 "……나의 디지털 달걀을 색색의 멍청한 글자가 써진 한 개의 바구니에 넣는 것을 걱정하지 않아도 되는가?"라고 묻자, 슈미트는 이렇게 대답했다. "그건 귀하가 우리 회사와 우리의 가치에 대해 어떻게 생각하느냐에 따라 달려있지요. 우리가 훌륭한 가치를 가지고 있다고 믿으십니까?"[6]

인터뷰 후반부, 카는 구글이 주의를 다른 데로 돌리는 데 능숙하다는 점을 깨달았다. "구글은 계속해서 내 IP주소가 내가 아니라고 주장하지만, 어떤 동기가 있는 정부는 소환장을 가지고 구글 서버에서 나를 찾고, 나에 대한 많은 정보를 알아낼 수 있습니다." 정말 중요한 사항은 구글 서버에 저장된 사적인 정보가 제대로 보호받고 있는가 하는 것이다.

에릭 슈미트는 곤란한 이슈로부터 관심을 돌리기 위해 다른 기법을 사용한다. 아부다비에서 연설한 뒤, 슈미트는 누군가에게서 이런 질문을 받았다. "우리에 대해 당신이 가지고 있는 이 모든 정보는, 어디로 갑니까? 누가 그것에 접근할 수 있는지요?" 슈미트는 그런 정보들이 구글 서버로 보내지며 철저한 규칙에 따라 한정된 구글 직원들만 접근할 수 있다고 대답했다. 질문자는 이어서 다음과 같이 물었다. "과연 그러한 정책이 제대로 지켜질지 우리는 우려하지 않을 수 없군요." 슈미트는 이렇게 쏘아붙였다. "우리보다 다른 누군가가 더 낫다고 생각하십니까? 이런 일을 책임져 줬으면 하는 정부가 있으신가요?"[7]

슈미트는 교묘하게 거짓 딜레마를 제시했다. 우리 정보에 대한 책임을 구글에게 부과할 것인가 아니면 정부에게 부과할 것인가? 우리는 두 가지 선택을 고려하는 데 골몰해 세 번째 선택이 있다는 점을 망각한다. 사용자들의 사적 정보에 대해 구글이 가지는 통제력을 사용자에게 돌려주면 된다.

이쯤이면 이해가 될 것이다. 구글은 곤란한 질문을 우리에게 떠넘기고, 뻔뻔하게도 자신들이 틀렸다는 점을 우리에게 증명하라고 요구하면서 우리에게 거짓 딜레마를 제시해 우리의 인식에 영향을 미치려고 한다. 앞서 살펴본 바와 같이, 구글은 책임 전가에 능숙하다. 그리고 앞으로 살펴보겠지만, 구글은 적절한 문구와 비유를 선택함으로써 사람들에게 좀더 영향을 미칠 수 있다고 믿는다.

많은 일들을 제대로 하지 않고서는 구글처럼 거대하고 빠르게 성장하지 못한다. 구글의 미덕은 신화적 수준까지 부풀려져 왔다. 구글이 사악하지는 않겠지만, 믿을 만하지도 않다. 심리게임을 펼쳐서 구글은 비판자를 무력화하고 대중을 현혹시킨다.

* * *

구글의 경영진들은 평등주의자인 척하지만, 그들은 골수 엘리트주의자이다.

엘리트주의자들은 자신들이 다른 이들에게 좋은 것이 무엇인지 안다고 믿는다. 그들은 자신들이 어떤 정보가 최고 순위를 얻을 만하고, 누가 승리하고 실패해야 하며, 지도 상의 경계선과 장소명, 심지어 사용자 자신이 원하는 것과 상반되더라도 사용자가 진정으로 원하는 것이 무엇인지 결정할 최적의 자격을 가지고 있다고 생각한다. 엘리트주의자들은 자신들의 우월성에 대해 너무나 확신을 가진 나머지 자신들이 세계의 최고 정보기관이라고 자처할 정도이다.

엘리트주의자들은 자신들이 느끼기에 해보다 득이 많다고 생각하면, 진실의 왜곡도 마다하지 않는다. 구글은 자신들이 하는 모든 일들이 사용자를 위한 것이고, 사용자의 프라이버시를 존중하며, 자신들의 검색엔진이 편향적이지 않은 척한다. 사실 구글은 자신들이 광고주들을 위해서 일하고, 프라이버시는 데이터수집의 장애물이며, 수동 평가를 활용해서 알고리즘과 필터를 뒤엎는다는 점을 알고 있다.

대부분의 기업들은 자신의 고객을 공경한다. 구글 엘리트에게 고객이란 주로 행동 데이터의 풍부한 원천이다. 구글은 고객을 섬기지 않으며, 고객이 구글을 섬긴다. 마이크 엘간[Mike Elgan]이 평한 대로, 구글의 수익모델에서는 고객이 상품이다.[8]

구글은 자신들에게 어떤 규칙이 적용될지 결정한다. 구글에 좋은 것이라면, 미국, 인터넷, 세계에도 좋다. 하지만 구글에게는 절대로 적용되지 않는 규칙들도 있는데, 이런 규칙들은 허락 없는 혁신을 추구하는 구글의 역량에 방해가 되기 때문이다.

구글 엘리트들은 주로 데이터 분석 엔지니어들로 특유의 선입관과 맹점을 지니고 있다. 엔지니어들은 기술이 모든 문제의 해결책이라고 믿는 경향이 있다. 저술가인 켄 올레타가 발표한 바와 같이, "그들은 측정할 수 없는 것을 이해하지 못하는데, 공포는 측정할 수 없다…… 사람들은 구글이 얼마나 많은 정보를 수집했는지 두려워한다."[9]

엘리트주의자들은 자신들의 이중 기준을 문제라고 생각하지 않는다. 구글은 다른 이들이 자신의 정보를 공유하기를 원한다. 구글은 자신이 편할 때만 자신의 정보를 공유한다. 분명히 구글은 「포춘」이 '일하기 좋은 최고의 회사 100선'이란 제목이 붙은 특집기사를 준비할 때는 협력에 응했다.[10] 그러나 누군가 정보공개법[FOIA]을 근거로 구글의 고용기회균등 자료를 요구했을 때, 이 회사는 인종과 성별에 따른 인력구성은 영업비밀이라고 주장했다.[11]

구글 엘리트주의자들은 획일적인 문화를 구축했다. 이 회사는 일류학교에서 최고의 평점을 받은 인력들을 채용하는 데 집착한다. (흥미롭게도, 스탠포드대학에서 기업가정신을 가르치는 스티브 블랭크[Steve Blank]는 가장 성공적인 스타트업은 "중퇴자에 의해 창업된다"고 지적했다.[12]) 미래의 구글 직원 후보들은 멘사 스타일의 두뇌퀴즈를 풀라고 요구 받는다. 구글실험실 적성테스트[Google Labs Aptitude Test]에는 "프로젝트 팀의 적정 규모는 어느 정도일까?"라든지, "귀하가 작성한 최고로 멋진 해킹프로그램은 무엇입니까?" 같은 질문이 포함되어 있다.[13] 또한 "당신의 비행편이 취소되어 공항에 이런저런 남녀들과 3시간 동안 묶여 있다면, 기분이 어떻겠습니까?"와 같은 질문을 통해 창업자들의 취향과 비슷한 사람들을 식별해 낸다.[14]

획일적 기업문화를 가진 기업들은 맹점에 빠지기 쉽다. 회사의 모든 사람들이 비슷한 방식으로 생각한다면, 맹목적이 되기 쉽다. 다양한 배경을 가진 조직은 다양한 관점을 가질 수 있다. 복제 인간으로 이루어진 기업은 오직 한 가지 관점을 가진다.

구글은 자사의 기업문화가 혁신을 장려한다고 자랑한다. 이 회사는 임직원들이 서로의 의견을 공유하고 최고경영진들에게 곤란한 질문을 던질 수 있다고 주장한다.[15] 실제로는 구글의 획일적 기업문화로 인해 예스맨이 양산된다. 구글은 세계 인구 기준으로 보면 극도로 편향적인 표본이다. 구글은 창업자들의 엘리트 속성을 닮은 사람들을 고용한다.

구글의 엘리트주의자들은 자신의 네트워크 인프라스트럭처의 규모와 범위에 매혹되어 있다. 구글의 엔지니어링 부사장 빅 군도트라[Vic Gundotra]는 「뉴욕타임스」에 번역툴에 대해 언급하면서 "우리는 다른 사람들이 꿈조차 꾸지 못하는 것에 접근할 수 있습니다."라고 말했다.[16] 자신들이 허락 없이 행동해도 된다고 믿는 것이 이상해 보이지 않는다.

엘리트주의의 이면은 고립주의이며, 이는 구글의 심리학적 전술을 약화시키는 한 가지 특성이다. 구글의 조나단 로젠버그가 인터넷의 '헛소리를 해대는 어중이 떠중이'에 대해 불평할 때 하는 식으로 사용자들에 대해 경멸적인 표현을 쓰면서 평등주의자인 척 할 수는 없는 법이다.

구글 엘리트주의자들은 우리가 자신들을 평등주의자라고 생각해 주길 원한다. 하지만 이는 그들이 질 수밖에 없는 심리 게임이다.

* * *

인터넷 사용자를 실험실 동물처럼 취급하려면 교만해야 한다.

구글의 자만심은 정말 유별나다.[17] 구글은 다양한 방법으로 그러한 자만심을 보여준다. 구글의 창업자들은 세계의 정보를 체계화한다고 자처한다. 구글은 다른 기업들에 비해 자신의 목적이 더 숭고하고, 자신의 가치가 더 가치 있으며, 자신의 윤리적 기준이 더 높다는 뜻을 비춘다. 구글은 구글 직원들이 다른 누구보다 스마트하다는 신화를 퍼뜨린다. 구글은 다른 이들의 지적재산을 허락 없이 사용한다. 구글은 어떤 발언의 자유를 보장할지 그리고 분쟁영토를 어떻게 이름 붙일지 결정한다.

뭔가가 잘못됐을 때, 구글은 누구에게 책임이 있는지 결정한다. 자신의 네트워크가 해킹당하면, 구글은 올바른 보안관행에 대해 사용자들에게 설교한다. 특허 침해로 고소당하면, 구글은 해당 기업이 기술산업과 공동체에 손해를 끼치려 한다고 비난한다.

가장 큰 숫자 구골을 본따서 회사의 이름을 지으려면 자만하지 않으면 안 된다. 본사건물 이름을 구골의 제곱을 의미하는 구글플렉스Googleplex라고 지으려면 더 큰 자만이 필요하다.

유토피아적 닷컴시대의 산물이라는 점이 구글이 그렇게 교만한 이유 중의 하나이다. 다른 기술 유토피아주의자들과 마찬가지로, 구글의 엔지니어들은 모든 문제에 대해 기술적 해결책이 있다고 믿고 있다.

구글은 비즈니스 의사결정 소프트웨어 개발사인 마이크로스트레티지MicroStrategy[18]의 창업자이자 회장이자 CEO였던 마이클 세일러Michael Saylor가 보여준 닷컴의 자만을 연상하게 한다. 닷컴시절, 세일러는 자신의 회사가 로마제국만큼 오래 지속될 것이라고 예언했다.[19] 그러나 익사이트Excite의 공동창업자 조 크라우스Joe Kraus가 현명하게 관찰한 대로, "성공만큼 우리를 속이는 것은 없다."[20]

마이크로스트레티지는 회계스캔들에 휘말렸다. 2000년 초에 세일러와 다른 경영진들은 증권거래위원회와 타협안에 합의했다. 몇 주 동안 마이크로스트레티지의 주가는 95퍼센트 이상 하락했으며, 세일러는 마이크로소프트의 빌 게이츠 다음으로 하루 만에 가장 많은 돈(60억 달러)을 잃었다.[21]

닷컴의 몰락에서 살아남은 구글은 난쟁이 나라에서 거인이 됐다. 래리 페이지와 세르게이 브린이 자신들을 우주의 지배자라고 생각하는 것은 이해할 만하다. 하지만 구글의 창업자들도 성공에 속을 수 있다.

예를 들어, 페이지와 브린은 한 분야에서 똑똑하고 재능 있는 사람이라면, 다른 분야에서도 똑똑하고 재능이 있을 것이라도 믿는다. 바꿔 말하면, 구글의 창업자들은 자신이 세상을 구할 방법을 가장 잘 안다고 생각하는 연기자, 가수, 과학자가 합쳐진 사람과 같다.

구글은 웅대한 것에서부터 기괴한 것까지 다양한 범위의 비전을 낳는다. 에릭 슈미트는 인터넷에 연결된 기기가 사용자가 알고 싶어 하는 것을 예견하는 미래, 즉 '증강인류의 시대the age of augmented humanity'[22]가 올 것이라는 연설을 한 적이 있다. 하지만 현재의 그는 우리의 일상생활을 관리하는 데 만족한다.[23] 세르게이 브린은 구글이 우리 두뇌의 일부가 되기를 원한다.[24] 아부다비에서 에릭 슈미트가 연설한 이후, 고커닷컴Gawker.com은 구글의 리더들이 망상에 빠졌다는 글을 실었다.[25]

더욱 최근에, 구글은 스스로 운전하는 자동차를 개발했으며 이 자동차가 이미 공공도로에서 22만 킬로미터 이상 주행했다고 공개했다. 하지만 "이 프로젝트에서는 안전이 우리의 최우선 고려사항이었다"라니[26] 걱정하지 않아도 될 듯하다. 그리고 구글은 새로운 인플레이션 지수를 공표함으로써 미국정부에 도전할 예정이다.[27]

에릭 슈미트는 구글의 힘을 완벽히 이해하는 데 몇 년이 걸렸다고 말한 바 있다. 그는 서서히 구글이 다른 이들에게는 너무도 벅찬 문제와 씨름하는 능력을 가지고 있다는 점을 이해하게 됐다. 이제 슈미트는 충분한 데이터와 인공지능만 있으면, "우리가 어떻게 될지 예측할 수 있다"[28]

고 믿고 있다.

구글의 야망은 소름이 끼칠 정도다. 아이작 아시모프는 파운데이션 공상과학소설 시리즈에서, '심리역사학psychohistory'을 전공한 과학자들에 대한 이야기를 들려주는데, 심리역사학이란 미래를 예측하게 해 주는 학문이다. 하지만 과학자들은 개인적 사건을 예측할 수 없다. 오직 거시적 경향과 종합적 결과를 예측할 수 있을 뿐이다.

하지만 구글은 우리의 개인적 사건('어디로 이동할지' 등), 거시적 경향 (독감 유행 등), 종합적 결과(선거결과 등)를 비롯한 모든 것을 예측할 수 있다고 믿는다. 아마도 구글은 아시모프는 생각조차 못했던 도구 예를 들어, 어떤 정보를 보여주고 어떤 정보를 없앨지 결정하는 검색엔진 같은 도구를 기꺼이 활용하기 때문일지도 모른다.

구글의 자만은 래리 페이지의 멘토 중 한 사람에 의해서 언급된 적도 있다. 켄 올레타와의 대화에서, 스탠포드대학의 컴퓨터과학 교수 테리 위노그래드Terry Winograd는 이렇게 말한 바 있다. "래리와 세르게이는 모두 일사불란하게 움직이도록 만들면, 일을 진행되는 데 방해가 된다고 믿습니다…… 그런 방식은 그리 효과적이지 않은 오래된 방식일 뿐이라고 믿죠…… 아무도 그들이 틀렸다는 점을 증명하지 못했습니다. 아직까지는." 하지만 동시에 위노그래드는 구글의 강점에서 잠재적인 약점을 본다. "제도적이나 정치적인 관점이 아니라, 개인적이고 공학적인 관점에서 그렇다는 것입니다. '우리는 그런 종류의 일은 절대로 하지 않을 것이다'라고 그들은 마음 속 깊은 곳에서 믿고 있죠…… 그들은 우연이라도 그런 일이 일어나지 않게 할 만큼 자신들이 똑똑하다고 믿고 있습니다." 위노그래드는 그런 태도는 '일정 정도는 기술적인 오만'을 나타낸다

고 결론짓는다.[29]

에릭 슈미트는 구글의 커지는 권력에 대해 우려하는 사람들을 단순히 변화를 두려워하는 것이라고 치부한다. 그는 올레타에게 이렇게 말했다, "구글은 세 명의 컴퓨터 과학자들에 의해 운영되기 때문에 우리는 기업을 운영하는 컴퓨터 과학자들이 저지르는 모든 실수를 저지르게 될 것입니다. 하지만 우리들은 과학자가 아닌 사람들이 저지르는 실수는 저지르지 않을 것입니다. 우리는 사실과 데이터를 분석하여 움직이기 때문에 실수를 저지를 것입니다."[30]

아마도 스스로 깨닫지 못하고 있겠지만, 슈미트는 구글이 오직 기술적 문제를 푸는 데에만 능하다는 것을 시인한다. 구글은 모든 문제를 수학문제로 취급하길 원한다. 하지만 복잡한 윤리적 문제나 정치적 문제는 컴퓨터에 숫자를 집어넣는 것만으로 해결할 수 없다. 구글은 재산권 같은 원칙과 관련된 문제를 취급하는 데 어려움을 겪을 만하다.

구글의 또 다른 사례는 구글 지도가 지역적 명칭 분쟁을 다루는 방식에서 볼 수 있다. 일본판 지도에서 구글은 어떤 동중국해의 분쟁열도의 명칭을 중국명 댜오위와 일본명 센카쿠로 병기했다. 일본정부는 구글에게 중국명을 삭제하라고 요구했다. 구글 대변인은 이메일에서 이렇게 답변했다, "우리는 구글 지도와 구글 어스에서 가능한 한 정보를 쉽게 발견할 수 있도록 만들기 위해 노력합니다…… 이는 특히 주장이 충돌하는 분쟁지역에서 더욱 중요합니다." 바꿔 말하면, 구글은 경쟁하는 두 나라보다 자신을 높게 보는 것이다.[31]

고대 그리스 비극에서, 자만은 신에게 도전하려는 개인들로 상징된다. 구글은 컴퓨터 과학자들이 신이고, 인터넷 사용자들은 인간이라고 여기는 듯하다.

* * *

구글의 리더들은 다른 이들을 위해서 커다란 위험을 감수한다.

우리는 자신의 돈과 자산을 걸고 위험을 감수하는 기업을 존경한다. 구글은 다르다. 구글은 위험을 감수할 때, 다른 이들의 사적인 정보, 지적 재산, 데이터보안, 비즈니스를 건다.

방대한 인프라스트럭처와 10억 명의 사용자 덕택에, 구글은 거의 비용증가 없이 정보를 채취할 수 있다. 비용 관점에서 보자면, 사용자의 사적 정보는 구글보다는 사용자에게 더 가치가 있다. 세르게이 브린은 이코노미스트지에서 "야망은 우리의 문화에서 매우 중요한 부분입니다."[32] 라고 밝혔다. 다른 이들이 대부분의 위험을 짊어진 상태에서, 구글은 무모해질 여유가 있다.

구글은 자주 도박을 걸고 실패했다. 구글은 오버추어의 특허를 우회할 수 있다는 데 도박을 걸었다. 구글은 저작권 보유자들의 허락 없이 도서를 디지털할 수 있다는 데 도박을 걸었다. 구글은 유튜브가 동영상 저작권을 침해하고 있다는 사실을 알면서도 유튜브를 인수했다. 구글은 필요한 라이센스 계약이 부족한 관계로 다수의 당사자들로부터 피소될 가능성이 있다는 점을 알면서도 안드로이드 같은 제품을 출시했다. 구글은 검열정책과 관련해 중국과 치킨게임을 벌였다.

구글은 이러한 무모한 야망이 혁신과 같은 의미라고 우리가 생각해주기를 바란다. 그건 혁신이 아니다.

* * *

구글은 중립적인 체한다. 실제의 구글은 정치적으로 편향적이다.

구글 리더들의 모든 행동과 말에는 정치적 관점이 내포되어 있다. 아마도 그런 이유로 구글의 경영진들이 '이데올로기적인 기술전문가 ideological technologists'[33]라고 불려왔는지도 모르겠다. 그들이 원하는 건 새로운 기술을 개발해서 비즈니스로 성공하는 것만이 아니다. 구글의 리더들은 사회적 목표를 가지고 있다. 그들은 우리의 문화, 사회, 정치를 바꾸고 싶어한다. 그들은 세상을 좀더 좋은 곳으로 만들기 위해 구글과 정부가 협력하는 미래를 꿈꾼다.

구글은 중립적이며 편향적이지 않다고 주장하지만, 그건 결코 진실이 아니다. 구글은 정보가 권력이라는 점을 이해하고 있으며, 구글은 그 권력을 사용하기를 주저하지 않는다. 실제로 구글은 「포춘」 500대 기업 중 가장 정치적인 회사 중 하나이다. 구글은 정치가들이나 정부관리들과 밀실거래를 하고[34], 특정 정책이나 후보를 지지한다. 그리고 구글의 CEO 에릭 슈미트는 워싱턴의 한 싱크탱크의 위원장이기도 하다.[35]

구글이 가진 수많은 이해관계의 충돌을 고려할 때, 구글의 정치적 활동에는 빨간 불이 켜져야 한다. 검색서비스는 후보, 정치적 주장과 정책을 띄우거나 억누르는 데 이용될 수 있다. 예를 들어, '미국 보건복지부가 구매한 오바마케어Obamacare'라는 키워드에 연결된 애드워즈 광고를 실수로 최상단 순수 검색결과로 올리는 일은 간단하다. 구글은 중립적이라고 주장하지만, 자주 한쪽 편을 든다.[36]

구글의 정치적 편향성은 틀에 박히지 않은 사명선언에서도 느낄 수 있다. 대부분 기업의 사명은 기업의 주주와 임직원들의 이익을 위해 고객에게 가치를 전달하는 데 초점을 맞춘다. 구글의 사명은 사유재산, 개인적 권리, 정부의 역할에 관해 입증된 생각에 도전하는 방식으로 세상을 바꾸는 것이다.

예를 들어, 구글의 최고 우선 사항 중 하나는 정보에 대한 보편적 접근이다. 이는 모든 사용자가 동등한 접근 권한을 누려야 한다는 뜻을 내포한다. 그러나 우리의 자유시장시스템에서의 근본 원리는 기회는 균등해야 하지만 결과는 반드시 균등하지 않다는 것이다.

구글의 창업자들은 IPO 편지에서 구글은 다른 종류의 회사라고 밝혔다. 사회적, 정치적 목표를 가진 회사라는 것이다.

> 우리는 구글이 세상을 좀더 좋은 곳으로 만드는 조직이 되기를 갈망한다…… 우
> 리의 제품을 통해서, 구글은 전세계의 사람들과 정보를 무료로 연결한다.[37]

이 말이 의미하는 바는 딱 한 가지다. 구글은 자신의 가치를 다른 모든 이들에게 강요하고 싶다는 뜻이다. 예를 들어, 구글이 세상을 좀더 좋은 곳으로 만들고 싶다고 말할 때, 이는 그런 더 좋은 곳이 어떠해야 하는지에 대해 우리 모두가 동의한다고 가정한다. 하지만 이는 개개인이 자신의 개인적 목표를 자유로이 추구할 수 있다는 사회적 이상과 충돌한다.

> 우리는 또한 창조와 도전의 분위기를 강조해 왔으며, 창조와 도전은 세계 도처
> 에서 우리에게 의지하고 있는 이들을 위해 정보에 대한 공정하고 정확하며 자유
> 로운 접근을 제공하는 데 도움이 되어 왔다.[38]

구글은 자화자찬하는 표현을 자주 쓴다. 하지만 자신이 스스로 공정하고, 정확하며 자비롭다고 말하는 사람을 보면 어떤 생각이 들까? 모든

인간은 편견을 가지고 있고, 실수를 저지르며, 자신의 이익을 위해 행동하기에, 우리는 아무리 좋게 생각해도 그 사람이 순진하다고 생각할 것이다. 하지만 그 사람이 그런 주장을 달이 지나고 해가 지나도 계속한다면 어떻게 될까? 결국은 그가 누굴 속이려고 하는 것일까라는 생각이 들 것이다.

구글이 우리를 속이려고 하는 것일까? 스탠포드대학의 학생시절, 구글의 창업자들은 다음 내용이 담긴 논문을 만들었다. "우리는 광고로 돈을 버는 검색엔진은 태생적으로 편향적일 것이라고 예상한다."[39] 만일 마음이 바뀌었다면, 그렇다고 실토하고 이유를 설명해야 한다.

> 세르게이와 나는 우리가 세상에 중요한 서비스, 바로 실질적으로 모든 주제에 대해 관련된 정보를 즉각적으로 제공하는 서비스를 제공할 수 있다고 믿었기 때문에 구글을 창업했다. 최종 사용자들에게 서비스를 제공하는 일은 우리 일의 중심에 있으며 우리의 최고 우선순위로 남을 것이다.[40]

구글의 경영진들은 자신들이 돈을 위해서 일하지 않는다고 우리가 믿어주기를 바란다. 대신에, 자신들이 세상을 좀더 좋은 곳으로 만들려는 목적으로 무료제품을 제공하고 있다고 우리가 믿어주기를 바란다. 그들이 돈을 척척 버는 건 그저 행복한 우연의 일치일 뿐이다.

긴밀한 정치적 유착은 어떤 대기업에서도 문제가 될 수 있지만, 특히 구글에게는 문제가 된다. 구글은 엄청난 양의 정보를 수집하고 저장하는데, 이런 정보는 구글에게 개인뿐 아니라 조직에 대한 영향력까지 선사할 수 있다. 구글이 정치적 동맹을 돕는 데 이런 정보를 사용하는지 우리는 어떻게 알 수 있을까?

전 아메리카합중국의 부통령 앨 고어는 2001년 2월 구글을 방문했다. 페이지와 브린과 영업 부사장 오미드 코데스타니[Omid Kordestani]는 고어에게 수석고문을 맡아 구글 이사회에 합류해달라고 요청했다. 1986년 슈퍼컴퓨터네트워크 연구법안[Supercomputer Network Study Act]의 후원자였던 고어는 IPO 이전 3천만 달러 이상의 가치가 있는 것으로 알려진 구글 주식을 받아[41] 이를 가지고 케이블TV 채널 커런트[Current] TV를 출범했다.[42] 주로 구글 덕분에, 고어의 순자산은 임기 중에 대략 200만 달러에서 1억 달러로 불어났다.

구글을 처음 방문했을 때 관련분야에 경험이 없던 고어가, 구글에게 어떤 자문을 제공할 수 있었을까? 한 가지 설명에 따르면, 고어는 구글에게 '국제적 이슈'에 대해 자문했다.[43] 또 다른 소식통에 의하면 고어는 구글에게 '검색품질' 이슈에 대해 자문했다.[44] 구글이 고어를 수많은 정부 인사와 관계를 맺고 있는 영향력 있는 정치인으로 바라보았다는 시각이 가장 그럴 듯해 보인다.

구글은 정치에 있어 결코 중립적이나 공평하지 않다. 「USA 투데이」는 구글 임직원들이 연방선거캠페인에 기부한 금액 중 98퍼센트가 민주당으로 갔다고 보도했다.[45] 구글의 CEO 에릭 슈미트는 버락 오마바를 지지했고, 그를 위한 선거운동을 활발히 펼쳤으며, 대통령 직속 과학기술자문위원회[President's Science and Technology Advisory Council][46]와 이행경제자문단[Transition Economic Advisory Board][47]의 구성원이었다. 래리 페이지와 에릭 슈미트는 오바마의 취임 축하기념으로 각각 2만 5,000달러를 기부했다.[48]

대부분의 기업들이 비즈니스 자문을 구하는 반면, 구글은 자주 정치

적 자문을 간청한다. 구글은 언어학자 조지 레이코프^{George Lakoff}의 이론에
매혹됐는데, 이 이론은 우리가 언어를 사용하는 방식, 특히 우리가 이슈
의 프레임^{frame}을 만드는 방식이 사람들에게 영향을 미치는 데 결정적이
라고 한다.

UC 버클리의 교수인 레이코프는 언어학을 '진보'와 '보수'라는 미국
의 주요 정치진영에 적용한다. 그는 진보를 '자애로운 부모 모델'에 비유
하고 보수를 '엄격한 아버지 모델'에 비유한다.[49]

레이코프는 진보진영이 보수의 성공적인 언어 프레임에 응수할 수
있는 방법을 제시한다. 예를 들어, 그는 진보진영에게 '강력한 안보' 대신
에 '더욱 강력한 미국'을, '자유시장' 대신에 '폭넓은 번영'을, '낮은 세율'
대신에 '더 나은 미래'를, '작은 정부' 대신에 '효과적인 정부' '가족의 가
치' 대신에 '상호책임'을 사용하라고 권장한다.[50]

레이코프는 여러 차례 구글에서 연설해 달라고 초청을 받아오고 있
다. 그는 2007년 '언어가 인식을 형성하는 방법'을 연구하는 사람으로 구
글 본사에 소개됐다. 그는 '세계에서 정보민주화를 위한 중요한 힘'으로
구글을 묘사하는 것으로 자신의 연설을 시작했다. 그는 계속해서 '정치
에 관한 지식의 민주화'에 대해서 논했다. 그는 감정이 이성의 전제 조건
이라고 믿는다. 즉, 그는 이성은 감정에 좌우되지 않는다는 계몽주의적
시각에 도전했다. 그는 인간의 권리가 전적으로 이성에 근거를 둔다고
믿었다는 이유로 미국 건국의 아버지들을 비판했는데, 이런 믿음은 사람
들이 대개 자율적이라는 잘못된 결론으로 낳았다는 것이다. 그리고 이런
생각이 성공한 이유에 대해 다음과 같이 현학적인 주장으로 설명한다.
즉, 이런 생각이 '우리 두뇌의 일부분'이 될 정도로 계속 반복 주입된다

는 것이다.[51]

레이코프의 이론에 대한 구글의 관심은 아무리 좋게 보아도 우려스럽다. 웹의 지배적인 정보문지기로서, 구글의 주요 목표 중 하나는 모호성을 최소화하는 것이어야 한다. 하지만 레이코프는 정확히 반대편을 장려한다. 비유와 언어 선택을 통해 사람들이 우리가 원하는 대로 생각하게 만드는 것 말이다.

구글이 정치적 관점을 가지고 있다는 점이 문제가 아니다. 문제는 구글이 편향적이지 않고 중립적이라고 주장하면서, 동시에 정보를 이용해서 다양한 정치적 주장을 촉진시키거나 좌절시키는 방법에 집중적인 관심을 보인다는 점이다.

정치선전용 기만적인 표현인 뉴스피크[newspeak]를 이용해서 사람들을 속일 수 있다는 조지 오웰의 이론이나 언어(프레임)를 이용해서 사람들에게 확신을 준다는 조지 레이코프의 이론에는 별 차이가 없다.

* * *

구글은 정말로 두 얼굴을 가지고 있다.

구글의 한쪽 얼굴은 엘리트주의자, 오만, 무모, 정치적이고 도덕적으로 느슨하다. 다른 한쪽으로 구글은 신화, 미화된 이미지, 반심리학과 언어를 이용해서 사람들을 조작한다.

한 마디로 구글은 자신과 다른 사람들을 근본적으로 다른 시각으로 바라본다. 구글의 데이터 분석 엔지니어들은 자신들을 천부적인 리더로 바라보는 반면에, 다른 이들은 테스트되고 통제돼야 할 대상으로 바라본다. 그들의 과대망상증을 증폭시킬 뿐인 거만한 시각이다.

8장
사악해지지 말자?

구글은 말한다, "사악해지지 않고서도 돈을 벌 수 있다."[1]

이 말은, 대부분 기업들이 잘못된 방법으로 돈을 벌지만 자신은 돈을 버는 윤리적 방법이 있다는 것을 보여주겠다는 의미이다.

하지만 어떤 사람이나 기업이 윤리적인지 판단하려면, 전적으로 그들의 주장에만 의존해서는 안 된다. 오직 다른 사람만이 그들이 훌륭한 가치를 지니고 있는지, 그리고 그 가치와 부합된 방식으로 행동하고 있는지 판단할 자격이 있다.

* * *

구글은 윤리적인 기업인가? 이 질문에 답하기 위해서는, 우선 구글의 가치를 살펴봐야 한다.

가치란 사람들에게 가장 중요한 무엇으로, 그들의 행동을 일관되게 좌우하는 그 무엇이다. 가치는 사람들이 말하는 것이 아니라 사람들이 행동하는 것에 의해 판단된다.

대부분의 사람들은 정직, 다른 이들에 대한 존중, 공정함, 책임감, 공감, 협동 같은 특징을 훌륭한 가치라고 여긴다. 사람에 따라서는 겸손 같은 다른 특징들을 리스트에 올릴 것이다. 어떤 특성이 훌륭한 가치인가를 증명하는 좋은 방법은 이것이 황금률에 부합되는지 확인해 보는 것이다.

구글은 훌륭한 가치를 가지고 있는가? 일단 구글의 믿음과 행적에 익숙한 사람들이라면 대부분 '아니오'라고 답할 것이다. 하지만, 구글은 '개방적', '보편적', '투명한' 같이 신중하게 선택된 단어를 활용해서 자신이 원칙을 가진 고결한 회사로 비춰지도록 교묘하게 이슈를 프레임화한다.

구글은 꾸준히 실천하고 있지도 않는 가치를 자신이 가지고 있다고 주장한다. 구글은 웅장한 도덕 연극무대를 열었지만, 그건 순전히 연극일 뿐이다.

구글의 '사악해지지 말자'는 모토는 엄청난 관심을 끌었다. 이 모토는 단순명쾌함과 간단명료함 때문에 비슷한 생각을 가진 사람들의 찬사를 받았으며, 영원히 끝날 것 같지 않은 논평과 논쟁을 촉발시켰다. 어떠한 주요기업도 이토록 뻔뻔하고 능청스럽게 자신의 도덕적 우월성을 부르짖지 않는다.

하지만, 구글은 윤리적인 속임수에 몰두한다. 구글이 "사악해지지 말자"라고 말한다면, 자신이 악의 반대 편에 있다는 의미이다. 지금까지 이말은 매우 훌륭하고 영악한 홍보효과를 발휘하였다. 하지만 구글은 '선'과 '악'이란 단어를 규정한 적이 없다. 선악은 매우 주관적이다.

구글이 악을 어떻게 규정하느냐는 질문을 받자, 에릭 슈미트는 경박하게 대답했다. "세르게이가 악이라는 말하는 것이 악입니다."[2]

대부분의 사람들은 '사악'을 윤리적 척도에서 가장 나쁜 극단으로 간주한다. 사악은 죄 많고, 타락하고, 혐오스럽고, 비열하고, 부패하고, 파괴적이거나 해롭다. 사악은 우리가 가장 두려워하는 것이다. 진짜 사악한 인물을 말해달라고 질문을 받으면, 대부분의 사람들은 악마, 히틀러, 폴 포트, 스탈린, 연쇄 살인범 찰스 맨슨Charles Manson을 댈 것이다.

'사악해지지 말자'는 윤리적 기준을 너무나 낮게 설정한다. 대규모의 성공적인 회사가 사악하지 않다는 점은 굳이 언급할 필요가 없다. 그러나 윤리적 척도에서 '선'과 '악' 사이에는 광대한 공간이 존재한다. 비윤리적인 것 대부분이 사악하지는 않다.

구글을 다른 종류의 회사로 만들어 주는 건 높은 윤리적 기준이 아니라, 도덕적 자만이다. '사악해지지 말자'는 근본원칙이라기보다는 비즈니스 세계에 대한 비난이다. 구글은 정말로 일반적인 회사가 사악한 방법으로 돈을 번다고 믿는 것일까? 만일 그렇다면, 구글은 다른 기업들이 가장 흔히 범하는 사악한 행동들을 파악해서 동일한 행동을 절대로 저지르지 않겠다고 약속해야 한다.

구글의 도덕적 자만을 보여주는 추가적인 증거들이 있다. 구글은 '세상을 좀더 좋은 곳으로' 만드는 비즈니스를 한다며 허락 없이 다른 이들의 지적재산을 재배포하는 악행에 대해 변명한다. 게다가 박애의 손길로 Google.org를 설립했을 때, 구글은 이 조직을 영리 조직으로 설립했다.[3] 영리구조를 활용함으로써, Google.org는 스타트업에 자유로이 투자할 수 있고, 벤처 캐피털리스트와 제휴하거나, 미국정부에 로비할 수 있다. 어쨌든 최소한 구글은 일관성이 있다. 구글은 자신의 비즈니스를 인류에 대한 선물로 여기고, 자신의 선물 기부 행위를 비즈니스로 여긴다.

구글은 윤리적 이중기준의 달인이다. 구글은 자신의 검색엔진을 폐쇄적이고 불투명하게 유지시키면서 다른 이들에게는 개방적이고 투명해지라고 꾸짖는다. 구글은 우리의 이메일 메시지를 스캔하면서 아무런 잘못도 느끼지 않지만, 더 책임감을 느끼라는 요청에는 저항한다.

구글은 자신을 도덕적으로 우월하다고 묘사하지만, 다른 사람들에게 지키기를 바라는 규칙을 어긴다.

* * *

우리는 구글을 신뢰할 수 없다.

구글은 조직적으로 자신의 비즈니스를 오도한다. 웹매체기업과 광고주 고객을 홀대하고, 때로는 심각한 피해를 끼친다. 그리고 다른 사용자의 지적재산을 비용 지불이나 허락 없이 사용한다.

어떤 개인이나 기업도 완벽할 수는 없다. 옛말이 그러하듯, "인간은 누구나 실수를 저지르기 마련이다……" 우리가 몇 가지 개별적인 사건에 대해 논하는 것이라면, 구글은 용서받을 수 있다. 하지만 우리는 의도적이고, 몇 년 동안 지속되며, 수많은 제품과 서비스에 관련되고, 구글 비즈니스의 다양한 측면에 걸쳐 있는 비행에 대해서 얘기하고 있다.

문제는 구글의 인기 있는 검색엔진이 아니다. 구글은 최고의 검색엔진 기술과 가장 완벽한 최신의 웹 색인을 보유하고 있다. 신뢰할 수 없는 것은 검색엔진 뒤에 있는 회사와 기업문화다. 아니면 「파이낸셜타임스」가 묘사했듯이, "세상이 구글에 대해 찬사를 보내야 하는 이유는 무궁무진하다. 하지만 신뢰해야 할 이유란 거의 없다."[4]

구글은 사용자, 대중, 심지어 법원까지 속이기 위해 새로운 기술에 의해 야기된 혼란에 의지한다. 구글은 인터넷 사용자들 대부분이 얼마나 많이 온라인 추적과 기록이 행해지고 있는지 깨닫지 못하고 있다는 점을 악용한다. 구글은 컴퓨터화된 과정이 본질적으로 공정하다는 광범위하지만 잘못된 인식을 악용한다. 그리고 구글은 공정사용 원칙Fair Use Doctrine 과 기타 지적재산권 법률의 다른 측면을 재해석하기 위해 디지털과 온라인 기술에 의해 만들어진 기회를 악용한다.

사실상, 구글의 핵심 비즈니스는 거대한 사기극이다. 구글은 주로 사용자를 위해 일하는 것처럼 가장하고 있으나, 거의 대부분의 수익을 광고주로부터 얻는다. 사용자를 섬기는 것을 최우선 과제라고 주장하지만, 구글은 고객서비스를 제공하지 않는다. 그리고 구글은 산타클로스 회사가 되고 싶어서 무료로 제품을 제공한다고 주장하지만, 사용자들이 자신의 프라이버시를 상실하는 대가로 이런 제품에 대한 비용을 치르고 있다는 점을 언급하지 않는다.

구글의 무료제품은 일종의 트로이 목마다. 구글은 무료제품으로 사용자를 유혹한 다음 그런 제품을 활용해서 타겟광고를 판매하게 해주는 데이터를 수집한다. 구글의 무료제품을 조지 오웰의 『1984』에 등장하는 텔레스크린의 소프트웨어 버전이라고 생각하라.

예를 들어, 구글의 무료 G메일 서비스는 사용자가 작성, 송신, 수신하는 모든 이메일 메시지 사본을 저장한다. 여기에는 G메일을 사용하지 않는 사용자로부터 수신된 메시지와 사용자가 보내지 않기로 결정한 임시저장 메시지도 포함된다. 그 다음 구글의 소프트웨어 로봇이 광고키워드를 찾기 위해 이메일을 스캔한다.

구글은 다양한 방법으로 이런 대형 사기극을 자행한다. 구글의 웹사이트는 자사의 광고 제품조차 사용자에게 서비스를 제공하기 위해 고안된 것이라고 주장한다.[5] 구글의 경영진들은 자신의 회사가 돈을 벌기 위해 비즈니스를 한다는 점을 공개적으로 부인한다. "이 회사의 목표는 뭔가를 수익화하는 것이 아닙니다."[6] 구글은 자사의 무료제품 포트폴리오를 끊임없이 확장한다.

하지만 이것이 구글을 신뢰할 수 없는 유일한 이유는 아니다.

구글은 광고주와 웹매체기업을 불공정하게 대한다. 구글은 최고입찰자가 반드시 승리하지 못한다는 사실에도 불구하고 애드워즈와 애드센스를 경매라고 묘사한다. 입찰자에게는 승리하기 위해 뭘 해야 하는지 알려주지 않는다. 입찰자에게는 알려주지 않는 '품질점수' 같은 핵심변수들은 사전공지나 설명 없이 변경될지도 모른다. 그리고 입찰자에게는 얼마의 비용을 내야 되는지 그리고 지불한 비용의 대가로 무엇을 얻게 될지에 대해 완전한 설명이 제공되지 않는다.

애드워즈와 애드센스를 불투명한 방식으로 운영함으로써, 구글은 언제든지 자유로이 새로운 규칙을 구현하거나 구글의 수익을 극대화하도록 고안된 다른 변경을 가할 수 있다.

구글이 검색광고를 독점하지 않았다면 고객을 이런 식으로 대할 수는 없었을 것이다. 엄청난 숫자의 온라인 비즈니스가 새로운 고객을 끌어들이기 위해 구글에게 심하게, 때로는 전적으로 의존한다. 많은 기업들은 구글이 그들을 '품질점수'나 검색 순위 측면에서 강등시키거나 계정을 폐쇄시켰을 때 급작스러운 비즈니스 하락을 겪었다고 불만을 토로한다. 이런 일들은 언제나 사전경고나 종종 적절한 설명 없이 벌어진다.

구글은 자신의 기술이 중립적이고 편향적이지 않은 척함으로써, 검색과 검색광고 서비스를 폐쇄적이고 불투명한 방식으로 운영함으로써, 그리고 제3자 감독 같이 가장 기본적인 형태의 책임을 거부함으로써 다른 이들을 불공정하게 대한다.

광고주와 웹매체기업의 운명은 전적으로 구글의 손에 달려있다. 구글은 언제든지 알고리즘과 필터를 변경할 수 있다. 심지어 구글은 애드워즈의 기본 계정설정을 바꿔서, 고객이 요청하지도 않은 부가서비스에 대해 요금을 물리기까지 했다 (이는 구글의 기만적인 관행에 대한 또 다른 사례이다. 구글은 책임을 사용자와 광고주에게 전가해서 그들이 처음에 동의한 적이 없는 것들에 대해 옵트아웃하도록 만든다.).

우리가 구글을 신뢰할 수 없는 중요한 이유가 한 가지 더 있다.

구글은 대가나 허락 없이 다른 이들의 재산을 사용한다. 구글은 저작권, 상표권, 특허권을 침해하고, 다른 이들에 의한 침해를 조장하는 반면 자신의 지적재산은 적극적으로 보호한다. 그리고 구글은 도서, 비디오, 음악, 뉴스 등 거의 모든 주요 컨텐츠산업에 의해 저작권침해 사유로 소송 중이거나, 소송을 당해 왔다.

요약하자면, 구글은 다른 개인이나 기업의 창작물을 수익화해서 불법적인 수익을 거두고 창작자들의 정당한 수익을 빼앗는다.

구글이 이를 달성하는 방법을 이해하는 것이 중요하다. 구글은 법률의 애매한 부분을 악용하고 합법과 불법의 경계에 가능한 근접해서 운영함으로써, 법률 시스템을 농락한다. 구글은 다른 이들의 컨텐츠를 직접 판매하는 등의 명백한 불법행위에는 가담하지 않는다. 대신 구글의 전략은 컨텐츠를 체계화하고 접근 가능하도록 (아니면 최소한 검색 가능하게) 만들어서 광고를 판매한다는 것이다. 때로는 '공정사용'의 정의를 확장함으로써 행해지기도 한다. 다른 경우에는 저작권 보유자에게 책임을 전가하여 그들이 자신의 컨텐츠를 파악하고 삭제하도록 요청하게 함으로써 행해지는데, 이는 짧지만 치명적인 노출기회를 낳게 된다. 어떤 경우든, 구글은 지적재산권법 대부분이 인터넷 시대 이전에 쓰여졌다는 사실을 악용한다.

예를 들어, 구글은 유튜브의 동영상 공유 서비스를 통해 사용자들이 저작권이 있는 동영상을 허락 없이 업로드하기 쉽다는 사실을 알면서도 유튜브를 인수했다. 앞에서 살펴 본 바와 같이, 바이어컴 대 구글의 법적 분쟁에서 반박의 여지가 없는 사실의 진술을 통해 구글이 업로드와 삭제 사이의 틈을 이용해서 저작권 보유자들이 광고계약에 합의하도록 압박을 가했음이 드러났다.

구글 북스는 또 다른 사례다. 구글은 저작권 보유자들의 허락 없이 저작권이 있는 도서를 대량으로 복사하고 디지털화해서, 저자와 출판사 대표 단체들이 자신을 고소하도록 유도했다. 구글과 두 개 단체 사이에 중재안이 마련됐다. 법무부는 저작권, 반독점, 집단행동 법률에 위배된다며 구글 북스 중재안을 반대했다.

다른 기업들도 진실을 왜곡하고 거짓말까지 하다 발각되곤 한다. 하지만 오직 구글만이 자신이 일년 내내 무료 장난감을 배달하는 산타클로스 회사라는 거짓 주장을 배경으로 매년 300억 달러가 넘는 매출을 발생시키는 비즈니스를 구축했다.

다른 기업들도 자신의 일부 고객을 잘못 대접하다가 발각되곤 한다. 하지만 수많은 광고 고객들은 구글이 갑작스럽게 자신들의 계정을 폐쇄하거나 엄청난 가격상승으로 충격을 준다고 불만을 토로해 왔다. 그리고 구글은 먼저 그들의 허락을 구하지 않고 고객들의 일일예산에 남아 있는 잔액을 사용해서(자동매칭) 추가적인 광고매출을 발생시켜 왔다.

다른 기업들도 저작권, 상표권, 특허권을 위반하곤 한다. 하지만 오직 구글만이 다른 이들의 지적재산을 고의적, 조직적으로 매일 같이 도용한다. 실제로 구글은 자신의 지적재산은 숨기고 보호하면서 다른 이들에게는 지적재산을 공유라고 꾸짖는다.

구글의 검색엔진은 신뢰할 수 있을지 모르지만, 구글 주식회사는 신뢰할 수 없다.

* * *

구글의 임직원 행동수칙에는 구체성, 명료성, 책임성이 결여되어 있다. 수칙은 8개 장으로 구성되어 있는데, 무의미한 진부함, 모호한 지침, 쥐꼬리만한 처벌로 가득 차 있다.[7]

예를 들어, 첫 번째 장에는 '사용자들을 섬겨라'라는 제목이 붙어 있고 진실성, 유용성, 프라이버시와 표현의 자유, 대응성, 실행 등의 단락이 포함되어 있다.

진실성 단락은 단 두 문장으로 구성되어 있다.

사용자들이 신뢰할 수 있는 회사로서 우리의 명성은 우리의 가장 가치 있는 자산이며, 끊임없이 그러한 신뢰를 획득하는 것은 우리 모두의 책임이다. 사용자들과의 커뮤니케이션과 다른 상호작용은 모두 우리에 대한 그들의 신뢰를 증가시켜야 한다.

이 단락에 아무런 객관적 기준에 대한 언급이 없다는 점에 주목하라. 임직원들에게 사용자 신뢰를 획득하고 증가시키도록 촉구하지만, 그를 위해서 어떻게 해야 하는지, 엄격하게 금지되는 행동이나 준수하지 못할 때 어떤 벌칙을 받는지 언급하지 않는다.

약물과 알코올에 관련된 구글의 정책은 두 번째 장인 '서로 존중하라'에 포함되어 있다. 불법적인 약물에 관련된 구글의 정책은 이렇다.

우리 사무실이나 우리가 후원하는 행사에서 불법적 약물은 엄격히 금지된다. 만일 관리자가 임직원의 약물이나 알코올 사용이 해당 임직원의 업무성과나 해당 임직원이나 다른 이들의 직장에서의 안전에 부정적 영향을 미칠 수 있다고 판단할 만한 타당한 의심을 가지고 있을 경우, 관리자는 알코올이나 약물금지를 요구할 수 있다. 타당한 의심은 임직원의 외모, 행동, 언어 같은 객관적 증상을 근거로 할 수 있다.

구글의 사무실이나 구글이 후원하는 행사에서의 불법적인 약물은 엄격히 금지되는 반면, 다른 장소에서의 불법적 약물사용은 그렇지 않다. 만일 관리자가 임직원의 약물사용이 해당 임직원의 업무성과나 직장에서의 안전에 부정적 영향을 미칠 수 있다고 판단한다면, 관리자는 약물금지를 요구할 수 있다. 그러나 관리자는 약물검사를 요청할 의무는 없다. 그러한 요구가 승인되리라는 보장이 없다. 그리고 약물검사를 통과하지 못할 경우 받게 될 벌칙에 대한 언급이 없다.

3장은 '이해관계의 충돌을 피하라'라는 제목이 붙어 있다. 여기에 구글이 '이해관계의 충돌'을 어떻게 정의하는지 나와 있다.

의무의 상충으로 인해 구글이나 사용자의 손해를 대가로 여러분 자신이나 친구 또는 가족을 위한 개인적 이득을 추구해야 하는 상황에 처하게 될 때, 당신은 이해관계의 충돌에 종속된다.

놀랍게도, 이 정의는 구글에 관련된 이해관계의 충돌은 완전히 외면한다. 더 눈에 띄는 것은 잠재적인 이해관계의 충돌을 파악하기 위해 임직원들에게 권고된 질문들이다. 질문은 전적으로 체면에 관한 것들이다. 예를 들어, 임직원들은 이렇게 자문해야 한다, "이런 관계나 상황이 신문의 첫 번째 페이지나 블로그의 전면에 등장한다면 자신이나 구글을 당혹스럽게 만들 것인가?"

남은 장은 기밀을 보존하라, 구글의 자산을 보호하라, 재무적 진실성과 책임성을 확실히 하라, 법을 준수하라, 그리고 결론이다. 근본원칙은 구글에게 해가 되는 것은 어떤 것이든 피하고, 부적절한 행동이 나타나지 않도록 하며, 영업통제, 경쟁, 내부자거래, 뇌물과 관련된 법규를 위반하지 말라는 것이다. 이런 원칙에 문제가 있는 건 아니지만, 이 원칙들은 구글도 다른 거대기업만큼이나 자신의 이익을 챙긴다는 점을 보여준다.

그러나 꺼림직한 점은 구글이 모든 윤리적 결정을 임직원의 판단에 맡긴다는 점이다. 구글의 유럽 영업책임자 니케시 오로라^{Nikesh Aurora}는 이렇게 표현했다, "우리는 지나친 통제를 가하지 않으려고 노력합니다. 사람들은 회사의 이익에 부합된다고 생각하는 일을 하기 마련입니다. 우리는 그들이 회사의 가치를 이해하고, 스스로 해석하기를 바랍니다."[8]

구글의 행동수칙은 잘못되지 않았다. 하지만 임직원들에게 보내는 핵심 메시지인 구글에게 해가 될 가능성이 있는 일을 해서는 안 된다는 입장에서 우월한 윤리의식을 찾아보기는 어렵다.

* * *

구글의 가치와 관행에 대해 더 많은 사람들이 알게 될수록, 그들이 구글을 비윤리적인 기업으로 생각할 가능성은 좀더 커질 것이다.

인텔리전스 스퀘어드Intelligence Squared는 시사적이고 논쟁적인 주제에 대한 옥스포드 스타일의 토론을 활성화하기 위해 설립된 단체다. 2008년 11월, '구글은 사악해지지 말자는 자신들의 모토를 위반한다'는 발의에 대한 찬반토론을 위해 6명의 패널이 초대됐다.

발의에 찬성하는 측은 하버드대학 해리 루이스Harry Lewis 교수, 시카고대학 법률대학 랜달 피커Randal C. Picker 교수, 버지니아대학 시바 베이드햐나탄Siva Vaidhyanathan 교수였다. 반대측은 작가이자 투자가인 에스터 다이슨Esther Dyson, 카토 인스티튜트Cato Institute의 짐 하퍼Jim Harper, 『구글노믹스What Would Google Do?』의 저자 제프 자비스Jeff Jarvis였다.

'구글은 사악해지지 말자는 자신들의 모토를 위반한다'라는 주장에 대해 토론 전후 청중 여론조사에서는 '찬성'이 21퍼센트, '반대'가 31퍼센트, '미정'이 48퍼센트였지만 토론 후 결과는 '찬성'이 47퍼센트, '반대'가 47퍼센트, '미정'이 6퍼센트였다. 요약하자면, 토론을 시작할 무렵에는 대부분의 청중이 발의안에 대해 반대하거나 미정이었다. 토론 후에는 찬반이 동일한 비율이 나왔다. 처음에 미정이었던 사람들 대다수는 토론과정에서 구글이 정말로 '사악해지지 말자' 모토를 위반한다고 설득됐다.[9]

더 많은 사람들이 구글에 대해 알게 될수록, 더 많은 사람들이 걱정하게 될 것이다. 구글은 도덕적으로 우월하다고 내세우며, 대부분의 기업이 지침으로 삼는 전통적인 유대 그리스도 가치를 부정한다.

* * *

구글은 '사악해지지 말자'에는 겉으로 보이는 것 이상의 무엇이 있다고 주장한다.

2004년 ABC 뉴스와의 인터뷰에서, 래리 페이지는 이렇게 밝혔다, "우리는 '사악해지지 말자'라는 주문^{mantra}을 가지고 있는데, 이는 우리의 사용자, 우리의 고객, 그리고 모두를 위해서 우리가 아는 방법으로 최선을 다한다는 뜻입니다. 따라서, 이것 때문에 우리가 유명해졌다면, 멋진 일이지요."[10]

좋은 말이다. 하지만 사용자에게 무엇이 최선인지 누가 결정한단 말인가? 구글이 결정해야 하는가? 사용자가 결정해야 하는가? 아니면 누군가 다른 당사자가 결정해야 하는가?

문제는 구글의 창업자들이 무엇이 옳고 그른가에 대한 자신들의 판단을 기반으로 도덕을 규정했다는 점이다. 이는 황금률과 정확히 배치된다. 자신의 믿음을 근거로 도덕성을 규정하고 자신만의 규정에 의해 자신을 평가해 달라고 남에게 요구하는 행위는 자만의 극치이다.

대부분의 사람들은 도덕성이 자기 잇속만 차리는 것이 아니라면 더 높은 권위에서 나와야 한다고 생각한다. 기독교인에게 도덕성은 성경에 의해 규정된다. 유대교인에게 도덕성은 토라에 의해 규정된다. 이슬람교인에게 도덕성은 코란에 의해 설명된다. 강력한 도덕적 감각을 갖춘 불가지론자나 무신론자일지라도 상식, 자연법, 미국헌법 등 객관적인 외부의 근거를 기준으로 삼는다.

도덕성이란 개인이 스스로 규정할 수 있는 성질의 것이 아니다. 도덕성의 목적은 개인의 행동을 인도하고 그러한 개인을 판단하기 위한 근거를 제공하는 데 있다. 누구든지 자기의 취향과 이해관계에 맞는 도덕체계를 창안한 다음 간단히 자신이 도덕적이라고 선언할 수 있다. 가치 있는 도덕체계란 개인들이 사전에 동의하고 때로는 그들 개개인의 이해관계나 취향을 넘어선 행동을 하도록 요구하는 것이다. 도덕적인 사람이란 자신이 원하는 일을 하는 사람이 아니라, 옳은 일을 하는 사람이다.

구글의 도덕체계를 이해하려면, 구글의 도덕적 가치를 파악해야 한다. 불행하게도, 구글이 얘기하는 유일한 가치들이란 '개방성', '투명성', '중립성' 같은 기술적 가치들뿐이다. 구글은 공개적으로 자신의 도덕적 가치에 대해서 논한 적이 없다. 그리고 구글은 원하지도 않을 것이다. 구글은 자신이 도덕적 가치에 대해서 논하게 되는 날이 바로 책임감을 가지기 시작해야 하는 날이라는 점을 알고 있다.

구글이 자신의 지도원리를 '선하게 되자'보다 '사악해지지 말자'라고 이중부정으로 진술한 점은 시사하는 바가 있다. 왜냐하면 이중부정은 긍정진술보다 약하고 미묘하기 때문이다. 구글에 대해 제기된 수많은 도덕적 법적 문제를 고려할 때, 구글은 제기된 악행들이 '사악'한 정도는 아니라고 생각하는 듯하다.

'사악해지지 말자'는 진정으로 구글의 지도원리인가? 구글처럼 거대하고 강력한 기업은 매일 윤리적 딜레마에 직면하겠지만, 사악한 일을 한다는 것이 기업에 있어 가능한 선택이 될 수 있는지 의심스럽다. '사악해지지 말자'는 구글을 도적적으로 우월하게 보이도록 하는 것이 목적인 수사적 프레임이다.

* * *

구글이 '사악해지지 말자'라고 말할 때는 뭔가 구체적인 것을 의미하지만, 대부분의 사람들이 생각하는 것과는 다르다.

'사악'이란 기술 유토피아적 암호이다. 기술 유토피아주의자들에게는, 특정 소프트웨어나 온라인정보를 자신의 사유재산이라고 주장하는 사람들이 사악하다.

기술 유토피아주의자들에게는 디지털이나 온라인으로 된 모든 것들은 공유되어야 하며 그것을 사용하기 위해 어느 누구도 비용을 지불하거나 허락을 구해서는 안 된다. 기술 유토피아주의자들은 '정보는 자유를 원한다'는 슬로건이 언론자유에 관한 것이라고 주장하지만, 이 슬로건은 공짜맥주와 더 많은 유사성을 가지고 있다. 기술 유토피아주의자들은 웹 2.0, 무료 소프트웨어, 철저한 투명성, 개방성, 보편적 접근을 지지한다.

기술 유토피아주의자들은 마이크로소프트가 사악하다고 생각하는데, 마이크로소프트는 자신의 소프트웨어에 대해 돈을 받기를 원하고 일반적으로 오픈소스 프로젝트에 참여하지 않기 때문이다. 기술 유토피아주의자들은 대부분의 음악과 영화 회사들이 사악하다고 생각하는데, 이들은 자신의 창작물에 대해 돈을 받기를 원하고 파생 사용에 대해 다른 이들이 자신들로부터 허락을 구하기를 기대하기 때문이다. 기술 유토피아주의자들은 브로드밴드 회사들이 사악하다고 생각하는데, 이들은 자신들이 제공하는 대역폭에 대해 돈을 받기를 원하기 때문이다. 기술 유토피아주의자들은 무료 P2P 공유에 반대하는 자들을 모두 사악하다고 생각한다. 사실상, 상업적 목적으로 기술 유토피아주의자들의 온라인활동을 제한하려는 자들은 모두 사악하다.

그러나 기술 유토피아주의자들은 중요한 난관에 직면했다. 상당수 사람들은 소프트웨어나 정보에 대한 비용지불이 사악하다고 생각하지 않는다. 비용지불이 탐탁하지 않을지는 모르지만, 사람들은 생업을 위해 애플리케이션이나 정보를 개발한 이들도 보상받아야 할 권리가 있다는 점을 이해한다. 보상 없이 일하도록 강요되는 사람들은 그들의 작업물로 이득을 보는 이들의 노예일 뿐이다.

그리고 노예들에게는 프라이버시가 없다. 구글은 프라이버시에 대한 가차없는 공격을 윤리적이고 훌륭한 비즈니스 관행으로 포장해서, '투명성'이라고 부른다. 에릭 슈미트는 이렇게 말한다. "우리는 종교적 비즈니스적 관점에서, 사람들이 만든 정보를 모아서 검색 가능하게 만든다면 세상이 좀더 좋아질 것이라는 입장을 가지게 됐습니다."[11]

만일 '사악해지지 말자'가 다른 이들과의 공유를 뜻하는 것이라면, 도대체 왜 구글에는 사용자들이 질문이나 문제가 있을 때 연락할 수 있는 고객서비스 부서가 없는 것일까? 일부 전문가들은 고객서비스는 효과적으로 확장되기 어렵기 때문에, 구글의 우선 사항 중 하나가 아니라고 지적한다. 그런 주장이 사실일지는 모르겠지만, 거대하고 매우 높은 이윤을 내는 회사가 좋은 서비스를 제공함으로써 다른 이들에 대한 존중을 보이지 않는 입장에 대한 변명은 되지 못한다.

마이크로소프트, 애플, 이베이, 아마존 같은 구글의 하이테크 경쟁사들은 모두 고객서비스 부서를 보유하고 있다. 이런 기업들은 좋은 서비스를 제공하는 데 필요한 자원을 할당하는 것이 고객에 대한 존경심을 보이는 방법이라는 점을 이해하고 있다. 동시에 그들은 약속을 지키는 일이 단순한 효율의 문제가 아니라 원칙과 약속의 문제라는 점도 인식하고 있다.

사람들에게 '사악해지지 말자'라는 모토에 기업이 가장 잘 부합하는 방법을 묻는다면, 많은 이들은 야단법석이 아니라 기본적인 가치에 대해 얘기할 것이다. 정직하고, 법을 준수하며, 사용자, 임직원, 대중에게 존경심을 보이는 것 말이다.

구글은 사용자 데이터의 보안을 다루는 일을 낮은 우선순위로 취급함으로써, 사용자들을 무시하는 자사의 견해를 드러낸다. 구글은 보안을 사용자의 관심사보다는 자신의 관심사라는 측면에서 평가한다.

구글은 다른 회사들과 결탁해서 임직원이 다른 일자리를 구하는 기회를 제한함으로써 자신의 임직원을 무시한다. 구글은 어도비, 애플, 인텔, 인튜이트, 픽사와 함께 법무부가 반독점조사를 시작한 후에야 임직원의 취업기회를 제한하기 위한 공모를 중단하기로 합의했다.[12] 또한 구글은 임직원에게 비경쟁 조항에 사인하게 한 다음 해고했다는 이유로 고소되기도 했다.[13]

구글은 채용된 여성과 소수자의 비율에 대한 정보가 '영업비밀'이라고 주장하며 고용기회균등 데이터의 공개를 거부함으로써, 대중을 무시한다는 점을 보여준다.[14] 그러면서 구글은 일류 대학 졸업생들을 채용하고 있다는 사실을 모두에게 알리려고 안달이 나 있다.

구글은 법규를 무시한다는 점도 보여준다. 구글은 저작권 침해 사유로 다양한 컨텐츠 업계와 상당한 비용과 위험성을 갖는 소송에 연루되어 있다. 구글은 허락을 구하는 일을 꾸준히 회피하면서 다른 이들의 지적재산으로부터 수익을 거두기까지 한다.

구글은 이러한 소송이 대규모 혁신기업에 있어서는 어쩔 수 없는 현실일 뿐이라고 시사한다. 하지만 구글은 단순히 찔러 보는 상대만은 아니다. 구글은 이러한 소송에 대해 엄청난 비용을 주고 타협한다.

우리는 수많은 비행을 지켜 봤다. 구글은 허락 없이 도서를 디지털화한 대가로 작가와 출판사를 대표하는 단체들에게 1억 2,500만 달러를 지불하기로 합의했다. 이 중재안은 법무부의 반대에 대한 대응으로 구글이 지속적인 로열티를 지불하는 것으로 수정됐다. 구글은 유튜브를 통해 허락 없이 저작물을 배포한 혐의로 바이어컴에 의해 10억 달러의 소송 중에 있다. 구글은 특허 소송건에 합의하는 차원에서 야후에게 270만 주의 보통 주식을 지급했다(당시에는 2억 5,000만 달러 가치였으며 직후에 두 배로 뛰었다). 구글은 특허 침해 건으로 애플, 오라클, 마이크로소프트를 비롯한 기업들로부터 제기된 소송을 진행 중이다. 또한 구글은 AFP와 AP 통신사로부터 저작권 침해 건으로 고소를 당했다. 구글은 로제타스톤을 포함한 기업들로부터 상표권 침해 건으로 피소됐다.[15] 구글은 불법복제된 영화와 음악을 밀매하는 웹사이트를 지원하고 교사한 혐의로 피소됐다.

명백히 구글이 '사악해지지 말자'라는 모토에 부응하지 못한다고 믿는 수많은 단체, 기업, 개인이 존재한다.

이런 많은 비행들은 구글의 기술 유토피아주의 철학이 원인일 수 있다. 구글은 컨텐츠를 복사하고 검색하기 위해 저작권 보유자들의 허락을 구하는 행위가 필요하다고 생각하지 않는다. 반면 구글은 폭넓은 공유를 위해 '공정사용'의 해석이 반드시 확장되어야 한다고 믿는다.

구글이 '사악해지지 말자'라는 모토에 부응하지 못한다는 사실을 보여주는 다른 많은 사례들이 있다. 구글은 이해관계의 충돌을 공개하지 않고 정보와 광고를 중개한다. 구글의 CEO 에릭 슈미트는 애플의 이사회에서 근무하면서 구글이 애플과 경쟁하지 않는다고 주장했다.[16] 연방통상위원회가 잠재적인 경쟁적 이해관계의 충돌을 조사하겠다고 위협하자, 슈미트는 애플 이사회에서 물러났다.[17] 이후 구글은 애플의 제품과 경쟁하는 제품을 내놓았다.

구글은 최근 몇 년 동안 여러 차례에 걸쳐 미국과 유럽 양쪽에서 반독점조사의 초점이 되어 왔다. 이런 조사들은 단순 주장에 근거한 것이 아니다. 2008년 구글과 야후의 광고 제휴안 같이 반독점법을 위반했다는 구체적인 증거가 발견되자, 조치들이 임박하게 됐다.

구글의 '사악해지지 말자'는 모토는 구글이 높은 수준의 윤리를 준수한다는 의미가 아니다. 이 모토는 구글이 다른 종류의 윤리 기준, 즉 사적인 지적재산이나 다른 이들에 대한 존경보다 공유와 편리를 우선하는 원칙을 준수한다는 뜻이다.

구글은 다른 이들에게는 개방된 방식으로 운영하고 환경 보호를 도우라고 간청한다. 하지만 으레 자기 맘대로 자신은 예외로 취급한다.

예를 들어, 구글의 창업자들은 사적인 사용을 위해 보잉767 여객기를 구매했다. 분명히 그런 행동은 그들의 특권일 것이다. 하지만 그들은 밀실계약을 통해, 통상적으로는 개인 항공기에는 허용되지 않는 NASA 시설인 모펫필드Moffett Field에 착륙할 권리를 획득했다. 게다가 래리 페이지와 세르게이 브린이 재생 에너지의 열렬한 지지자임에도 불구하고, 그들의 보잉767은 엄청난 이산화탄소를 내뿜는다.[18]

미국정부가 개인 기업에게 특혜를 준 사례로 이 사건만큼 어처구니없는 경우는 상상하기 어렵다. 모펫필드는 미국 국민의 것이다. 만일 사적 용도로 활용될 수 있도록 변경하기로 결정했다면, NASA는 새로운 정책을 공개적으로 발표하고 미국 납세자들의 이득을 최대화하기 위해 착륙권한에 대한 입찰을 실시해야 했다.

「뉴욕타임스」가 이 계약에 대해 질문하자, 구글은 개인적인 문제라고 답변했다.[19] 그러나 미국정부 재산의 사용은 언제나 공적인 문제이다. 구글이 특혜를 받았음에도 불구하고, NASA 감독 당국으로부터는 어떠한 의견 표명도 없었다.

* * *

구글 비즈니스의 운영 측면에서도 비윤리적인 행동의 증거들이 존재한다.

구글 검색서비스의 핵심 구성요소는 전체 웹을 색인화하기 위해 사용하는 분산형 PC 네트워크이다. 구글은 다수의 데이터센터를 보유하고 있는데, 각 센터에는 랙 마운트된 PC들이 줄줄이 수용되어 있다. 최대한 비용을 절감하기 위해, 구글은 랙세이버닷컴RackSaver.com으로부터 서버를 구매하고 무료 리눅스 운영체제를 사용한다. 데이터센터는 상호 연결되어 있어, 완벽한 가외성redundancy*이 갖춰진 초대형 슈퍼컴퓨터 역할을 한다.

닷컴 추락 이후에 비즈니스가 성장했으므로, 구글은 데이터센터 공간과 통신 대역폭을 저렴하게 구할 수 있었다. 강력한 전원과 냉각 장치를 갖춘 겹겹이 쌓인 PC를 수용하기 위해 창고들이 임대됐다. 소문에 의하면, 구글은 절박한 창고 소유자들을 설득하여 무료로 전기를 공급하도록 만들었다. 많은 창고 소유자들이 엄청난 전기세 고지서를 보고 당황했다.[20] 에릭 슈미트의 농담이다. "우리의 데이터센터들은 모두 파산했습니다. 왜냐하면 우리가 너무나 많은 전기를 쓰면서도 그렇게 낮은 가격으로 깎았기 때문이지요."[21]

---

* Redundancy: 구성 요소 일부에 문제가 생기더라도 요구 기능을 수행할 수 있도록 여분의 구성 요소를 갖추는 설계 방법 – 옮긴이

파산한 창고 소유자들에게는 두 가지 선택만이 남았다. 비용을 간신히 감당할 수 있는 새로운 계약을 맺는다면, 가까스로 자신들의 자산을 지킬 수 있었다. 아니면 때려치우고, 구글이 어떤 가격을 제시하든 창고를 팔아버리는 것이었다.

한편, 구글은 또 다른 비즈니스에서 어려운 시기를 이용했다. 인터넷 골드 러시 도중에, 통신 산업은 필요량보다 지나치게 많은 광섬유 통신 용량을 구축했다. 이 경우에는 누군가를 속일 필요가 없다. 광섬유 소유자들은 사용되지 않는 용량을 가능한 많이 임대하는 일이 절박했다. 구글은 다른 이들의 지적재산을 지렛대 삼는 방법뿐 아니라, 다른 이들의 곤궁을 지렛대 삼는 방법도 알았다.

또한 구글은 노스캐롤라이나의 르노어[Lenoir] 같은 지역의 지방 공무원들과 데이터센터 관련 비밀 계약을 맺기도 했다.[22] 「샬롯 옵저버[Charlotte Observer]」의 컬럼니스트 토미 톰린슨[Tommy Tomlinson]은 이 계약을 '총 안 든 강도'라고 불렀다.[23]

5년간 200개의 일자리를 창출할 것으로 추정되는 6억 달러짜리 데이터센터를 짓는 대가로, 구글은 부동산 세금의 80퍼센트 할인과 전기 사용에 대한 판매세 면제 등의 특권을 얻었는데, 이런 특권은 구글에게 2억 5,000만 달러를 절약해 줄 것으로 예상된다.

톰린슨은 일방적인 거래의 원인으로 "공무원들이 공적인 업무를 사적으로 수행했다."고 간단히 결론 내렸다.[24] 구글은 돈으로 살 수 있는 최고의 협상가들을 보유하고 있으며, 그 결과 "우리의 지역 공무원들은 마이클 조던을 막는 교회 선수들처럼 농락당한 것으로 보인다."[25] 톰린슨은 또한 200개의 일자리마저도 지역민들에 의해 채워지지 않을 것이라는 허탈한 현실을 깨닫게 됐다. 구글은 주로 엔지니어와 컴퓨터 공학도들을 뽑는다. 해고된 가구 제작자는 뽑지 않는다.

구글은 자신의 계획을 기밀로 유지할 권리와 가능한 최선의 거래를 추구할 권리를 가지고 있다. 그러나 지역 공무원들은 지역 시민에게 봉사해야만 한다. 밀실 거래는 지역 시민들을 소외시키고, 거래의 성격과 적합성에 대한 우려를 불러일으킨다.

* * *

구글은 훌륭한 가치를 가지고 있는가?

기업은 세상을 좀더 나은 곳으로 만들겠다는 약속을 하지 않고도 좋은 가치를 가지고 윤리적으로 운영될 수 있다. 밀턴 프리드먼이 말한 바와 같이, "기업의 사회적 책임은 한 가지뿐으로, 게임의 법칙을 준수하기만 한다면 자신의 자원을 활용해서 자신의 이익을 증가시키는 방향으로 계획된 활동에 참여하는 것이다. 즉, 사기나 부정이 없는 개방되고 자유로운 경쟁에 참여하는 것이다."[26]

바꿔 말하면, 윤리적 기업은 정직하며 자신과 거래하는 당사자 모두를 존경을 가지고 대한다. 대조적으로 구글은 말로는 세상을 구하고 싶다고 하면서 매일 만나는 소수의 사람들에게는 무례한 정치가와 닮았다.

구글은 자신이 가장하는 것처럼 도덕성의 지주가 아니다. 구글의 불명예스러운 전과기록을 알고 있는 대부분의 사람들은 구글을 비윤리적이거나 (잘 봐줘도) 윤리적으로 의심스럽다고 생각한다.

왜 구글은 도덕성을 구글 브랜드의 중심으로 삼았을까? 도덕적 우월성이라는 후광을 창조하고, 허락 없이 행동하는 패턴을 구축함으로써, 구글은 윤리적인 감시의 눈길을 피하고 자신의 정치적 이데올로기를 다른 이들에게 강요하기를 희망한다.

이제 구글의 이데올로기를 살펴보기로 하자.

9장
디지털화된 노예의 길

구글은 숨겨진 급진적인 어젠다, 구글주의^{Googleism}를 가지고 있다.

구글주의는 다른 많은 '주의'와 마찬가지로, 유토피아적인 정치 이데올로기이다. 구글주의의 목표는 이상적인 사회를 건설하는 것이다.

구글주의는 정보를 무료로 만들고 누구에게나 접근 가능하도록 만듦으로써 세상을 바꾸겠다고 약속한다. 세상을 좀더 좋은 곳으로 만들고 싶다는 데는 문제가 없겠지만(구글의 지지자들이 그토록 열성적인 한 가지 이유이다), 그런 목적을 달성하기 위해 폭력이나 속임수를 사용한다면 문제가 된다.

사람들 대부분은 세상을 개선하고 싶어한다. 해결책이 받아들여지기 위해 사람들을 압박하거나 속여야 한다면, 사람들은 그런 해결책을 선택하지 않을 것임에 틀림없다. 더 면밀히 관찰한다면, 구글의 유토피아는 대부분 사람들이 반유토피아라고 생각하는 곳임이 드러날 것이다.

미국의 경제학자 밀턴 프리드먼은 정치적 목적을 지닌 개인이나 조직이 인간성을 위해 더 많은 일을 한다는 전제에 이의를 제기한다. "어떤 상황에서도 정치적 이기주의가 경제적 이기주의보다 숭고하다는 것이 정말로 진실일까?"[1]

구글주의는 다음과 같은 급진적인 사고를 기반으로 한다.

허락 없는 혁신: 자신이 혁신적인 솔루션을 개발하는 중이라면, 다른 이들의 재산을 사용하거나 그들의 프라이버시를 침범하기에 앞서 그들의 허락을 받을 필요가 없다. 이러한 '허락 없는' 접근법은 근본적으로 모든 사람은 침해될 수 없는 일정한 권리를 가지고 있다고 인정하는 개인주의와 자신에게 영향을 미치는 문제에 대해서 모든 사람에게 발언권을 부여하는 민주주의에 상치된다.

정보는 무료여야 한다: 디지털, 온라인 세계는 사적 재산을 무력화시킬 수 있는 새로운 가능성을 낳았다. 급진주의자들은 '풍요의 경제학'을 기반으로 '정보공유 공간information common'을 구축하고 싶어한다. 반대자들은 이를 '거저먹기' 권리부여라고 부르며 노력, 경쟁, 선택을 파괴할 것이라고 비판한다.

퍼블리커시publicacy: 모든 사람은 정보에 대해 평등한 접근권을 가져야 한다. 이러한 웹2.0 이상주의는 사용자 프라이버시, 사적 재산, 데이터보안을 급진적 형태의 개방성, 투명성, 접근성으로 대체함으로써 더 평등주의적인 인터넷을 창조하려고 한다.

기술적 결정주의: 기술적으로 가능한 것이라면 실천되어야 한다. 결국 필연적으로 실현될 것이기 때문이다. 이 원리가 파괴적인 이유는 기술의 개발과 적용을 다른 모든 가치보다 우선하기 때문이다.

구글이 가장 잘 안다: 구글은 '사악해지지 말자'라는 모토에 의해 운영되는 유일한 회사이므로 신뢰할 만하고 도덕적으로 우월하다. 이 원리가 파괴적인 이유는 다른 모두에게 적용되는 법률, 규칙, 기준, 표준으로부터 구글을 면제시키는 이중기준을 규정하기 때문이다.

이런 모든 믿음의 총합인 구글주의는 정보 기반의 사회에서 권위와 권력이 보통 사람들로부터 나오는 것이 아니라 엘리트 엔지니어, 즉 구글의 기술과 혁신의 중심 설계자들로부터 나온다고 말한다. 기술은 비전문가에 의해 관리되기에는 너무나 복잡하고 정교하다. 예를 들어, 구글은 사용자의 위치를 기준으로 검색결과를 개인화하고 사용자들이 이 기능을 비활성화하도록 허용하지 않는다.[2]

전문가들이 모든 일을 관장하게 하는 방식은 이론적으로는 그럴싸하지만 실제로는 그렇지 않다. 1944년 오스트리아의 경제학자 프리드리히 하이에크Friedrich A. Hayek는 『노예의 길The Road to Serfdom』이라는 중앙경제계획의 모순을 발가벗기는 책을 출간했다. 바로 고전이 된 책에서, 하이에크는 전문가들에 의한 중앙경제계획은 번영을 만들어낼 수 없고 필연적으로 독재로 이어진다는 점을 보여줬다. 또한 하이에크는 사회주의와 파시즘은 같은 주제에 대한 변종에 불과하다고 밝혔다.

하이에크의 주장은 사람들에게 하향식의 전문가의 계획에 근거한 경제 시스템을 받아들이도록 설득할 수는 있지만, 경험적 결과는 개인주의, 제한된 정부, 자유시장이 훨씬 더 생산적이라는 점을 보여준다. '전문가들'이 시장 전반에 분산되어 있는 지식과 끊임없이 변하는 가격 신호에 의해 표시되는 지식을 보유할 수 있는 방법이란 절대로 존재하지 않는다.

밀턴 프리드먼의 말을 빌리자면, "……역사의 기록은 절대적으로 명명백백하다…… 현재까지 발견된 바로는 다수의 일반인들의 삶을 증진시키는 데 있어 자유기업 시스템에 의해 촉발되는 생산적 활동에 견줄 수 있는 대안이란 존재하지 않는다."[3]

하이에크의 사고는 많은 측면에서 인터넷의 성공을 예견하고 있기 때문에, 구글이 자기 조직적인 모델보다 중앙계획모델을 선호하는 점은 아이러니컬하다. 하이에크는 자기 조직적인 경제가 중앙 관리되는 경제에 비해 더 유연하며 민감하다는 점을 보여줬다. 마찬가지로, 인터넷은 지능이 한 장소에 집중된 전화교환 모델 대신에 지능이 사용자와 웹사이트 전반에 분산된 사용자 주도적 모델을 채용함으로써 성공했다.

이제 구글이라는 한 회사가 정보의 수집, 저장, 사용을 중앙화하려고 시도하고 있다. 경제적 집단주의가 다수가 소수를 섬기는 노예제로 귀결됐듯이, 정보 집단주의는 인터넷 사용자들이 지배 엘리트로부터 지식, 프라이버시, 재산, 보안을 할당 받는 일종의 노예제로 귀결된다.

구글과 그 지지자들은 하이에크의 주장이 구글의 비전과 전략에 적용될 수 있다는 점을 부정할 것이 틀림없다. 하이에크는 자연적으로 독점적일 수밖에 없는 정부에 대해서 얘기한 것인데 비해 구글은 단지 수많은 사기업 중 하나일 뿐이다. 하지만 우리는 구글이 검색과 검색광고를 지배하고 자신의 영향력을 모든 주요 디지털 컨텐츠유형과 모든 주요 디지털 하드웨어 플랫폼까지 확장함으로써 구글오폴리를 만든 과정을 지켜봤다. 구글오폴리는 가상 세계의 정부로서, 세계의 모든 정보를 체계화하고, 세계 언어 간에 번역을 제공하며, 디지털 지도상에서 지리 명칭과 국경선을 판정하고, 어떤 웹사이트가 발견될지 결정하며, 어떤 유형의 발언이 보호되고 어떤 유형의 발언이 검열되어야 하는지 결정한다.

간단히 말해서, 구글은 인터넷 사용자들에게 무료제품과 서비스를 제공하는 대가로 그들의 정보에 대한 무제한적인 접근과 사용을 획득함으로써 인터넷의 봉건 영주가 되고 싶어한다.

노예제와의 비유는 다른 방식에서도 통한다. 구글은 구글의 권리와 구글의 이해관계를 만족시키면서도 구글의 비즈니스에 간섭하지 않는 더 크고 강력한 연방정부를 지지한다.

예를 들어, 구글은 통신법^{Communications Act}의 2장을 근거로 전화사업이 규제되는 것⁴과 똑같이 브로드밴드 서비스 제공자를 규제하는 방안을 지지한다. 구글은 전국의 전력망을 구글이 실시간 사용량과 가격정보에 접근할 수 있는 스마트 그리드로 변환시키는 방안을 지지한다.⁵ 또한 구글은 전자의료기록을 만들려는 정부의 시도에 관여하면서, 구글 헬스를 '온라인에서 여러분의 건강정보를 정리하고 저장할 수 있는 유일한 장소'로 제공하고 있다.⁶

구글은 인터넷이 세계의 모든 정보가 누구에게나 자유롭게 접근될 수 있는 장소가 되기를 꿈꾼다. 구글의 빈트 서프가 말한 대로, "구글은 모든 것이 평등해야 한다는 생각을 대표한다…… 그리고 모두에게 접근 가능함은 근본원칙이다."

그러나 구글의 평등주의 유토피아는 이미 반유토피아에게 자리를 넘겨주고 있다. 조지 오웰의 정치적 우화 『동물농장』에서, "모든 동물은 평등하다."로 시작된 상황은, 곧 "모든 동물은 평등하지만, 일부 동물은 다른 동물보다 좀더 평등하다."로 퇴행된다. 구글이 정보 독재를 만들고 있다는 가장 불길한 증거는 구글의 리더들이 다른 사람들에게 따르라고 촉구하는 규칙과 관행에서 자신들은 면제된다고 믿고 있다는 점이다. 결과적으로 구글주의의 기본 교리는 이것인 듯하다. 모든 인터넷사용자는 평등하다, 하지만 일부 인터넷사용자는 다른 사용자보다 좀더 평등하다.

여태까지는 아무도 구글이 세계를 바꾸려고 하는 이유와 방법을 비판적으로 조사해 보지 않았다. 구글의 어젠다는 건설적인가 아니면 파괴적인가? 구글의 어젠다에 대해 좀더 알게 된다면 대부분의 사람들이 지지할 것인가?

구글은 사람들이 눈치채지 못하게 화제를 바꾸는 데 놀라운 능력을 가지고 있다. 누군가가 자신의 어젠다를 공격하면, 구글은 기술적 방어막 뒤로 후퇴한다. 기술이 지난 수십 년 동안 너무나 많은 좋은 것들을 만들어 내고 가능하게 만들었으므로, 누가 기술에 반대할 수 있단 말인가? 구글 어젠다의 정당성에 대한 의문은 기술에 대한 공격으로 취급된다.

기술은 단지 도구일 뿐이다. 기술은 본질적으로 선하거나 악하지 않다. 문제가 되는 것은 기술을 개발하고 활용하는 사람들의 의도와 기술에 의해 달성되는 결과이다. 구글은 기술을 본질적으로 유익한 것으로 포장하는 노련한 솜씨를 보였으며, 그 과정에서 자신의 파괴적인 정치적 어젠다를 희석시켰다.

구글은 다른 이들에게 자신의 미래에 대한 비전이 최고라고 설득할 권리를 가지고 있다. 불행스럽게도 구글은 개념 수준에서 구글주의를 선전하기보다, 잘 모르는 다른 이들에게 구글주의를 강요하려고 시도한다.

사람들은 유용하고 무료이기 때문에 구글의 제품과 서비스에 몰려든다. 하지만 대부분의 사람들은 동시에 거저 얻어지는 것은 없으며, 대가가 있다는 점을 이해한다. 구글은 사용자들에 대한 정보를 수집하고 수익화하기 위해 제품과 서비스를 나눠준다.

구글은 인터넷 사용자들을 털을 깎기 위해 몰고 다니는 양떼쯤으로 생각한다.

* * *

무엇이 구글의 유토피아 비전에 영감을 준 것일까?

우선 살펴보아야 할 사람은 하버드대학 법대 철학교수 로렌스 레식Lawrence Lessig이다. 레식은 그 자신과 다른 이들이 불필요하게 구속적이라고 판단한 저작권, 상표권, 특허권에 반대하기 위해 '자유문화운동free culture movement'을 창립했다. 레식은 주장을 통해, 구글은 행동을 통해 웹과 기타 디지털 미디어를 통해 다른 이들의 창작물을 사용하고 재배포하는 데 있어 좀더 자유로워져야 한다는 생각을 홍보한다.

이런 철학의 배경에는 레식의 '코드는 법이다code is law'라는 믿음이 있다. 레식은 의회에서 통과된 법이 우리의 일상을 규제하듯이 사이버 공간의 구조가 우리의 일상을 규제한다고 주장한다.[7]

컴퓨터 코드를 의회에서 통과된 법률과 동일시한 결과, 레식은 다소 기이한 결론에 도달했다. 한 가지 분명한 시사점은 우리 즉, 사람들은 사이버 공간의 구조에 대해 좀더 의견을 표명해야 한다는 것이다. 구체적으로 우리는 컴퓨터 코드를 살펴보고 이렇게 물어야 한다, "이건 어떤 대가로 누구의 이익에 기여하는 것인가?" 예를 들어, 레식은 주로 저작권 보유자의 이익에 기여하는 코드에 대해 우려한다.

레식은 두 종류의 코드가 존재한다고 얘기한다. '개방된 코드'는 공개적으로 공유되는 반면, '폐쇄된 코드'는 사적으로 소유된다. 그 다음 레식은 "비밀스러운 법은 법이 아니다."라고 지적한다. 이 전제로부터 그는 비밀스러운 법이 나쁘듯, 독점적인 코드는 나쁘다는 의심스러운 결론을 도출한다. 레식은 '공유를 증진시키고 협업을 발전시키는 비영리 조직'인 크리에이티브 커먼즈$^{Creative Commons}$를 설립했다.[8] 크리에이티브 커먼즈는 자신의 창작물을 공유하려는 컨텐츠 개발자들을 위한 무료법률도구를 제공한다. 비판자들은 크리에이티브 커먼즈의 법률도구가 필요한지에 대해 의문을 제기한다. 헝가리의 지적재산권 전문가인 피터 벤자민 토트$^{Péter Benjamin Tóth}$에 따르면, 저작권 보유자들은 이미 자신에게 적합한 대로 자유로이 권리를 유지, 판매 또는 임대할 수 있다.[9] 앤드루 킨$^{Andrew Keen}$은 한 술 더 떠서, 레식을 '지적재산 공산주의자'라고 부른다.[10]

소설가 윌리엄 깁슨$^{William Gibson}$은 「뉴욕타임스」 컬럼에서 레식의 일부 아이디어에 대해 호응했다. "기술적으로 주도된 변화에 의해 특징지워지는 세상에서, 우리는 필연적으로 일이 벌어진 뒤에 법률을 만들고 영원히 따라가려고 애쓰는 반면, 점점 더 구글 같은 조직에 의해 미래의 핵심 구조가 만들어지고 있다."[11]

그러나 깁슨은 그러한 세상이 편안하게 느껴질지는 확신하지 못했다. 우선 그는 에릭 슈미트의 말을 인용했다. "나는 실제로는 대부분의 사람들이 자신의 질문에 구글이 답해 주기를 원하지 않는다고 생각합니다…… 그들은 구글이 다음에 무슨 일을 해야 할지 알려주기를 원합니다." 그 다음 깁슨은 자문한다. "정말로 우리가 다음에 무슨 일을 해야 할지 구글이 알려주기를 희망하는가?" 최종적으로, 그는 자신의 질문에 답한다. "비록 일부 다소 복잡한 자격요건이 필요하겠지만, 나는 사람들이 그럴 것이라고 생각한다."

『구글노믹스』의 저자 제프 자비스는 전혀 망설임이 없다. 자신의 책의 후반 반쪽을 '만일 구글이 세계를 지배한다면'이란 희망적인 제목으로 할애했기에, 자비스는 구글 신화를 이것 저것 다 받아들인다.[12]

구글과 레식은 분명히 사이버공간이 사유재산을 폐지할 수 있는 두 번째 기회를 제공한다고 믿는다. 물론 자신의 것은 제외하고 말이다. 깁슨은 정보독재자 밑에서 사는 것이 괜찮은 모양이다. 자비로운 독재자이기만 하면 말이다. 자비스는 그러한 전망에 완전히 매혹되어 있다.

* * *

구글의 최고 경영진들은 자신의 회사를 사업체로 생각하지 않는다. 그들은 자신의 회사를 정치적 운동을 펼치는 조직으로 바라본다.

구글의 목적은 돈을 버는 것이 아니라, 세상을 바꾸는 것이다. 무대 위 인터뷰에서 구글의 에릭 슈미트 회장이 작가인 켄 올레타에게 밝혔듯이, "이 회사의 목적은 뭔가를 수익화하는 것이 아닙니다…… 목적은 세상을 바꾸는 것이며, 수익화는 그 수단일 뿐입니다."[13]

1년 후, 슈미트는 더욱 더 단호해졌다. "구글은 급여를 많이 줍니다. 어떤 수치를 보아도 구글은 명백히 성장하는 기업이죠. 그런데 구글의 직원들은 그런 이유 때문에 구글에서 일하지 않습니다…… 우리도 그들이 그런 이유 때문에 구글에서 일하기를 원하지 않습니다. 우리는 그들이 세상을 바꾸기 위해 구글로 오기를 원합니다."[14]

슈미트는 결코 구글의 기업문화에 뭔가 양념을 친 게 아니다. 요리법은 창립자들의 2004년 IPO 편지에서 명확히 설명되어 있다.

> 구글은 전통적인 기업이 아니며, 그런 회사가 되고자 하지 않는다…… 우리의
> 목표는 가능한 많은 사람들의 삶을 중대하게 개선할 수 있는 서비스를 개발하는
> 것이다…… 우리는 또한 세계의 정보를 검색하고 체계화하는 일은 신뢰할 수 있
> 고 공공 선에 관심을 가진 기업에 의해 수행되어야 할 중요한 일이라고 믿었다.
> 훌륭하게 운영되는 사회는 고품질의 정보에 대한 풍부하고, 무료이며 편향적이
> 지 않은 접근을 제공해야 한다고 우리는 믿는다…… 우리는 구글이 세상을 좀더
> 좋은 곳으로 만드는 조직이 되기를 갈망한다.[15]

이런 생각은 모든 구글 제품에 잠재되어 있다. 예를 들어, 크롬 운영
체제를 선보였을 때, 에릭 슈미트는, "점진적으로는 세상을 바꿀 수 없습
니다."라고 말했다.[16]

심지어 슈미트는 숭고한 명분을 위해서라면 사람들의 프라이버시도
짓밟을 수 있다고 생각한다. "구글은 모든 이들이 어떻게 살고, 생각하
며, 말하고, 바라보는지를 드러낼 것이며, 그건 세계 평화에 도움이 됩니
다."[17]

설상가상으로, 에릭 슈미트는 우리가 넘지 말아야 선이라고 생각하는
것을 구글이 재정의하고 있다고 자랑한다. "많은 사항들에 대한 구글의
정책은 넘지 말아야 할 선까지 접근하되 그것을 넘지 않는 것입니다. 나
는 기술이 발전되기 전까지 최소한 현재로서는, 우리의 머리 속에 뭔가
를 심는 일은 넘지 말아야 할 선을 넘는다고 주장할 것입니다…… 내가
아는 한에서 구글은 그런 실험을 하는 연구실을 가지고 있지 않습니다.

내가 아는 한에서 말입니다. 추후 확인해 보겠습니다."[18]

구글은 기업이 아니다. 구글은 그림자 정부를 자처하고 있으며, 구글주의는 그를 뒷받침하는 정치적 이데올로기이다.

* * *

"세계의 정보를 체계화하고 보편적으로 접근하고 유용하게 만든다."는 구글의 사명은 극도로 정치적이다.

구글의 사명이 이타주의적으로 들릴지도 모르겠지만, 이건 되로 주고 말로 받겠다는 속셈이다. 구글의 사명은 사용자로부터는 프라이버시를, 개인과 조직으로부터는 지적재산권을, 시장으로부터는 경쟁을, 개인과 조직과 정부로부터는 주권을 빼앗는다. 그리고 이것들은 모두 정보에 대한 중앙화된 통제력을 구글이 거머쥐겠다는 이기적인 목적을 위한 것이다.

동시에 구글의 사명은 파괴적이기까지 하다. 사적이고 은밀한 정보를 강탈함으로써, 구글은 안전, 보안, 자유를 파괴한다. 그리고 정보와 컨텐츠를 무료로 사용 가능하게 만듦으로써, 구글은 개인이 자신의 지적, 예술적 창작물에 대해 정당한 대가를 받지 못하게 만들어 그들의 생계를 파괴한다.

래리 페이지, 세르게이 브린, 에릭 슈미트는 수익화가 세상을 바꾸기 위한 기법일 뿐이라고 거듭 밝혀 왔다. 구글은 단지 광고를 팔기 위해 모든 사람의 사적 정보를 원하는 것이 아니다. 구글은 단지 광고를 팔기 위해 모든 사람의 지적재산을 체계화하는 것이 아니다. 구글은 단지 광고를 팔기 위해 정부에 대한 정보를 체계화하려는 것이 아니다.

구글은 사람들에게 영향을 미칠 수 있는 능력을 갈망한다. 구글은 사람들이 발견하고, 조회하고, 사용할 정보와 컨텐츠를 결정하고 싶어한다.

구글은 사실상의 세계 정부에 필요한 권력을 획득하고 싶어한다.

구글은 일상적으로 또 본능적으로, 이슈와 적을 정치적 용어로 규정한다. 예를 들어, 2010년 8월 오라클이 특허 침해로 구글을 고소했을 때, 구글의 대변인은 이렇게 밝혔다.

> 우리는 오라클이 이런 근거 없는 소송을 통해 구글과 오픈소스 자바 커뮤니티를
> 동시에 공격하기로 결정한 데 대해 유감스럽다. 오픈소스 자바 커뮤니티는 일개
> 기업의 범위를 넘어서서 웹을 좀더 좋은 곳으로 만들기 위해 매일 노력한다. 우
> 리는 오픈소스 표준을 강력히 방어하고 안드로이드 플랫폼을 개발하기 위해 업
> 계와 지속적으로 협력할 것이다.[19]

유사한 방식으로, 구글은 자신을 악의 반대편으로 규정함으로써, 대부분 기업들(특히 구글의 경쟁자들)이 사악하다고 암시한다. 구글은 자사의 엔지니어들을 사용자에게 득이 되는 것만을 추구하는 결백한 이상주의자로 묘사함으로써, 다른 기업들이 오직 돈에만 신경 쓴다고 암시한다. 포퓰리즘 정치인과 마찬가지로, 구글은 자신이 보통 사람들의 이익을 옹호한다고 포장한다. "이것은 엘리트만이 아닌 보통 사람을 위한 미래입니다."[20]

구글의 정치적 프레임의 또 다른 핵심요소는 구글을 자비롭게 묘사하는 것이다. 전통적인 뉴스와 음악산업이 파괴되고 있다면, 그건 인터넷이 파괴적 기술이기 때문이다. 바꿔 말하면 오스트리아의 경제학자 조셉 슘페터가 비즈니스 혁신의 자연적인 결과라고 간주한 '창조적 파괴'란 것이다.

만일 구글의 활동이 자유시장을 위한 혁신적인 솔루션을 개발하는 것뿐이라면, 구글이 하는 일들을 창조적 파괴라고 묘사해도 타당할 것이다. 하지만 구글은 훨씬 더 많은 일을 하고 있다. 구글은 우리의 정보 사회의 기반인 지적재산권을 갉아먹고 있다.

구글이 하는 일은 부수적인 결과로 오래된 방식이 파괴되는 '창조적 파괴'가 아니라, 구글의 광고 중심적 모델과 기술 유토피아 사회로의 길을 열기 위해 전통적 제품, 산업, 관행을 의도적으로 파괴하는 '파괴적 창조'이다.

한 마디로 구글은 우리의 경제 시스템을 바꾸려고 시도하는 중이다.

구글은 자신을 중립성, 개방성, 언론자유의 옹호자로 묘사하여, 다른 기업들은 이러한 미덕에 반대한다고 암시한다. 구글은 문구와 비유를 적절히 선택하고 활용하라는 조지 레이코프의 처방을 따름으로써,[21] 이러한 이미지를 꾸며낸다. 예를 들어, 에릭 슈미트는 구글의 모바일 전략을 애플의 모바일 전략과 비교하면서, "애플의 핵심전략은 폐쇄성입니다." 라고 밝히며, 뻔뻔하게도 이렇게 덧붙였다. "애플의 모델은 내가 이전 애플 이사회 구성원으로서 알고 있는 바와 같이 극도로 멋지게 작동하지만, 그들의 개발도구, 그들의 플랫폼, 그들의 소프트웨어, 그리고 그들의 하드웨어를 사용해야 합니다."[22]

그렇다면 슈미트는 구글의 접근법을 어떻게 묘사하는가? "구글의 핵심전략은 개방성입니다…… 우리의 전략은 근본적으로 개방적입니다. 개방된 인터넷. 개방된 웹. 그것이 근본적으로 우리가 모든 것을 주도하는 방법이죠."[23]

구글에 대한 슈미트의 묘사에는 단 한 가지 문제점이 있다. 진실이 아니라는 것이다. 구글의 검색엔진은 폐쇄되어 있다. 구글의 애드워즈 경매 시스템은 폐쇄되어 있다. 구글의 안드로이드 기기 운영체제는 어떤 측면에서는 개방적이지만, 다른 측면에서는 폐쇄적이다. 예를 들어, 안드로이드폰은 비공개된 소스로 패키지된 구글 애플리케이션이 탑재되어 출시된다. 듀크대학, 펜실베이아 주립대학, 인텔연구소의 공동 연구결과에 의하면, 더욱 우려스럽게도 "일부 모바일 운영체제들은 위치센서, 카메라 이미지, 주소록 같은 민감한 정보에 접근하는 애플리케이션들을 사용자들이 통제할 수 있도록 해주지만, 안드로이드 애플리케이션은 사용자들이 자신의 사적 데이터가 어떻게 사용되는지 알기 어렵게 되어 있다."[24]

구글은 경쟁에 대한 확고한 지지자라고 자처한다. 구글은 '경쟁이 한 번의 클릭 너머에 있는' 매우 경쟁적인 환경에서 자신들이 사업을 영위한다고 주장한다. 하지만 법무부와 연방통상위원회는 구글이 핵심시장을 지배하고 있다는 점을 알게 됐다.

구글은 언론자유에 관해서 자신이 용기 있게 중국 정부와 맞섰다고 우리들이 믿어주기를 바란다. 하지만 이 사건은 구글의 네트워크와 패스워드 시스템이 해킹된 무렵에 돌출됐다. 구글은 자신의 네트워크의 취약성을 드러내는 사건을 완전히 다른 뭔가 즉, 구글이 어떻게 중국의 검열정책에 맞서고, 중국에게 어떤 식으로 공개적 망신을 주는지에 관한 사건으로 둔갑시켰다. 이 사건은 아마도 기업과 외국 정부 간에 벌어진 가장 크고 가장 유명해진 해외정책 관련 소동이었을 것이다. 실제로 구글은 자신이 독립적인 해외정책을 추구하는 가상국가인 양 응수했다.

구글은 또한 "대부분 공격을 감지하지도 못한 채 피해를 본 20여 개의 다른 기업에 비해 침입에 대해 훨씬 더 투명했다."며 중국 해킹사건을 자신의 투명성을 선전하는 기회로 활용했다.[25] 하지만 구글의 전반적 투명성은 부실하다. 구글이 정부의 정보요청에 대한 '투명성 보고서'를 발행하긴 했지만, 이 보고서는 각국으로부터의 요청회수만 공개할 뿐이다. 구글은 어떤 정보를 수집하고, 그런 정보로 뭘 하는지 공개하지 않는다.[26]

구글은 모든 단계에서 정치적이다. 구글은 자신의 급진적 어젠다를 선전할 뿐만 아니라, 정부기관들에게 로비하고, 지방 공무원들과 거래를 하며, 연방정치인들에게 추파를 던진다. 구글은 선거운동 툴킷Political Campaign Toolkit이란 무료제품군을 제공하기까지 했다.[27]

'구글은 자신만의 로비 브랜드로 워싱턴에 접근한다'라는 제목의 기사에서, 「월스트리트저널」은 정치인들에 대한 구글의 노골적인 무료공세를 다뤘다.

구글의 새로 고용된 정치영업 담당 팀리더 피터 그린버거는 어떻게 참석자들이 온라인 광고를 비롯한 구글 서비스를 활용해서 자신의 후보가 승리하도록 도울 수 있는지 설명했다. 한 구글 제품은 선거운동 웹사이트에 방문한 사람들의 세부정보 예를 들어, 대략적인 거주지 같은 정보를 제공할 수 있는데, 그린버거는 '엄청나게 가치 있는 정보'라고 설명하며, "무료입니다. 제가 무료라고 얘기하지 않았나요? 무료입니다."라고 덧붙였다.

서비스에 대해 요금을 매기지 않는다는 의미에서는 무료이다. 하지만 인터넷 거인은 궁극적으로 뭔가 대가를 기대하고 있다. 이 나라의 수도에 대한 좀더 큰 영향력 말이다.[28]

구글은 백악관이 유튜브를 활용해서 메시지를 내보내도록 권장했다. 구글은 백악관을 위한 특별 유튜브 채널을 개설하기까지 했다.[29] 백악관은 유튜브를 연방 온라인 프라이버시 법률에서 면제시키는 것으로 즉각 화답했다. 구글에게는 유튜브 동영상이 삽입된 백악관 페이지를 방문하는 사용자들을 추적할 수 있는 영구적 쿠키의 사용이 허용됐다.[30] 이 사건은 프라이버시 옹호자들의 비난 세례를 촉발시켜, 백악관이 부분적으로 자신의 결정을 뒤집도록 만들었다. 유튜브 동영상을 클릭한 사용자들만이 추적될 수 있도록 말이다.[31]

또한 구글은 백악관과 상원의 관계자들에게 개인적인 유튜브 채널을 제공했다.[32] 구글 기업 블로그는 이렇게 덧붙였다. "……그리고 우리의 선출직 대표들이 아직까지 유튜브 채널을 가지고 있지 않다면, 그들에게 전화나 이메일을 보내서 시작하도록 권유하십시오."[33]

정치 전문가들은 기업과 정부 간의 회전문 인사에 대해 수십 년 간 비판해 왔다. 구글의 정부 담당 임원인 앤드류 맥러플린은 오바마 행정부의 기술담당 최고책임 보좌관을 맡기 위해 회사를 떠났다.[34] 그의 업무에는 구글이 가장 신경 쓰고 있는 많은 정치적 이슈를 관장하는 일이 포함되어 있다. 소비자 단체들은 명백한 이해관계의 충돌이 존재한다고 문제를 제기하며, 임명을 취소하라고 요구했다.[35] 문제제기의 요점은 맥러플린이 구글에서 일했다는 것이 아니라, 그가 구글의 정부담당 최고임원에서 바로 구글의 계획과 정책을 구체화하는 데 도움이 되는 직위로 옮겨갔다는 것이다.[36] 맥러플린은 추후 심각한 윤리규범위반으로 징계를 받았다. 그의 사적인 이메일 일부가 우연히 공개됐을 때, 그가 지속적으로 정치적 이슈를 구글의 지인들과 논의해 왔음이 드러났다.[37]

잠재적인 이해관계의 충돌은 정부기관이 애드워즈를 납세자의 비용으로 구매할 때 일어난다. 예를 들어, 미국 보건복지부[HHS]는 사용자들을 건강보험 개혁안을 홍보하는 웹사이트인 HealthCare.gov로 보내는 광고를 구매했다. 이 광고들은 사용자들이 '오바마케어[Obamacare]'나 '오바마케어의 장점과 단점' 같은 문구를 검색할 때마다 결과 페이지의 최상단에 등장한다.[38] 그러나 '오바마케어'라는 문구는 법안의 반대파들에 의해 주로 사용됐다. 애드워즈의 불투명한 운영을 감안할 때, 구글이 보건복지부의 광고가 유리한 위치에 나타나도록 조작하지 않았다고 장담할 수 없다.

구글은 정치 후보들에게 무료 선거운동 도구를 제공할 뿐만 아니라, 다수의 조직에게 애드워즈 광고를 기부하기도 한다. 구체적으로, 구글은 4,000개의 조직들에게 2억 7,000만 달러 어치의 애드워즈 광고를 지원했다.[39] 구글은 분명히 알려지지 않은 명분을 대표해서 일하고 있는 '디지털 활동가'들을 지원하는 단체인 청년운동연합[Alliance for Youth Movement]을 지원한다.[40] 또한 구글은 구글 아이디어[Google Ideas]의 운영을 위해 국무부 출신 자레드 코헨를 채용했는데, 코헨은 구글 아이디어를 '싱크탱크이자 실행탱크[think/do tank]'라고 묘사했다.[41] 코헨은 뭔가를 만들기 위해 200명의 엔지니어들을 모으는 일과 같이 "미 정부는 할 수 없지만, 사적인 영역에서는 할 수 있는 일들이 있다."고 설명한다.

구글의 불투명한 운영을 감안할 때, 구글이 특정 정책을 선전하고 한 발 더 나아가 구체화하기 위한 시동을 걸었다고 생각하지 않을 수 없다.

지금쯤이면 비상 벨이 울려져야 한다. 구글은 어떤 정보가 발견될지에 대해 유례없는 결정권한을 가지고 있다. 또한 구글은 기업-정부 간의 회전문의 양 측면을 관장하고, 선거운동 관리와 메시지 배포도구를 제공함으로써, 정치계와 강력한 유대를 형성하고 있다.

* * *

구글은 중립적인 체하면서 민주주의 조직과 과정에 영향을 미치고 싶어한다.

구글의 경영진과 임직원들은 정치적 관점을 견지하고 선전할 권리를 갖고 있다. 하지만 편향적이지 않고, 중립적이며, 비정치적인 검색서비스를 운영한다고 주장하면서 특정 정파나 입장을 홍보하는 건 비윤리적이다(불법적이기도 하다). 우리가 살펴본 바와 같이, 구글의 경영진과 임직원들은 특정 정치적 파당에 대한 분명한 선호를 보여 왔다. 그들은 결코 중립적이지 않다. 그럼에도 그들은 대중이 접근하는 정보를 선별할 수 있는 권한을 다른 어떤 조직보다 더 많이 가지고 있다.

구글이 대중을 움직이려고 시도하리라는 상상이 지나친 것처럼 보인다면, 이 점을 고려해 보자. 2006년 에릭 슈미트는 일군의 영국 정치가들에게 '5년 내에' 보통선거가 '진실예보자' 소프트웨어에 의해 영원히 바뀔 것이라고 말했다.[42] 그는 "우리는 [구글에서] 진실을 책임지고 있지는 않지만 확률은 제공할 수 있을지도 모릅니다."[43]라고 덧붙였다.

4년이 지난 후 야망이 더 커졌다는 점만 제외하면, 구글은 비슷한 생각을 계속하고 있다. 「애틀랜틱」편집자 제임스 베닛^{James Bennet}과의 인터뷰에서 슈미트는 이렇게 밝혔다.

현재 기술적 측면에서 우리는 원하기만 한다면 전체 정치적 담론을 정말로 바꿀 수 있는 시점에 도달했습니다. 전형적인 사례는 여기 있는 모든 분들이 모바일 폰을 가지고 있다는 점일 것입니다. 실제로 귀하는 한 개 이상을 가지고 있군요.

사실을 말하자면 워싱턴에서 저는 수년 동안 그런 일에 참여했으며, 많은 사람들이 이에 대한 보고서를 하지만 테스트해 본 적은 없습니다. 그러나 모바일폰으로는 간단히 물어볼 수 있습니다. 뭐든지 측정할 수 있지요. 아마 사람들이 자신이 한다고 말하는 것과 실제로 하는 것 사이에 차이를 안다면 놀랄지도 모르겠습니다만, 이것이 인터넷의 첫 번째 법칙 중 하나입니다. 저에게는 우리가 정부의 작동 방식이나 토론의 작동 방식을 완전히 바꿀 수 있다고 여겨집니다.[44]

구글은 전통적으로 언론인, 편집자, 연방선거관리위원회에 의해 행해졌던 사실관계 확인작업이 실질적으로 구글에 의해서 더 잘 처리될 수 있다고 말한다.

이미 구글은 뉴스나 논평의 순위를 매길 수 있는 권한을 가지고 있다. 무엇이 옳고 그른지 판단하고 싶지 않다고 부인하면서도, 구글은 자신의 레퍼토리에 사실관계 확인을 추가하겠다고 제안한다. 한편으로는 검열을 하고 다른 편으로는 사실관계 확인과 랭킹 도구를 이용해서 자신의 입장을 홍보하는 것의 차이를 구분하기는 매우 어렵다.

사실 구글은 이미 랭킹과 사실관계 확인을 결합한 제품을 선보였다. 구글 순간검색Google Instant은 우리가 검색조건을 입력하는 동안에 검색결과를 표시한다. 이는 우리가 질의 입력을 완성하기 전에 구글이 우리에게 보여주고 싶은 결과를 전달할 수 있게 해준다. 또한 구글 순간검색에는 수백 개의 단어가 블랙리스트로 입력됐는데, 이는 구글이 우리에게 제시되지 않기를 원하는 단어들이다.[45]

일부 검색조건을 추천하고 다른 조건을 블랙리스트에 넣는 건 일종의 편향성이 아니냐고 지적하면, 구글은 애매모호한 순환논리로 응답한다. 구글은 자신이 주장하듯 절대로 편향적일 리가 없는데, 그렇게 하면 구글에 대한 신뢰를 약화시킬 것이기 때문이란다.

부인할 수 없는 한 가지 사실이 있다. 구글은 사람들에게 영향을 미치는 방법에 관해서 유례없는 기술을 획득했다는 점이다. 구글은 그 누구보다 검색과 검색랭킹의 중요성을 이해하고 있다. 구글은 우리가 언제 링크를 클릭하고 언제 클릭하지 않는지 알고 있다. 구글은 오랜 기간 동안 수억 명의 인터넷 사용자들을 추적하고 데이터 수집해 왔다. 정치적 선거운동 비즈니스에 진출했으므로 구글이 정치적 후보, 정당, 이슈를 홍보하는 기술을 획득했다고 결론지어도 타당할 듯하다.

구글은 정치 검색광고의 창시자이며 정치적 캠페인에 참여하기에는 위협적일 정도로 무장되어 있다. 구글을 위험스럽게 만드는 건 구글이 역사상 그 누구보다 대규모의 사람들에게 과학적이고 효과적으로 영향을 미치는 데 대해 더 많이 알고 있다는 점이다.

구글의 수석 사용자경험 연구원인 폴 애덤스[Paul Adams]에 의해 수행된 날카롭고도 독창적인 소셜네트워크 연구는 요점을 구체적으로 보여줬다.[46] 애덤스의 연구[47]는 소셜네트워킹에 대한 구글의 엄청난 파악 능력을 보여준다. 심지어 페이스북보다 더 나은 파악 능력이었다. 요점은 애덤스의 프리젠테이션이 공개된 후에야 이해될 수 있었다. 페이스북은 애덤스에 의해 노출된 몇 가지 전략적 취약점을 보완하기 위해 3개월 동안 총동원 위기 모드에 진입해야 했다.[48]

이런 허점 가운데 가장 큰 문제는, 애덤스가 능숙하게 보여줬듯이, 대부분의 사람들이 타당한 이유로 서로 섞이길 원하지 않는 몇 가지 구별되는 그룹의 '친구들'을 가지고 있음에도 불구하고, 페이스북은 강제로 모든 친구들을 한 바구니에 넣도록 강요했다는 점이었다.

구글이 이러한 점을 파악했던 반면에, 소셜네트워킹의 선두주자인 페이스북은 파악하지 못했다는 점은 시사하는 바가 크다. 어쨌든, 구글은 훨씬 더 많은 세상의 정보들을 보유하고 있으며, 여기에는 취향, 의도, 비밀, 비밀을 공유하는 사람들 같이 엄청난 양의 사적 정보들이 포함된다. 구글이 이런 데이터를 연구하고 분석할 것임은 의심의 여지가 없다. 구글이 무심코 페이스북 사용자와 비즈니스 기회에 대해 더 뛰어난 안목을 공개하면, 페이스북은 현명하게도 비상 행동에 돌입한다.

반복해서 얘기할 필요가 있다. 구글은 역사상 그 어떤 개인이나 회사보다 사람들에게 영향을 미치는 법을 잘 알고 있다.

예를 들어, 구글은 주어진 어떤 인물에게 영향을 미치는 데 필수적인 사람은 불과 몇 명 되지 않는다는 점을 이해하고 있다. 애덤스가 프리젠테이션에서 설명한 바와 같이, 평균적인 페이스북 사용자는 130명의 '친구'를 가지고 있지만, 정기적으로 상호작용하는 사람은 그 중 네댓 명일 뿐이다. 한 사람의 스카이폰 통화의 80퍼센트는 단지 두 사람과 이루어진다.

또한 구글은 사람들이 어떤 식으로 온라인에서 서로 영향을 끼치는지 이해하고 있다. 중요한 2가지 요인이 존재한다. 우선, 목표 인물의 소셜네트워크가 어떤지 알아야 한다. 그 다음으로 목표 인물의 과거 경험이 어땠는지 알아야 한다. 아무도 구글만큼 개인의 온라인 경험에 대해 많이 알고 있지 않다.

이런 모든 측면에 대한 구글의 관심이 학구적일 리는 없다. 애덤스는 자신의 프리젠테이션 말미에 이렇게 결론을 내린다. "우리는 옷을 구입

하고, 차를 구입하고, 은행을 선택하고, 돈을 기부하고, 투표하는 등의 상
호작용을 지원할 뭔가를 설계해야 한다."[49] 구글은 공개적으로 정치에 영
향을 끼칠 수 있는 자신의 능력을 선전해 왔다.[50]

목요일에 열린 워싱턴의 정치학 온라인 컨퍼런스에서 구글의 글로벌 커뮤니케
이션즈 담당 부사장인 엘리엇 슈라지Elliot Schrage는, 구글이 자신을 정치적 경주
에서 하나의 세력으로 바라보고 있으며, 그 주된 수단으로 최고의 웹과 기타 도
구를 제작하는 능력에 의지할 것이라고 밝혔다.

정치 후보자들은 웹의 영향력에 주목하기 시작했다. 슈라지에 의하면, "이미 후
보자들과 선거운동은 애드워즈 캠페인만 해도 수만 개를 사용하고 있다." 그는
구글이 선거캠프 지원을 전문으로 하는 특수영업과 정치팀을 통해 '이러한 서비
스를 사용하기 쉽게' 만들려고 노력하는 중이라고 말했다.[51]

* * *

이 모두가 뜻하는 의미는 무엇일까?

구글은 풍부한 증거로 뒷받침되는 정치적 편향성을 가지고 있다. 구
글은 적극적으로 세상을 바꾸려고 노력하는 매우 정치적인 기업이다. 구
글은 심지어 "우리가 원하기만 한다면 정치적 담론 전체를 정말로 바꿀
수 있습니다."[52]라고 위협하기까지 했다. 그리고 그것은 한가한 위협이
아니다. 구글은 바로 그 일을 하기 위한 정보와 권력을 축적하는 중이다.

폭스뉴스 특파원 버트 홈Burt Hume이 보도한 바에 따르면, 구글은 아무
런 법적 근거 없이 선택적으로 적용된 회사 정책에 근거하여 Moveon.
org에 반대하는 공화당의 수장 콜린스Susan Collins 상원의원의 광고를 차단

했다.[53] 구글은 해당 조치가 정치적인 것이 아니었으며, 단지 허락 없이 등록된 상표명을 사용한 광고를 금지했을 뿐이라고 주장했다.[54] 그러나 홈의 보도에 따르면, 구글은 일상적으로 월마트Wal-Mart, 엑손모빌Exxon Mobil, 블랙워터USABlackwater USA 같은 등록된 상표명을 언급하는 지지 광고를 허용했다.

자신의 알고리즘이 편향적이지 않다는 구글의 주장이 사실일지라도, 다른 이들이 정치적 목적으로 검색 과정을 조작할 수 있다. 예를 들어, 데일리코스Daily Kos 사이트는 공화당 후보에게 피해를 끼친다고 생각하는 기사들의 검색순위를 상승시키기 위해 독자들에게 함께 행동하자고 권유했다. 데일리코스의 선거운동 책임자인 크리스 보워스Chris Bowers는 "이건 2010년 선거를 학습 기회로 삼는, SEO에 대한 더 일반적인 교육 프로젝트입니다."라고 말했다.[55] 구글은 특정 후보에 대해 직접적으로 지지하거나 반대하지 않아도, 뒤에 앉아서 다른 이들이 자신의 일을 대신하도록 허용할 것인지 선택할 수 있다.[56]

선거는 접전이 경우가 흔하며, 그래서 미묘한 조작에 취약하다. 예를 들어, 2000년 대통령 선거는 결국 플로리다에서 논란을 일으킨 300명의 투표로 결정됐다. 정치계 사람들은 선거가 종종 작은 비율의 '요동치는' 카운티나 선거구에 의해 결정된다고 말하곤 한다.

구글은 수백만 유권자들에 대한 엄청난 분량의 개인정보를 보유하고 있으며 그러한 정보를 분석하고 활용해서 원하는 득표를 얻거나 뜨거운 정치적 쟁점을 건드릴 수 있는 능력을 보유하고 있다.

실제로 구글이 이미 이런 일을 하고 있다는 증거가 있다. 구글의 사명은 '세상을 바꾸는 것'이며, 여기에는 궁극적으로 정치적 조직과 과정이 개입되기 마련이다. 구글은 자신이 선거운동에 영향을 미칠 수 있다고 자랑한다. 구글은 선거 예측을 추적할 수 있는 도구를 개발하기까지 했다.[57] 그리고 구글은 훨씬 더 큰 변화가 온다고 협박한다. 이 모든 상황은 구글의 비밀스럽고 책임감 없는 운영에 의해 악화된다.

예를 들어, 구글은 미국정부를 위해 퓨 센터^{Pew Center}와 협력하여 지방 선거사무소를 위한 기술 솔루션을 제공한다.[58] 여기에는 투표자들을 지역 투표소로 안내할 구글 지도의 사용이 포함된다. 이것이 유용한 듯이 보이지만, 아리스토텔레스^{Aristotle, Inc}의 12개 주요 주에 의한 연구에 의하면, 2010년 11월 선거에서 70만이 넘는 가구를 잘못된 투표소로 안내한 것으로 추정됐다.[59] 만일 정부가 선거관련 정보에 대한 접근제공을 한 회사에만 의존한다면, 의도적이거나 아니면 사고에 의해 그 회사가 선거결과에 영향을 미칠 수 있는 기회를 만들게 된다. 우리는 정말 위험을 감수하고 싶은 것인가?

'멋진 신 구글^{Brave New Google}'이란 제목이 붙은 블로그 게시글에서, 작가인 니콜라스 카는 우리가 다음에 해야 할 일을 구글이 어떻게 알려줄 것인지에 대한 에릭 슈미트의 견해를 자세히 설명한다. 카는 빈정대듯이 결론 내린다, "나는 구글이 선거에서 어떤 후보에게 투표할지도 알려주었으면 좋겠다. 나는 그것이 상당한 부담일 것이라고 생각한다."[60]

구글이 무대 뒤에서 정치적 과정에 '슬쩍 영향을 주기' 위해 자신의 힘을 행사하지 않으리라 생각하는 건 순진한 일일 것이다. 리처드 탈러^{Richard H. Thaler} 교수와 캐스 선스타인^{Cass R. Sunstein} 교수는 『넛지』라는 책에서 사람들이 손쉽게 최선의 선택을 하도록 돕기 위해 선택환경을 어떻게 설계할 수 있는지 설명한다.[61]

탈러 교수는 구글의 수석 경제학자 할 배리안의 친구로 알려져 있다.[62]

*　*　*

구글의 이데올로기인 구글주의는 사이버공간에서 가장 논쟁적인 몇몇 철학자들에 의해 영감을 받았다.

구글주의는 일련의 핵심적 신념을 기반으로 구축됐다. 가장 중요한 것 중 하나는 '허락 없는 혁신'이다. 이 말이 기업가적 정열에 대한 순수한 찬사로 들릴지도 모르지만, 구글의 손에서는 훨씬 더 큰 의미를 갖는다.

예를 들어, 공동 블로그 게시물에서 구글의 CEO 에릭 슈미트와 버라이즌Verizon의 대표이자 CEO인 로웰 맥애덤Lowell McAdam은 '허락 없는 혁신'을 사전 허락 없이 네트워크를 사용하고 애플리케이션을 개발하는 자유라고 정의했다.[63] 이는 재산권이 혁신에 방해가 돼서는 안 된다는 점을 시사한다.

구글의 부사장이자 수석 인터넷 에반젤리스트 빈트 서프의 블로그 게시물은 훨씬 더 뻔뻔하다. 서프는 '허락 없는 혁신'을 '통신사의 허락을 구하거나 특별 요금을 지불할' 필요가 없다는 의미로 정의했다.[64] 바꿔 말하면, 구글이 통신사 전송량에서 불균형적인 비율을 사용하더라도 추가요금을 낼 필요가 없다는 뜻이다. 미 상원 법사위원회에서의 증언에서, 서프는 구체적으로 '전통적인 케이블과 전화시스템'이 혁신의 장애물이라고 언급했다.[65]

구글의 유럽 공공정책 블로그European Public Policy Blog에서는 한술 더 뜬다. 구글의 엔지니어링 담당임원 리안 리벤버그Rian Liebenberg는 혁신에 대한 모든 장벽이 제거된 '허락 없는 혁신'이라는 개념을 소개한다.[66] 리벤버그는 이 문화가 법으로 보호되어야 한다고 믿는다.

이런 생각들은 공통된 출발점에 뿌리를 둔다. '소프트웨어 자유활동가'라고 자처하는 자유 소프트웨어 재단의 대표 리차드 스톨먼^{Richard Stallman}이 '허락 없는 혁신' 이데올로기의 아버지이다. 스톨먼은 자유 소프트웨어 운동을 개척하고, UNIX 운영체제의 비독점적인 대안인 'GNU'를 창시했으며, '카피레프트^{copyleft}'를 도입했다. 카피레프트란 자유 소프트웨어가 개선되더라도 항상 자유 소프트웨어로 남을 수 있도록 보장하기 위해 고안된 최소 형태의 저작권^{copyright}이다.

리누스 토발즈^{Linus Torvalds}에 의해 개척된 잘 알려진 리눅스 운영체제는 실질적으로는 스톨먼의 GNU 자유 소프트웨어의 한 분파였다. 스톨먼으로서는 원통하게도, 리눅스 운영체제는 '자유 소프트웨어'를 '오픈소스 소프트웨어'로 포장을 바꿔서, 쓸만한 마이크로소프트의 운영체제의 대안으로 자리잡았다.

다소 편파적이긴 해도 구글의 자유 소프트웨어에 대한 헌신은 절대적이다. 오라클이 썬마이크로시스템즈^{Sun Microsystems}에서 획득한 자바 소프트웨어 특허를 침해했다며 구글을 고소했을 때, 구글은 자신이 오픈소스 자바 커뮤니티의 일원임을 강조했다. 자유 소프트웨어 재단 또한 구글의 편에 섰다.[67]

사실 구글의 '허락 없는 혁신' 슬로건은 주로 자유 소프트웨어 재단의 자유 소프트웨어 정의에서 영감을 받았다. "자유 소프트웨어는 소프트웨어를 실행, 복사, 배포, 연구, 변경, 개선하는 사용자의 자유에 관한 문제이다…… 이런 일들을 하는 데 있어 무료란 의미는 (다른 무엇보다도) 사용허락을 위해서 요청하거나 비용을 지불할 필요가 없다는 뜻이다."[68]

2002년에 발간된 스톨먼의 에세이 모음집『자유 소프트웨어, 자유 사회Free Software, Free Society』[69]에서, 그는 이렇게 설명한다.

> 사회에서 프로그램의 소유자가 있어서는 안 된다는 결론에 도달한다.[70]
> ……나는 사람들이 자유로이 자신의 행동을 결정할 수 있는 시스템을 구축하기
> 위해 노력하고 있다. 특히, 자유롭게 자신의 이웃을 도울 수 있어야 하며, 자신
> 의 일상생활에서 사용하는 도구들을 자유롭게 변경하고 개선할 수 있어야 한다.
> 자발적인 협동과 분권화에 기반을 둔 시스템인 것이다.[71]

> 소유자가 다른 누구보다 중요하다고 믿는 사람들에게 이 글은 아무런 의미가 없
> 다…… 하지만 왜 많은 수의 미국인들이 특정인을 다른 모든 사람보다 우위에
> 놓는 전제를 수용하는 것일까? 부분적으로는 이러한 전제가 미국 사회의 법적
> 전통의 일부라는 믿음 때문이다. 일부 사람들은 이런 전제에 의문을 품는 것
> 이 사회의 기반에 도전하는 것이라고 여긴다.[72]

> ……우리가 반드시 헌법이나 대법원에 동의해야 할 필요는 없다. (한때, 그 둘은
> 모두 노예제를 용납했다.)[73]

스톨먼은 소프트웨어와 디지털 컨텐츠의 소유권이 지식의 발전, 개인
의 창조성, 전체 사회의 창조성을 가로막기 때문에 '비윤리적'이고 '반사
회적'인 불평등의 한 형태라고 믿는다.

'허락 없는 혁신'을 뒷받침하는 폭넓은 이데올로기는 2003년 콜럼
비아 법대 교수이자 자유 소프트웨어 재단의 법률 고문이었던 이벤 모

글^{Eben Moglen}의 '닷커뮤니스트 선언^{The dotCommunist Manifesto}'에서 상세히 설명
됐다.

지식, 기술, 문화의 창조자들은 소유권에 근거한 생산구조와 강제적 지불에 근
거한 배포구조를 더 이상 필요로 하지 않는다는 점을 발견한다. 연대와 무소유
생산이라는 무정부주의 모델은 자유 소프트웨어의 창작을 가능하게 만들고, 창
작자들은 이를 통해 추가적 생산을 위한 기술의 통제력을 획득한다. 네트워크
자체는 방송 사업자나 다른 대역폭 소유자의 통제로부터 해방되어 위계적 통제
가 없는 동료 간의 연대를 기반으로 한 새로운 배포 시스템의 중심이 되는데, 이
러한 시스템은 모든 음악과 비디오를 비롯한 소프트 제품에 대한 강압적인 배포
시스템을 대체한다.⁷⁴

아이디어의 소유권을 보호하려면 자유로운 기술의 억압이 필요하며, 이는 자유
언론의 억압을 의미한다.⁷⁵

우리는 자유언론, 자유지식, 자유주식을 위한 투쟁에 헌신한다.

이러한 수단 및 다른 수단을 통해, 우리는 인간 정신을 해방시키는 혁명에 헌신
한다. 아이디어에 대한 사적 재산 시스템을 타도함으로써, 우리는 각자의 자유
로운 발전이 모두의 자유로운 발전의 조건이 되는 진정으로 공정한 사회를 실현
한다.⁷⁶

그러나 '허락 없는 혁신'을 주류로 끌어들이는데 가장 큰 역할을 한

사람은 지적재산의 공동 소유를 지지하는 몇 권의 책을 쓴 저자인 로렌스 레식이다.[77] 또한 레식은 자유 소프트웨어 재단의 이사회에서 근무하고 있으며 이 기구의 자유상Freedom Award 수상자 중 한 명이다.

레식과 구글이 긴밀한 관계를 가지고 있다는 사실은 놀랍지 않다. 구글에서 연설 도중, 레식은 자신이 가르친 변호사들 거의 대부분이 구글에서 일하고 있다고 자랑했다.[78]

레식은 인터넷 공유공간Internet Commons 또는 닷커먼스dot.commons란 아이디어를 제일 처음 창시한 사람이었다. 자신의 저서 『아이디어의 미래The Future of Ideas?The Fate of the Commons in a Connected World』에서 레식은 닷커먼스를 "……분권화된 혁신을 위한 자원. 이 자원들은 개인들이 연결이나 허락 또는 다른 이들에 의해 허용된 접근 없이 자원에 의지할 수 있는 기회를 마련해 준다. 이 자원들은 개방에 헌신하는 환경이다."[79]

레식의 책 『자유문화Free Culture』는 30개의 단과대학과 종합대학에 퍼진 자유문화운동을 낳았다. 다음은 자유문화를 위한 학생들Students for Free Culture의 유토피아적 '자유문화선언Free Culture Manifesto'에서 발췌한 내용이다.

자유문화운동의 사명은 하향식의 폐쇄되고 독점적인 구조가 아닌 상향식의 참여적인 구조를 구축하는 것이다. 디지털 기술과 인터넷의 힘을 민주화함으로써, 우리는 배포, 소통과 협업, 교육과 학습의 도구를 보통 사람들의 손에 쥐어줄 수 있으며, 진정으로 활동적이고, 연결된, 지식을 갖춘 시민을 통해 불공평과 압제는 느리지만 확실히 지구로부터 사라진다.

……미래는 우리의 손에 달려 있다. 우리는 디지털 공유공간digital commons을 수호하기 위한 기술적 문화적 운동을 조직해야 한다.[80]

'웹2.0'이란 신조어를 만든 팀 오라일리^{Tim O'Reilly}도 구글의 생각에 영향을 미쳤다. '웹 2.0은 무엇인가'라는 그의 기사는 구글의 전략에 대한 실질적인 로드맵으로 밝혀졌다.[81]

오라일리는 투명성이 프라이버시보다 더 중요하다고 열렬히 믿는다. 예를 들어, 구글이 G메일 메시지를 스캔한다고 비난받았을 때, 오라일리는 비판자들이 잘못된 이유 9가지를 들이대며 분주히 구글을 변호했다. 그 중 하나는 "구글은 품위 있고, 절제된, 유용한 광고를 제공해 온 역사를 가지고 있다."[82]는 이유였다.

컨슈머워치독이 구글의 에릭 슈미트 회장이 어린이들을 전신 스캔하기 위해 아이스크림 트럭에서 공짜 선물을 건네주는 모습이 담긴 웃기는 비디오 애니메이션을 선보였을 때[83], 오라일리는 또다시 서둘러 구글의 변호에 나서면서, 구글이 '데이터를 대가로 실제적인 가치'를 제공하기 때문에 추적과 기록이 받아들여질 수 있다고 주장했다.[84]

카피레프트 측의 정치적 수사가 조지 레이코프는 구글이 선호하는 언론상대자 중 한 명이다. 구글이 "사악해지지 말자", "세상을 좀더 좋은 곳으로 만들자" 또는 '개방형' 같이 단어와 문구를 대중화하고 정치화한 것은 레이코프의 각본을 그대로 따른 것이다.

구글의 반자본주의적이고 반문화적인 이데올로기에 또 다른 영감을 준 것은 북부 네바다에서 매년 열리는 버닝맨^{Burning Man} 축제다. 구글의 창업자들과 에릭 슈미트는 오래 전부터 정기적 참여자였다. 위키피디아에 따르면, 참여자들은 버닝맨을 '공동체와 완전한 자기표현과 완전한 자립에 대한 실험'[85]으로 묘사한다. 이벤트의 명칭은 끝마칠 무렵 사람의 인형을 태우는 의식에서 유래했다. 주최자에 따르면, 이 이벤트는 10가지

원칙에 의해 운영된다.[86]

완전한 참여: 누구나 참여할 수 있다.

선물: 참여자들은 현금보다는 선물을 나눈다.

탈상업화: 상업적 '이용'은 허용되지 않는다.

완전한 자립: 참여자들은 '내부의 자원'에 의존해야 한다.

완전한 자기표현: 개인이나 그룹에 의해 결정된 방식에 의해.

공동의 노력: 창조적인 협동과 협업.

시민의 책임: 공공의 번영을 위한 책임을 진다.

흔적을 남기지 않는다: 참여자들은 뒷정리를 해야 한다.

참여: 완전한 참여적 윤리.

직접성: 내면의 자신을 인식하는 장벽을 극복한다.

버닝맨은 명백히 주류 미국사회의 많은 측면들을 부정하고 공동체주의, 사회주의, 환경주의 같은 유토피아적 이상에 의존한다. 그리고 이는 구글의 창업자들에게 진정한 영향을 끼쳤다. 창업자들은 구글 브랜드에 대한 첫 번째 두들[87]로 Google의 두 번째 글자인 'o'에 버닝맨의 상징을 사용했다.[88] 소문에 따르면, 에릭 슈미트가 과거에 버닝맨에 참석했기 때문에 창업자들이 그를 고용하는 데 편안함을 느꼈다고 한다.

* * *

구글노믹스Googlenomics는 구글주의에서 중요한 특징이다.

구글노믹스를 이끄는 철학자 중 한 명은 할 배리안으로, 구글의 수석 경제학자이다. 배리안은 『정보의 지배Information Rules: A Strategic Guide to the Network

Economy』라는 책을 UC버클리 칼 샤피로^{Carl Shaprio} 교수와 공동집필했다.[89] 이 책은 기업 관리자와 경제학 학생들 사이에 널리 읽히는 책이다. 1998년에 출간된 정보의 지배는 고객을 고정화시키고 네트워크 효과를 이용하는 가능성을 기술한다. 이 책은 또한 반독점제소를 예상하고 방어전략을 계획한다.

또 다른 구글노믹스의 선지자는 예일대학 교수로 『네트워크의 부^{The Wealth of Networks: How Social Production Transforms Markets and Freedom}』[90]의 저자 요차이 벤클러^{Yochai Benkler}가 있다. 벤클러는 자신의 저서가 애덤 스미스의 『국부론^{The Wealth of Nations}』의 현대판이라고 생각한다.

자신의 책에서 벤클러는 핵심 아이디어를 개척한 공을 이벤 모글렌, 로렌스 레식, 리처드 스톨먼에게 돌린다. 무엇보다도 벤클러는 온라인 '정보공유 공간^{information commons}'의 설립과 그것이 사회적 관계에 미치는 영향에 대한 열렬한 지지자이다.

> 핵심적 질문은 시장 기반의 독점적인 프레임워크 외부의 네트워크화된 정보 환경에 참여하기를 원하는 누구나가 접근 가능한 공유된 핵심 인프라스트럭처가 공유 공간으로 운영되는 형태로 존재하느냐의 여부이다.[91]

> 이는 부의 상당한 재분배를 가지고 올 것이며, 그에 못지 않게 중요한 점은 기존의 지배적인 기업과 수익모델로부터 개인과 사회적 그룹의 혼합체로의 권력의 재분배를 초래한다는 것이다……[92]

> 우리는 정보, 지식, 문화를 창조하고 교환하는 방식을 변화시킬 수 있는 기회를

가지고 있다. 그렇게 함으로써, 우리는 개인에게는 좀더 큰 자율과, 정치 공동체에게는 좀더 큰 민주주의를 그리고 사회에게는 좀더 큰 자기 반성과 인간적 연결의 기회를 제공하는 시기로 21세기를 만들 수 있다. 우리는 물질적 기회에 대한 거래 장벽을 일부 제거할 수 있으며, 도처에서 인간 개발의 상태를 개선할 수 있다. 이러한 변화는 아마도 더 진보적이고 평등한 사회를 향한 진정한 변화의 기반이 될 것이다.[93]

「와이어드」 편집자이자 『롱테일 경제학』[94]과 『공짜, 파격적인 가격의 미래Free: The Future of a Radical Price』[95]의 저자 크리스 앤더슨Chris Anderson은 구글노믹스에 대해 더 알기 쉽게 설명한다. 앤더슨은 "정보는 무료이길 원한다Information wants to be free"라는 스튜어트 브랜드Stewart Brand의 격언을 디지털기술로 인해 비트당 비용이 제로에 가까워진다는 방식으로 해석한다. 그는 처리, 저장, 대역폭의 낮은 증분비용incremental cost로 인해 가능해진 '풍요의 경제학'의 선두 주자로서 구글을 바라본다.[96]

구글이 2010년 7월 워싱턴에서 주최한 도서 사인회에서, 앤더슨은 구글의 수석 경제학자 할 배리안을 '공짜에 대해서 내가 알고 있는 모든 것을 가르쳐 준' 사람이라고 언급했다. 또한 앤더슨은 구글을 '……공짜의 요새'이며 '……공짜로 돈을 버는 대표 선수'[97]라고 칭했다.

구글노믹스는 단순히 구글의 수익모델을 표현하는 또 다른 단어가 아니다. 이는 무엇보다도 사회적 관계를 변화시키기 위해 신중하게 계획된 시스템이다. 크리스 앤더슨이 떠드는 것처럼 '공짜'는 급진적인 가격 모델이다. 하지만 구글노믹스는 그 이상이며, '자유문화' 운동의 핵심구성요소이다.

* * *

구글은 자신이 거머쥔 인터넷 기술을 사회를 개조할 수 있는 일생일
대의 기회로 바라본다. 구글과 그의 기술 유토피아적 동맹은 다음과 같
은 사회를 추구하기 위해 노력하고 있다.

- 개방성, 투명성과 무상 공유가 프라이버시, 비밀주의, 소유권을 대
  체한다.
- 사람들은 자신의 이득을 위해 개인이나 기업으로 일하는 대신 공
  공선을 위해 함께 일한다.
- 공유된 정보를 기반으로 한 제품과 서비스, 대중의 지혜, 개방성,
  매쉬업, 보편적 접근이 이윤동기와 사적 소유권을 기반으로 한 제
  품과 서비스보다 선호된다.
- 전통적인 희소 자원 경제학은 풍부한 정보, 처리 능력, 저장, 대역
  폭의 경제학으로 대체된다.
- 인터넷은 전통적인 법률과 시장 세력이 아니라 엘리트 엔지니어들
  과 과학자들에 의해 개발된 컴퓨터 코드에 의해 지배된다.

구글주의는 다른 '주의'와 마찬가지로, 더욱 거대한 계획과 통제를 통
해 더욱 번영하고, 평등하며 행복한 사회를 건설할 수 있다는 잘못된 생
각에 기반을 두고 있다.

구글주의는 사회가 기술을 지배해야 한다고 여기기보다는 기술이 사
회를 지배해야 한다고 여긴다. 결과적으로, 사람, 기업, 중앙정부는 자신
의 주권을 포기하는 반면에 기술 엘리트에게는 권력이 주어져야 한다.

기술 엘리트가 권력을 확고히 하면, 사회는 중앙 제어 장치를 가진 기계처럼 운영될지도 모른다.

그러나 하이에크가 입증했던 바와 같이, 중앙계획은 위험한 환상이다. 엔지니어들에게는 호소력이 있을지 모르겠으나, 더 나은 효율을 낳지는 못한다. 사람들에게 경제적 결핍을 제거해 주겠다고 약속할지는 모르겠으나, 먼저 사람들에게서 자신의 삶에 대한 통제력을 빼앗게 될 것이다.

사람들에게서 온라인 프라이버시와 지적재산권을 제거해 버린다면, 우리는 결국 디지털 노예가 된다.

Search & Destroy
Why You Can't Trust Google Inc.

3부 | 구글이 바라는 미래

10장
구글은 우리를 어디로 이끌고 있는가?

이번 장에서는 인터넷의 미래를 걱정하는 모든 이들을 위해 주의를 환기시키고자 한다.

인터넷은 자기 조직적이고 규제되지 않은 네트워크로서 모든 예상을 뛰어넘는 성공을 거뒀다. 원래의 비전은 상당히 소박한 것으로 서로 호환되지 않던 세계의 컴퓨터 네트워크를 상호 연결시킨다는 것이었다. 하지만 이 아이디어는 엄청나게 세상을 뒤흔드는 뭔가로 금세 진화했다. 월드와이드웹이 그것이다.

우리는 웹의 성공에 찬사를 보내느라 바빠서 그 위험성을 간과해 왔다. 시민들에게 권력을 쥐어 준 바로 그 기술이 동시에 그 기술을 통제하기로 작정한 조직들에게 권력을 쥐어 줄 수도 있다. 그리고 여태까지 인터넷이 대체로 자기 조직적이고 규제되지 않았다 하더라도, 앞으로도 그러리라는 보장은 없다.

웹에 대한 유토피아적인 시각은 반유토피아적인 현실에 의해 상쇄된다. 소비자들은 더 많은 정보와 더 많은 선택에 즐거워할지 모르지만, 동시에 디지털로 지문이 채취[1], 추적, 기록된다. 웹은 사기꾼, 스팸업자, 스토커, 위키리커WikiLeakers, 테러리스트를 비롯한 모든 이에게 익명성을 허용한다. 웹은 소비자들을 강력하고 새로운 위협에 노출시키면서 오히려 나쁜 놈들을 보호한다.

많은 측면에서, 인터넷의 미래는 목하 결정되고 있는 중이다. 오늘 우리가 묵인하는 것이 내일에는 유서 깊은 관행이 될 수 있다. 만일 사용자들이 계속해서 기업들이 자신을 추적하고 기록하는 관행을 묵인한다면, 그들이 이런 관행을 반대하지 않는다고 추정될 수 있다. 사용자들이 책의 전체 내용을 읽도록 허용하는 것으로 '공정사용'의 정의가 확대된다면, 저작권 보유자들이 반대하지 않는다고 추정될 수 있다. 그리고 법원이 인터넷 이전 시절에 쓰여졌다는 이유로 헌법 원리와 법률 원리를 인터넷에 올바르게 적용하지 않는다면, 시간이 지남에 따라 그들의 올바르지 못한 판결은 법적 판례의 권위를 얻게 될 것이다.

세상이 이제 막 문제의 성격과 규모를 깨닫기 시작하는 시점에, 구글은 정보접근(검색)과 전자상거래(검색광고)에서 추월할 수 없는 우위를 기반으로 자신의 솔루션을 강요하고 있다.

* * *

구글은 우리가 사는 세상의 질서를 바꾸고 싶어한다.

구글은 역사상 가장 야심적인 기업이다. 인터넷은 이미 우리가 일하고 즐기는 방법에 대변혁을 일으켰다. 구글은 세계적 규모로 다음의 큰 발전을 이루고자 한다. 구글은 우리가 생각하고 행동하는 것에 영향을 미치고 싶어한다.

구글의 데이터 분석 엔지니어들은 어느 누구보다 인터넷이 우리의 경제, 문화, 사회를 변모시키는 강력한 기구가 될 수 있다는 점을 이해하고 있다. 그리고 오직 그들만이 구골 규모의 인프라스트럭처와 그 일을 성사시킬 만한 과대망상적인 비전을 가지고 있다.

우리는 구글이 다른 이들의 프라이버시, 지적재산권, 온라인 보안을 존중하지 않는다는 점을 알게 됐다. 우리는 구글이 자신은 수많은 규칙과 법률에서 면제된다고 생각한다는 점을 알게 됐다. 그리고 우리는 구글이 무책임한 기업문화를 가진 세계적 독점기업임을 알게 됐다.

하지만 전체는 부분의 합보다 크기 때문에, 상황은 우리가 걱정하는 것보다 훨씬 심각하다. 구글의 위반사항, 이해관계의 충돌, 허위진술을 모두 합치면 한 가지 패턴이 떠오른다. 구글은 모든 사람들이 충분히 파악하기만 한다면 반대할 것이 확실한 방식으로 세상을 바꾸려는 급진적인 어젠다를 가지고 있다. 구글은 '너의 것은 나의 것'이라는 퍼블리커시와 맹목적인 신뢰를 통해, 사용자들의 소유권이 조직적으로 강탈된 뒤집힌 세상으로 우리를 이끌려고 한다.

구글은 인터넷을 이용해서 우리가 완전히 사장됐다고 생각했던 꿈을 실현하려고 한다. 집단주의 사회, 계획 경제 그리고 단일 세계 정부의 꿈이 그것이다.

* * *

구글은 인터넷을 바꾸고 싶어하는 기술 유토피아techtopian 운동의 리더이다.

기술 유토피아주의자들은 현재까지 모든 유토피아적 계획이 실패했다는 점을 알고 있다. 하지만 그건 물리적 세계에서의 일이었다. 사이버

공간에 맞게 특별히 고안된 새로운 전술로 무장함으로써, 기술 유토피아주의자들은 오프라인에서 성취하지 못했던 일을 온라인에서 성취하기를 기대한다.

이전 장에서 기술된 기술 유토피아주의자들의 믿음은 실제로 어떤 결과를 낳게 될까?

퍼블리커시와 정보공유를 지지함으로써, 기술 유토피아주의자들은 프라이버시와 사적인 지적재산을 없애려고 한다. 사람들에게 공공선을 위해 협동하라고 촉구함으로써, 기술 유토피아주의자들은 사람들이 자신만의 이익을 위해서 개인이나 사기업으로 분투하는 행동을 단념시킬 수 있기를 기대한다. 공유와 개방성에 기반을 둔 제품과 서비스를 선전함으로써, 기술 유토피아주의자들은 개인적 창의성이나 관습에 얽매이지 않은 사고 또는 탁월함을 추구할 기회를 감소시킨다. 급진적인 무료 수익모델을 강조함으로써, 기술 유토피아주의자들은 유한한 상품과 서비스의 판매를 기반으로 한 전통적 수익모델을 대체하려고 시도한다. 그리고 온라인 세계가 엘리트 엔지니어와 과학자들에 의해 개발된 컴퓨터 코드에 의해 운영되어야 한다는 사상을 선전함으로써, 기술 유토피아주의자들은 의회에서 통과된 법률들을 회피하려고 시도한다.

인터넷 사용자들 대부분은 기술 유토피아주의자들의 자유문화운동에 대해서는 들어본 적도 없다. 불행한 일이지만, 내가 알지 못하는 것들도 나에게 피해를 끼칠 수 있다. 실제로, 무료상품과 서비스(가격을 이길 수는 없다), 저작권 있는 컨텐츠를 복사하고 재배포할 수 있는 증가된 자유(친구로부터 얻을 수 있다), 개방형 시스템('개방'은 '폐쇄'보다 좋게 들린다) 그리고 공유(너의 것이 나의 것) 같은 자유문화운동의 많은 측면이 호소력 있게 들린다.

그러나 구글의 정치적 어젠다는 자유문화운동에서 시작될지는 모르지만, 거기서 끝나지는 않는다.

* * *

구글의 목표는 자유문화운동의 목표보다 거대하다.

자유문화운동은 그 목표가 "세계의 정보를 체계화해서 보편적으로 접근 가능하고 유용하게 만든다"는 구글의 사명을 돋보이게 만들기 때문에 구글에게 매력적이다. 프라이버시가 적어질수록 구글이 체계화할 수 있는 정보는 늘어난다. 공유가 많아질수록, 구글이 체계화할 수 있는 컨텐츠가 늘어난다. 기타 등등.

왜 그 정도에서 멈춘단 말인가?

만일 뉴스, 책, 음악, 비디오, 사람들 그리고 행동 등 모든 정보가 1과 0으로 단순화될 수 있다면, 누가 그런 정보를 수집, 분석, 적용하는 데 가장 적합하게 될까? 인터넷을 운영하는 주체로서는 데이터 분석 엔지니어들이 합리적인 선택이다. 운 좋게도 구글은 데이터 분석 엔지니어들에 의해 설립되고 운영되어 왔다.

구글의 관점에서는 불행스럽게도, 컨텐츠의 상당량은 아날로그 포맷에 머물러 있다. 모든 것을 디지털화하는 데 있어 많은 진전이 이루어졌지만, 해야 할 일들이 많이 남아 있다. 그러나 대부분의 아날로그 컨텐츠는 아날로그 시대에 머물러 있는 사람들이 소유하고 있다.

구글은 디지털화가 좀더 나은 세상을 만드는 데 있어 선결과제라고 인식한다. 구글의 엔지니어들은 모든 것들이 1과 0으로 단순화되면, 모든 문제에 대해 수학적으로 정확한 해결책을 제시하는 것이 가능할 것이라고 믿는다. 자신의 컴퓨터 네트워크가 충분한 데이터를 수집, 저장, 처리할 만큼 크다면 말이다.

하지만 이런 일은 하룻밤 사이에 이루어질 수 없다.

결과적으로, 구글의 계획은 단계적으로 목표를 향해 나아가는 것이다. 처음 두 단계는 잘 알려져 있는데, 첫 단계는 현재 순항 중이고, 둘째 단계는 막 펼쳐지기 시작하는 중이기 때문이다. 이후의 단계는 구글에 의해 제공된 단서와 아울러 해당 구상이 어떻게 진화할 것인지 추론함으로써 이해할 수 있다.

첫 번째 단계인 온라인 무정부주의 online anarchism 에서 주요 과제는 다른 이들의 재산을 사용하기 위해 비용을 지불하거나 허락을 구해야 할 필요가 없다고 모두를 설득함으로써 기존질서를 파괴하는 것이다. 첫 번째 단계는 밀턴 프리드먼과의 입장과는 반대로, 소유자에게서 재산을 슬쩍 할 의사가 있는 사람을 위한 공짜점심이 존재한다는 점을 입증하려고 한다.

결과적인 '허락 없는' 사회는 다음 단계를 위한 징검다리일 뿐이다. 온라인 생산수단을 집단화하는 온라인 집산주의 online collectivism 하에서는 프라이버시, 기밀성, 지적재산이 평등한 정보접근과 공유의 장애물로 취급된다. 모든 이들에게 자신의 이익보다 공공선을 우선하도록 요구된다. 그러나 모든 평등주의 사회가 그렇듯, 일부 사람들은 다른 이들보다 더 평등한 것으로 드러나며, 이 경우에는 거대한 특권을 누리는 데이터분석 엔지니어가 그들이다.

엔지니어링 엘리트, 집산주의, 진보된 기술의 결합은 필연적으로 중앙계획 centrally planned 인터넷을 낳는다. 경쟁과 다양성은 비효율의 원인이라는 이유로 제거된다. 아무 것도 운에 의해 맡겨지지 않으며, 모든 것이 알고리즘과 필터를 통해 관리되고 통제된다. 이것이 바로 하이에크가 말한 '디지털화된 노예의 길'이다.

집중화의 증가는 구글이 프로그래밍한 인터넷이란 단일정보 병목지점을 낳는다. 우리가 발견하고, 배우고, 느끼고, 욕망하고, 구매하는 모든 것들이 구글의 알고리즘, 미리 입력된 선호도, 임의적인 채점시스템에 의해 영향을 받는다. 구글의 검색엔진이 누가 승리하고 패배할지 결정한다.

마지막에는 구글의 권력이 통제 불가능해지고 필요에 의한 맹목적인 신뢰만이 남는 무책임한 인터넷이 기다리고 있다. 구글은 독점적이고 전지적인 편집자, 관찰자, 배포자, 수익 수금원이자 의사결정자가 된다. 견제와 균형이 사라진다. 개인주의, 자유시장 경쟁, 보안이 사라진다. 단계를 거치면서 성장한 독재는 이제 절대적이다. 구글의 데이터 분석 엔지니어들은 인터넷뿐만 아니라 전세계를 운영한다.

* * *

고맙게도, 언제나 계획대로 일이 흘러가지는 않는다.

구글은 진행과정에서 장애물에 부딪칠 것이다. 장애물에 따라 우리는 구글이 원하는 곳으로 갈 수도 있고, 아니면 다른 장소로 방향을 전환할 수도 있다. 인터넷이 데이터분석 엔지니어들에 의해서 운영되거나 그들을 위해서 운영되기를 원하지 않는 사람들에게는, 이런 진행 과정상의 장애물들이 다른 결과를 낼 수 있는 최고이자 마지막 희망이 될 것이다.

더 강력한 프라이버시 법률: 개인들이 자신의 정보가 얼마나 많이 수집되고 공유될 수 있는지 선택하게 함으로써 시민들의 프라이버시를 보호하려는 법률이나 규제에 대한 지지가 증가하고 있다. 일부의 발언과는 반대로, 미국인들 대부분은 프라이버시에 대해 심각하게 우려한다. 의회는 결국 프라이버시 입법을 통과시키게 될 것이다.

지적재산 보유자들의 법적 승리: 자신에게 직접적 영향을 미치지 않는 문제에 대해서는 상당 기간 동안 상당한 사람들을 속일 수 있지만, 자신이 창작물이 허락 없이 공유되는 걸 지켜보는 사람들을 속일 수는 없다. 구글은 점점 더 많은 지적재산 사건에서 패소하거나, 법정 밖에서 해결해야 할 상황에 놓이게 될 것이다.

만일 바이어컴 대 구글 사건이 미 대법원까지 가게 된다면, 대법원은 바이어컴에게 유리한 판결을 내리게 될 가능성이 높다. 유사한 사례에서 대법원은 만장일치로 그록스터 패소 판결을 내리면서 "침해를 조장하기 위해 취해진 명백한 표현과 기타 적극적인 과정을 통해 입증된 바와 같이, 저작권을 침해하는 활용을 촉진시키는 목적을 가진 기기를 배포하는 자는 그 결과로 야기된 제3자의 저작권 침해 행위에 책임이 있다."[2]고 밝혔다.

보안 참사: 구글은 실패하지 않기에는 너무나 커져 버렸다. 구글이 2001년 9월 11일 수준의 데이터보안 참사를 겪는 건 시간 문제일 뿐이다. 자신이 다른 모든 사람들보다 똑똑하다고 생각하는 것은 위험성을 키울 뿐이다. 롱텀캐피털매니지먼트와 엔론은 자신의 분야에서 가장 스마트하다고 여겨졌지만, 구경거리로 전락하며 망해버렸다.

중국의 해킹사건은 뭔가 더 심각한 사건의 징조일 뿐이다. 구글이 보유한 민감한 정보가 위키리크스처럼 누출되면 국제적인 참사가 일어날 것이다.

반독점제소: 미 법무부와 유럽연합은 독점적 권력을 남용한 혐의로 구글을 공식 기소할 가능성이 높다.

주권 충돌: 구글은 최고정보기관을 자처한다. 하지만 모두가 동의하지는 않을 것이다. 개인, 경쟁자, 정부는 구글의 조직적인 잠식에 대항해 점점 더 자신들의 주권을 방어할 것이다.

지속되는 이해관계의 충돌: '맥락 발견contextual discovery'이란 구글이 모바일 사용자의 위치 정보를 기반으로 광고를 밀어내는 방식에 붙인 이름인데, 이 사업에 구글이 진입한 것은 정보에 대해 공정한 접근을 제공한다는 자신의 주장과 상충된다.[3] 간단히 말해서, 사용자들이 요청하지도 않은 정보를 사용자들에게 푸시하는 새로운 비즈니스를 펼치면서, 편향적인 검색결과를 사용자들에게 절대로 공급하지 않겠다고 약속하는 행동은 전혀 양립될 수 없다.

* * *

대부분의 인터넷 사용자들이 자신이 어느 정도까지 추적되고 있는지 깨닫지 못하는 것과 똑같이, 대부분의 인터넷 사용자들은 자신이 원하지 않는 어떤 곳으로 이끌려 가고 있다는 점을 깨닫지 못한다. 이미 늦었지만, 아주 늦지는 않았다. 프라이버시, 재산, 경쟁을 보호하기 위해 취해져야 할 과정들은 다음 장에서 살펴보게 되겠지만, 정말로 간단하고 소박하다.

11장
우리가 해야 할 일은 무엇인가?

사용자 프라이버시를 보호하고, 지적재산권을 강화하며, 데이터 안전성을 보호하고, 온라인시장에서 공정한 경쟁을 회복할 수 있는 방법이 있을까?

다행스럽게도, 그 해답은 '있다'.

우선, 우리는 깨어나서 문제점을 인식하고, 투명성과 책임감을 요구하며, 견제와 균형을 마련하고, 구글이 법, 규제, 규칙을 준수하도록 만들어야 한다.

하지만 우리가 해야 할 일이 한 가지 더 있다. 구글의 급진적인 어젠다를 인식하고 타파하는 일이다. 모든 유토피아적 계획은 결국 실패로 귀결된다. 하지만 그것이 오래 지속될수록, 더 많은 피해를 야기하게 된다. 이제 개인주의, 법에 의한 지배 그리고 재산권의 중요성을 이해하고 있는 모든 사람들이 나서야 할 때이다.

어려운 점은 옳은 것을 약화시키지 않고 잘못된 것을 바로잡는 것이다. 구글은 파괴적인 일들을 했지만, 동시에 사용자, 광고주, 웹매체기업들에게 실제적인 가치를 제공했다. 걸출한 사업적 성공에 대해 구글을 처벌하려는 유혹에 저항하면서 구글의 파괴적인 행동을 중지시키는 것이 중요하다.

* * *

해결책에는 공공과 산업계 그리고 제한적인 정부의 조치에 의한 다중적이고 혼합된 압박이 필요하다. 인터넷 사용자, 웹매체기업, 온라인 광고주들이 구글로 하여금 프라이버시와 사적 재산을 존중하고 더 투명하고 책임감 있는 방식으로 행동하도록 설득할 수 있다면 바람직할 것이다. 어떤 사례에서는, 기존 법률을 집행하거나 새로운 법률을 입안하는 것이 해결책이다.

[바람직한 방향]

구글에게 황금률을 따르라고 주장하라: 우리는 구글이 가장 보편적인 윤리적 테스트에 복종하도록 해야 한다. 자신이 취급되기를 기대하는 방식대로 다른 이들을 취급하는가?

불행스럽게도, 구글은 황금률 테스트 통과의 근처에도 가지 못한다. 구글 이데올로기의 핵심 원리인 구글주의는 구글이 모든 이들에게 최선이 무엇인지 알고 있다는 것이다. 자신이 그 누구보다 똑똑하다고 믿는다면, 자신처럼 똑똑하거나 혁신적이지 않은 사람들을 제약하는 법률과 규칙에서 자신이 면제되어야 한다고 확신할 가능성이 높다.

구글은 다른 이들에게 투명하고 개방적이 되라고 촉구한다. 만일 구글이 동등하게 투명하고 개방적이 된다면, 많은 문제들이 사라질 것이다.

구글은 자신의 지적재산을 열심히 보호한다. 만일 구글이 다른 이들의 지적재산에 대해서도 유사한 존중을 보인다면, 많은 문제들이 사라질 것이다.

기존 법률과 규칙을 집행하라: 구글의 독점권력은 상당 부분 느슨한 법 진행에서 기인한다. 당국은 검색의 집중성, 네트워크 효과, 선발주자의 우위점을 이해하지 못했다.

법무부와 유럽연합은 반독점 사건들을 계속 진행해서 구글이 검색광고 독점을 확장하지 못하도록 차단하고, 구글이 모든 주요 정보 저장고를 걸어 잠그지 못하도록 예방하며, 약탈적이고 급진적인 무료 전략으로 경쟁을 파괴하지 못하도록 중지시켜야 한다.

구글은 막을 테면 막아 보라는 식이다. 반독점 당국의 목표는 구글을 처벌하는 것이 아니라, 경쟁적인 시장을 보존하고 정보에 대한 약탈적인 집중화된 통제가 일개 기업의 손아귀에 놀아나는 걸 멈추는 것이다.

현 시점에서 반독점 집행을 통해 구글을 통제하는 데 실패하면, 미래에는 디지털 경제에 대한 지나치고 과중한 규제로 이어질 수 있다. 그것은 상상할 수 있는 최악의 시나리오가 될 것이다. 달리 말해서, 우리가 빅브라더 주식회사(구글)의 독점적인 정보통제를 막는 데 실패한다면, 조지 오웰의 『1984』에 등장하는 빅브라더 같은 뭔가에 의해 규제될지도 모른다는 뜻이다.

법무부는 구글과 야후의 제휴안을 중지시키고 구글 북스 중재안 초안에 반대함으로써 올바른 행동을 했다.

연방통상위원회^{FTC}는 제대로 하지 못했다. FTC는 구글이 장악하지 못했던 사용자, 광고주, 매체기업 관계의 대략 1/3을 차지하기 위해 경쟁하도록 만드는 대신에 구글 - 더블 클릭 합병을 승인함으로써, 임무를 게을리했다. 또한 FTC는 '중대한 반독점 우려'에도 불구하고 구글의 애드몹 인수를 승인함으로써, 구글이 모바일 시장으로 검색광고 독점을 확장할 수 있도록 실질적으로 허용했다.

적절한 당국에게 배상을 청구하라: 구글이 자신에게 손해를 입히면서 불법적으로 행동했다고 생각하는 개인, 기업, 조직은 법정에서 배상을 청구해야 한다. 피해를 입은 당사자들의 수적 우위로 인해 당국은 다양한 수준에 걸친 구글의 부정 행위 패턴을 점점 더 무시하기 어렵게 될 것이다.

구글이 시장을 조작하지 못하도록 막아라: 온라인광고 시장에서 구글이 보유한 거의 완벽에 가까운 시장정보와 개인, 기업, 거래에 대한 상세한 정보를 감안할 때, 증권거래위원회^{SEC}와 선물거래소^{CFTC}와 해외 재무당국은 이토록 유례없이 광범위한 내부정보를 구글이 어떻게 활용하는지 면밀히 감시해야 한다. 특히, 구글이 의미 있는 내부 통제를 시행하고 제 3자 감사를 받아들이도록 요구해야 한다.

구글은 온라인 통화의 실질적인 표준인 키워드와 그 파생물인 불투명한 검색 알고리즘, 광고경매, 미스터리한 품질점수를 사용해서 세계를 주무르는 정보시장 지배자이며, 당연히 다른 시장 지배자가 따르고 있는 것과 동일한 법적 구속, 책임, 의무, 내부통제, 감사에 따라야 한다. 이는 구글이 내부자 거래, 고객 기만, 수익금 빼돌리기, 경쟁자에 대한 차별 또는 선호하지 않는 정보의 블랙리스트화 등을 통해 독점적인 중개자 지위를 남용하지 않도록 하기 위함이다.

구글은 역사상 그 어느 회사보다 심각한 이해관계의 충돌을 숨기고 있으며, 구글이 유혹에 넘어가지 않으리라고 생각한다면 순진한 것이다.

구글이 선거를 조작하지 못하도록 막아라: 구글의 비즈니스는 영향력을 조작하는 것이다. 구글은 검색엔진, 무료제품과 서비스, 다른 웹 감시 메커니즘을 통해 입수한 사적 정보를 기반으로 광고주가 사용자를 표적화할 수 있게 해준다. 또한 구글은 입후보자, 선거운동, 정당에게 온라인광고를 판매하기도 한다.

이 모든 것들을 합치면 선거, 정책구상, 심지어 법적 결정에까지 영향을 미치는 독특한 능력을 가진 하나의 회사가 나타난다.

정부는 구글이 유권자들과 정부기관에 영향을 끼칠 수 있는 다양한 방법들을 좀더 잘 이해할 필요가 있다. 심지어 구글은 구글의 검색서비스에 의존하지 않는 사람들에게까지 영향을 끼칠 수 있는데, 이는 그들이 의존하는 많은 다른 사람들과 정보원에게 구글이 영향을 끼칠 수 있기 때문이다.

선거와 국민투표에서는 종종 파악하기 어려운 부동층 유권자들에게 가장 효과적으로 영향을 발휘하는 쪽이 승리한다. 구글의 사용자들에 대한 광범위하고 불법적인 기록은 실질적으로 유권자들에 대한 광범위하고 불법적인 기록이기도 하다. 구글이 은밀하게 선거에 영향을 미치지 못하도록 주요 정당 대표로 구성된 독립적인 감독이 요구된다. 구글의 급진적인 어젠다를 고려한다면, 구글이 선거에 영향을 미칠 수 있는 역량과 그를 통해 선출된 공무원은 단일요소로는 구글이 가질 수 있는 가장 파괴적인 권력일지도 모른다.

프라이버시 법안을 통과시켜라: 미국 소비자들은 인기 있고 상당히 효과적이었던 통화차단 규칙을 본뜬 추적차단 규칙을 명백히 원하고 있다. 몇 가지 여론조사는 시민들이 행동정보수집을 위한 온라인추적을 옵트아웃할 수 있는 권리를 압도적으로 요구한다는 사실을 보여준다.

추적차단 규칙은 브라우저가 패킷 헤더에 추적차단 선호를 표시하도록 하고 추적정보를 수집하고 사용하는 이들이 각 사용자의 선호규칙을 이행하도록 함으로써 손쉽게 구현될 수 있다.[1]

동시에 의회는 널리 퍼져있는 줍는 사람이 임자라는 관행을 해결해야 한다. 기업들이 수집하는 사적인 디지털 정보를 2차적인 형태로 자유로이 판매하거나 공개하는 비밀스런 인식 말이다. 더 구체적으로, 의회는 소비자 중심적이고 기업과 기술에는 중립적인 포괄적 온라인 프라이버시 법안을 통과시킴으로써 인터넷 이전 시대에 만들어진 짜깁기 프라이버시 법률을 대체해야 한다.

2009년 6월 상하 양원 분과 소위원회에서 이뤄진 '행동주의 광고의 프라이버시에 대한 잠재적인 시사점'[2]에 대한 증언에서 나는 기술적 발전이 온라인 프라이버시에 극적인 변화를 야기시켰다는 점을 설명했다. 웹의 초기 시절에는 업계가 파편화되어 있었으므로 프라이버시는 심각한 문제가 아니었다. 이제 사업합병과 더 정교한 추적기술로 인해, 온라인 프라이버시란 거의 존재할 수 없게 됐다. 대부분의 소비자들은 점증하는 위험성에 무감각하며 자신이 실제보다 자신의 사적인 데이터에 대해 더 많은 통제력을 가지고 있다고 착각하고 있다.

기업 수준의 보안으로 업그레이드하도록 구글을 압박하라: 구글의 중대한 보안결함은 대재앙이 될 수 있다. 구글은 소비자 등급의 보안으로 대강 때워서는 안 된다. 최고의 보안관행에 의해 뒷받침되는 다중 계층의 보안이 필요하다. 구글은 너무나 많은 사람들에 대한 너무나 많은 민감한 데이터를 가지고 있다.

구글의 급진적 어젠다에 반대하라: 전세계 정보에 접근하는 단일 원천, 전세계 정보를 저장하는 구글의 단일 데이터베이스, 전세계 정보의 순위를 매기는 단일 알고리즘이 되겠다는 구글의 급진적인 비전은 개인, 조직, 사회, 심지어 정부에게조차 위협이다.

첫 번째 단계는 사적인 지적재산을 위협하는 행동과 계획에 반대하는 것이다. 두 번째 단계는 프라이버시가 개인의 자유에 필수적이며 마찬가지로 보호되어야 한다는 점을 인식하는 것이다. 역사는 시민들이 프라이버시를 빼앗겼을 때, 자주 독재가 뒤따른다는 점을 경고한다.

디지털 바벨탑에서 통제되는 전세계적으로 단일한 정보 저장고는 문화에 대해 획일적 영향을 끼칠 뿐이다. 무미건조한 보편적 표준이 생각, 믿음과 전통의 다양성을 대체할 것이다.

지구적 규모의 보편적 정보 접근이라는 구글의 비전은 세계 단일정부의 전조이다. 구글이 어떤 국가의 인구, 리더, 정치 조직과 경제에 대해 어느 누구보다 더 많이 알고 있다면, 국가의 주권은 위협 받는다. 정부가 정보의 수집, 저장, 적용을 구글에게 아웃소싱한다면, 자신들이 사실상 구글을 위해 일하고 있다는 점을 금세 깨닫게 될 것이다.

해결책은 간단하다. 구글 주식회사가 투명하고 책임감 있고, 다른 사람들의 프라이버시와 재산권을 존중하며, 입안자들의 의도대로 모든 법률을 준수한다면, 구글이 신뢰할 수 없고 파괴적인 기업이 될 리가 없다.

구글의 사명선언에 사람들은 두려워해야 한다.

단일조직이 '세계의 정보를 체계화해서 보편적으로 접근 가능하고 유용하게 만들 수 있는 유일한 방법'은 모든 사적 공적 정보를 수집하고 저장하는 것뿐이다. 이는 모든 정보가 공공 영역에 있다는 전제 하에 항시적인 감시와 단일기업에 의해 통제되는 접근을 필요로 하게 될 것이다.

놀랍게도 구글의 사명이 적절한 지에 대해 의문을 제기하는 사람은 거의 없었다. 이론적으로 모든 정보에 대한 단일 원천은 편리하고 유용할 것이다. 현실적으로 이는 단일조직을 세계의 최고 편집자이자 정보문지기로 임명하는 것이며 프라이버시를 말살하는 것이다.

구글의 얘기와는 반대로, 세계의 정보가 다양한 저장고에 흩어져 있고, 모든 정보에 보편적으로 접근할 수 없으며, 상당량의 정보와 컨텐츠가 사적인 재산인 편이 매우 바람직한 상황이다. 단일조직이 모든 정보에 대한 접근을 통제하는 사회는 전체주의 사회이다.

실제로 구글의 사명과 이제는 소멸된 소비에트 연합의 목표 사이에는 우려스러운 일치점들이 존재한다.

소비에트 연합의 창시자들은 중앙계획경제가 자유시장 경쟁을 기반으로 한 경제보다 질 좋은 상품과 서비스를 좀더 많이 생산할 것이라고 믿었다. 또한 그들은 중앙계획 경제가 더욱 공정한 사회로 이어질 것이라고 믿었다. 그리고 그들은 중앙계획의 장점이 완벽히 실현되려면, 전 세계적 기반으로 실현되어야 한다고 믿었다. 비극적으로 그들은 세 가지 관점에서 모두 틀렸다.

소비에트 실험에서 우리가 얻은 교훈은 중앙계획은 잔학성, 독재, 불공정, 무능, 가난으로 이어진다는 점이었다. 개인의 자유, 경쟁, 견제와 균형, 주권과 다양성에 기반을 둔 사회가 훨씬 더 생산적임이 드러났는데, 이런 사회는 개개인 시민들에게 자신의 완전한 잠재력을 실현시킬 수 있는 타당한 기회를 제공해 주기 때문이다.

불행스럽게도, 유토피아적 정치 시스템의 지지자들은 쉽게 포기하지 않는다. 기술 유토피아주의자들에게는 중앙계획이 잘못된 생각이라서 소비에트연합이 실패한 것이 아니라, 소비에트가 그런 계획을 운용하는 데 필요한 기술을 보유하지 못했기 때문에 실패한 것이다. 오늘날의 컴퓨터와 인터넷으로, 중앙계획자들은 훨씬 더 많은 데이터를 수집하고 저장할 수 있으며, 어떤 장소든 곧바로 지시를 전송할 수 있다.

그러나 기술 유토피아주의자들은 심각하게 착각하고 있다. 구글의 검색엔진, 컴퓨터 네트워크, 모든 주요 하드웨어 플랫폼, 컨텐츠 유형, 웹 구석구석에 도달하는 촉수는 중앙계획이라는 독재를 악화시킬 뿐이다. 모든 것들을 이진 데이터와 알고리즘적 통제로 단순화시킨다는 믿음은 비인간적인 시스템을 양산할 뿐이다.

구글의 사명은 실용적으로나 윤리적으로나 철저히 잘못됐다.

* * *

구글이 가진 야심의 규모는 거대한 빨간 깃발을 들어올리게 만든다.

비록 12년밖에 안 됐지만, 구글은 세계에서 가장 강력한 기업이다. 애당초 시작할 때부터, 구글의 창업자들은 그 누구보다 더 큰 뭔가를 원했다. 그들은 가장 큰 수 구골을 브랜드명의 기반으로 선택했다. 그렇게 함으로써, 자신들이 무슨 일을 어떤 이유에서 하는지 정확히 간파했다. "이 이름은 존재하는 정보의 엄청난 양을 반영하며 구글의 사명의 범위를 반영한다."[1]

하지만 구글 창업자들의 진정한 천재성은 인터넷을 하나의 거대한 수학적 퍼즐로 상상한 데 있다. 오직 그들만이 인터넷에 존재하는 모든 것들이 수집, 저장, 체계화, 분석될 수 있는 비트로 표현된다는 점을 간파했다. 오직 그들만이 이런 심오한 통찰력을 행동으로 옮겼다.

그 이후 지속적으로, 구글의 리더들은 자신들이 가진 야망의 범위로 우리를 비웃어 왔다. 하지만 거의 아무도 그들의 표현을 심각하게 받아들이지 않았다. 공동 창업자 세르게이 브린은, "완벽한 검색엔진은 신의 마음과 같을 것입니다."라고 말했다.[2] 에릭 슈미트 회장은 자랑했다. "우리의 모델이 확실히 좋습니다. 그것을 전제로 한다면 우리는 100퍼센트 점유율을 가져야 합니다."[3] 구글의 임원 아미트 싱할은 구글이 '지구상에서 가장 거대한 킹 메이커'[4]라고 으스댔다. 구글의 임원인 마리사 메이어는 이렇게 선언했다, "우리는 항상 세상을 비추는 가상의 거울을 만들려고 노력하고 있습니다."[5]

요점은 이것이다. 구글은 자신의 검색엔진이 완벽해진다면 창조주의 마음과 견줄 만하다고 믿는다. 구글은 단지 100퍼센트 시장점유율을 노리는 것이 아니라, 자신이 100퍼센트 시장점유율을 얻을 자격이 있다고 믿는다. 구글이 아니라면 누가 왕이 될지 선택할 수 있단 말인가? 그리고 구글은 전세계를 비추는 가상의 거울이다.

구글은 자신의 초인적인 야망을 수년 간 떠들어 왔다.

- 전지omniscience: 구글의 사명은 전지를 달성하는 것이다.
- 전종omnivorous: 구글은 데이터와 시장점유율에 대한 잡식성 식욕을 가지고 있다.
- 전재omnipresence: 구글은 웹과 그 너머 모든 곳에 존재하는 것을 추구한다.
- 전방omnifarious: 구글의 제품과 정보 유형은 다방면에 걸쳐 있다.
- 전능omnipotence: 구글은 전능을 실현하기 위해 자신의 인프라스트럭처, 데이터베이스, 소프트웨어를 확장하고 있다.

이 모든 것을 합치면, 구글의 야심이 바로 전체주의임이 드러난다. 구글은 세계 정보의 일부만을 체계화하기를 원하지 않는다. 또한 단지 세계의 정보를 체계화하는 일을 돕겠다는 것도 아니다. 구글은 전부를 원한다. 그리고 구글이 전부를 얻게 되면, 프라이버시, 사적 지적재산 또는 경쟁의 자리는 사라질 것이다.

구글은 우리에게 경고했으며, 끔찍한 결과가 나온다면 우리 잘못이다. 구글은 '……세상을 좀더 좋은 곳으로 만드는 단체'[6]가 되기를 열망

342

한다. 의례적인 사업목표를 갖는 기업이 아니라 급진적인 사회적 목표를 추구하는 단체인 것이다.

* * *

구글의 첫 번째 목표는 기존 질서를 파괴하는 것이다.

한 발자국 물러서서 구글이 하고 있는 일을 살펴보라. 피할 수 없는 몇 가지 결론이 도출된다.

구글은 고의적이고 의도적으로 광범위한 온라인 추적을 통해 프라이버시를, 재산권 법률을 회피하면서 지적재산을, 무료상품을 시장에 쏟아냄으로써 경쟁을, 애드워즈 고객들에게 주던 도움을 갑자기 끊어 버림으로써 개별 경쟁자들을 파괴하는 중이다.

구글은 자신이 하는 일을 때때로 숨긴다는 점을 시인한다. 예를 들어, 에릭 슈미트는 구글 크롬에 대해, "우리의 전략적 야심이 상대적으로 눈에 띄지 않는 것이 중요했습니다."[7]라고 밝혔다. 기업으로서 자신의 제품 계획을 기밀로 유지하는 것에는 전혀 잘못이 없다. 하지만 슈미트는 제품이나 사업계획에 대해 얘기하는 것이 아니었다. 그는 급진적 야심에 대해 얘기하고 있는 것이다. 구글이 공짜 웹브라우저를 선보인 건 뭔가를 팔기 위한 것이 아니었다. 사용자들을 좀더 잘 감시하기 위한 것이었다.

자신의 파괴적인 목표를 달성하기 위해, 구글은 추정된 묵인에 의존했다. 구글은 만일 사람들이 프라이버시의 상실에 대해 충분히 불만을 제기하지 않는다면, 사용자들의 암묵적 동의를 얻은 것이라고 주장할 수 있다는 점을 알고 있다. 오랫동안 허락 없이 구글이 저작권이 있는 컨텐츠를 제공하도록 내버려 둔다면, 구글을 막기는 더욱 힘들어질 것이다. 구글이 그런 활동으로부터 더 많은 시장권력을 획득할수록, 구글은 좀더 많은 협상의 지렛대를 획득하게 된다. 한 마디로 그것이 구글 북스, 유튜브, 구글 뉴스 등 다양한 제품에 대한 구글의 전략이었다.

구글은 자신의 파괴적 관행을 클레이튼 크리스텐슨[8]의 '파괴적 혁신'이란 개념으로 포장한다. 그러나 크리스텐슨은 자유시장에서 더 나은 제품이나 서비스가 등장할 때 벌어지는 자연적인 와해를 언급하는 것이었다. 대조적으로 구글은 '파괴성' 같은 단어를 활용해서 권력의 남용을 변명한다. 예를 들어, 구글은 경쟁자와 잠재적 경쟁자를 파멸시키기 위해서 전략적 시장에 공짜제품과 서비스를 쏟아낸다. 그리고 저작권, 상표권, 특허권을 조직적으로 침해함으로써, 아니면 다른 이들이 침해하도록 만들어 줌으로써, 지적재산의 가치를 평가절하한다.

구글은 종종 미묘하지만 효과적인 방식으로 파괴한다. 구글은 디지털 기술과 온라인 기술의 성장에 의해 야기된 불확실성과 혼란을 악용한다. 공정사용원칙이 저작권이 있는 동영상의 5분 분량을 업로드하고 공유하도록 허용하던가? 제기된 항의를 검토하고 최종적으로는 삭제하는 과정을 갖추기만 한다면 저작권이 있는 동영상을 게재해도 무방한가? 오랫동안 이러한 구글의 관행을 방치한다면, 점점 더 멈추기가 어려워질 것이다. 구글이 말한 대로, 가진 사람이 임자이다.

검색과 검색광고 독점을 기반으로, 구글은 매매나 정액기반의 수익모델에 의존하는 온라인 상품과 서비스를 괴멸시킬 수 있다. 구글은 클라우드 컴퓨팅 솔루션으로 대부분의 상용 소프트웨어 시장을 붕괴시킬 수 있다. 게다가 구글은 공짜이며 독점적 특혜를 받는 안드로이드 운영체제와 애플리케이션을 통해 유료 운영체제를 밀어내면서 급속히 모바일 시장의 점유율을 늘리는 중이다.

또한 구글은 고의적이지 않은 파괴적 측면도 가지고 있다. 바로 데이터 보안이다. 구글에 단일장애지점single point of failure이 있다는 사실에도 불구하고, 더욱 더 많은 기업들이 구글에 의존한다. 만일 구글이 '제로데이위협zero-day threat'에 의해 공격을 받는다면 인터넷 대부분에 피해가 발생할 것이다. 제로데이위협이란 바이런 아코히도Byron Acohido가 표현한 바에 의하면 '너무나 새로운 위험이라서 대항할 수 있는 유효한 방어책이 아직 존재하지 않는 위협'[9]이다. 구글의 극단적인 집중화는 스팸업자, 악성코드 주입자, 신원정보 절도자, 파괴자, 위키리크스 모방자들의 공격을 유발한다.

위키리크스의 줄리안 어샌지Julian Assange는 전국의 보안, 프라이버시, 지적재산에 대해 동시다발적 공격을 감행했는데, 구글은 위키리크스에 대한 검색도 제공했다. 위키리크스에 대해서 질문을 받자, 에릭 슈미트는 이렇게 밝혔다. "구글이 위키리크스를 색인화하는 것이 적정한지 검토해 보았느냐는 말인가요? 대답은 그렇다는 것이며, 우리는 그것이 합법적이기 때문에 계속하기로 결정했습니다."[10] 바꿔 말하면, 구글은 훔친 컨텐츠도 색인화하고 접근가능하도록 만들겠다는 것이다. 그것이 '합법적'이라고 주장한다고 해서 정당화되지는 않는다.

그러한 행동을 감안할 때, 구글플렉스에 구글의 창업자들이 불러낸 상징에 대해 다시 한번 살펴보는 것이 의미가 있을 듯싶다. B-52 폭격기 의자는 구글 회장의 임무가 경쟁에 대해 핵공격을 가하는 것임을 암시한다. 티라노사우루스 마스코트는 구글의 창업자들이 자신의 회사를 무시무시한 포식자로 바라보고 있음을 암시한다.

* * *

구글은 정보의 통제를 집중화하겠다는 정신 나간 임무를 순조로이 진행해 왔다.

구글은 1조 개가 넘는 웹페이지를 색인화했다. 구글은 10억 명이 넘는 사용자들의 정보를 수집해 왔다. 구글은 통제의 집중화를 좀더 빠른 속도로 진행하기 위해 알고리즘, 컴퓨터 인프라스트럭처, 데이터베이스, 수익화 계획을 개발했다.

구글의 알고리즘은 구글의 중앙계획 시스템의 조종간이다. 알고리즘은 본질적으로 수학과 논리를 이용해서 문제를 해결하는 컴퓨터 프로그램이다. 자신의 알고리즘이 효과를 발휘하게 만들려면, 구글은 우선 자신이 온라인에서 관찰하는 사람, 사용자, 광고주, 매체기업, 개발자, 데이터, 컨텐츠 등 모든 것을 1과 0의 흐름으로 단순화해야 한다. 그 다음 구글은 자동화된 시스템이 산출하기를 원하는 일반적인 결과를 결정한다.

구글의 데이터 분석 엔지니어들은 사람의 행동까지도 2진 데이터로 취급한다. 하지만 모든 것을 계량화하는 작업은 엄청난 분량의 가정을 필요로 하며, 그들 중 대부분은 추정이나 최선의 추측을 필요로 하기 때문에 주관적이다. 이는 인간의 선택처럼 애초부터 모호하거나 불확실한 항목이 정확하고 확실한 것처럼 보이는 뭔가로 최종적으로 바뀐다는 뜻이다. 기계론적 접근법은 우선적으로 사람들을 비인격화함으로써 전체주의 시스템을 정당화한다.

구글은 인간의 행동을 확률적으로 취급한다. 그렇게 함으로써 구글은 어려운 질문에 대한 답을 계산할 수 있다. 하지만 계산은 종종 모든 사람과 집단이 비슷하게 생각하고 행동한다는 가정에 의존한다. 구글의 알고리즘은 세상이 중간값으로 전반적으로 회귀한다고 바라본다. 많은 검색 질의에 대해, 이 방식은 놀라울 정도로 효과적이다. 다른 경우에 있어서는 최선의 추측일 뿐이다.

모든 가능한 질의에 대한 답을 예상해야 하므로, 구글은 궁극적인 중앙계획자이다. 구글은 잘못 입력된 키워드가 사용된 검색을 처리하는 것과 같이 다양한 상황에 대처하기 위한 사전 계획을 수립하는 방법을 익혔다.

구글은 이미 전자상거래나 온라인교육 같은 활동을 계획할 수 있는 툴을 개발했다. 이런 툴의 유용성은 구글이 자신의 무료상품 사용자로부터 더 많은 정보를 획득함에 따라 증가할 것이다. 예를 들어, 구글은 정치가들에게 선거 캠페인용 무료 툴을 제공한다. 다양한 툴로부터 투표자, 지역과 해당 주의 정치적 성향에 대한 메타데이터를 수집함에 따라, 구글은 오늘 당장 사용하지는 않을지라도 선거운동과 선거결과에 영향을 미칠 수 있는 역량을 축적하게 된다.

구글은 웹페이지의 랭킹을 매기고, 필터를 설정하며 기타 결정을 내림으로써 계획 과정을 시작한다. 자신의 검색엔진이 편향적이지 않다고 말할 때, 구글은 실제로는 처리 과정이 자동화될 수 있도록 사전에 웹페이지의 랭킹을 매기는 방법에 대한 결정을 말하고 있는 것이다.

한 마디로 구글은 정보의 집중화와 사전계획된 과정을 기반으로 인터넷을 조직하고 있는 셈이다. 이런 일을 성공적으로 수행할수록, 추가적인 성공을 거둘 수 있는 구글의 역량은 좀더 커진다. 구글러들은 반복 연습이라고 말할 듯하다.

중앙계획에는 중앙계획자가 필요하다. 하지만 기술 유토피아주의자들은 계획조차 자동화될 수 있다고 믿는다. 그것이 사실이라면, 점점 더 많은 권력이 점점 더 적은 구글 기술관리자의 손에 쥐어질 것이다. 소비에트연합이 중앙위원회에 의해 운영된 것과 똑같이 궁극적으로 인터넷이 중앙위원회에 의해 운영될지도 모른다.

* * *

조지 오웰은 정보의 집중화가 다수를 억압하려는 소수에 의해 이용될 수 있다고 예견했다.

한 세기 동안, 개인주의자들은 언젠가 기술이 시민을 염탐하고, 언제 어디서나 대중들에게 끊임없이 선전을 퍼부으며, 미묘한 방법으로 개인을 조작하고, 궁극적으로 사람들의 인간성을 발가벗기는 데 이용될 수 있다고 경고했다.

조지 오웰의 반유토피아적 소설인 『1984』에서, 빅브라더와 그의 지배 도당은 쌍방향 '텔레스크린'을 이용해서 사람들을 염탐하고 세뇌하며 통제한다.[11]

1940년대에 쓰여졌으므로, 오웰은 텔레스크린을 TV와 마이크가 달린 비디오카메라가 결합된 기기로 상상했다. 텔레스크린은 공공장소뿐만 아니라 중류와 상위계층의 가정에 끊임없이 선동을 방송한다. 그리고 텔레스크린은 사상경찰이 개별시민을 도청할 수 있게 해준다.

오웰이 몰랐던 점은 더욱 강력한 도구가 1990년대에 출현한다는 사실이었다. 인터넷이 연결된 컴퓨터가 그것이다. 텔레스크린에서는 인간 운영자가 감시하고 도청해야 했지만, 월드와이드웹은 수많은 사용자들의 데이터를 자동적으로 수집할 수 있다. 텔레스크린의 인간 운영자들은 오류와 피로에 취약했다. 인터넷에 연결된 PC는 대조적으로 24시간 내내 피로하거나 오류를 저지르지 않고 데이터를 수집할 수 있다.

인터넷이 연결된 PC는 훨씬 진보된 정확하고 정교한 기술을 상징하며, 사람들은 이 기술을 기꺼이 업무용이나 놀이용으로 열광적으로 사용한다. 대부분의 사람들은 모르는 것으로 보이지만, 새로운 기술은 조용히 사용자의 모든 키 입력, 마우스클릭과 생각을 기록하며 미묘하지만 효과적인 방식으로 그들에게 영향을 끼친다.

인터넷은 대중 통제용으로 훨씬 강력한 도구이다. 인터넷은 한꺼번에 모든 시민들을 추적하는 데 활용될 수 있으며, 게다가 종종 대부분의 시민들이 깨닫지 못하는 방식으로 활용될 수 있다. 인터넷의 도달 범위는 모바일폰이나 TV 같은 다른 기기로 확장될 수 있다. 시간이 지나면 모든 시민에 대한 상세한 신상 자료가 만들어질 수 있다. 게다가 인터넷은 미묘한 (따라서 더 효과적인) 방식으로 사람들에게 영향을 미치는 데 활용될 수 있다.

분명히 구글은 사람들의 일상의 모든 측면을 통제하고, 체제 반대자들을 체포하고 처형하거나 끝나지 않는 전쟁을 수행하는 정부의 권력을 가지고 있지는 않다.

하지만 구글은 개인을 추적 기록하고, 집단과 사회 전체에 영향을 미치며, 특별 대우와 특권의 대가로 정부에게 툴과 정보를 제공할 수 있는 권력을 실질적으로 보유하고 있다. 잘못된 손에 쥐어지면, 구글이 소유하고 있는 정보는 반대자와 정적을 협박하고 침묵시키거나 파멸시키는 데 활용될 수 있다.

구글은 오웰이 상상한 그 어떤 것보다 강력한 텔레스크린을 만들기 위한 초석들을 모아가는 중이다. 안드로이드 운영체제를 기반으로 구글은 가정, 학교, 사무실의 인터넷 PC를 넘어 모바일폰, TV 등 다른 기기로 자신의 영역을 확장하고 있다. 다양한 플랫폼을 기반으로 구글은 우리를 어느 곳에서나 추적할 수 있다. 인공지능을 활용함으로써, 구글은 우리가 실행하기도 전에 우리의 다음 행동을 알 수도 있다. 신경 과학과 레이코프의 언어학[12]을 활용한다면, 구글은 간발의 선거전에서 결과를 결정하기에 충분한 유권자들에게 영향을 미칠 수 있을 것이다.

구글은 또한 조지 오웰의 또 다른 소설인 『동물농장』[13]의 지배 엘리트와 닮았다. 존스 씨 농장의 지배력을 획득한 돼지들처럼, 구글은 이중 기준을 가지고 있다. 구글에 대한 규칙집합이 하나 있고, 그 외의 모두에 대한 또 다른 규칙집합이 있다. 구글은 매우 비밀스럽고, 열심히 자신의 지적재산을 보호하며, 자비로운 노력까지도 이익 중심적으로 취급한다. 하지만 다른 모든 이들은 상당히 다르게 취급한다. 구글은 사용자들의 프라이버시를 침해하고, 다른 이들의 지적재산을 재배포하며, 다른 기업들이 탐욕적이고 비윤리적이고 넌지시 암시한다.

구글은 교묘한 수사적 표현으로 자신의 2중 기준을 포장하는데, 이는 조지 오웰이 『1984』에서 '뉴스피크'라고 부른 것과 같다. 구글의 뉴스피크에는 투명성, 개방성, 중립성, 보편적, 동등한 접근, 자유언론, 파괴성 등이 자주 등장한다. 대부분의 경우에, 이런 단어들이 다른 이들에게 적용됐을 때와 구글에게 적용됐을 때는 정반대의 의미가 된다.

구글과 『1984』 사이에는 더 불길한 일치점이 존재한다. 에릭 슈미트는 사람들을 염탐하는 구글의 능력이 오웰이 가장 두려워했던 점을 실현했다고 공개적으로 시인했다. "우리는 여러분이 어디에 있는지 알고 있습니다. 우리는 여러분이 어디에 갔었는지 알고 있습니다. 우리는 여러분이 무슨 생각을 하고 있는지 대략적으로 알 수 있습니다."[14]

심지어 구글은 사용자들이 자신을 감시하는 일에 참여토록 하는 방법까지 터득했다. "현재는 엄청나게 충분한 정보가 있기 때문에, 여러분이 카메라로 자신의 사진을 찍으면, 우리는 여러분이 어디에 있는지, 여러분이 무엇을 바라보고 있는지 검색할 수 있습니다. 우리가 말 그대로 사람들에게 더 좋은 아이디어를 제공함으로써, 그들의 경험을 증강시켜 그들을 더 좋은 사람으로 만들기 위해 노력하고 있다고 생각해도 좋습니다. 이것을 증강 인류augmented humanity라고 생각해도 좋습니다."[15] 구글의 감시에 대한 야심과 힘에 한계가 있는 것일까? "우리는 여러분이 다음에 무엇을 해야 할지, 무엇에 신경 써야 할지 추천할 수 있습니다. 상상해 보십시오. 우리는 여러분이 어디에 있는지, 무엇을 좋아하는지 알고 있습니다."[16]

슈미트는 사람들을 통제한다는 가능성에 너무나 흥분해 있어서, 가까스로 자신의 열정을 억누를 수 있었다. "저는 실제로는 대부분의 사람들은 구글이 자신의 질문에 답해주기를 원하지는 않는다고 생각합니다. 그들은 구글이 다음에 무슨 일을 해야 할지 알려주기를 바랍니다."[17]

당연히 슈미트는 전체주의 사회를 훌륭하다고 생각한다. 슈미트는 「애틀랜틱」 편집장 제임스 베닛에게 이렇게 말했다. "중국은 하나의 거대하고, 잘 운영되는 기업으로서 가장 잘 이해될 수 있습니다⋯⋯ 그리고 중국은 대략적으로 다음 목표를 가지고 있습니다. 중국은 자신의 현금흐름을 극대화해서 채권자가 되기를 원합니다. 한 마디로 세계의 은행이 되고 싶어합니다. 그리고 두 번째로 중국은 국내수요와 해외수요 양쪽을 모두 극대화하기를 원합니다. 그리고 국가 전체가 그런 원리를 기반으로 조직되어 있는 듯이 보입니다."[18]

조지 오웰의 기술적 예측은 그보다 더 정확할 순 없었다. 하지만 그의 진정한 천재성은 사람들과 그들의 약점을 간파한 데 있다.

오웰은 미래에는 전체주의자들이 거대한 권력을 행사하기 위해 기술을 활용할 것이라고 내다봤다. 구체적으로 그는 지배 도당이 전자 감시를 채택해서 시민들에 대한 정보를 수집할 것이라는 점을 간파했다. 그는 지배 도당이 마인드 컨트롤을 목적으로 시민들에게 제시되는 정보를 독점하고 조작하고 싶어할 것이라는 점을 깨달았다. 그는 진실을 오도하는 말의 힘을 인식했으며, '사악해지지 말자'라든가 '세상을 좀더 좋은 곳으로 만들자' 같은 문구가 뉴스피크란 점을 인식했을 것이다.

구글의 편향적이지 않은 검색 알고리즘은 아마도 조지 오웰에게 진실성*을 떠올리게 할 것이다. 구글의 검색 필터는 아마도 그에게 기억구멍†을 떠올리게 할 것이다. 그리고 투명성과 개방성에 대한 구글의 잦은 언급은 아마도 그에게 이중신념‡를 떠올리게 할 것이다.

가장 중요한 점으로, 오웰은 다른 이들의 정보를 통제하는 자가 지배한다라는 구글 규칙을 간파했을 것이다.

* * *

우리는 사이버공간의 전투에서 중요한 분기점에 도달했다. 오늘 우리가 내리는 결정이 내일의 인터넷을 정의하게 될 것이다.

이는 개인주의와 집산주의 간의 전투이며, 자유시장 경쟁과 구글오폴

---

* Ministry of Truth: 『1984』에 나오는 빅 브라더 정부의 한 부서. 정보조작을 담당. - 옮긴이
† memory holes: 『1984』에서 부적절하다고 생각되는 문서나 기록을 파괴하는 장치 - 옮긴이
‡ Doublethink: 『1984』에서 서로 상반되는 두 가지 신념을 믿는 행위 - 옮긴이

리 간의 전투이고, 주권과 노예 간의 전투이다. 이는 정보가 발견되는 방법을 결정하는 전투이다. 이는 기업이 승리하고 패배하는 방법을 결정하는 전투이다. 이는 검색과 검색광고가 기업과 사용자들에게 편리함을 주는 도구인지 그들을 통제하는 도구인지 결정하는 전투이다.

이는 또한 구글의 권력에 적절한 견제와 균형을 가하려는 전투이다. 많은 정보문지기와 전자상거래 요금징수원이 존재할 것인가 아니면 소수만이 존재할 것인가? 정보문지기와 요금징수원이 적을수록, 그들은 더욱 많은 힘을 축적할 것이다. 하나의 문지기/요금징수원이 지배할 수 있도록 허용된다면, 그는 절대 권력을 획득하게 될 것이며, 그 결과 불가피하게 절대 부패가 수반될 것이다.

세계의 정보를 체계화한다는 구글의 사명은 잘못됐다. 구글은 정보에 대해 지불하지 않으려 하고, 정보가 '공짜'이길 원한다. 그러나 정보를 집중화하고 가치를 평가 절하함으로써, 구글은 개인의 자유, 자유시장 경쟁, 각자의 주권을 약화시킨다. 구글이 무료제품과 서비스로 길을 닦을지 모르지만, 그 길은 노예로의 길이다.

* * *

구글은 우리를 잘못 이끌고 있다.

구글은 정보 하인으로서 일생을 시작했지만, 세계 정보의 주인으로 변모되고 있다. 사용자들이 신속하게 자신이 원하는 정보를 얻도록 도와줌으로써, 그들을 위해 일하는 것으로 시작했던 기업이 금세 사용자들이 자신을 위해 일하고 행동 데이터를 생성하도록 만드는 방법을 발견했으며, 그런 행동 데이터는 구글이 좀더 많은 권력을 획득하기 위해 수집, 저장, 분석, 연구, 수익화, 이용될 수 있는 것이다.

구글은 이제 분명히 역사상 가장 강력한 영향을 미치는 기업이 됐다. 구글은 진보된 기술과 천재적인 반기업 PR('사악해지지 말자')을 활용해서, 그토록 부정직하지만 않았다면 우리의 찬사를 받을 만한 방식으로 자신이 벌이는 일을 포장하고 있다.

일례로 구글 순간검색을 생각해 보자. 구글은 핵심 검색서비스를 우리의 질문에 답하는 모델에서 우리가 질의의 첫 번째 문자를 입력할 때 구글 입장에서 우리가 발견하기를 원하는 정보를 즉시 제시하는 모델로 진화시켰다. 구글은 순간검색이 우리의 시간과 키 입력을 절약시켜 줄 뿐이라고 가장한다. 실제로 구글 순간검색이 하는 일은 구글이 원하는 대로 우리의 관심을 다른 곳으로 돌리고 바꾸는 것이다.

구글의 '맥락 발견'[19] 비즈니스는 특정 시점에서 우리의 정확한 위치를 비롯해서 구글이 우리에 대해 이미 보유한 정보를 활용함으로써, 우리가 요청하지도 않은 검색결과를 보내준다. 맥락 발견은 구글의 영향력을 또 다른 수준으로 상승시키면서, 우리가 스스로 생각해야 하는 수고를 덜어준다.

구글의 자동분류 이메일 서비스[20]는 구글이 어떤 방식으로 영향력을 통제로 진화시키는지에 대한 또 다른 사례이다. 자동 분류함Priority Inbox을 통해, 구글은 우리의 이메일을 보고 우리의 음성메일을 들으며, 그들이 우리에 대해 알고 있는 다른 모든 사항들을 적용시켜서 그 다음에 우리가 무엇을 해야 하는지 알려준다.

핵심패턴은 명백하다. 구글은 우리가 질문을 생각하기도 전에 최선의 답을 이미 알고 있다. 구글의 중앙계획자의 목표가 우리에게 무엇을 읽어야 할지, 무엇을 보아야 할지, 무엇을 생각해야 할지, 무엇을 해야 할지를 알려주는 것이라고 말해도 과장이 아니다. 구글의 경영진들은 여러 차례 그런 뜻을 밝혔다.

말보다 행동이 중요하다. 구글은 사용자 서비스에 관련된 수사를 쏟아내고 있지만, 구글의 행동은 모두 사용자들에게 영향을 끼치고 통제하는 일과 관련되어 있다. 절대 권력은 절대 부패한다.

유비무환이다. 구글의 진정한 사명은 숨겨진 영향력, 조작, 중앙계획을 통해 자신이 상상한대로 세상을 개조하는 것이다. 그리고 구글의 거대하고 무책임한 권력은 구글이 놀라울 정도로 정치적이고, 비윤리적이며 신뢰할 수 없다는 정확히 그 이유 때문에 지나치게 파괴적이다.

구글 코드

(구글의 행동강령에 대한 풍자적 검토)

I.   구글 규칙: 다른 이들의 정보를 통제하는 자가 지배한다.

II.   구글의 황금률: 구글이 대접받기를 원하지 않는 방식으로 다른 이들을 대접하라.

III. 구글의 도덕적 상대주의: 다른 이들을 사악하다고 시사하면 구글이 윤리적으로 보인다.

IV.   구글의 도덕적 나침반: "악이란 세르게이가 악이라고 말한 것이다." – 에릭 슈미트

V.   구글의 윤리코드: "많은 사항들에 대한 구글의 정책은 넘지 말아할 선까지 접근하되 그것을 넘지 않는 것이다." – 에릭 슈미트

VI.   구글의 경험법칙: 확장할 수 없다면, 독점할 수 없다.

VII. 구글의 자유법률: "봉(sucker)은 끊임없이 생겨난다."

VIII. 구글의 프라이버시법률: 정보수집은 하는 사람이 임자.

IX.   구글의 재산법률: 차지하는 자에게 복이 있나니.

X.   구글의 혁신법률: 첫 번에 성공하지 못한다면, 딴 사람이 만든 걸 사버려라.

- 바이런 아코히도(Byron Acohido). 『Zero Day Threat: The Shocking Truth of How Banks and Credit Bureaus Help Cyber Crooks Steal Your Money and Identity(제로데이 위협: 은행과 신용카드 당국이 우리의 돈과 신원을 사이버 사기꾼이 훔치도록 도와준다는 놀라운 진실)』 New York: Union Square Press, 2008년 4월

- 크리스 앤더슨(Chris Anderson) 『Free: The Future of a Radical Price(공짜, 파격적인 가격의 미래)』 New York: Hyperion, 2009년 7월

- 크리스 앤더슨(Chris Anderson) 『The Long Tail: Why the Future of Business is Selling Less of More(롱테일경제학)』 New York: Hyperion, 2006년 7월(한국어판: 이노무브그룹 옮김, 랜덤하우스 코리아, 2006년 11월)

- 아이작 아시모프(Isaac Asimov) 『The Foundation Trilogy(파운데이션)』 New York: Doubleday, 1983년 10월(한국어판: 최서래 김옥수 옮김, 현대정보문화사, 2003년)

- 켄 올레타(Ken Auletta) 『Googled: The End of the World As We Know It(구글드: 우리가 알던 세상의 종말)』 London: Penguin Press HC, 2009년 11월(한국어판: 김우열 옮김, 타임비즈, 2010년 2월)

- 존 바텔(John Battelle) 『The Search: How Google and Its Rivals Rewrote the Rules of Business and Transformed Our Culture(검색으로 세상을 바꾼 구글 스토리)』 New York: Portfolio Trade, 2005, 2006.(한국어판: 이진원 신윤조 옮김, 랜덤하우스코리아, 2005년 12월)

- 요차이 벤클러(Yochai Benkler)『The Wealth of Networks: How Social Production Transforms Markets and Freedom(네트워크 부)』New Haven, CT: Yale University Press, 2007년 10월

- 리처드 브랜트(Richard L. Brandt)『Inside Larry and Sergey's Brain(래리와 세르게이의 뇌 속)』London: Portfolio Press, 2009년 9월

- 니콜라스 카(Nicholas Carr)『The Big Switch: Rewiring the World, from Edison to Google(빅 스위치)』New York: W. W. Norton & Company, 2008년 1월(한국어판: 임종기 옮김, 동아시아, 2008년 11월)

- 니콜라스 카(Nicholas Carr)『The Shallows: How the Internet Is Changing the Way We Think, Read and Remember(생각하지 않는 사람들: 인터넷이 우리의 뇌 구조를 바꾸고 있다)』London: Atlantic Books, 2010년 9월(한국어판: 최지향 옮김, 청림출판, 2011년 2월)

- 제프 체스터(Jeff Chester)『Digital Destiny: New Media and the Future of Democracy(디지털 운명)』New York: New Press, 2007년 1월

- 그레그 콘티(Greg Conti)『Googling Security: How Much Does Google Know About You? (구글은 당신을 알고 있다)』London: Addison-Wesley Professional, 2008년 10월(한국어판: 이다윗 최용호 임현숙 옮김, 비팬북스, 2010년 7월)

- 제임스 드롱(James V. DeLong) "Google the Destroyer(파괴자 구글)"「TCS Daily」2008년 1월, http://www.ideasinactiontv.com/tcs_daily/2008/01/google-the-destroyer.html

- 밀턴 프리드먼(Milton Friedman)『Free to Choose: A Personal Statement(선택의 자유)』New York: Mariner Books, 1990년 11월

- 버나드 지라르드(Bernard Girard)『The Google Way: How One Company Is Revolutionizing Management As We Know It(구글의 방식)』San Francisco: No Starch Press, 2009년 4월

- 프리드리히 하이에크(Frederick Hayek)『The Road to Serfdom(노예의 길: 사회주의 계획경제의 진실)』London: Routledge, 2001년 5월(한국어판: 김이석 옮김, 나남, 2006년 7월)

- 올더스 헉슬리(Aldous Huxley)『Brave New World(멋진 신세계)』New York: Harper Perennial Modern Classics, 2006년 10월(한국어판: 정승섭 옮김, 혜원출판사, 2008년 7월)

- 장 노엘 자네(Jean-No-l Jeanneney) 『Google and the Myth of Universal Knowledge(구글과 보편적 지식의 신화)』 Chicago: University of Chicago Press, 2006년 11월

- 앤드루 킨(Andrew Keen) 『The Cult of the Amateur(인터넷, 원숭이들의 세상)』 New York: Bantam Dell Publishing Group, 2007년 6월(한국어판: 박행웅 옮김, 한울, 2010년 1월)

- 조지 레이코프(George Lakoff) 『Don't Think of an Elephant: Know Your Values and Frame the Debate-The Essential Guide for Progressives(코끼리는 생각하지 마!)』 White River Junction, VT: Chelsea Green Publishing, 2004년 9월(한국어판: 유나영 옮김, 삼인, 2006년 4월)

- 로렌스 레식(Lawrence Lessig) 『Code 2.0(코드2.0)』 Seattle: CreateSpace, 2009년 12월(한국어판: 김정오 옮김, 나남, 2009년 3월)

- 로렌스 레식(Lawrence Lessig) 『Free Culture: The Nature and Future of Creativity (자유문화)』 New York: Penguin Books, 2005년 2월

- 로렌스 레식(Lawrence Lessig) 『Remix: Making Art and Commerce Thrive in the Hybrid Economy(리믹스)』 New York: Penguin Press HC, 2008년 10월

- 로렌스 레식(Lawrence Lessig) 『The Future of Ideas: The Fate of the Commons in a Connected World(아이디어의 미래)』 New York: Vintage Books, 2002년 10월 (한국어판: 아이디어의 미래, 이워기 옮김, 민음사, 2012년 2월)

- 제닛 로우(Janet Lowe) 『Google Speaks: Secrets of the World's Greatest Billionaire Entrepreneurs, Sergey Brin and Larry Page(구글파워)』 Hoboken, NJ: Wiley Press, 2009년 5월(한국어판: 배현 옮김, 애플트리테일즈, 2010년 1월)

- 캠브루 맥리오드(Kembrew McLeod), 로렌스 레식(Lawrence Lessig) 『Freedom of Expression: Resistance and Repression in the Age of Intellectual Property(표현의 자유)』 Minneapolis, MN: University of Minnesota Press, 2007년 3월

- 조지 오웰(George Orwell) 『Animal Farm(동물농장)』 New York: Plume Publishing, 1996년 6월(한국어판: 박경서 옮김, 열린책들, 2009년 11월 등)

- 조지 오웰(George Orwell) 『Nineteen Eighty-Four(1984)』 New York: Plume Publishing, 2003년 5월(한국어판: 박경서 옮김, 열린책들, 2009년 12월. 등)

- 로버트 스펙터(Robert Spector) 『Amazon.com: Get Big Fast(아마존닷컴)』 New

York: Harper Paperbacks, 2002년 1월

■ 랜달 스트로스(Randall Stross) 『Planet Google: One Company's Audacious Plan to Organize Everything We Know (GOOGLE 신화와 야망: 세상 모든 정보를 집대성하라)』 New York: Free Press, 2008년 9월(한국어판: 고영태 옮김, 일리, 2009년 7월)

■ 리처드 탈러(Richard H. Thaler) 『Nudge: Improving Decisions About Health, Wealth, and Happiness(넛지: 똑똑한 선택을 이끄는 힘)』 New Haven, CT: Yale University Press, 2008년(한국어판: 안진환 옮김, 리더스북, 2009년 4월)

■ 데이비드 바이스(David A. Vise) 『The Google Story(구글, 성공 신화의 비밀)』 New York: Delacorte Press, 2005년 11월(한국어판: 우병현 옮김, 황금부엉이, 2006년 3월)

■ 조나단 지트레인(Jonathan Zittrain) 『The Future of the Internet?And How to Stop It (인터넷의 미래)』 New Haven, CT: Yale University Press, 2008년 4월

추가 참고자료

■ http://precursorblog.com/
■ http://googlemonitor.com/
■ http://googleopoly.net/

362

여는 말: 정보는 권력이다

1. "구글과 빙이 검색 전쟁을 벌이는데 아무도 눈치채지 못한다면?(What If Google and Bing Waged a Search War and Nobody Noticed?)" Kevin Ryan, 2010년 9월 16일 「Advertising Age」 http://adage.com/digitalnext/post?article_id=145916

2. "구글에서 일해야 하는 10가지 이유 – 세상을, 모든 사용자를 하나로 통합한다: 전 세계 국경과 언어의 장벽을 넘어 모든 사람들이 우리 제품을 사용한다. 그렇기에 우리는 세계적으로 생각하고, 행동하며, 일해야 한다. 그것이 바로 세상을 좀더 나은 곳으로 만드는 데 대한 우리의 자그마한 기여이다." http://www.google.com/intl/en/jobs/lifeatgoogle/toptenreasons/

3. "구글의 타르갱(Google's Tar Pit)," Joshua Green, 2007년 12월 「The Atlantic」 http://www.theatlantic.com/magazine/archive/2007/12/google-8217-s-tarpit/6420/

4. "구글은 얼마나 착한가? (또는 사악하지 않은가?) (How Good (or Not Evil) Is Google)?" David Carr, 2009년 6월 21일 「New York Times」 http://www.nytimes.com/2009/06/22/business/media/22carr.html?_r=1

5. 구글 회사소개 "Google's mission is to organize the world's information and make it universally accessible and useful." http://www.google.com/about/company/

6. 투자자정보 "Google aspires to be a different kind of company." http://investor.google.com/corporate/code-of-conduct.html#VIII

7. 『구글, 성공 신화의 비밀 The Google Story (Vise & Malseed, 2005)』 p. 47 〔한국어판: 우병현 옮김, 황금부엉이, 2006년 3월〕

8. http://investor.google.com/corporate/code-of-conduct.html

9. 『구글, 성공 신화의 비밀 The Google Story (Vise & Malseed, 2005)』 p. 174

10. 나의 "반독점에 관한 상원 법사분과위원회에서의 증언" 2007년 9월 27일, http://googleopoly.net/cleland_testimony_092707.pdf (서면 증언); http://googleopoly.net/senate_charts.pdf (프리젠테이션 차트)

11. "우리는 웹이 거대하다는 것을 알았다We knew the web was big…" 구글 공식 블로그, 2008년 7월 25일, 웹검색 인프라스트럭처팀, 소프트웨어 엔지니어, Jesse Alpert & Nissan Hajaj, "웹이 거대하다는 것은 오래 전부터 알려진 사실이다. 1998년 구글의 초기 색인에는 이미 2,600만 개의 페이지가 있었고, 2000년이 되자 구글 색인은 10억 개 수준에 도달했다. 지난 8년 동안, 우리는 웹에 정말로 얼마나 많은 컨텐츠가 있는지 많은 숫자를 통해 알 수 있었다. 최근에 웹에서 새로운 컨텐츠를 찾기 위해 링크를 처리하는 우리의 시스템은 동시에 1조 개의 고유 URL을 처리함으로써 이정표를 세웠다! 우리의 검색 엔지니어들조차 요즘의 웹이 얼마나 거대한지 놀라움을 금치 못할 정도이다." http://googleblog.blogspot.com/2008/07/we-knew-web-was-big.html

12. "대규모 하이퍼텍스트 웹 검색엔진의 해부학(The Anatomy of a Large-Scale Hypertextual Web Search Engine)," Sergey Brin & Larry Page, 1998, http://infolab.stanford.edu/~backrub/google.html

13. 『검색으로 세상을 바꾼 구글 스토리(The Search: How Google and Its Rivals Rewrote the Rules of Business and Transformed Our Culture) (Battelle, 2005)』 p. 116, 〔한국어판: 이진원 신윤조 옮김, 랜덤하우스코리아, 2005년 12월.〕 그 무렵 고투닷컴(GoTo.com)은 오버추어(Overture)로 이름을 바꿨다.

14. "일일 검색량 (Searches Per Day)," Danny Sullivan, 「Search Engine Watch」 2006년 4월 20일 http://searchenginewatch.com/2156461

15. 디지털 밀레니엄 저작권법 안전피난처 옹호의 법적 책임과 적용 불가능성에 대한 약식 판단을 위한 발의를 지지하는 바이어컴의 반박의 여지가 없는 진술, 〔SUF〕 38번 문단, 2010년 3월 18일 http://googlemonitor.com/wp-content/uploads/2010/03/Viacom-Statement-of-Undisputed-Facts-PUBLIC-VERSION.pdf

16. 『구글은 당신을 알고 있다(Googling security: how much does Google know about you?) (Conti, 2009)』 p. 226 〔한국어판: 이다윗, 최용호, 임현숙 옮김, 비팬북

스, 2010년 7월)

17. "구글은 당신의 음소를 원한다(Google wants your phonemes)," Juan Carlos Perez, 2007년 10월 23일, 「InfoWorld」 http://www.infoworld.com/t/data-management/google-wants-your-phonemes-539

18. "유용성으로 유혹하는 구글(Google Seduces With Utility)," David Carr, 2008년 11월 23일, 「New York Times」 "만일 구글이 나를 사로잡는다면, 그건 유용한 걸 내가 좋아하기 때문이다. ……"반가운 말씀입니다,"라고 지난 주에 뉴욕에 머물렀던 구글의 최고 경영자인 에릭 슈미트는 말했다. "우리는 여러분 생활의 많은 부분에서 구글이 조금이나마 함께 하기를 원합니다." http://www.nytimes.com/2008/11/24/business/media/24carr.html?_r=2

19. "이 높은 곳에서(From the height of this place)," Jonathan Rosenberg, SVP, 프로덕트 매니지먼트, 2009년 2월 16일, 구글 공식 블로그, "우리는 헛소리를 해대는 무명 작가들을 멈추려고 시도하지 않을 것이고, 그래서도 안되지만, 경기장의 맨 뒷줄로 옮길 수는 있다." http://googleblog.blogspot.com/2009/02/from-height-of-this-place.html

20. "구글과 야후 같은 기업들의 검색엔진의 성능을 높이기 위한 노력(Google, Yahoo, others work to make search engines better at scanning the Web)," Brian Palmer, 2010년 5월 25일 「Washington Post」, http://www.washingtonpost.com/wp-dyn/content/article/2010/05/24/AR2010052402609.html?wprss=rss_technology

21. "구글에 검색될 확률을 높이기 위한 집단노력(Groups magnify chances of Google hits)" Richard Waters, 2010년 7월 12일 「Financial Times」 http://www.ft.com/intl/cms/s/0/ec7cb18c-8dda-11df-9153-00144feab49a.html#axzz1jy7rlJxh

22. "구글 검색을 활용해서 인플루엔자의 확산을 추적한다(Google Uses Searches to Track Flu's Spread)," Miguel Helft, 2008년 11월 11일 「New York Times」 "통상적인 통증, 기침, 고열과 인후 염증 외에 새로운 보편적 독감증상이 한 가지 있었습니다. 병을 앓는 많은 미국인들이 의사를 찾기 전에 구글이나 다른 검색엔진에 '독감증상' 같은 문구를 입력하는 것으로 드러났죠… 이 단순한 행동이 전국 집집마다 수백만 개의 키보드를 통해 입력됨으로써, 급속히 번지는 독감에 대한 새로운 조기경보시스템으로 구글의 독감트렌드가 형성되었습니다……우리는 이 검색시스템이 독감이 발전하는 방식과 아주 잘 들어맞는다는 사실을 발견했습니다."라고 Google.org의 사무총장 래리 브릴리언트(Larry Brilliant) 박사는 밝혔다. 질병관리본부(CDC)의 피넬리(Finelli) 박사

와 브릴리언트 박사는 모두 독감트렌드의 관련성이 유효하게 유지되려면 데이터를 모니터링해야 한다고 강조했다." http://www.nytimes.com/2008/11/12/technology/internet/12flu.html

23. "코를 훌쩍이며 서핑하기: 구글 유행성독감 추적시스템 공개(Sniffly Surfing: Google Unveils Flu-Bug Tracker)," Robert A. Guth, 2008년 11월 12일 「Wall Street Journal」 "구글 그룹은 5년간 독감과 관련된 키워드를 조사해서, 그런 용어의 검색이 쏟아지는 시기를 주목했다. 그 다음 그런 시기를 질병관리본부(CDC) 기록과 비교하여 사람들이 독감 관련 키워드를 검색하는 시기와 사람들이 독감과 유사한 증상을 겪는 시기의 강력한 연관성을 발견했다. 구글의 경영진이 밝힌 바에 의하면, 구글은 작년 내내 CDC의 데이터를 대상으로 새로운 검색을 테스트하고, 더 정확한 결과를 산출하기 위해 소프트웨어를 개선했다. 독감 트렌드 사이트에는 '최소(minimal)'로부터 '극심(intense)'에 이르기까지 독감트랜드를 5단계로 나눈 분석결과가 표시되어 있다. 이 사이트에는 CDC의 독감예방 안내문, 독감백신 접종장소 독감 관련 뉴스기사에 대한 링크가 포함되어 있다…… 여전히 일부 소비자들은 구글의 새로운 건강서비스가 자신들에게 도움이 될지 의심쩍어 한다. 22세로 최근 대학을 졸업한 샌프란시스코의 토니 딘은 어릴 때 이후론 독감이 걸린 적이 없다며, 건강문제가 있을 때만 건강 웹사이트를 들른다고 말한다. "독감이 온다고 도시를 떠날 수는 없을 것 같아요. 하지만 사람들이 아프기 시작하면 예방접종을 맞으라는 확신을 줄 수는 있을 것 같네요." http://online.wsj.com/article/SB122644309498518615.html

24. "에릭 슈미트의 아부다비 연설에서 5가지 최고의 순간(Top 5 moments from Eric Schmidt's talk in Abu Dhabi)," Jon Fortt, 2010년 3월 11일 「Fortune/CNN Money」 ……능수능란하게 '구글이 두렵다'는 청중을 슬쩍 비껴간 바로 직후에, 슈미트는 불난 집에 약간 부채질을 했다. "언젠가 우리가 주식'시장을 예측할 수 있을 것이라고 생각한 대화를 나눈 적이 있었습니다. 그러고 나서 우리는 그것이 불법적이라고 판단했지요. 그래서 하다가 중지했지요……" http://tech.fortune.cnn.com/2010/03/11/top-five-moments-from-eric-schmidts-talk-in-abu-dhabi/

25. "빅 브라더 구글?(Big Brother Google?)" Esther Dyson, 2008년 12월 19일 Project Syndicate, http://www.project-syndicate.org/commentary/dyson3/English

26. "유용성으로 유혹하는 구글(Google Seduces With Utility)," David Carr, 2008년 11월 23일 「New York Times」 "디지털달걀을 여러 색깔로 된 바보 같은 글자가 써진 한 개의 바구니에 모두 넣는 것이 과연 현명한 일인지 걱정스럽다"고 에릭 슈미트에게 물었다…… "그건 귀하가 우리 회사와 우리의 가치에 대해 어떻게 생각하느냐에 따라

달려있지요. 우리가 훌륭한 가치를 가지고 있다고 믿습니까?" http://www.nytimes.com/2008/11/24/business/media/24carr.html?_r=2

27. "경쟁에 대한 구글의 접근(Google's approach to competition)," Adam Kovacevich, Senior Manager, Global Communications and Public Affairs, 2009년 5월 8일 Google Public Policy Blog,

"경쟁과 개방에 대한 구글의 여섯 가지 원칙:

1) 다른 기업들이 보다 경쟁적이 되도록 돕는다.

2) 유저들이 바꾸기 쉽도록 만든다.

3) 경쟁은 한번의 클릭 너머에 있다.

4) 광고주들은 클릭이 자신에게 가치를 주는 만큼 지불한다.

5) 광고주들은 역동적 시장에서 많은 선택을 가지고 있다.

http://googlepublicpolicy.blogspot.com/2009/05/googles-approach-to-competition.html

28. "구글, 카페인과 검색의 미래(Google, Caffeine and the future of search)," Matt Warman, 2010년 6월 17일 UK 「Telegraph」 http://www.telegraph.co.uk/technology/google/7833590/Google-Caffeine-and-the-future-of-search.html

29. "구글 중요한 저작권 판결에서 승리(Google Wins Key Copyright Ruling)," Sam Schechner and Jessica E. Vascellaro, 2010년 6월 22일 「Wall Street Journal」, http://online.wsj.com/article/SB10001424052748704629804575325191988055312.html?mod=WSJ_hpp_LEFTWhatsNewsCollection

1부: 구글을 신뢰할 수 없는 이유

1장: 구글이 프라이버시에 재앙인 이유

1. "바닥으로의 경주: 인터넷 서비스 기업의 프라이버시 랭킹(A Race to the Bottom: Privacy Ranking of Internet Service Companies)," 2007년 9월 6일 Privacy International, http://www.privacyinternational.org/article.shtml?cmd[347]=x-347-553961 중간 랭킹 문서는: http://www.privacyinternational.org/issues/internet/interimrankings.pdf

2. "프라이버시에 관한 구글 CEO의 생각(Google CEO On Privacy)," (video), 2009년 12월 7일 「Huffington Post」 "2009년 11월 3일 인터뷰에서 CNBC의 마리오 바티로

367

모(Mario Bartiromo)는 CEO 슈미트에게 물었다: "사람들은 구글을 신뢰하는 친구처럼 대합니다. 그것이 맞을까요? ……슈미트는 바리토모에게 대답했다: "다른 사람이 알지 않았으면 하는 뭔가를 당신이 가지고 있다면, 우선적으로 그런 일을 하지 말아야 되지 않을까요." http://www.huffingtonpost.com/2009/12/07/google-ceo-on-privacyif_n_383105.html

3. "미래를 위한 구글과 검색(Google and the Search for the Future)," Holman W. Jenkins, Jr., 2010년 8월 14일 「Wall Street Journal」, http://online.wsj.com/article/SB10001424052748704901104575423294099527212.html

4. "에릭 슈미트: 스트리트뷰가 싫다면, 이사 가면 된다(Eric Schmidt: If you don't like Street View, move house)," Shane Richmond, 2010년 10월 26일 UK 「Telegraph」 http://blogs.telegraph.co.uk/technology/shanerichmond/100005899/eric-schmidt-if-you-dont-like-street-view-move-house/

5. "구글의 에릭 슈미트: 여러분의 데이터에 관해서는 우리를 믿어도 좋다(Google's Eric Schmidt: You can trust us with your data)," Shane Richmond, 2010년 7월 1일 UK 「Telegraph」 http://www.telegraph.co.uk/technology/google/7864223/Googles-Eric-Schmidt-You-can-trust-us-with-your-data.html

6. http://www.google.com/corporate/privacy_principles.html

7. http://www.google.com/history/intl/en/privacy.html

8. "프라이버시 원칙(Privacy Principles)," http://www.google.com/corporate/privacy_principles.html

9. "구글의 비즈니스 모델: 당신이 상품이다(Google's Business Model: YOU Are the Product)," Mike Elgan, 2009년 2월 5일 Internet.com, http://itmanagement.earthweb.com/columns/executive_tech/article.php/3801006/Googles-Business-Model-YOU-Are-the-Product.htm

10. "더 이상 아무도 프라이버시에 신경 쓰지 않는 이유(Why no one cares about privacy anymore)," Declan McCullagh, 2010년 3월 12일 「CNET News」 http://news.cnet.com/8301-13578_3-20000336-38.html

11. "페이스북의 주커버그, 프라이버시의 시대는 저물었다(Facebook's Zuckerberg Says The Age of Privacy is Over)," Marshall Kirkpatrick, 2010년 1월 9일 「ReadWriteWeb」 http://www.readwriteweb.com/archives/facebooks_

zuckerberg_says_the_age_of_privacy_is_ov.php

12. "구글에 의한 프라이버시 법률의 악용에 대한 무관심이 광범위하게 프라이버시에 대한 존중을 위협한다(The Blind Eye to Privacy Law Arbitrage by Google - Broadly Threatens Respect for Privacy)," 통신과 인터넷에 관한 주택 에너지와 전자 상거래 분과 위원회에서 프리커서LLC의 대표 스코트 클리랜드의 증언, 2008년 7월 17일 http://www.netcompetition.org/Written_Testimony_House_Privacy_071707. pdf

13. "컨슈머 리포트 여론조사: 미국인들은 인터넷 프라이버시에 대해 극도로 우려한다 (Consumer Reports Poll: Americans Extremely Concerned About Internet Privacy)," 2008년 9월 25일 http://www.consumersunion.org/pub/core_ telecom_and_utilities/006189.html

14. "미국인들은 맞춤형 광고 및 그를 가능하게 하는 세 가지 활동에 반대한다(Americans Reject Tailored Advertising and Three Activities that Enable It)," Joseph Turow, University of Pennsylvania - Annenberg School for Communication; Jennifer King, UC Berkeley School of Information; Berkeley Center for Law & Technology; Chris Jay Hoofnagle, University of California, Berkeley - School of Law, Berkeley Center for Law & Technology; Amy Bleakley, Annenberg Public Policy Center; Michael Hennessy, Annenberg Public Policy Center, 2009년 9월 29일 Social Science Research Network, http://papers. ssrn.com/sol3/papers.cfm?abstract_id=1478214

15. "6월 4~7일 전국 여론조사 결과(Results from 6월 4-7일 Nationwide Poll)," 2010년 6월 7일 Zogby International, http://www.precursorblog.com/files/pdf/ topline-report-key-findings.pdf

16. "소비자 보호단체 '추적 차단 리스트' 추진(Consumer Advocates Seek a 'Do-Not-Track' List)," Louise Story, 2007년 10월 31일 「New York Times」http://www. nytimes.com/2007/10/31/technology/31cnd-privacy.html

17. "혁신: 구글은 우리보다 먼저 우리의 욕망을 알지도 모른다(Innovation: Google may know your desires before you do)," Paul Marks, 2010년 7월 16일 「New Scientist」http://www.newscientist.com/article/dn19186-innovation-google-may-know-your-desires-before-you-do.html

18. "미래를 위한 구글과 검색(Google and the Search for the Future)," Holman W. Jenkins, Jr., 2010년 8월 14일 「Wall Street Journal」http://online.wsj.com/

article/SB10001424052748704901104575423294099527212.html

19. http://desktop.google.com/support/linux/bin/answer.
py?hl=en&answer=63220

20. "늘어가는 구글의 보안 취약점(Google security vulnerabilties stack up),"
Dan Goodin, 2007년 6월 3일 UK 「Register」 http://www.theregister.
co.uk/2007/06/03/google_vulns_stack_up/

21. "구글 안드로이드 앱 데이터를 공유하는 것으로 드러나(Google Android apps found
to be sharing data)," 2010년 9월 30일 BBC Technology Blog, http://www.
bbc.co.uk/news/technology-11443111

22. "안드로이드 프라이버시 보고에 대한 구글의 대응(Google Responds To
Android Privacy Report)," Nick Saint, 2010년 10월 1일 「San Francisco
Chronicle」 http://www.sfgate.com/cgi-bin/article.cgi?f=/g/a/2010/10/01/
businessinsider-google-responds-to-android-privacy-report-we-consistently-
advise-users-to-only-install-apps-they-trust-2010-10.DTL

23. "슈미트: 구글은 '넘지 말아야 할 선에 접근한다(Schmidt: Google gets 'right up to
the creepy line)'," Sara Jerome, 2010년 10월 10일 The Hill, http://thehill.
com/blogs/hillicon-valley/technology/122121-schmidt-google-gets-right-up-
to-the-creepy-line

24. "마우스로 어디를 가리키냐에 따라 구글 검색 랭킹, 광고 위치 및 주소창에 영향을 줄 수
있다(Where you Point Your Mouse May Influence Google Search Rankings,
Advertisement Placement, and Oneboxes)," Bill Slawski, 2010년 7월 13일
SEO by the Sea blog, http://www.seobythesea.com/?p=4024

25. "구글의 목표: 우리 일상의 체계화(Google's goal: to organise your daily life),"
Caroline Daniel and Maija Palmer, 2007년 5월 22일 「Financial Times」 "우리
는 구글이 가질 수 있는 전체 정보의 초창기 시점에 있습니다………… 알고리즘은 개
선될 것이며 우리는 개인화에 좀더 능숙해질 것입니다…. 목표는 구글 사용자들이 '내
일 뭘 할까요?'나 '나는 어떤 직업을 가져야 할까요?' 같은 질문을 물어볼 수 있도록 하
는 것입니다." http://www.ft.com/intl/cms/s/2/c3e49548-088e-11dc-b11e-
000b5df10621.html

26. http://www.google-watch.org/bigbro.html

27. "빅 브라더로서의 구글(Google as Big Brother)," http://www.google-watch.org/

bigbro.html

28. "G메일, 사용자 계정의 키워드 접근 권한을 최고 입찰자에게 판매(Gmail Selling Access to Key Words in Your Account to the Highest Bidder)," 2010년 7월 6일 「MyFoxChicago.com」 http://www.myfoxchicago.com/dpp/news/special_report/google-email-gmail-ads-20100706

29. 『구글, 성공 신화의 비밀 The Google Story (New York: Delacorte Press, 2005)』 p. 155

30. 『구글, 성공 신화의 비밀 The Google Story (New York: Delacorte Press, 2005)』 p. 156

31. 『검색으로 세상을 바꾼 구글 스토리(The Search: How Google and Its Rivals Rewrote the Rules of Business and Transformed Our Culture) (Battelle, 2005)』 p. 195.

32. 『구글, 성공 신화의 비밀 The Google Story (New York: Delacorte Press, 2005)』 p. 156

33. 『구글, 성공 신화의 비밀 The Google Story (New York: Delacorte Press, 2005)』 p. 157. 프라이버시 권리 정보센터(The Privacy Rights Clearinghouse)를 비롯한 30개 다른 단체들은 구글에게 보내는 편지에 서명했다. 이 단체들은 구글이 정책과 관행에 있어 좀더 명백해지라고 촉구했다.

34. 『GOOGLE 신화와 야망 (Randall Stross, Planet Google: One Company's Audacious Plan to Organize Everything We Know) (Stross, 2008)』 p. 161. (한국어판: 고영태 옮김, 일리, 2009년 7월) 구글의 G메일 팀은 삭제 버튼 포함 여부에 대해 논쟁을 벌였다. 폴 북하이트(Paul Buchheit)는 G메일의 검색 능력과 구글의 방대한 저장 용량을 고려할 때, 모든 이메일 메시지를 보관하는 편이 사용자들에게 편리할 것이라고 주장했다.

35. 『검색으로 세상을 바꾼 구글 스토리(The Search: How Google and Its Rivals Rewrote the Rules of Business and Transformed Our Culture) (Battelle, 2005)』 p. 199

36. 『GOOGLE 신화와 야망 (Randall Stross, Planet Google: One Company's Audacious Plan to Organize Everything We Know) (Stross, 2008)』 p. 162. 구글 직원들에게 가족과 친구들 및 낯선 사람들로부터 G메일 삭제 버튼에 대한 요청이 쇄도했다.

37. 『구글, 성공 신화의 비밀 The Google Story (New York: Delacorte Press, 2005)』 p. 160-163.

38. 『구글은 당신을 알고 있다(Googling security: how much does Google know about you?) (Conti, 2009)』

39. 『구글, 성공 신화의 비밀 The Google Story (New York: Delacorte Press, 2005)』 p. 160. 래리 페이지는 광고 기능이 잘못된 건 아니지만, 서비스 출시 방식이 잘못됐다고 결론 내렸다.

40. http://www.google.com/privacy.html

41. "우리는 그러한 정보를 자회사, 계열사 또는 신뢰할 수 있는 다른 기업이나 개인들에게 우리를 대신해서 개인 정보를 처리하는 목적으로 제공한다. 우리는 이런 당사자들에게 그러한 정보를 우리의 지시를 따라 프라이버시 정책과 기타 다른 적절한 기밀성과 보안 정책을 준수하여 처리할 것에 동의하도록 요구한다." http://www.google.com/privacypolicy.html

42. 『GOOGLE 신화와 야망 (Randall Stross, Planet Google: One Company's Audacious Plan to Organize Everything We Know) (Stross, 2008)』 p. 64. 구글은 소수의 임직원들만이 사용자들의 이메일에 접근할 수 있다고 주장해 왔다. 하지만 오직 특정 부류 사용자들의 이메일에만 접근 금지가 취해졌다: "……유명 인사, 특정 기업의 임직원 또는 지인." 이런 부류에는 모르는 사람들은 포함되지 않는다는 점에 주목한, 스트로스는 이렇게 물었다. "이방인들의 이메일 메시지를 취미 삼아 읽어 보는 건 금지되나요?"

43. 『GOOGLE 신화와 야망 (Randall Stross, Planet Google: One Company's Audacious Plan to Organize Everything We Know) (Stross, 2008)』 p. 132. 키홀의 혁신에서 핵심 기능은 배경의 근접한 이미지를 다운로드해서 사용자들이 이미지 사이를 끊어짐 없이 이동할 수 있도록 한 것이다.

44. "개인들은 구글로부터 보호 받아야 한다(Individuals need protection from Google)," Robert Halfon, 2010년 10월 28일 UK 「Telegraph」 http://www.telegraph.co.uk/technology/google/8090486/Individuals-need-protection-from-Google.html

45. "구글, 백악관 상세 사진의 삭제를 망각하다(Google Forgets to Erase Out Detailed Shots of White House)," 2005년 8월 19일 Ryan Hemelaar's Tech Blog, http://ryanhemelaar.blogsome.com/2005/08/19/google-forgets-to-erase-

out-detailed-shots-of-white-house/

46. "구글 스트리트뷰에 브라질의 시체가 찍히다(Google's Street View Captures Dead Bodies in Brazil)," David Murphy, 2010년 10월 2일 「PC Magazine」 http://www.pcmag.com/article2/0,2817,2370128,00.asp

47. "구글의 활동을 보여주는 희귀사진(Rare photo puts Google operations on view)," Mike Aldax, 2008년 7월 7일 「Examiner」 http://www.sfexaminer.com/local/rare-photo-puts-google-operations-view

48. "구글 프라이버시와 도달률 사이의 균형을 잡다(Google balances privacy, reach)," Elinor Mills, 2005년 7월 14일 「CNET News」 http://news.cnet.com/Google-balances-privacy,-reach/2100-1032_3-5787483.html

49. "구글 어스, 이스라엘을 겨냥하는 데 사용(Google Earth used to target Israel)," Clancy Chassay and Bobbie Johnson, 2007년 10월 25일 UK 「Guardian」 테러리스트의 구글 어스 사용에 대한 가디언지의 물음에 대한 구글의 공식 반응은: "구글은 저명한 보안전문가들과 전세계 관련당국과 실질적인 대화를 나누었으며, 앞으로도 그럴 것이다. http://www.guardian.co.uk/technology/2007/oct/25/google.israel

50. 『GOOGLE 신화와 야망 (Planet Google: One Company's Audacious Plan to Organize Everything We Know) (Stross, 2008)』 p. 150. 또한 밀스는 슈미트의 순자산, 모금활동 및 취미에 관한 정보도 찾아냈다. 징벌 차원에서 구글은 1년 동안 C넷 기자의 어떠한 질문이나 요청에도 응하지 않겠다고 통보했다. 하지만 2개월 후에 구글은 C넷과의 정상적인 협력관계를 복원했다.

51. "구글의 '절도면허' 거리촬영차량은 프라이버시 감시망에서 벗어나 있다(Google 'burglar's charter' street cameras given the all clear by privacy watchdog)," David Derbyshire and Arthur Martin, 2008년 7월 31일 Mail Online, http://www.dailymail.co.uk/sciencetech/article-1031861/Google-Burglars-charter-street-cameras-given-clear-privacy-watchdog.html

52. "프라이버시 법률이 유럽 일부에서 구글의 확장에 발목을 잡다(Privacy Laws Trip Up Google's Expansion in Parts of Europe),' Kevin O'Brien, 2008년 11월 18일 「New York Times」 http://www.nytimes.com/2008/11/18/technology/18google.html?_r=1&pagewanted=print

53. "일본, 구글 스트리트뷰를 폐쇄하려고 시도(Japanese seek to scrap Google's Street View)," 2008년 12월 19일 AFP, "일단의 일본 저널리스트, 교수, 변호사들이 금요일

373

에 미국 인터넷 검색 거인인 구글에게 사람들의 프라이버시를 침해한다며 일본에서 "스트리트뷰" 서비스를 폐쇄하라고 요구했다." http://www.google.com/hostednews/afp/article/ALeqM5hHtzamj64sVKodOrfGjs5UZ4MwCw

54. "구글 어스 이스라엘을 겨냥하는 데 사용(Google Earth used to target Israel)," Clancy Chassay and Bobbie Johnson, 2007년 10월 25일 「Guardian」 http://www.guardian.co.uk/technology/2007/oct/25/google.israel

55. "테러리스트들 '영국 부대를 타격하기 위해 구글 지도를 사용하라'"(Terrorists 'use Google maps to hit UK troops'," Thomas Harding, 2007년 1월 13일 UK 「Telegraph」 http://www.telegraph.co.uk/news/worldnews/1539401/Terrorists-use-Googlemaps-to-hit-UK-troops.html

56. "구글 어스 영국의 핵 기지를 발가벗기다(Google Earth lays bare UK's nuclear defences)," Karl Flinders, 2009년 3월 2일 Computer Weekly.com, http://www.computerweekly.com/Articles/2009/03/02/235080/Google-Earth-laysbare-UK39s-nuclear-defences.htm

57. "구글 어스와 아이폰, 이스라엘 정보 국장을 곤경에 처하게 만들다(Google Earth, IPhone trouble Israeli security chief)," 2010년 11월 1일 Reuters, http://www.smh.com.au/technology/security/google-earth-and-iphone-trouble-israeli-security-chief-20101102-17b3d.html

58. "구글 어스 지도, 팔레스타인 성전산을 표시하다(Google Earth map marks Temple Mount Palestinian)," Aaron Klein, 2007년 1월 16일 WorldNetDaily.com, http://www.wnd.com/?pageId=39701

59. "구글 스트리트뷰는 와이파이 네트워크과 MAC 주소를 기록한다(Google Street View logs Wi-Fi networks, Mac addresses)," Andrew Orlowski, 2010년 4월 22일 「The Register」 "구글의 이동 스트리트뷰 스파이 카메라는 우리의 얼굴은 흐릿하게 만들지 모르지만, 번호는 채취한다. 스트리트뷰 서비스는 차량을 이동시키면서 사적인 WLAN 네트워크를 스캔하고, 사용자의 고유 MAC(Media Access Control) 주소를 기록한 문제로 독일에서 비난 받고 있다. ……독일의 연방 데이터 보호 장관인 피터 스카르(Peter Schaar)는 이 사실을 발견하고 "두려웠다"라고 말했다. ……"나는 오싹했다……이전에 무선 네트워크상에서 불법적으로 수집된 개인 데이터를 즉시 삭제하고, 스트리트뷰 운행을 중지할 것을 구글에게 촉구한다," 독일 방송국 ARD의 보도." http://www.theregister.co.uk/2010/04/22/google_streetview_logs_wlans/

60. "구글이 드디어 자사의 스트리트뷰 차량이 컴퓨터에서 이메일과 패스워드를 수집했다

는 사실을 인정하다(Google finally admits that its Street View cars DID take emails and passwords from computers)," Vanessa Allen, 2010년 10월 28일 UK 「Daily Mail」 http://www.dailymail.co.uk/sciencetech/article-1323310/Google-admits-Street-View-cars-DID-emails-passwords-computers.html

61. http://precursorblog.com/content/google-wi-spy-was-intentional-plan-beat-skyhook-wireless

62. "구글 위치 기반 서비스에 활용하기 위한 차량 기반의 와이파이 데이터 수집에 대해 몇 개국 데이터 보호 당국에 제출된 구글 보고서의 사본(Copy of Google's submission today to several national data protection authorities on vehicle?based collection of wifi [sic] data for use in Google location based services)," https://docs.google.com/viewer-url=http%3A%2F%2Fwww.google.com%2Fgoogleblogs%2Fpdfs%2Fgoogle_submission_dpas_wifi_collection.pdf

63. "구글 와이파이 데이터 수집 실수를 인정하다(Google admits wi-fi data collection blunder)," Maggie Shiels, 2010년 5월 15일 BBC News, "이 이슈는 독일 당국이 구글의 스트리트뷰 차량이 구글지도에 보여질 사진을 찍으면서 수집한 데이터의 검사를 요구함으로써 밝혀졌다. ……구글은 조사 중에 "공개된 네트워크로부터 실수로 사용자의 실 데이터를 수집했다는 점을" 발견했다고 진술했다." http://news.bbc.co.uk/2/hi/technology/8684110.stm

64. "구글 스트리트뷰, 의회 "염탐" 혐의를 받다(Google Street View accused of Congress 'snooping')," Maggie Shiels. 2010년 7월 9일 BBC News, http://news.bbc.co.uk/2/hi/technology/8802741.stm

65. "와이파이 기록으로 구글이 기소되어서는 안 된다고 에릭 슈미트는 말한다(Eric Schmidt says Google should not be prosecuted for wi-fi records)," Murad Ahmed, 2010년 5월 18일 「Sunday Times」 "에릭 슈미트는 보안되지 않은 가정과 기업의 와이파이 네트워크에 전파된 사람들의 온라인 활동에 대한 자투리 정보를 수집했던 스트리트뷰 차량 활동에 대해 구글이 승인을 받지 않았다고 밝혔다. ……그는 사람들의 정보 수집으로 인해 아무도 피해를 입지 않았다고 말하며, 구글이 사고로 인해 기소를 당해서는 안 된다는 입장을 밝혔다. "아무런 피해가 없으니 잘못은 아니다,"라고 그는 말했다. ……하트퍼드셔(Hertfordshire)의 그로브 호텔(Grove Hotel)에서 열린 구글의 자이트가이스트(Zeitgeist: 시대 정신) 컨퍼런스에서 연설하면서, 슈미트는 그들 개개인보다는 구글의 명성에 더 큰 피해가 있었다고 언급했다. ……"비교적 적은 량의 데이터가 수집됐는데 승인받은 것은 아니었다. 우리는 운행을 즉시 중지시켰다. 데이터가 사

용된 흔적은 없는 것으로 드러났다. 하드 드라이브에 그대로 있었다." 그는 "명령을 받기 전까지는 〔수집된 데이터를〕 삭제하지 않을 것이다."라고 덧붙였다." http://www.timesonline.co.uk/tol/news/uk/article7130067.ece (유료가입자만 접근가능)

66. "구글의 수장: 타락한 자들만이 인터넷 프라이버시에 신경 쓴다(Google chief: Only miscreants worry about net privacy),' Cade Metz, 2009년 12월 7일 「The Register」 http://www.theregister.co.uk/2009/12/07/schmidt_on_privacy/

67. "구글 방식으로 친구 추적하기(Tracking Friends the Google Way)," Katherine Boehret 2009년 2월 3일 「Wall Street Journal」, http://allthingsd.com/20090203/tracking-friends-the-google-way/

68. http://www.google.com/support/mobile/bin/answer.py?answer=136640

69. "구글 방식으로 친구 추적하기(Tracking Friends the Google Way)," Katherine Boehret, 2009년 2월 3일 「Wall Street Journal」, http://allthingsd.com/20090203/tracking-friends-the-google-way/

70. "구글 모바일 프라이버시 정책," 2010년 12월 14일 http://www.google.com/mobile/privacy.html

71. "독점: 구글, 룹트와 함께 위치 프라이버시에 강경한 입장을 취하다(EXCLUSIVE: Google Takes a Stand for Location Privacy, Along with Loopt)," Kevin Bankston, 2009년 3월 4일 Electronic Frontier Foundation, https://www.eff.org/deeplinks/2009/03/exclusive-google-takes-stand-location-privacy-alon

72. "경찰로 간 구글 래티튜드: '기억나지 않는데요'(Google Latitude to Cops: 'I Don't Remember')," Ryan Singel, 2009년 3월 5일 「Wired」 http://www.wired.com/epicenter/2009/03/googles-latitud/

73. "구글 래티튜드, 위치히스토리와 알림 추가(Google Latitude, now with Location History & Alerts)," Chris Lambert, Software Engineer, 2009년 11월 10일 Google Mobile Blog, http://googlemobile.blogspot.com/2009/11/google-latitude-now-with-location.html

74. "오픈 소스의 불안정성(Insecurity in Open Source)," Ben Chelf, 2006년 10월 6일 「BusinessWeek」 http://www.businessweek.com/technology/content/oct2006/tc20061006_394140.htm?campaign_id=bier_tco.g3a.rss1007

75. "11.1 귀하는 '서비스'상에 또는 '서비스'를 통하여 귀하가 제출, 게시 또는 전시한 '콘텐

츠'에 관하여 이미 귀하가 가지고 있는 저작권 및 기타 모든 권리를 계속 보유합니다. '콘
텐츠'를 제출, 게시 또는 전시함으로써, 귀하는 '서비스'상에 또는 '서비스'를 통하여 귀하
가 제출, 게시 또는 전시한 '콘텐츠'를 복제, 조정, 수정, 번역, 발행, 공연, 전시 및 배포할
수 있는 전세계적이고, 실시료 없고(무상), 비독점적인 라이센스를 구글(및 그 제휴업체
들)에 허가합니다. 이 라이센스는 귀하가 '서비스' 사용을 중지한 경우에도 계속 유지됩니
다. 이 라이센스는 구글이 '서비스'를 전시, 배포 및 촉진할 수 있도록 하는 목적에 한정되
고, 그러한 '서비스'의 '추가 약관'에 정의된 바와 같은 특정 '서비스'에 대하여는 취소될
수 있습니다." http://www.google.com/accounts/TOS?hl=en

76. http://www.consumersunion.org/pub/core_telecom_and_utilities/006189.
html

77. "구글 클라우드 서비스의 보안을 자세히 들여다 보리라 기대하지 말 것(Don't expect
to peer into Google cloud services security)," Tim Greene, 2010년 10월 07
일 「Network World」 http://www.networkworld.com/news/2010/100710-
google-cloud-security.html

78. "구글 CEO 에릭 슈미트 미래, 경제 위기에 대해 말하다(Google CEO Eric Schmidt
Talks Future, Economic Trouble)," Nicholas Kolakowski, 2009년 3월 4일
eWeek.com, "슈미트의 말에 의하면 클라우드 컴퓨팅이 다가오고 있다. ⋯⋯"클라우드
컴퓨팅은 생태계에 참여하고 있는 기업들이 허용하건 말건 일어나게 되어 있는 변화 중
의 하나입니다. 그 이유는 기술이 일어나게 만들 것이기 때문입니다."라고 그는 강조했다.
⋯⋯이는 궁극적으로 구글에게 유리하다: 모두가 온라인에 접속하면, "우리는 사용자 행
동에 대한 많은 정보를 획득해서, 이를 분석하거나 이를 위한 흥미로운 제품을 개발할 수
있습니다."" http://www.eweek.com/c/a/Search-Engines/Google-CEO-Eric-
Schmidt-Talks-Future-Economic-Trouble/

79. 『구글은 당신을 알고 있다(Googling security : how much does Google know
about you?) (Conti, 2009)』 p. 82-84

80. "구글 애널리틱스 사용 통계(Google Analytics Usage Statistics)," BuiltWith(기
술 사용 통계 웹사이트), 2010년 7월경, http://trends.builtwith.com/analytics/
Google-Analytics

81. 『구글은 당신을 알고 있다(Googling security : how much does Google know
about you?) (Conti, 2009)』 p. 222-225

82. 『구글은 당신을 알고 있다(Googling security : how much does Google know
about you?) (Conti, 2009)』 p. 212-215

83. 『구글은 당신을 알고 있다(Googling security : how much does Google know about you?) (Conti, 2009)』 p. 216-217

84. "마이크로소프트: 구글 크롬은 프라이버시를 존중하지 않는다(Microsoft: Google Chrome doesn't respect your privacy)," Emil Protalinski, 2010년 3월 ARS Technica, http://arstechnica.com/microsoft/news/2010/03/microsoft-google-chrome-doesn-your-privacy-microsoft-google-chrome-doesnt-respect-your-privacy.ars

85. 『구글은 당신을 알고 있다(Googling security: how much does Google know about you?) (Conti, 2009)』. 226-7. 콘티는 웹사이트가 유튜브 동영상을 한 페이지에 삽입할 때 대개는 해당 동영상을 자신의 사이트에 보관하지 않는다고 설명한다. 유튜브에서 제공된 코드가 사용자의 브라우저에 해당 페이지가 매번 로딩될 때마다 무비 오브젝트를 구글 서버에서 가져온다.

86. "법원 바이어컴 유튜브에게 비디오 로그를 제출하라고 명령(Court orders YouTube to give Viacom video logs)," Anick Jesdanun, 2008년 7월 3일 Associated Press, http://www.usatoday.com/tech/news/techpolicy/2008-07-03-google-video-logs_N.htm

87. "구글 유튜브의 사용자 데이터를 제출하라고 명령 받다(Google Told to Turn Over User Data of YouTube)," Miguel Helft, 2008년 7월 4일 「New York Times」 http://www.nytimes.com/2008/07/04/technology/04youtube.html?_r=1

88. "비디오 사생활 보호법(Video Privacy Protection Act)," 전자 사생활 정보 센터(Electronic Privacy Information Center), http://epic.org/privacy/vppa/

89. 『구글은 당신을 알고 있다(Googling security : how much does Google know about you?) (Conti, 2009)』 p.99. 각기 다른 5명의 AOL 사용자들의 검색내용이 5개의 별도 테이블에 제시되어 있다.

90. 『구글은 당신을 알고 있다(Googling security : how much does Google know about you?) (Conti, 2009)』 p.80. "웹히스토리 도움말에 설명된 대로 귀하는 웹히스토리에 귀하의 웹 활동이 저장되는 것을 일시적이거나 영구적으로 중지하거나 아니면 항목을 삭제하도록 선택할 수 있습니다. 항목을 삭제한다면, 해당 항목은 서비스에서 제거되어 귀하의 검색 경험을 개선하는 데 사용되지 않을 것입니다. 또한 업계의 통상적인 관행이 그러하듯, 구글은 감사 목적과 사용자들을 위한 서비스 품질개선을 위해 별도의 로그시스템을 관리합니다. 예를 들어, 우리는 이 정보를 활용해서 광고시스템을 감사하고, 사용자들에게 어떤 기능이 가장 인기가 있는지 파악하며, 검색결과를 개선하고, 서비스

거부공격 같은 취약성을 방지합니다."

91. 『검색으로 세상을 바꾼 구글 스토리(The Search: How Google and Its Rivals Rewrote the Rules of Business and Transformed Our Culture) (Battelle, 2005)』 p.9. 바텔은 검색이 할(Hal)과 같은 것으로 귀결될지도 모른다고 암시한다. 할은 영화 2001 스페이스 오딧세이에서 묘사된 대화형이지만 결국 기만적이었던 컴퓨터이다.

92. 『구글은 당신을 알고 있다(Googling security : how much does Google know about you?) (Conti, 2009)』

93. "구글 CEO의 에릭 슈미트의 프라이버시에 관한 가장 논쟁적인 언급(Google CEO Eric Schmidt's Most Controversial Quotes About Privacy)," Catharine Smith First, 2010년 11월 4일 「Huffington Post」 http://www.huffingtonpost.com/2010/11/04/google-ceo-eric-schmidtprivacy_n_776924.html#s170433

94. 126. "마이크로소프트 윈도우즈 비스타 변경 예정(Microsoft to alter Windows Vista)," Stephen Labaton, 2007년 6월 20일 「New York Times」 http://www.nytimes.com/2007/06/20/technology/20soft.html?ref=technology

95. http://desktop.google.com/support/linux/bin/answer.py?hl=en&answer=63220

96. "비난받는 구글 데스크톱 3," Elinor Mills, 2006년 2월 10일 「CNET News」 http://news.cnet.com/Google-Desktop-3-criticized/2100-1032_3-6038197.html

97. "구글 데스크톱 프라이버시 정책(Google Desktop Privacy Policy)," 2008년 11월 "귀하가 구글 계정을 취소하거나 구글데스크톱을 설치 제거하면, 컴퓨터간 검색 기능에서 색인된 파일들은 구글데스크톱을 통해서 더 이상 접근할 수 없으며, 당사의 서버에 10일간 보관됐다가 삭제됩니다." http://desktop.google.com/en/privacypolicy.html (구글데스크톱 서비스 지원이 중지되어 해당 링크는 삭제됨 – 옮긴이)

98. "구글 데스크톱 추적: 그 여파(Google Desktop Tracked: the Aftermath)," Rixstep.com, "구글데스크톱을 다운로드하거나 사용하는 조건으로, 여러분은 http://pack.google.com/intl/en/policy_info.html의 구글 팩 프라이버시 정책에 동의하는 셈인데, 이 정책은 아무런 공지 없이 가끔식 변경될 수 있다." http://rixstep.com/2/20070621,05.shtml

99. "구글은 얼굴 가치에 의해 디지털 사진을 정렬할 수 있다(Google can sort digital photos on face value)," Jefferson Graham, 2008년 9월 17일 「USA Today」 "인간의 두뇌가 매일 수백만 개의 이미지를 보고서도 바로 구별할 수 있다면, 소프트웨어

가 못할 일은 없지 않은가? 그런 일을 현실화하는 것이 독일 태생의 물리학자 하트멋 네벤(Hartmut Neven)의 오랜 목표였다. 네벤의 얼굴 인식 소프트웨어 회사는 그의 비전을 디지털 사진에 구현한다는 목표로 2006년 구글에 의해 인수됐다. ……네벤은 구글의 피카사 사진 편집 및 관리 소프트웨어 팀에 합류한 이후 2년간 얼굴 인식을 대중에 선보이기 위한 툴을 개발하는 중이다." http://www.usatoday.com/money/industries/technology/2008-09-16-picasa-google_n.htm?loc=interstitialskip

100. "구글의 목표: 일상의 체계화(Google's goal: to organise your daily life)," Caroline Daniel and Maija Palmer, 2007년 5월 22일 「Financial Times」 http://www.ft.com/intl/cms/s/2/c3e49548-088e-11dc-b11e-000b5df10621.html

101. https://www.google.com/accounts/ServiceLogin?hl=en&continue=http://www.google.com/history&nui=1&service=hist

102. "구글의 최신 권력 획득(Google's latest power grab)," Danny Sullivan, 2007년 4월 「Advertising Age」 "수백만 명이 사이트의 인기도를 0에서 10까지의 단위로 평가하는 페이지 랭크 미터가 포함된 구글 툴바를 설치했다. 작동되려면, 미터기는 구글에게 어떤 페이지가 조회되고 있는지 보고해야 한다. 이는 일부 툴바 사용자들이 방문하고 있는 모든 사용자를 본다는 의미이다. ……지난주까지는 미터의 기본설정은 비활성화였다. 이제 구글은 미터기가 활성화된 버전을 추진하고 있으며, 이미 툴바를 설치한 서퍼들에게 스위치를 바꾸라고 권장한다. 미끼는? 그렇게 하면 서퍼들은 자신이 방문한 모든 웹사이트의 로그를 볼 수 있다. 추가로, 그러한 웹히스토리는 자신이 보게 될 검색결과에서 페이지 순위에 영향을 미치게 된다." http://adage.com/article/digital/google-s-latest-power-grab-hint-doubleclick/116394/

103. "프라이버시 구멍 메꾸기(Plugging privacy leaks)," Hiawatha Bray, 2010년 7월 10일 「Boston Globe」 http://www.boston.com/business/technology/articles/2010/07/10/plugging_privacy_leaks/

104. "구글 툴바(Google Toolbar)," http://en.wikipedia.org/wiki/Google_Toolbar

105. "구글 TV에 관한 사실과 그것이 구글에게 넉넉한 돈을 벌어다 줄 이유(The Skinny on Google TV and Why It Will Make Google Fat Money)," Clint Boulton, 2010년 6월 16일 eWeek Google Watch, http://googlewatch.eweek.com/content/google_tv/the_skinny_on_google_tv_and_why_it_will_make_google_fat_money.html

106. "구글 정부 데이터에 좀더 노골적인 접근 시도(Google seeks clearer path to state data)," Miguel Helft, 2007년 4월 30일 「New York Times」, http://www.

nytimes.com/2007/04/30/technology/30data.html?_r=1

107. "구글의 사이버 공격 퇴치에 NSA 참여(Google to enlist NSA to help it ward off cyberattacks)," Ellen Nakashima, 2010년 2월 4일 「New York Times」 http://www.washingtonpost.com/wp-dyn/content/article/2010/02/03/AR2010020304057.html?nav=rss_email/components

108. "경고: 구글 버즈 심각한 프라이버시 결함 있어(WARNING: Google Buzz Has A Huge Privacy Flaw)," Nicholas Carlson. 2010년 2월 10일 「Business Insider」 필자는 이 프라이버시 결함으로 인해 부인은 남편이 이전 여자 친구와 채팅하는 것을 발견할 수 있고, 상사는 직원이 경쟁사의 중역과 이메일을 주고 받는 것을 눈치챌 수 있다는 점을 지적한다. http://www.businessinsider.com/warning-google-buzz-has-a-huge-privacy-flaw-2010-2

109. "폭행 당한 블로거 그녀를 학대한 전 남편에게 자동적으로 팔로우 돼(Outraged Blogger Is Automatically Being Followed By Her Abusive Ex-Husband On Google Buzz)," Nick Saint, 2010년 2월 12일 「Business Insider」 http://articles.businessinsider.com/2010-02-12/tech/30100487_1_google-buzz-google-account-reader-items

110. "안녕, 구글411(Farewell, Google411)," David Pogue, 2010년 10월 14일 「New York Times」 http://pogue.blogs.nytimes.com/2010/10/14/farewell-Google411/

111. http://www.youtube.com/watch?v=cN0q8SvIQAk 데모 동영상에서, 호출자에게 통화가 녹음되고 있다는 사실은 고지되지 않고 있다.

112. "구글 앱스의 컨텐츠는 구글에게 귀속된다(The content in Google Apps belongs to Google)," Joshua Greenbaum, 2007년 8월 28일 ZDNet Blog, http://www.zdnet.com/blog/greenbaum/the-content-in-google-apps-belongs-to-google/130

113. "구글 멈추기(Stopping Google)," Drake Bennett, 2008년 6월 22일 Boston.com, http://www.boston.com/bostonglobe/ideas/articles/2008/06/22/stopping_google/?page=2

114. "구글 검색 로스 리오스 학생 데이터를 드러내다(Google Search Uncovers Los Rios Student Data)," abstract of article from 2007년 3월 7일 issue of Sacramento Bee, http://www.adamdodge.com/esi/google_search_uncovers_los_rios_

student_data

115. "77%의 구글 사용자들은 구글이 개인 데이터를 기록한다는 점을 모른다(77% of Google users don't know it records personal data)," Andrew Orlowski, 2006년 1월 24일 「The Register」 http://www.theregister.co.uk/2006/01/24/google_privacy_poll/

116. "구글 제품 전체 리스트(Exhaustive Google Product List)," http://spreadsheets.google.com/pub?key=ty_BGDs9hnuBMRvj3AFeB2g&output=html

117. https://www.23andme.com/about/corporate/

118. http://mrl.nyu.edu/~dhowe/trackmenot/

119. http://www.scroogle.org/cgi-bin/scraper.htm

120. 구글 대시보드는 유저에 의한 통제를 위한 작은 발걸음이다(Google Dashboard Is Small Step For User Control, Consumer Watchdog Says)," John M. Simpson, 2009년 11월 5일 Consumer Watchdog, http://www.consumerwatchdog.org/corporateering/articles/?storyId=30797

121. "구글 CEO 경제를 논하다(Google CEO Discusses Economy)," 2009년 11월 5일 BNET, http://findarticles.com/p/articles/mi_8077/is_20091105/ai_n50964590/pg_8/?tag=content;col1

122. "구글 에릭 슈미트: 여러분의 데이터에 관해 우리를 믿어 주세요(Google's Eric Schmidt: You can trust us with your data)," Shane Richmond, 2010년 7월 1일 UK 「Telegraph」 "에릭 슈미트는 고객과 경쟁에 의해 구글이 체크되고 있다고 말한다: "우리가 행한 모든 테스트에서는 거의 대부분의 사람들이 우리의 정책에 완벽하게 만족하고 있음을 보여줍니다. 그리고 이 메시지는 아무도 듣고 싶지 않아하는 메시지이기에 다시 한번 강조하겠습니다: 현실은 우리는 평균적인 사용자들이 말하는 것을 기준으로 의사 결정을 내리고, 우리는 정말로 확인합니다. 그리고 여러분이 우리를 신뢰해야 하는 이유는 우리가 그런 신뢰를 저버린다면 사람들이 곧장 다른 누군가에게로 떠나갈 것이기 때문입니다. 우리 서비스는 떠나기 쉽기 때문에 우리는 그런 사용자들의 신뢰를 유지하는데 엄청난 관심을 가지고 있습니다." http://www.telegraph.co.uk/technology/google/7864223/Googles-Eric-Schmidt-You-can-trust-us-with-your-data.html

123. "S#*! 구글 CEO의 말씀(S#*! Your Google CEO Says)," Natasha Tiku, 2010년 9월 16일 Daily Intel, http://nymag.com/daily/intel/2010/09/shit_schmidt_

says.html

124. "구글의 빈트 서프, 언론의 미래에 대하여(Google's Vint Cerf on the Future of Journalism)," David Needle, 2009년 5월 19일 InternetNews.com, http://www.internetnews.com/webcontent/article.php/3820976

125. "애드버타이징 위크 2010: 구글, 페이스북 등 프라이버시를 논하다(Advertising Week 2010: Google, Facebook, Others Talk Privacy)," Ken Bruno, 2010년 9월 28일 「Forbes」 http://www.forbes.com/sites/marketshare/2010/09/28/advertising-week-2010-google-facebook-others-talk-privacy/

2장: 우리의 것은 구글의 것

1. "창업자들의 편지: 구글 주주들을 위한 '사용자 매뉴얼'(Letter from the Founders: 'An Owners' Manual' for Google Shareholders)," Form S-1 Registration Statement, 2004년 4월 29일 http://www.sec.gov/Archives/edgar/data/1288776/000119312504073639/ds1.htm

2. "구글의 2.4% 세율은 600억 달러 세금이 어떻게 구멍으로 새 나갔는지 보여준다 (Google 2.4% Rate Shows How $60 Billion Lost to Tax Loopholes)," Jesse Drucker, 2010년 10월 21일 「Bloomberg News」 http://www.bloomberg.com/news/2010-10-21/google-2-4-rate-shows-how-60-billion-u-s-revenue-lost-to-tax-loopholes.html

3. 『구글드 Googled: The End of the World As We Know It (Ken Auletta, 2009)』 p. 39, (한국어판: 김우열 옮김, 타임비즈, 2010년 2월.) "위노그래드 교수에 의하면, 어느 날 그들은 스탠포드 컴퓨터가 배송되는 하역장에서 PC를 "빌려 와서" 컴퓨터 파워를 확장했다."

4. 『구글드 Googled: The End of the World As We Know It (Ken Auletta, 2009)』 p.39. "몇 년 후에, 페이지는 1997년 당시 자신들의 초기 검색엔진이 너무나 많은 컴퓨터 용량을 잡아 먹어서 "자신들이 전체 스탠포드 네트워크를 다운시켰다"고 고백했다."

5. 『구글드 Googled: The End of the World As We Know It (Ken Auletta, 2009)』 p.42. 브린은 자물쇠 따기에 관한 MIT 가이드를 읽고서 특수 기술을 습득했다.

6. 『검색으로 세상을 바꾼 구글 스토리(The Search: How Google and Its Rivals Rewrote the Rules of Business and Transformed Our Culture) (Battelle, 2005)』 p.104-118

7. 『구글, 성공 신화의 비밀 The Google Story (Vise & Malseed, 2005)』 "그들〔세르게이와 래리〕이 샌드 힐 로드(Sand Hill Road)에서 벤처 캐피털리스트들의 마음을 사로잡을 수 있다면, 오버추어와 수익을 나누느니 스스로 광고를 팔아서 모든 수익을 차지하는 편이 나았을 것이다." p.88.

8. 『검색으로 세상을 바꾼 구글 스토리(The Search: How Google and Its Rivals Rewrote the Rules of Business and Transformed Our Culture) (Battelle, 2005)』 p. 96-121. 빌 그로스, 고투닷컴과 오버추어의 이야기가 자세히 나와 있다.

9. 『검색으로 세상을 바꾼 구글 스토리(The Search: How Google and Its Rivals Rewrote the Rules of Business and Transformed Our Culture) (Battelle, 2005)』 p.107-108

10. 미국 특허 6969361, "인터넷 같은 컴퓨터 네트워크를 사용하는 정보제공자가 인터넷 검색엔진에 의해 생성되는 검색결과 내의 검색 리스트 상의 위치에 영향을 미치는 것을 가능하게 해주는 시스템 및 방법" 발췌: 현재 발명의 시스템과 방법은 네트워크 정보제공자에 대한 계정을 가지고 있는 데이터베이스를 제공한다. 각 계정에는 네트워크 정보제공자에 대한 연락처 정보와 과금 정보가 포함되어 있다. 추가로, 각 계정에는 설명, 한 개 이상의 키워드로 구성되는 검색조건 및 입찰가 등 최소 3개의 구성 요소를 가지고 있는 최소 한 개의 검색 리스트가 포함되어 있다. 네트워크 정보제공자는 인증 프로세스를 통해 자신의 계정에 로그인한 후에 검색 리스트를 추가, 삭제, 수정할 수 있다. 네트워크 정보제공자는 리스트된 웹사이트 다른 정보 제공원과 관련된 우선적인 검색조건을 선택함으로써, 제공자의 계정에 있는 검색 리스트 상의 위치에 영향을 미칠 수 있다. 네트워크 정보제공자는 검색조건과 설명을 검색 리스트에 입력한다. 네트워크 정보제공자는 지속적인 온라인경쟁 입찰과정을 통해 검색 리스트 상의 위치에 영향을 미친다. 입찰 과정은 네트워크 정보제공자가 새로운 경매가를 입력할 때 시작되며, 새로운 경매가는 가급적 검색 리스트에 대한 금액이 타당하다. 그 다음 현재 발명의 시스템 및 방법은 이러한 입찰가를 동일한 검색조건에 대한 다른 입찰가와 비교하여, 해당 검색조건을 가지고 있는 모든 검색 리스트에 랭킹값을 생성한다. 입찰 과정에 의해 생성된 랭킹값은 네트워크 정보제공자의 리스트가 컴퓨터 네트워크 상의 클라이언트 컴퓨터에 위치하는 검색자의 검색조건 질의에 대한 응답으로 생성되는 검색결과 페이지상에 나타날지 결정한다. 네트워크 정보제공자에 의한 높은 입찰가는 좀더 높은 랭킹값을 낳게 되어 보다 유리한 위치를 차지하게 된다.

11. 『검색으로 세상을 바꾼 구글 스토리(The Search: How Google and Its Rivals Rewrote the Rules of Business and Transformed Our Culture) (Battelle, 2005)』 p. 226-227.

12. "구글, 야후와 무기를 거두다(Google, Yahoo bury the legal hatchet)," Stefanie Olsen, 2004년 8월 9일 CNET News, http://news.cnet.com/Google,-Yahoo-bury-the-legal-hatchet/2100-1024_3-5302421.html

13. 『검색으로 세상을 바꾼 구글 스토리(The Search: How Google and Its Rivals Rewrote the Rules of Business and Transformed Our Culture) (Battelle, 2005)』 p. 180-185.

14. 『검색으로 세상을 바꾼 구글 스토리(The Search: How Google and Its Rivals Rewrote the Rules of Business and Transformed Our Culture) (Battelle, 2005)』 p. 182. "라멜트는 "유람선(cruise ships)"이란 키워드를 구매한 다음 유람선 산업의 반환경적인 관행을 파헤친 웹사이트로 소비자들을 인도하는 광고를 노출했던 환경 조직인 오세아니아(Oceana)의 사례를 지적했다."

15. 『검색으로 세상을 바꾼 구글 스토리(The Search: How Google and Its Rivals Rewrote the Rules of Business and Transformed Our Culture) (Battelle, 2005)』 p.184-185.

16. 『구글, 성공 신화의 비밀 The Google Story (New York: Delacorte Press, 2005)』

17. 『구글, 성공 신화의 비밀 The Google Story (New York: Delacorte Press, 2005)』 P. 225.

18. 『구글, 성공 신화의 비밀 The Google Story (New York: Delacorte Press, 2005)』 P. 226.

19. "EU 법원, 애드워즈가 상표권 법률에 위배되지 않는다고 판결(EU court rules that Adwords do not infringe trademark laws)," Jennifer Baker, 2010년 7월 8일 IDG News Service, http://www.computerworld.com/s/article/9178986/EU_court_rules_that_Adwords_do_not_infringe_trademark_laws

20. "구글 유럽에서 상표권 광고 정책을 변경하다(Google changes trademark ad policy in Europe)," Leila Abboud and Kate Holton, 2010년 8월 4일 Reuters, http://www.reuters.com/article/2010/08/04/us-google-adwords-idUSTRE6732G320100804

21. "중소기업들 구글의 상표권 남용 소송에서 로제타스톤을 지지(Small firms back Rosetta Stone in Google trademark abuse lawsuit)," Byron Acohido, 2010년 11월 3일 「USA Today」 http://content.usatoday.com/communities/technologylive/post/2010/11/small-firms-back-rosetta-stone-in-google-

trademark-abuse-lawsuit/1

22. "AFP와 구글 저작권 분쟁에 합의(Agence France-Presse, Google settle copyright dispute)," Caroline McCarthy, 2007년 4월 6일 「CNET News」 http://news.cnet.com/2100-1030_3-6174008.html

23. http://investor.google.com/corporate/code-of-conduct.html

24. http://investor.google.com/corporate/code-of-conduct.html#VII

25. http://investor.google.com/corporate/code-of-conduct.html#V

26. 『GOOGLE 신화와 야망 (Randall Stross, Planet Google: One Company's Audacious Plan to Organize Everything We Know) (Stross, 2008)』 p. 96-97

27. "구글과 그 적들(Google and its enemies)," Jonathan V. Last, 2007년 12월 10일 「Weekly Standard」 http://www.weeklystandard.com/Content/Public/Articles/000/000/014/431afruv.asp

28. "출판사들 스캔 계획에 대해 구글 제소(Publishers sue Google over scanning plans)," Hillel Italie, Associated Press, 2005년 10월 19일 「USA Today」 http://www.usatoday.com/tech/news/techpolicy/business/2005-10-19-google-publishers-email_x.htm

29. "미 합중국 성명서(Statement of Interest of the United States of America)," p. 4, US Department of Justice, 2010년 2월 4일 http://thepublicindex.org/docs/amended_settlement/usa.pdf

30. "미 합중국 성명서(Statement of Interest of the United States of America)," US Department of Justice, 2010년 2월 4일 "가격 고정 조합에 대한 구성원들의 좋은 의도는 가격 경쟁을 약화시키는 문제를 법적으로 정당화하지 못하다." (p.18); "구글은 상부의 독점력을 유지한다" 그리고 "재판매자 구절은 구글에게 새로운 경쟁자를 만들지 못한다." (p.22) http://thepublicindex.org/docs/amended_settlement/usa.pdf

31. "미 합중국 성명서(Statement of Interest of the United States of America)," p. 9, US Department of Justice, 2010년 2월 4일 http://thepublicindex.org/docs/amended_settlement/usa.pdf

32. "미 합중국 성명서(Statement of Interest of the United States of America)," p. 11, US Department of Justice, 2010년 2월 4일, http://thepublicindex.org/docs/amended_settlement/usa.pdf

33. "일부 도서관들은 도서 전쟁에서 구글을 꺼린다(Some Libraries Shun Google in Book Battle)," Curt Nickisch, 2008년 4월 22일 NPR, http://www.npr.org/templates/story/story.php?storyId=89850150

34. Jean-Noël Jeanneney, Google and the Myth of Universal Knowledge (Chicago: University of Chicago Press, 2006).

35. "구글 북스 중재안 이웃을 성나게 하다(The GBS Makes for Angry Neighbors)," 2010년 5월 10일 The Open Book Alliance, http://www.openbookalliance.org/2010/05/the-gbs-makes-for-angry-neighbors/

36. 디지털 밀레니엄 저작권법 면책 조항 방어에 대한 법적 책임 및 적용 불가에 대한 약식 판결 신청을 지지하는 바이어컴의 반박의 여지가 없는 진술은 공동 원고인 Comedy Partners, Country Music Television, Inc., Paramount Pictures Corporation, and Black Entertainment Television, LLC의 지지를 받는다.

37. 바이어컴의 반박의 여지가 없는 진술 paragraph (SUF) 85, 2010년 3월 18일 http://googlemonitor.com/wp-content/uploads/2010/03/Viacom-Statement-of-Undisputed-Facts-PUBLIC-VERSION.pdf

38. Ibid, SUF 50

39. Ibid, SUF 60

40. Ibid, SUF 44

41. Ibid, SUF 40

42. Ibid, SUF 55

43. Ibid, SUF 47

44. Ibid, SUF 38

45. SUF 158, SUF 159, http://googlemonitor.com/wp-content/uploads/2010/03/Viacom-Statement-of-Undisputed-Facts-PUBLIC-VERSION.pdf

46. SUF 162, http://googlemonitor.com/wp-content/uploads/2010/03/Viacom-Statement-of-Undisputed-Facts-PUBLIC-VERSION.pdf

47. Ibid SUF 164

48. Ibid SUF 199

49. "바이어컴 유튜브와 구글 상대로 연방 저작권 침해 소송 제기(Viacom Files Federal Copyright Infringement Complaint Against YouTube And Google)," Viacom press release, 2007년 3월 13일 http://www.prnewswire.com/news-releases/ viacom-files-federal-copyright-infringement-complaint-against-youtube-and-google-51617992.html

50. "Viacom Int'l Inc. et. al. v. YouTube, Inc. et. al. No. 07 Civ. 2103 (LLS)," letter to the Honorable Louis L. Stanton, 2010년 3월 1일 Shearman and Sterling LLP counsel for Viacom, http://googlemonitor.com/wp-content/ uploads/2010/03/Viacom-v.-YouTubeorder.pdf

51. http://en.wikipedia.org/wiki/MGM_Studios,_Inc._v._Grokster,_Ltd.

52. Ibid, paragraph (SUF)161, "2006년 7월 8일, 구글의 수석 부사장이자 구글의 프로덕트 매니지먼트 수석 부사장인 조나단 로젠버그는 CEO 에릭 슈미트와 공동 창업자인 래리 페이지와 세르게이 브린에게 다음의 내용이 담긴 구글 동영상 프리젠테이션을 이메일로 보냈다: "유료 컨텐츠 제공자들이 비즈니스 모델을 무료로 바꾸도록 압박을 가한다; 다른 곳에서의 저작권 침해 피소 건에 대해서는 협박 전략을 취한다; "인기 있는 컨텐츠"에 대해서는 "먼저 올리고 나중에 협상한다"는 정책을 취한다; "또한 이 프리젠테이션은 "우리는 널리 퍼질 수 있는 유료 컨텐츠에 대한 접근을 구슬리거나 강요할 수 있을 것이다,"라고 언급하면서 구글 동영상이 "저작권 정책을 변경하도록 협박"할 수 있으며 "계약에 서명시키기 위해 그런 협박을 활용"할 수 있다는 점을 지적한다."

53. Ibid SUF 216

54. "일부 미디어 기업 불법 유튜브 클립으로부터 수익을 거두는 방법 선택(Some Media Companies Choose to Profit From Pirated YouTube Clips)," Brian Stelter, 2008년 8월 15일 「New York Times」, http://www.nytimes.com/2008/08/16/ technology/16tube.html?_r=2&scp=1&sq=now%20playing%20on%20 outube&st=cse&oref=slogin

55. "유튜브 최초로 1억명의 미국인 시청자 초과(YouTube Surpasses 100 Million U.S. Viewers for the First Time)," press release, 2009년 3월 4일 ComScore, http://www.comscore.com/Press_Events/Press_Releases/2008/06/US_ Online_Video_Usage

56. "독일, 유튜브의 유럽 음악 정복에 있어 마지막 저항지(Germany Is the

Last Holdout in YouTube's European Music Quest)," Kevin O'
Brien, 2010년 10월 17일 「New York Times」 http://www.nytimes.
com/2010/10/18/technology/18euroyoutube.html?pagewanted=1&_
r=2&sq=Google&st=nyt&scp=11

57. "구글 중요 저작권 판결에서 승리(Google Wins Key Copyright Ruling)," Sam
Schechner and Jessica E. Vascellaro, 2010년 6월 22일 「Wall Street Journal」
http://online.wsj.com/article/SB10001424052748704629804575325191988
055312.html?mod=WSJ_hpp_LEFTWhatsNewsCollection

58. "미디어 기업들 구글이 영화 불법복사로 이득을 보고 있다고 밝혀(Media firms say
Google benefitted from film piracy)," Matthew Karnitschnig and Julia
Angwin, 2007년 2월 12일 「Wall Street Journal」 http://online.wsj.com/article/
SB117125197567105533.html?mod=home_whats_news_us

59. "구글의 잘못된 안드로이드 마켓 운영(Google's mismanagement of the Android
Market)," Jon Lech Johansen, 2010년 6월 27일 nanocr.eu blog, http://
nanocr.eu/2010/06/27/googles-mismanagement-of-the-android-market/

60. "굴랙으로부터 뉴스: 원하는 대로 사악해지기: 구글의 애드센스는 불법복사를 조장하
는가?(News from the Goolag: As Evil as They Wanna Be: Does Google
Adsense drive piracy?)," Chris Castle, 2010년 7월 26일 Music ? Technology ?
Policy blog, http://musictechpolicy.wordpress.com/2010/07/26/news-from-
the-goolag-as-evil-as-they-wanna-be-does-google-adsense-drive-piracy/

61. "거대 미디어 기업은 구글이 불법복사에 좀더 강력히 대처하기를 원한다(Big media
wants more piracy busting from Google)," Greg Sandoval, 2010년 10월 13일
「CNET News」 http://news.cnet.com/8301-31001_3-20019411-261.html

62. "온라인 불법복사에서 누가 이득을 보는가?(Who Profits from Online Piracy?)"
Ellen Seidler, 2010년 6월 9일 PopUpPirates, http://popuppirates.wordpress.
com/

63. "공짜로 창작물을 사용한다고? 일부 예술가들은 구글을 거부한다(Use Their Work
Free? Some Artists Say No to Google)," Andrew Adam Newman, 2009년 6
월 14일 「New York Times」 http://www.nytimes.com/2009/06/15/business/
media/15illo.html?_r=1

64. Ibid.

65. "주간 특허 소송: 스카이훅 구글을 겨냥(Patent Litigation Weekly: Skyhook Takes a Shot at Google)," Joe Mullin, 2010년 9월 20일 Corporate Counsel, http://www.law.com/jsp/cc/PubArticleCC.jsp-id=1202472220685&Patent_Litigation_Weekly_Skyhook_Takes_a_Shot_at_Google

66. "반독점 소송에도 불구하고 구글 CEO 에릭 슈미트는 애플에서 사임하지 않을 것 (Google CEO Eric Schmidt won't resign from Apple despite threats of anti-trust lawsuit)," Angsuman Chakraborty, 2009년 5월 8일 Simple Thoughts blog,

67. "구글 뮤직은 곧 애플 아이튠즈와 경쟁하게 될 것(Google Music Will Soon Battle Apple's iTunes)," Mike Schuster, 2010년 6월 15일 Minyanville, http://www.minyanville.com/businessmarkets/articles/google-musicapple-itunes-itunes-store/6/15/2010/id/28763-page=full

68. "구글의 애드몹 인수는 모바일 광고 M&A 물결을 촉발할 것(Google's AdMob takeover to spark mobile ad M&A wave)," Christoph Steitz and Nicola Leske, 2009년 12월 4일 Reuters, http://www.reuters.com/article/idUSTRE5B31MO20091204

69. "애플 특허 침해로 HTC 고소(Apple sues HTC for patent infringement)," Nancy Weil, 2010년 3월 2일 「ComputerWorld」 http://www.computerworld.com/s/article/9164258/Apple_sues_HTC_for_patent_infringement

70. "오라클 거인들의 안드로이드 법적 충돌에서 자바 관련 구글을 고소(Oracle sues Google over Java in Android Legal clash of the titans)," Dan Goodin, 2010년 8월 13일 UK 「Register」 "이 사건 관련 특허는 6,125,447, "컴퓨터 시스템에서 보안을 제공하기 위한 도메인 보호,", 6,192,476, "리소스에 대한 접근 제어", 5,966,702, "클래스 파일을 전처리하고 패키징하기 위한 방법과 장치들", 7,426,720, "마스터 런타임 시스템 프로세스의 메모리 공간 클론을 통한 클래스의 동적 사전 로딩을 위한 시스템과 기법들", RE38,104, "생성된 코드에서 데이터 참조를 풀기 위한 방법 및 장치들", 6,910,205, "기기 명령의 가상 및 네이티브 하이브리드를 활용한 인터프리팅 기능" 그리고 6,061,520, "정적 초기화를 수행하기 위한 방법 및 시스템"이다. http://www.theregister.co.uk/2010/08/13/oracle_sues_google/

71. "선이 아니라 오라클이 자바에 대해 구글을 고소한 이유(Why Oracle, not Sun, sued Google over Java)," Stephen Shankland, 2010년 8월 13일 「CNET News」 "의견에 대한 답변으로 구글의 대변인은 이렇게 밝혔다: "우리는 오라클이 근거 없는 소송

으로 구글과 오픈 소스 자바 커뮤니티 양쪽을 공격하기로 선택한 데 대해 실망스럽다. 오픈소스 자바 커뮤니티는 일개 기업의 범위를 넘어서 웹을 보다 좋은 곳으로 만들기 위해 항상 노력하고 있다. 우리는 오픈 소스 표준을 강력히 보호할 것이며 안드로이드 플랫폼을 개발하기 위해 업계와 협력을 지속할 것이다." http://news.cnet.com/8301-30685_3-20013549-264.html

72. "특허와 저작권 침해에 대한 소장: 심리 배심 요구(Complaint for Patent and Copyright infringement: Demand for Jury Trial)," Oracle America, Inc., 2010년 8월 12일 정보와 추정을 근거로, 구글은 선의 특허 포트폴리오에 대해 알고 있었으며, 여기에는 문제가 되고 있는 특허가 포함되는데, 2005년 중반 이후에 구글은 전직 선 자바 엔지니어를 고용했기 때문이다. 정보와 추정을 근거로, 구글은 캘리포니아 북부 지역의 소비자들에게 구매, 사용 및 라이센스되리라고 기대하면서 안드로이드와 관련 애플리케이션, 기기, 플랫폼 및 서비스를 의도적, 적극적 그리고 자발적으로 배포해 왔다. 안드로이드는 캘리포니아 북부 지역의 소비자들에게 지속적으로 구매, 사용 및 라이센스되어 왔다. 따라서 구글은 캘리포니아주 특히 캘리포니아 북부 지역 내에서 특허 침해 행동을 저질렀다. 고의적 자발적으로 하나 이상의 침해 상품과 서비스를 배포함으로써, 구글은 오라클 아메리카에 피해를 입히고 그럼으로써 금번 35 U.S.C. § 271 소송에 뒤따르는 사건에 대해 오라클 아메리카의 특허를 침해한 데 책임이 있다." http://regmedia.co.uk/2010/08/13/oracle_complaint_against_google.pdf

73. "구글 자사의 오픈 소스 설계를 법률과 겨루게 하다(Google pits the law against its open source designs)," Dana Blankenhorn, 2010년 9월 7일 ZDNet, http://www.zdnet.com/blog/open-source/google-pits-the-law-against-its-open-source-designs/7282

74. "선이 아니라 오라클이 자바에 대해 구글을 고소한 이유(Why Oracle, not Sun, sued Google over Java)," Stephen Shankland, 2010년 8월 13일 「CNET News」 http://news.cnet.com/8301-30685_3-20013549-264.html

75. "특허 침해 고소장(Complaint for Patent Infringement)," Skyhook Wireless, Inc., 2010년 9월 15일 "Infringement of United States Patent No. 7,414,988," "Infringement of United States Patent No. 7,433,694," "Infringement of United States Patent No. 7,474,897," and "Infringement of United States Patent No. 7,305,245," https://docs.google.com/viewer?url=http%3A%2F%2Fcdnet.stpi.org.tw%2Ftechroom%2Fpclass%2Fcomplaint%2FComplaint_pclass_10_A242_Skyhook%2520Wireless%2C%2520Inc.%2520v.%2520GOOGLE.pdf

76. "주간 특허 소송: 스카이훅 구글을 겨냥하다(Patent Litigation Weekly: Skyhook Takes a Shot at Google)," Joe Mullin, 2010년 9월 20일 Corporate Counsel, http://www.law.com/jsp/cc/PubArticleCC.jsp?id=1202472220685&Patent_Litigation_Weekly_Skyhook_Takes_a_Shot_at_Google

77. "소송 및 심리 요구(Complaint and Jury Demand)," Skyhook Wireless, Inc., 2010년 9월 15일

78. "주간 특허 소송: 스카이훅 구글을 겨냥하다(Patent Litigation Weekly: Skyhook Takes a Shot at Google)," Joe Mullin, 2010년 9월 20일 Corporate Counsel, http://www.law.com/jsp/cc/PubArticleCC.jsp?id=1202472220685&Patent_Litigation_Weekly_Skyhook_Takes_a_Shot_at_Google

3장: 보안은 구글의 아킬레스건

1. "매슬로우의 욕구 계층(Maslow's hierarchy of needs)," Wikipedia, http://en.wikipedia.org/wiki/Maslow%27s_hierarchy_of_needs

2. "우리의 철학: 구글이 발견한 10가지 진실(Our Philosophy: Ten things we know to be true),"

   - 사용자에게 초점을 맞추면 나머지는 저절로 따라옵니다.

   - 한 분야에서 최고가 되는 것이 최선의 방법입니다.

   - 느린 것보다 빠른 것이 낫습니다.

   - 인터넷은 민주주의가 통하는 세상입니다.

   - 책상 앞에서만 검색이 가능한 것은 아닙니다.

   - 부정한 방법을 쓰지 않고도 돈을 벌 수 있습니다.

   - 세상에는 무한한 정보가 존재합니다.

   - 정보의 필요성에는 국경이 없습니다.

   - 정장을 입지 않아도 업무를 훌륭히 수행할 수 있습니다.

   - 위대하다는 것에 만족할 수 없습니다.

   http://www.google.co.kr/intl/ko/about/corporate/company/tenthings.html

3. "Google security and product safety," http://www.google.com/intl/en/

corporate/security.html (한글판: http://www.google.co.kr/intl/ko/about/
corporate/company/security.html)

4. "로스리오스의 구글쇼크(Google shock for Los Rios)," 2007
    년 3월 7일 Sacramento Bee, http://callcenterinfo.tmcnet.com/
    news/2007/03/07/2400543.htm

5. http://googlemonitor.com/wp-content/uploads/2010/06/Google's_Total_
    Information_Awareness.pdf 2001년 9월 11일 테러 공격 이후에, 레이건 대통령의
    국가 안보 보좌관이었던 존 포인덱스터(John Poindexter) 제독은 미국 정보 기관들이
    가능한 모든 감시 및 정보 기술 자산을 활용해서 활용해서 테러리스트를 추적해야 한다고
    제안했다. 통합 정보 인지에 대해서는 그러한 시스템이 모든 시민들을 항상 감시하게 될
    것이라는 우려로 인해 격렬한 공개적인 반대가 있었다. 의회는 2003년에 해당 프로그램
    에 대한 예산을 중단했다. 일개 사기업인 구글이 10년이란 짧은 기간 동안 통합 정보 인
    지를 달성했다는 점은 아이러니컬하면서 두려운 일이다.

6. "프라이버시 보호 당국, 다국적 기업들에게 법규를 존중하라고 경고(Privacy guardians
    warn multinationals to respect laws)," 2010년 4월 20일 Office of the Privacy
    Commissioner of Canada, http://priv.gc.ca/media/nr-c/2010/nr-c_100420_
    e.cfm

7. "BITS: 구글, 프라이버시와 캘리포니아(BITS; Google, Privacy And California),"
    Saul Hansell, 2008년 6월 2일 「New York Times」 캘리포니아 법률은 기업들이 홈페
    이지에 자사의 프라이버시 정책에 대한 링크를 게재할 것을 요구한다. 구글 대변인은 이
    렇게 밝혔다, "우리의 홈페이지에서 한 클릭 들어간 곳(즉, 회사 소개 페이지)에 프라이버
    시 정책에 대한 링크를 게재했으며, 홈페이지의 검색 상자를 사용하면 프라이버시 정책을
    쉽게 발견할 수 있으므로, 우리는 이 법규를 준수한다." http://query.nytimes.com/
    gst/fullpage.html?res=9906E4D9143BF931A35755C0A96E9C8B63

8. "구글TV의 어두운 측면(Google TV's Dark Side)," Lance Ulanoff, 2010년 10월 7
    일 「PC Magazine」 http://www.pcmag.com/article2/0,2817,2370379,00.asp

9. "연구자들에 의하면 두 번째의 구글 데스크톱 공격이 발생할 수 있다(Second Google
    Desktop Attack Possible, Researchers Say)," Robert McMillan, CIO.com,
    http://www.cio.com/article/29018/Second_Google_Desktop_Attack_Possible_
    Researchers_Say

10. "구글 캘린더를 통해 빠져 나가는 기업 데이터Corporate data slips out via Google
    calendar)," Robert McMillan, About.com, http://www.computerworld.com/

s/article/9016920/Corporate_data_slips_out_via_Google_Calendar

11. "해커들 구글 가젯을 목표로 삼다(Hackers target Google Gadgets)," Jordan Robertson, Associated Press, 「USA Today」 http://www.usatoday.com/tech/news/computersecurity/2008-08-07-hackers-google_N.htm

12. "구글 버즈의 보안 버그 해커들에게 무방비(Security Bug Opens Google Buzz to Hackers)," Robert McMillan, The 「New York Times」 http://www.nytimes.com/external/idg/2010/02/16/16idg-security-bug-opens-google-buzz-to-hackers-49739.html

13. "구글의 안전 브라우징 기능 프라이버시를 훼손시킬 수 있어(Google Safe Browsing Feature Could Compromise Privacy)," Kelly Jackson Higgins, DarkReading, http://www.darkreading.com/security/privacy/showArticle.jhtml?articleID=218800199

14. "굴랙 구글 해킹을 식은 죽 먹기로 만들어(Goolag makes Google Hacking a snap)," Robert McMillan, 2008년 2월 22일 NetworkWorld.com, http://www.networkworld.com/news/2008/022208-goolag-makes-google-hacking-a.html

15. "검색엔진 최적화에 대한 비판적 시각(Sinister take on search engine optimization)," Joseph Menn, 2010년 7월 12일 「Financial Times」 http://www.ft.com/intl/cms/s/0/f130298e-8dda-11df-9153-00144feab49a.html

16. "자신의 일은 스스로 알아서 하자(t's every man for himself)," Jack Schofield, 2008년 10월 1일 UK 「Guardian」 http://www.guardian.co.uk/technology/2008/oct/02/interviews.internet

17. "구글은 어떻게 운영되는가(How Google Works)," David F. Carr, 2006년 7월 6일 「Baseline」 "이런 요구에 대처하기 위해, 페이지와 브린은 복수 컴퓨터상의 하드 드라이브를 하나의 거대한 저장 풀(pool)로 취급하는 가상 파일 시스템으로 개발했다. 그들은 이 시스템을 빅파일이라고 불렀다. 파일을 특정 컴퓨터에 저장하는 대신에, 그들은 빅파일에 저장하는데, 빅파일 시스템은 서버 군에 있는 컴퓨터 중 하나에 사용 가능한 디스크 공간을 찾아내서, 해당 컴퓨터에 해당 파일을 저장하라고 건네주며, 어떤 파일이 어떤 컴퓨터에 저장하고 있는지 추적 관리한다. 이것이 리눅스를 기반으로 동작하는 분산형 컴퓨팅 소프트웨어 인프라스트럭처의 실질적 시작이었다." http://www.baselinemag.com/c/a/Infrastructure/How-Google-Works-1/3/

18. "빅테이블: 구조화 데이터를 위한 분산형 저장 시스템(Bigtable: A Distributed Storage System for Structured Data)," Fay Chang, Jeffrey Dean, Sanjay Ghemawat, Wilson C. Hsieh, Deborah A. Wallach, Mike Burrows, Tushar Chandra, Andrew Fikes, and Robert E. Gruber, 2006년 11월 Google Research Publications, http://research.google.com/archive/bigtable.html

19. "웹을 좀더 빠르게 만들자(Let's make the Web faster)," Google code, http://code.google.com/speed/articles/

20. "구글 공개 DNS(Google public DNS)," http://code.google.com/speed/public-dns/

21. "2009년 오픈 소스에 대한 가장 큰 위협(The biggest threat to open source in 2009)," Dana Blankenhorn, 2009년 1월 1일 ZDnet, http://www.zdnet.com/blog/open-source/the-biggest-threat-to-open-source-in-2009/3244

22. "구글 검색 이용자들 새로운 종류의 버그에 걸릴 수 있어(Google searchers could end up with a new type of bug)," Byron Acohido and Jon Swartz, 2008년 3월 31일 「USA Today」 http://www.usatoday.com/tech/news/computersecurity/2008-03-31-javascript-hackers_N.htm

23. "해커들 검색엔진과 소셜네트워크에 잠입(Hackers infiltrate search engines, social networks)," Jon Swartz, 2008년 4월 8일 「USA Today」 http://www.usatoday.com/tech/news/computersecurity/2008-04-08-tech-hack_N.htm

24. "곤란한 상황을 방지하는 방법(How to avoid getting hooked)," Ian Fette, 2008년 4월 29일 Official Google blog, http://googleblog.blogspot.com/2008/04/how-to-avoid-getting-hooked.html

25. "그랜드센트럴 서비스 중단: 전화회사가 되고 싶다면 다운되서는 안 된다(GrandCentral Offline: If You Wanna Be A Phone Company, You Can't Go Dead)," Michael Arrington, 2008년 4월 13일 「TechCrunch」 http://techcrunch.com/2008/04/13/if-you-wanna-be-a-phone-company-you-cant-go-dead/

26. "G메일은 "스팸 바주카포"로 사용될 수 있다(Gmail can be used as "Spam Bazooka")," Garett Rogers, 2008년 5월 9일 ZDNet blog, http://blogs.zdnet.com/Google/-p=1036

27. 『구글은 당신을 알고 있다(Googling security : how much does Google know about you?) (Conti, 2009)』 p. 164

28. "복수의 구글 계정에 동시에 로그인(Sign into multiple Google accounts at once)," Garett Rogers, 2010년 8월 3일 Googling Google, ZDNet blog, http://www.zdnet.com/blog/google/sign-into-multiple-google-accounts-at-once/2340

29. "구글 복수 계정 로그인 테스트 중(Google testing multiple account sign in)," Christopher Dawson, 2010년 8월 3일 Googling Google, ZDNet blog, http://www.zdnet.com/blog/google/google-testing-multiple-account-sign-in/2336

30. "낮에는 구글 보안 책임자, 밤에는 TV 마술가 '에란 레이븐'(Google Security Chief by Day, TV Magician 'Eran Raven' by Night)" Ryan Tate, 2010년 1월 4일 ValleyWag, http://gawker.com/5439749/?tag=television

31. "구글 RSA 컨퍼런스에서 클라우드 옹호(Google to defend the cloud at RSA Conference)," Neil Roiter, 2009년 4월 17일 Information Security, http://searchcloudsecurity.techtarget.com/news/1354119/Google-to-defend-the-cloud-at-RSA-Conference

32. "클라우드 컴퓨팅 제공사들 준수, 보안 및 투명성을 논하다(Cloud computing providers debate compliance, security and transparency)," Alexander B. Howard, 2009년 4월 30일 SearchCompliance.com, http://searchcompliance.techtarget.com/news/1355241/Cloud-computing-providers-debate-compliance-security-and-transparency

33. "해커들 희생자들을 스토킹하기 위해 구글 스트리트뷰 활용(Hack uses Google Street View data to stalk its victims)," Dan Goodin, 2010년 8월 3일 UK 「Register」 http://www.theregister.co.uk/2010/08/03/google_street_view_hack/

34. "안드로이드의 심각한 프라이버시 문제 개발사들에게 큰 손실 안겨(Android's Serious Piracy Problem Costs Developers Big Money)," Jay Yarow, 2010년 8월 2일 Business Insider, http://articles.businessinsider.com/2010-08-02/tech/30055327_1_android-piracy-google#comment-4c571b2c7f8b9ac6012e0500

35. "중국에 대한 새로운 접근(A new approach to China)," David Drummond, SVP, Corporate Development and Chief Legal Officer, 2010년 1월 12일 Official Google Blog, http://googleblog.blogspot.com/2010/01/new-approach-to-china.html

36. "구글 공격, 중국의 "붉은" 해커가 주목을 받게 만들어(Google attack puts spotlight

on China's 'red' hackers)," Melanie Lee and Lucy Hornby, 2010년 1월 19일 Reuters, http://www.reuters.com/article/2010/01/20/us-google-china-hackers-idUSTRE60J20820100120

37. "구글 중국 철수 위협 – 사이버 보안에 주목(Google threatens Pull Out of China – Focus befell on Cyber Security)," 2010년 1월 14일 International Reporter, http://www.internationalreporter.com/News-5463/google-threatens-pull-out-of-china-focus-befell-on-cyber-security.html

38. "전문가들 구글 해커들을 '아마추어'로 간주(Researchers Call Google Hackers 'Amateurs')," Andy Greenberg, 2010년 3월 2일 「Forbes」 "한 집단의 사이버 보안 전문가들이 주장한 바에 의하면, 구글 해커들을 추적하자 그들의 "슈퍼해커" 이미지와 상충되는 모습들이 드러났다." http://www.forbes.com/2010/03/02/damballa-hackers-botnets-technology-security-google.html

39. "위키리크스: 구글 공격 리창춘에 의해 지시(WikiLeaks: Google attacks ordered by Li Changchun)," Dan Sabbagh, 2010년 12월 5일 UK 「Guardian」 "미 외교관에 의하면 중국 권력 서열 5위인 리창춘이 지난 겨울 구글의 이메일 시스템에 대한 해커 공격을 지시한 인물로 지목됐다. ……중국 집권 공산당의 구성원으로서, 리창춘은 선전과 검열을 책임지고 있는 인물이며, '중국의 대규모 방화벽"의 배후에 있는 인물이다." http://www.guardian.co.uk/world/2010/dec/05/the-us-embassy-cables-china

40. "구글에 대한 사이버 공격, 패스워드 시스템에 타격(Cyberattack on Google Said to Hit Password System)," John Markoff, 2010년 4월 19일「New York Times」, "구글이 1월에 인터넷 침입자들이 자사의 컴퓨터에서 정보를 훔쳐갔다고 공개한 이후로, 해당 절도 건의 정확한 성격과 범위는 회사 기밀로 긴밀하게 보호되어 왔다. 하지만 이제 조사에 대해 직접적으로 알고 있는 인물이 피해 범위에 구글의 핵심 자산 중 하나로 이메일, 비즈니스 애플리케이션을 포함하여 구글의 거의 모든 웹 서비스에 대한 전세계 수백만 사용자들의 접근을 관리하는 패스워드 시스템이 포함됐다고 말한다. ……이 인사에 의하면 지상을 관장하는 그리스 여신을 본따 가이아(Gaia)란 암호명이 붙여졌던 프로그램이 지난 12월 채 이틀이 소요되지 않은 번개 같은 기습 상황에서 공격 당했다. 4년 전 기술 컨퍼런스에서 오직 한번 공개적으로 언급됐던 해당 소프트웨어는 사용자와 임직원들이 딱 한번 패스워드로 로그인해서 다양한 범위의 서비스를 작동시킬 수 있도록 해주기 위한 것이었다." http://www.nytimes.com/2010/04/20/technology/20google.html?_r=1&ref=technology

41. "구글에 대한 사이버 공격, 패스워드 시스템에 타격(Cyberattack on Google Said to Hit Password System)," John Markoff, 2010년 4월 19일 「New York Times」, "내부 조사 내용을 알고 있던 인사가 신원을 밝히지 않는다는 조건으로 밝힌 바에 따르면, 도둑질은 마이크로소프트 메신저 프로그램을 사용하고 있던 구글의 중국 직원에게 인스턴트 메시지가 전송됐을 때 시작됐다. ……어떤 링크를 클릭해서 "유해" 웹사이트에 연결됨으로써, 해당 직원은 무심코 침입자들에게 자신의 개인용 컴퓨터에 대한 접근을 허용했으며, 이어서 캘리포니아 마운틴뷰 구글 본사에 있는 핵심 소프트웨어 개발자 그룹의 컴퓨터에 대한 접근을 허용했다. 최종적으로 침입자들은 개발팀에 의해 사용되던 소프트웨어 저장고에 대한 통제력을 장악할 수 있었다." http://www.nytimes.com/2010/04/20/technology/20google.html?_r=1&ref=technology

42. "구글, 사이버 공격에 대해 중국의 검열 정책을 종료시키려 해(Google to end censorship in China over cyber attacks)," Tania Branigan, 2010년 1월 13일 The 「Guardian」 http://www.guardian.co.uk/technology/2010/jan/12/google-china-ends-censorship

43. "마이크로소프트 보안 대응에 SUS 전면 검토 포함(Microsoft Security Fightback Includes SUS Overhau)l," Ryan Naraine, 2003년 10월 10일 Internet News, http://www.internetnews.com/devnews/article.php/3090281/Microsoft%E2%80%90Security%E2%80%90Fightback%E2%80%90Includes%E2%80%90SUSOverhaul.htm

44. "구글의 사이버 공격 퇴치에 NSA 참여(Google to enlist NSA to help it ward off cyberattacks)," Ellen Nakashima, 2010년 2월 4일 The 「Washington Post」 "이 문제에 정통한 사이버 보안 전문가에 따르면, 현재 마무리 중인 협약을 근거로 국가안보국은 구글이 주요 기업 스파이 공격을 분석하는데 도움을 주게 될 것이라고 한다. 구글에 의하면 이 공격은 중국에서 시작되어 자사의 컴퓨터 네트워크를 목표로 삼았다고 한다. 이 협약의 목적은 구글과 그 사용자들을 미래의 공격으로 좀더 효과적으로 방어하기 위한 것이다." http://www.washingtonpost.com/wp-dyn/content/article/2010/02/03/AR2010020304057.html?nav=rss_email/components

45. "백악관, 구글 로비 서약 위반(White House, Google violate lobbying pledge)," Timothy P. Carney, 2010년 6월 25일 「Examiner」 "진보적 비영리조직인 컨슈머 워치독은 FOIA를 활용해서 백악관 기술 담당 최고 책임 보좌관인 앤드류 맥러플린과 구글 재직 시절 동료였던 인물 간의 이메일을 획득했다. 맥러플린은 백악관에 합류하기 전까지, 구글의 세계 공공 정책 및 정부 관계 책임자였다. ……오바마 행정부와 구글이 입법을 지지하고 구글에게 이들을 주게 될 인터넷 중립성에 대한 주제들이 맥러플린과 구글 간의

이메일에 반복적으로 등장했다. http://washingtonexaminer.com/node/72066

46. 『구글노믹스 What Would Google Do (Jeff Jarvis, 2009)』 p. 210. (한국어판: 이 진원 옮김. 21세기북스, 2010년 6월)

47. "구글의 컴퓨팅 파워, 번역 도구 개선(Google's Computing Power Refines Translation Tool)," Miguel Helft, 2010년 3월 8일「New York Times」, "웹 검색 을 위해 구축됐던 데이터 센터 네트워크가 함께 묶었지만, 세계에서 가장 거대한 컴퓨터 가 될지도 모른다. 예를 들어, 지난 달 구글은 번역 도구와 이미지 분석을 결합시키는 작 업을 진행 중이라고 발표했는데, 이렇게 되면 독일어로 된 메뉴사진을 핸드폰으로 찍으 면 곧바로 영어로 번역이 가능하게 된다." http://www.nytimes.com/2010/03/09/ technology/09translate.html

48. "인터넷 자유에 대한 논평(Remarks on Internet freedom)," Hillary Rodham Clinton, Secretary of State, The Newseum, Washington, DC, 2010년 1월 21일 U.S. Department of State website, http://www.state.gov/secretary/ rm/2010/01/135519.htm

49. "구글 중국 검열 정책에 대해 WTO가 압력을 가하는 방안을 미 정부가 검토하기를 기 대(Google Wants U.S. to Weigh WTO Challenge to China Censorship)," Mark Drajem, 2010년 3월 02일 Bloomberg 「BusinessWeek」 http://www. businessweek.com/news/2010-03-02/google-wants-u-s-to-weigh-wto- challenge-to-china-censorship.html

50. "구글 수장: 오직 악한만이 인터넷 프라이버시에 대해 걱정한다(Google chief: Only miscreants worry about net privacy)," Cade Metz, 2009년 12월 7일 「Register」 http://www.theregister.co.uk/2009/12/07/schmidt_on_privacy/

4장: 구글오폴리

1. "구글은 웹을 어떻게 지배하는가(How Google dominates the Web)," 2010년 10 월 19일 Royal Pingdom blog, http://royal.pingdom.com/2010/10/19/how- google-dominates-the-web/

2. "구글이 우리 일상을 관리할 때(When Google Runs Your Life)," Quentin Hardy, 2009년 12월 28일 「Forbes」 http://www.forbes.com/forbes/2009/1228/ technology-google-apps-gmail-bing.html

3. "구글: 우리를 두려워하지 마세요(Google: Don't fear us)," Joseph N. DiStefano, 2010년 3월 1일 Philly.com, http://www.philly.com/philly/business/Google_

Dont_be_afraid_of_us.html

4. "구글, 카페인과 검색의 미래(Google, Caffeine and the future of search)," Matt Warman, 2010년 7월 17일 UK 「Telegraph」 http://www.telegraph.co.uk/technology/google/7833590/Google-Caffeine-and-the-future-of-search.html

5. http://googleopoly.net/Googleopoly_VI_Presentation.pdf

6. "대붕괴(The Great Disruption)," Jeremy Philips, 2009년 11월 4일 「Wall Street Journal」 http://online.wsj.com/article/SB10001424052748703932904574510493674064458.html

7. 작가 니콜라스 카는 "구글오폴리"란 용어를 만들어 낸 공로가 있다." 2007년 4월 16일 그의 블로그 게시물 참조: http://www.roughtype.com/archives/2007/04/googleopoly.php

8. "대붕괴(The Great Disruption)," Jeremy Philips, 2009년 11월 4일 「Wall Street Journal」 http://online.wsj.com/article/SB10001424052748703932904574510493674064458.html

9. "야후와 구글 광고 제휴안 포기(Yahoo! Inc. and Google Inc. Abandon Their Advertising Agreement)," 2008년 11월 5일 Department of Justice press release, http://www.justice.gov/atr/public/press_releases/2008/239167.htm

10. "호건의 리트박, 구글/야후에 대해 논하다(Hogan's Litvack Discusses Google/Yahoo)," Nate Raymond, 2008년 12월 2일 「AM Law Daily」 http://amlawdaily.typepad.com/amlawdaily/2008/12/hogans-litvack.html

11. "야후와 구글 광고 제휴안 포기(Yahoo! Inc. and Google Inc. Abandon Their Advertising Agreement)," Department of Justice press release, 2008년 11월 5일 http://www.justice.gov/opa/pr/2008/November/08-at-981.html

12. "반독점 책임자 바니, 구글에게서 다음 마이크로소프트를 본다(Antitrust Pick Varney Saw Google as Next Microsoft)," James Rowley, 2009년 2월 17일 Bloomberg, http://www.bloomberg.com/apps/news?pid=newsarchive&sid=aG9B5.J3Bl1w

13. "독일 장관 - 거대 독점 기업이 되고 있는 구글(Google becoming "giant monopoly" - German minister)," Dave Graham and Klaus-Peter Senger, 2010년 1월 9일 Reuters, http://www.reuters.com/article/idUSTRE6081F820100109

14. http://www.google-watch.org/

15. "중대한 질문: 구글이 세계의 정보에 대해 독점력을 획득하고 있는가(The Big Question: Is Google gaining a monopoly on the world's information)?" Stephen Foley, 2010년 2월 19일 UK 「Independent」 http://www.independent.co.uk/life-style/gadgets-and-tech/news/the-big-question-is-google-gaining-a-monopoly-on-the-worlds-information-1903996.html

16. "WSJ 발행인 구글을 "디지털 흡혈귀"라고 칭해(WSJ publisher calls Google 'digital vampire)'," Matthew Flamm, 2009년 6월 24일 「Crain's New York Business」 http://www.crainsnewyork.com/article/20090624/FREE/906249985

17. "컴스코어 2010년 미국 검색엔진 랭킹 발표(comScore Releases 3월 2010 U.S. Search Engine Rankings)," comScore press release, 2010년 4월 12일 http://comscore.com/layout/set/popup/Press_Events/Press_Releases/2010/4/comScore_Releases_march_2010_U.S._Search_Engine_Rankings

18. "구글 미 검색의 70% 접수," Experian Hitwise press release, 2010년 4월 7일 http://www.hitwise.com/index.php/us/about-us/press-center/press-releases/google-searches-mar-10/

19. http://precursorblog.com/content/why-googles-search-ad-monopoly-understated

20. "국가별 구글 시장 점유율(Google's Market Share in Your Country)," 2009년 3월 13일 Google Operating System blog, http://googlesystem.blogspot.com/2009/03/googles-market-share-in-your-country.html

21. "컴스코어 2008년 3월 유럽 검색 랭킹 발표(comScore Releases 3월 2008 European Search Rankings)," 2008년 5월 7일 컴스코어는 구글 사이트들이 전체 유럽 검색의 79.2%를 처리했다고 추정했다. http://www.comscore.com/Press_Events/Press_Releases/2008/05/Top_European_Search_Engines

22. http://precursorblog.com/content/googles-us-revenue-share-increases-938-2q10-googles-eu-revenue-share-even-higher

23. http://precursorblog.com/content/googles-us-revenue-share-increases-938-2q10-googles-eu-revenue-share-even-higher

24. "규제 당국 야후 재팬 계약 옹호(Regulator Defends Yahoo Japan Deal),"

Daisuke Wakabayashi, 2010년 7월 29일 「Wall Street Journal」 http://online.
wsj.com/article/SB10001424052748703940904575394854222773696.
html?mod=WSJ_Tech_LEFTTopNews

25. http://precursorblog.com/content/japan-powered-google 이 계약은 추후 일본
반독점 당국에 의해 승인됐다. "일본에서 구글 계약 장애물 사라지다(Google Deal in
Japan Clears Bar)," 기사 참조, Daisuke Wakabayashi, 2010년 12월 2일 「Wall
Street Journal」 http://online.wsj.com/article/SB10001424052748703377504
575650061848785620.html?KEYWORDS=Google

26. "파운뎀의 구글 이야기(Foundem's Google Story)," 2009년 8월 18일
Searchneutrality.org, http://www.searchneutrality.org/foundem-google-
story

27. "웹의 무한한 검색을 무력화하지 말라(Do not neutralise the web's endless
search)," Marissa Mayer, 2010년 7월 15일 Google Public Policy Blog, http://
googlepublicpolicy.blogspot.com/2010/07/our-op-ed-regulating-what-is-
best-in.html

28. "구글은 면밀히 관찰되어야 한다(Google should be watched carefully)," editorial,
2010년 7월 15일 「Financial Times」 http://www.ft.com/intl/cms/s/0/
a84e8438-9049-11df-ad26-00144feab49a.html

29. "구글 알고리즘(The Google Algorithm)," editorial, 2010년 7월 14일 「New York
Times」 http://www.nytimes.com/2010/07/15/opinion/15thu3.html?_r=1

30. 또는 CEO 에릭 슈미트가 말한대로 "우리는 고객으로서 여러분을 잃는 데 있어 단지 한
번의 클릭 너머에 있을 뿐이므로, 우리는 전통 기업들이 하는 방식으로 고객으로서 여
러분을 붙잡아 놓고 있기가 매우 어렵습니다." "구글은 얼마나 좋은가(아니면 사악한
가)?," David Carr, 2009년 6월 21일 「New York Times」 http://www.nytimes.
com/2009/06/22/business/media/22carr.html?pagewanted=2

31. "구글: 우리는 사악하지 않으며 독점 기업도 아니다(Google: we're not evil and we'
re no monopoly, either)," Omar El Akkad, 2009년 10월 16일 Globe and Mail,
http://www.theglobeandmail.com/news/technology/google-searches-for-
shelter/article1327442/

32. http://precursorblog.com/content/goobris-alert-we-want-be-santa-claus

33. http://whatifgoogledoesit.com/

34. http://googleopoly.net/Googleopoly_VI_Presentation.pdf

35. "구글의 인수 목록(List of acquisitions by Google)," Wikipedia, http://en.wikipedia.org/wiki/List_of_acquisitions_by_Google

36. http://googleopoly.net/Googleopoly_VI_Presentation.pdf, 슬라이드 8 참조

37. "구글 경쟁과 개방성(Google competition, and openness)," 구글 프리젠테이션 슬라이드 26에 의하면 "경쟁은 혁신을 자극하고, 우리가 더욱 노력하고 만들며, 사용자들에게 보다 많은 선택을 제공하기 때문에 구글은 경쟁을 환영한다." 슬라이드는 검색엔진 분석가인 고드 호치키스(Gord Hotchkiss)의 말을 흥미롭게 인용한다. "나는 구글의 경쟁이 구글의 과거처럼 나타날 것이라고 생각합니다. 전혀 예상치 못한 곳에서 출현한다는 말이죠. …… 멋진 일들은 이사회 탁자에서 시들지 않고, 충분히 작고, 충분히 통찰력이 있으며, 멋진 일을 하기에 충분히 집착적이고 정열적인 곳에서 나타날 것입니다. http://www.consumerwatchdog.org/resources/Googlepresentation.pdf

38. "슈미트 처음에는 구글의 힘을 이해하지 못했다고 말해(Schmidt says he didn't grasp the power of Google at first)," 에릭 슈미트 인터뷰, 2007년 5월 16일 「USA Today」 http://www.usatoday.com/tech/techinvestor/corporatenews/2007-05-15-google-schmidt-qa_N.htm

39. 신문협회에서 에릭 슈미트의 연설, 2009년 4월 9일 http://www.youtube.com/watch?v=orAJ-YD9FhA

40. "구글은 얼마나 좋은가(아니면 사악한가)?," David Carr, 2009년 6월 21일 「New York Times」 http://www.nytimes.com/2009/06/22/business/media/22carr.html?pagewanted=2

41. "구글노믹스의 비밀: 데이터 기반의 기법이 수익성을 낳다(Secret of Googlenomics: Data-Fueled Recipe Brews Profitability)," Steven Levy, 2009년 5월 22일 「Wired」 http://www.wired.com/culture/culturereviews/magazine/17-06/nep_googlenomics-currentPage=all

42. "구글노믹스의 비밀: 데이터 기반의 기법이 수익성을 낳다(Secret of Googlenomics: Data-Fueled Recipe Brews Profitability)," Steven Levy, 2009년 5월 22일 「Wired」 http://www.wired.com/culture/culturereviews/magazine/17-06/nep_googlenomics?currentPage=all

43. "구글노믹스의 비밀: 데이터 기반의 기법이 수익성을 낳다(Secret of Googlenomics: Data-Fueled Recipe Brews Profitability)," Steven Levy, 2009년 5월 22일

「Wired」 http://www.wired.com/culture/culturereviews/magazine/17-06/
nep_googlenomics-currentPage=all

44. "슈미트 처음에는 구글의 힘을 이해하지 못했다고 말해(Schmidt says he didn't
grasp the power of Google at first)," 에릭 슈미트 인터뷰, 2007년 5월 16일 「USA
Today」 http://www.usatoday.com/tech/techinvestor/corporatenews/2007-
05-15-google-schmidt-qa_N.htm

45. "구글플렉스의 내부(Inside the Googleplex)," 2007년 8월 30일 「Economist」
http://www.economist.com/opinion/displaystory.cfm?story_id=9719610

46. "CEO 에릭 슈미트는 신문을 구할 수 있기를 원한다(CEO Eric Schmidt wishes he
could rescue newspapers)," Adam Lashinsky, 2009년 1월 7일 「Fortune」
http://money.cnn.com/2009/01/07/technology/lashinsky_google.fortune/

47. "어떻게 하면 구글과 경쟁할 수 있을까(How Can You Compete With Google)?"
Jesse Noller, 2010년 10월 14일 JesseNoller.com, http://jessenoller.
com/2010/10/14/how-can-you-compete-with-google/

48. 『구글파워 Google Speaks: Secrets of the World's Greatest Billionaire
Entrepreneurs, Sergey Brin and Larry Page. (Janet Lowe, 2009)』 p. 132. (한
국어판: 배현 옮김, 애플트리테일즈, 2010년 1월)

49. "구글의 내부: 모든 해답을 가지고 있는 사나이, 에릭 슈미트(Inside Google: Eric
Schmidt, the man with all the answers)," David Rowan, 2009년 6월 30일
「Wired」 http://www.wired.co.uk/magazine/archive/2009/08/features/the-
unstoppable-google-page=all

50. "구글의 새로운 패러다임 '클라우드 컴퓨팅과 광고의 결합(Google's new paradigm
'cloud computing and advertising go hand in hand)," Donna Bogatin, 2006
년 8월 23일 ZDNet, http://www.zdnet.com/blog/micro-markets/google-ceos-
new-paradigm-cloud-computing-and-advertising-go-hand-in-hand/369

51. "구글은 미디어 기업인가(Is Google a Media Company)?," Miguel Helft, 2008
년 8월 10일 「New York Times」 http://www.nytimes.com/2008/08/11/
technology/11google.html?_r=1&oref=slogin&partner=rssnyt&emc=rss&
pagewanted=all

52. "우리의 철학: 구글이 발견한 10가지 진실(Our Philosophy: Ten Things we Know
to be True)" http://www.google.com/intl/en/corporate/tenthings.html (한

글판: http://www.google.co.kr/intl/ko/about/corporate/company/tenthings.
html)

53. "구글의 목표: 우리의 일상을 체계화하는 것(Google's Goal: to organise your
life)," Caroline Daniel and Maija Palmer, 「Financial Times」, 2007년 5월 22일
http://www.ft.com/intl/cms/s/2/c3e49548-088e-11dc-b11e-000b5df10621.
html#axzz1INsGRGNV

54. "구글노믹스의 비밀: 데이터 기반의 기법이 수익성을 낳다(Secret of Googlenomics:
Data-Fueled Recipe Brews Profitability)," Steven Levy, 2009년 5월 22일
「Wired」http://www.wired.com/culture/culturereviews/magazine/17-06/
nep_googlenomics-currentPage=all

55. 『구글드 Googled: The End of the World As We Know It (Ken Auletta, 2009)』p.
282

56. 에릭 슈미트가 노벨에 있을 때 마이크로소프트가 유통 채널에 대한 통제를 돈으로 사는
방법을 지켜봤다는 점에 주목하자. 슈미트는 2001년 3월에 구글에 합류했다.

57. 구글의 "독점 영향력 강화 사이클"에 대한 나의 분석에 대해서는 http://googleopoly.
net/Googleopoly_VI_Presentation.pdf 참조

58. http://googleopoly.net/Googleopoly_VI_Presentation.pdf, 슬라이드: "구글오폴
리의 핵심 선순화 사이클과 영구적인 피드백 루프가 작동하는 방법"

59. "블랙박스 기술과 구글에서의 혁신의 내부(Inside the Black Box Technology and
Innovation at Google)," Speech by JonathanRosenberg, 2008년 2월 27일
http://static.googleusercontent.com/external_content/untrusted_dlcp/www.
google.com/en/us/press/podium/pdf/20080227_Jonathan_Rosenberg_
Technology_Innovation.pdf

60. http://googleopoly.net/Googleopoly_VI_Presentation.pdf, 슬라이드: "구글의
인수는 어떻게 실질적으로 경쟁을 감소시켰는가(How Google's Acquisitions Have
Substantially Lessened Competition)."

61. http://googleopoly.net/Googleopoly_VI_Presentation.pdf, 슬라이드: "유튜
브 인수는 구글이 독점 기업으로 올라서는데 어떻게 도움을 됐는가?(How YouTube
Acquisition Helped Tip Google to Monopoly)."

62. Ibid.

63. http://googleopoly.net/Googleopoly_VI_Presentation.pdf, 슬라이드: "더블클릭 인수는 구글이 독점 기업으로 올라서는데 어떻게 도움이 됐는가(How DoubleClick Acquisition Tipped Google to Monopoly)."

64. "애드워즈 캠페인의 G1과 아이폰으로의 확장(Extending your AdWords Campaigns to the G1 and iPhone)," Amanda Kelly, 2008년 12월 08일 Google Inside AdWords, http://adwords.blogspot.com/2008/12/extending-your-adwords-campaigns-to-g1.html

65. http://googleopoly.net/Googleopoly_VI_Presentation.pdf, 슬라이드: "FTC 승인은 구글의 모바일 광고 독점을 어떻게 인정했는가(How FTC Approval of AdMob Ceded Google a Mobile Ad Monopoly)."

66. "구글, 애드몹을 7억5천만 달러에 인수 예정(Google Set to Acquire AdMob for $750 Million)," Miguel Helft, 2009년 11월 9일 「New York Times」 http://www.nytimes.com/2009/11/10/technology/companies/10google.html

67. http://googleopoly.net/Googleopoly_VI_Presentation.pdf, 슬라이드: "느슨한 반독점 집행의 한 가지 결과는(What's one result of lax antitrust enforcement)?"

68. http://googleopoly.net/Googleopoly_VI_Presentation.pdf, 슬라이드: "느슨한 반독점 집행은 어떻게 독점을 낳았는가(How did lax antitrust enforcement create a monocaster)?"

69. "공정한 경쟁에 전념(Committed to competing fairly)," Julia Holtz, Senior Competition Counsel, 2010년 2월 23일 Google Public Policy Blog, http://googlepublicpolicy.blogspot.com/2010/02/committed-to-competing-fairly.html

70. "공정한 경쟁에 전념(Committed to competing fairly)," Julia Holtz, Senior Competition Counsel, 2010년 2월 23일 Google Public Policy Blog, http://googlepublicpolicy.blogspot.com/2010/02/committed-to-competing-fairly.html

71. "유럽에서 구글에 대한 새로운 소송 제기(New Complaints Filed Against Google in Europe)," James Kanter, 2010년 2월 24일 「New York Times」 http://www.nytimes.com/2010/02/24/technology/24google.html?ref=suitsandlitigation

72. "이 일은 쉽지 않다(This stuff is tough)," Amit Singhal, Google Fellow, 2010년 2월 25일 http://googlepolicyeurope.blogspot.com/2010/02/this-stuff-is-

tough.html

73. "이 일은 쉽지 않다(This stuff is tough)," Amit Singhal, Google Fellow, 2010
년 2월 25일 http://googlepolicyeurope.blogspot.com/2010/02/this-stuff-is-
tough.html

74. "이 일은 쉽지 않다(This stuff is tough)," Amit Singhal, Google Fellow, 2010
년 2월 25일 http://googlepolicyeurope.blogspot.com/2010/02/this-stuff-is-
tough.html

75. "이 일은 쉽지 않다(This stuff is tough)," Amit Singhal, Google Fellow, 2010
년 2월 25일 http://googlepolicyeurope.blogspot.com/2010/02/this-stuff-is-
tough.html

76. "경쟁사들, 구글은 편파적: 검색 거인은 자신의 건강, 쇼핑, 지역 컨텐츠를 경쟁 사이트의
링크보다 먼저 표시(Rivals Say Google Plays Favorites: Search Giant Displays
Its Own Health, Shopping, Local Content Ahead of Links to Competing
Sites)," Amir Efrati, 2010년 12월 12일 「Wall Street Journal」http://online.
wsj.com/article/SB10001424052748704058704576015630188568972.
html?mod=WSJ_hp_MIDDLENexttoWhatsNewsSecond

77. http://googleopoly.net/Googleopoly_VI_Presentation.pdf, 슬라이드: "구글은
어떻게 정보 카지노 게임을 부정 조작해서 패배할 수 없는가(How Google rigs their
info-casino game-so they can't lose)."

78. "에릭 슈미트: "우리는 여러분이 어디에 있는지, 무엇을 좋아하는지 알고 있습니다(Eric
Schmidt: "We Know Where You Are, We Know What You Like)," Alexia
Tsotsis, 2010년 9월 7일 「TechCrunch」http://techcrunch.com/2010/09/07/
eric-schmidt-ifa/

79. "에릭 슈미트: "증강 인류의 시대"에 도착하신 것을 환영합니다(Eric Schmidt:
Welcome to "Age of Augmented Humanity)" Liz Gannes 2010년 9월 7일
GigaOM, http://gigaom.com/2010/09/07/eric-schmidt-welcome-to-the-age-
of-augmented-humanity/

80. http://googleopoly.net/Googleopoly_VI_Presentation.pdf, 슬라이드: "구글오폴
리의 비밀 무기(Googleopoly's secret weapon)."

81. http://googleopoly.net/Googleopoly_VI_Presentation.pdf

82. "조사: 구글, "DSP의 부상," 그리고 구글의 디스플레이 광고 성장을 실제로 견인하고 있는 것(Investigation: Google, "The Rise Of DSPs," And What's Really Fueling Its Display Ad Growth)," Erick Schonfeld, 2010년 11월 24일 「TechCrunch」 http://techcrunch.com/2010/11/24/oogle-publicis-display-dsp/

83. "우리는 구글이다. 그러니까 고소해라(We're Google. So Sue Us)." Katie Hafner, 2006년 10월 23일 「New York Times」 "지난 봄에, 어린 자녀를 가진 부모들을 위한 정보에 초점을 맞춘 남부 캘리포니아 소재의 소규모 검색엔진인 킨더스타트가 자신의 사이트가 구글 검색결과에서 삭제된 점을 발견한 후에 구글을 고소했다. 킨더스타트는 구글 검색결과에서 삭제된 결과 트래픽과 매출 손실을 입었다. ……구글은 법정 증언에서 방문자들이 링크를 추가하도록 허용된 해당 사이트의 한 영역이 저급하거나 포르노 사이트에 연결된 링크로 가득차서, 이 사이트가 부실하게 관리되거나 아니면 구글 검색결과를 조작하려는 시도가 아닐까라고 생각됐다고 밝혔다. 킨더스타트는 삭제는 불공정하고 정당화될 수 없으며, 그런 처벌을 피하는 방법에 대한 구글의 가이드 라인이 너무나 모호하다고 주장했다. http://select.nytimes.com/gst/abstract.html?res=F10E11FE3C5B0C708EDDA90994DE404482

84. "구글이 광고 캠페인을 변경하도록 내버려 뒀더니, 회사가 거의 망할 뻔했다(I Let Google Change My Ad Campaign and It Nearly Killed My Company)," Ethan Siegel, CEO, Orb Audio, 2010년 8월 11일 CBS Business Network, http://www.cbsnews.com/8301-505143_162-40241785/i-let-google-change-my-ad-campaign-and-it-nearly-killed-my-company/?tag=bnetdomain

85. "구글에 대한 또 다른 반독점 소송(마이트리거) ─ 급증하는 구글의 반독점 법적 책임 2부 (Another Antitrust Lawsuit Against Google (myTrigger)) Google's proliferating antitrust liabilities Part I)l," Scott Cleland, 2010년 2월 22일 Precursor blog, http://precursorblog.com/content/another-antitrust-lawsuit-against-google-mytrigger-googles-proliferating-antitrust-liabilities-part-ii

86. "보험 문제가 구글에 대한 마이트리거스의 소송건을 약화시키다(Insurance Claim Undermines myTriggers Lawsuit Against Google)," Wendy Davis, 2010년 6월 2일 Online Media Daily, http://www.mediapost.com/publications/-fa=Articles.showArticle&art_aid=129395

87. "토트롤: 새로운 토요 아침 만화(Totlol: The New Saturday Morning Cartoons)," Erick Schonfeld, 2008년 11월 1일 「TechCrunch」 http://techcrunch.com/2008/11/01/totlol-the-new-saturday-morning-cartoons/

88. "토트롤의 슬픈 이야기와 유튜브가 어떻게 TOS가 돈 벌기 어렵게 만드는지에 대한 이야기(The Sad Tale Of Totlol And How YouTube's Changing TOS Made It Hard To Make A Buck)," Erick Schonfeld, 2009년 12월 29일 「TechCrunch」 http://techcrunch.com/2009/12/29/totlol-youtube/

89. "토트롤 개발사 어린이들을 위한 동영상 서비스 중단할 수밖에(Totlol Developer Forced To Shut Down Video Service For Kids)," Robin Wauters, 2009년 6월 5일 「TechCrunch」 http://techcrunch.com/2009/06/05/totlol-developer-forced-to-shut-down-kids-video-service/

90. "토트롤의 슬픈 이야기와 유튜브가 어떻게 TOS가 돈 벌기 어렵게 만드는지에 대한 이야기(The Sad Tale Of Totlol And How YouTube's Changing TOS Made It Hard To Make A Buck)," Erick Schonfeld, 2009년 12월 29일 「TechCrunch」 http://techcrunch.com/2009/12/29/totlol-youtube/

91. "오만이라는 독약(The poison of arrogance)," Frédéric Filloux, 2010년 7월 4일 Monday Note.com, http://www.mondaynote.com/2010/07/04/the-poison-of-arrogance/

92. "네브엑스, 구글에 대한 소송에서 승리(Navx Won Lawsuit against Google)," Ludovic Privat, 2010년 6월 30일 GPS Business News, http://www.eurogps.eu/en/world-news/general/381-navx-won-lawsuit-against-google-

93. "스카이훅, 대규모 연방 반독점 조사 와중에 구글 고소(Skyhook sues Google amid greater federal antitrust scrutiny)," Cecilia Kang, 2010년 9월 16일 「Washington Post」 http://voices.washingtonpost.com/posttech/2010/09/skyhook_sues_google_for_anti-c.html

94. "에릭 슈미트가 밝히는 구글의 다음 카드(Eric Schmidt on Google's Next Tricks)," Amir Efrati, 2010년 7월 28일 「Wall Street Journal」 http://blogs.wsj.com/digits/2010/07/28/eric-schmidt-on-google%E2%80%99s-next-tricks/

95. "이제 페이스북이 구글보다 더 인기(Facebook Now More Popular than Google),' Ed Oswald, 2010년 9월 10일 「PC World」 http://www.pcworld.com/article/205263/facebook_now_more_popular_than_google.html

96. "페이스북 디스플레이 광고 파이의 더 큰 몫 차지(Facebook grabs bigger slice of display ad pie)," Alexei Oreskovic, 2010년 11월 8일 Reuters, http://www.reuters.com/article/idUSTRE6A74NE20101108?utm_

source＝feedburner&utm_medium＝feed&utm_campaign＝Feed：＋reuters/te
chnologyNews＋%28News＋/＋US＋/＋Technology%29

97. http://en.wikipedia.org/wiki/Facebook

98. "2억 5,000만 명이 넘는 사람들이 매일 페이스북 이용(More Than 250 Million
People Use Facebook on a Daily Basis)," Jennifer Van Grove, 2010년 11월
17일 Mashable, http://mashable.com/2010/11/16/facebook-social/

99. "구글 소셜 네트워킹에 대한 포커스 그룹 조사 착수(Google Conducting Focus
Group Research Into Social Networking)," Leena Rao, 2010년 7월 12일
「TechCrunch」http://techcrunch.com/2010/07/12/google-social-networking-
focus-group/

5장: 숨겨진 충돌의 늪

1. "지식에 기여하도록 사람들을 격려하기(Encouraging people to contribute
knowledge)," Udi Manber, VP Engineering, 2007년 12월 13일 Official Google
Blog, http://googleblog.blogspot.com/2007/12/encouraging-people-to-
contribute.html

2. "구글: 우리는 사악하지 않으며 독점 기업도 아니다(Google: we're not evil and we'
re no monopoly, either)," Omar El Akkad, 2009년 10월 16일 Globe and Mail,
http://www.theglobeandmail.com/news/technology/google-searches-for-
shelter/article1327442/

3. "우리의 철학(Our Philosophy), 구글 기업 정보, 구글이 발견한 10가지 진실: "사용자
에게 초점을 맞추면 나머지는 저절로 따라옵니다. 처음부터 Google은 최고의 사용자 환
경을 제공하는 데 초점을 맞췄습니다. Google은 새로운 인터넷 브라우저를 개발하든 홈
페이지의 외양을 새롭게 변경하든 언제나 내부의 목표나 수익보다는 이러한 작업이 사용
자에게 최상의 서비스를 제공하는가를 가장 크게 고려합니다. Google 홈페이지의 인터
페이스는 간단하고 명료하며 페이지가 즉시 표시됩니다. 검색결과 게재위치도 판매의 대
상이 된 적이 없으며, 광고는 광고로서 확실히 표시될 뿐 아니라 관련성 있는 콘텐츠를
제공하며 산만하지 않습니다. 또한 Google은 새로운 도구와 애플리케이션을 개발할 때
사용자가 부족함을 느끼지 않도록 완벽을 기합니다." http://www.google.com/intl/
en/corporate/tenthings.html (한글판: http://www.google.co.kr/intl/ko/about/
corporate/company/tenthings.html)

4. "개방의 의미(The meaning of open)," Jonathan Rosenberg, Senior Vice

President, 2009년 12월 21일 Official Google Blog, http://googleblog.blogspot.
com/2009/12/meaning-of-open.html

5. "개방의 의미(The meaning of open)," Jonathan Rosenberg, Senior Vice
    President, 2009년 12월 21일 Official Google Blog, http://googleblog.blogspot.
    com/2009/12/meaning-of-open.html

6. "정부의 요구에 대한 더 높은 투명성Greater transparency around government
    requests)," David Drummond, SVP, Corporate Development and Chief Legal
    Officer, 2010년 4월 20일 Official Google Blog, http://googleblog.blogspot.
    com/2010/04/greater-transparency-around-government.html

7. "구글 CEO 에릭 슈미트: "사람들은 기술 혁명에 준비되어 있지 않다"(Google CEO
    Schmidt: "People Aren't Ready for the Technology Revolution")" Marshall
    Kirkpatrick, 2010년 8월 4일 ReadWriteWeb.com, http://www.readwriteweb.
    com/archives/google_ceo_schmidt_people_arent_ready_for_the_tech.php

8. "구글 수장 창조성을 칭송하다(Google chief prizes creativity)," Lionel Barber and
    Maija Palmer, 2010년 6월 3일 「Financial Times」http://www.ft.com/intl/cms/
    s/2/bdec0ee8-6f4f-11df-9f43-00144feabdc0.html#axzz1lNsGRGNV

9. "구글 에릭 슈미트: 여러분의 데이터에 대해 우리를 신뢰해도 됩니다(Google's Eric
    Schmidt: You can trust us with your data)," Shane Richmond, 2010년 7월 1
    일 UK 「Telegraph」http://www.telegraph.co.uk/technology/google/7864223/
    Googles-Eric-Schmidt-You-can-trust-us-with-your-data.html

10. "구글과 미래의 검색(Google and the Search for the Future)," Holman W.
    Jenkins, Jr. 2010년 8월 14일 「Wall Street Journal」http://online.wsj.com/
    article/SB10001424052748704901104575423294099527212.html

11. "2007년 세계 책임성 보고서(2007 Global Accountability Report)," One
    World Trust, "구글의 전반적인 책임성 점수는 3가지 어떤 분야의 평균 책임성보
    다 상당히 낮다." http://www.oneworldtrust.org/index.php?option=com_
    content&view=article&id=77:2007-gar&catid=48:global-accountability-
    report-gar&Itemid=62

12. "개방의 의미(The meaning of open)," Jonathan Rosenberg, Senior Vice
    President, 2009년 12월 21일 Official Google Blog, http://googleblog.blogspot.
    com/2009/12/meaning-of-open.html

13. "우리의 의견 규제가 검색에서 "최선"인가(Our op-ed: Regulating what is "best" in search)?" Adam Kovacevich, Senior Manager, Public Policy Communications, 2010년 7월 15일 Google Public Policy Blog, http://googlepublicpolicy.blogspot.com/2010/07/our-op-ed-regulating-what-is-best-in.html

14. "2004 창업자들의 IPO 편지(2004 Founders' IPO Letter)," 구글 주주, 투자자 정보를 위한 S-1 등록 진술서 양식, "사용자 매뉴얼(An Owner's Manua)" http://investor.google.com/corporate/2004/ipo-founders-letter.html

15. "호건의 리트박, 구글/야후에 대해 논하다(Hogan's Litvack Discusses Google/Yahoo)," Nate Raymond, 2008년 12월 2일 「AM Law Daily」 http://amlawdaily.typepad.com/amlawdaily/2008/12/hogans-litvack.html

16. "야후와 구글 광고 제휴안 포기(Yahoo! Inc. and Google Inc. Abandon Their Advertising Agreement)," Department of Justice press release, 2008년 11월 5일 http://www.justice.gov/opa/pr/2008/November/08-at-981.html

17. "구글 슈미트 애플 이사회에서 사임(Google's Schmidt resigns from Apple board)," Caroline McCarthy, 2009년 8월 3일 「CNET News」 http://news.cnet.com/8301-13579_3-10301612-37.html

18. "반독점: 위원회 구글에 의한 반독점 침해 주장 조사(Antitrust: Commission probes allegations of antitrust violations by Google)," European Union press release, 2010년 11월 30일 Europa.eu, http://europa.eu/rapid/pressReleasesAction.do?reference=IP/10/1624&format=HTML&aged=0&language=EN&guiLanguage=en

19. "EU 구글 반독점 조사 개시(EU Opens Google Antitrust Inquiry)," Thomas Catan, Jessica E. Vascellaro and Charles Forelle, 2010년 2월 25일 「Wall Street Journal」 http://online.wsj.com/article/SB10001424052748704188104575084062149453280.html

20. "웹 상에서의 논쟁적인 컨텐츠와 표현의 자유: 되짚어보기(Controversial content and free expression on the web: a refresher)," 2010년 4월 19일 Official Google Blog, "우리는 이러한 통제 시도를 목격한다. 중국이 매우 극단적이긴 하지만, 유일한 사례는 아니다. 검색과 블로거에서 유튜브와 구글 문서도구에 이르기까지 구글 제품은 우리가 서비스를 제공하는 100개국 중 25개국에서 차단당했다. 추가로, 우리는 정기적으로 우리의 자산에서 콘텐트를 제한하거나 삭제하라는 정부의 요청을 받고 있다. http://

googleblog.blogspot.com/2010/04/controversial-content-and-free.html

21. http://priv.gc.ca/media/nr-c/2010/nr-c_100420_e.cfm

22. "미국 기술 담당 최고 책임 보좌관 구글 관련 로비 접촉으로 징계(US Deputy CTO gets reprimand for Google lobbying contacts)," Nate Anderson, 2010년 5월 ARS Technica, http://arstechnica.com/tech-policy/news/2010/05/us-deputy-cto-reprimanded-for-google-lobbying-contacts.ars

23. "프라이버시 단체들 전국적 프라이버시 계획에 대해 FTC 압박(Privacy Groups Push FTC For National Privacy Plan)," John Eggerton, 2010년 7월 14일 Broadcasting & Cable, http://benton.org/node/39311

24. "추적차단운동 DC에서 관심 끌기 시작("Do Not Track" movement gaining traction in DC)," David Kirkpatrick, 2010년 9월 7일 David Kirkpatrick blog, http://davidkirkpatrick.wordpress.com/2010/09/07/do-not-track-movement-gaining-traction-in-dc/

25. "FTC 프라이버시 보고서 발행, 소비자, 기업, 정책 입안자들을 위한 프레임워크 제공(FTC Staff Issues Privacy Report, Offers Framework for Consumers, Businesses, and Policymakers)," 2010년 12월 1일 press release, Federal Trade Commission, http://www.ftc.gov/opa/2010/12/privacyreport.shtm

26. "바이어컴 유튜브 사건 항소 제기(Viacom Files Appeal in YouTube Case)," John Letzing, 2010년 12월 3일 「Wall Street Journal」 http://online.wsj.com/article/SB10001424052748703989004575653082185175478.html?mod=WSJ_Tech_LEFTTopNews

27. "구글이 "스폰서링크" 표시를 버린 이유(Why Google Ditched the Name 'Sponsored Links')," Joe Mullin, 2010년 11월 5일 PaidContent.Org, http://paidcontent.org/article/419-why-google-ditched-the-name-sponsored-links/

28. "경매(Auction)," 메리엄 웹스터 법률 사전(Merriam-Webster dictionary of law). Merriam-Webster, Inc., 2010년 8월 26일 Dictionary.com, http://dictionary.reference.com/browse/auction

29. "구글의 돈 찍어 내는 기계 뒤의 인간(The Humans Behind the Google Money Machine)," Miguel Helft, 2008년 6월 2일 「New York Times」 http://www.nytimes.com/2008/06/02/technology/02google.html?_r=2&ref=technology&oref=slogin

30. "구글의 돈 찍어 내는 기계 뒤의 인간(The Humans Behind the Google Money Machine)," Miguel Helft, 2008년 6월 2일 「New York Times」 http://www.nytimes.com/2008/06/02/technology/02google.html?_r=2&ref=technology&oref=slogin

31. "스크류글 - 구글의 새로운 광고 수익 모델(Screwgle™ - Google's new ad revenue model)," Cade Metz, 2008년 7월 28일 「The Register」 http://www.theregister.co.uk/2008/07/28/google_expands_automatic_matching/

32. "구글의 부는 광고, 알고리즘, 전세계적인 혼돈에 의존한다(Google's riches rely on ads, algorithms, and worldwide confusion)," Cade Metz, 2008년 3월 18일 「The Register」 http://www.theregister.co.uk/2008/03/18/when_google_does_evil/

33. "구글 야후 제휴는 온라인 광고에 해롭다(Google-Yahoo Ad Deal is Bad for Online Advertising)," Benjamin G. Edelman, 2008년 8월 12일 Harvard Business School Working Knowledge, http://hbswk.hbs.edu/item/5995.html

34. "구글 - 세계 최초로 방화벽을 가진 독점 기업: 가격 통제력이 가상화되다(Google - the world's first firewalled monopoly: Pricing power goes virtual)," Cade Metz, 2008년 11월 20일 UK 「Register」 http://m.theregister.co.uk/2008/11/20/the_google_monopoly/

35. "광고 가격 및 야후 구글 제휴에 대한 서치이그나이트 연구 (The SearchIgnite study on ad prices and the Yahoo-Google deal)," Hal Varian, 2008년 9월 16일 Google Public Policy Blog, http://googlepublicpolicy.blogspot.com/2008/09/searchignite-study-on-ad-prices-and.html

36. "구글 애드워즈 "자동 매칭" 확장 기능 베타 내일 출시(Google AdWords "Automatic Matching" Beta To Expand Tomorrow)," 2008년 5월 19일 Search Engine Roundtable, http://www.seroundtable.com/archives/017163.html

37. "구글 자신에게는 특별 광고 허용(Google Allows Itself a Special Ad)," Philipp Lenssen, 2008년 8월 6일 Google Blogoscoped, http://blogoscoped.com/archive/2008-08-06-n64.html

38. "구글 애드워즈 품질 점수: 회원들에게 최악의 악몽(Google AdWords Quality Score : Affiliates Worst Nightmare)?," Pablo Palatnik, 2007년 6월 20일 Search Engine Journal, http://www.searchenginejournal.com/google-adwords-

quality-score-affiliatesworst-nightmare/5150/

39. "대형 브랜드 구글의 순수 검색결과에서 이중 특혜(Large Brands Double Dipping in Google's Organic Search Results)," 2007년 6월 18일 SEOBook, http://www.seobook.com/archives/002305.shtml

40. "2010년 2분기 부정 클릭률 18.6퍼센트로 소폭 증가(Click Fraud Rate Rises Slightly in Q2 2010 to 18.6 Percent)," 2010년 7월 21일 ClickForensics.com, http://www.adometry.com/media/press/release.php?id=6

41. 『구글, 성공 신화의 비밀 The Google Story (New York: Delacorte Press, 2005)』

42. 『구글, 성공 신화의 비밀 The Google Story (New York: Delacorte Press, 2005)』 p.248

43. Ibid. 스트릭치올라는 구글의 반응을 "당신의 질문에 감사드립니다. 우리는 문제점을 발견하지 못했습니다."라고 묘사한다.

44. 『검색으로 세상을 바꾼 구글 스토리(The Search: How Google and Its Rivals Rewrote the Rules of Business and Transformed Our Culture) (Battelle, 2005)』바텔은 Mamma.com과 FindWhat.com의 보고를 인용한다.

45. "구글 결과 위치의 가치(The Value of Google Result Positioning)," 2010년 5월 25일 ChitikaInsights.com, http://insights.chitika.com/2010/the-value-of-google-result-positioning/

46. "구글 검색 전문가인 우디 만베르에 대한 20가지 (희귀한) 질문들(20 (Rare) Questions for Google Search Guru Udi Manber)," Glenn Derene, 2008년 4월 16일 Popular Mechanics, http://www.popularmechanics.com/technology/gadgets/news/4259137

47. "구글 랭킹 입문(Introduction to Google Ranking)," Amit Singhal, Google Fellow in Charge of the Ranking Team, 2008년 7월 9일 The Official Google Blog, http://googleblog.blogspot.com/2008/07/introduction-to-google-ranking.html

48. "구글 반유태인 소동에 휘말리다(Google caught in anti-Semitism flap)," David Becker, 2004년 4월 7일 「CNET News」 "구글 대변인 데이비드 크레인은 자사의 검색결과는 해당 페이지를 링크를 걸은 사이트의 숫자 같은 요인을 측정하는 복잡한 집합의 알고리즘에 의해 결정된다고 밝혔다. 구글은 청원이 얼마나 많은 서명을 받는지에 상관없

이 유태인 관찰(Jew Watch) 사이트의 랭킹을 변경시킬 수도 없고, 변경시키지도 않을 것이라고 밝혔다." http://news.cnet.com/2100-1038_3-5186012.html

49. "구글은 대개 편향적이지 않은 결과를 약속하지만, 경우에 따라 다른 경우도 있다고 시인한다(Google Usually Promises Unbiased Results, but Occasionally Admits Otherwise)," comments by Google's Marissa Mayer, Seattle Conference on Scalability, 2007년 http://www.benedelman.org/hardcoding/

50. http://www.searchneutrality.org/

51. "구글의 슈미트, 인터넷 '오물통'에는 브랜드가 필요해(Google's Schmidt Says Internet 'Cesspool' Needs Brands)," Nat Ives, 2008년 10월 8일 「Advertising Age」 "실제로 구글은 여러분이 성공하기를 바라지 않습니다."라고 그는 말했다. 구글의 알고리즘은 결국 시스템을 최대한 이용하는 사이트가 아니라 가장 관련성 높은 검색결과를 찾으려고 노력한다. "여러분의 랭킹을 올리는 근본적인 방법은 연관성을 증가시키는 것입니다"라고 그는 덧붙였다. http://adage.com/mediaworks/article?article_id=131569

52. "대규모 하이퍼텍스트 웹 검색엔진의 해부학(The Anatomy of a Large-Scale Hypertextual Web Search Engine)," Sergey Brin and Lawrence Page, 1998, "현재 상업용 검색엔진에 대한 지배적인 비즈니스 모델은 광고이다. 광고 비즈니스 모델의 목적은 사용자들에게 양질의 검색을 제공하는 것과 항상 합치되는 것은 아니다. 예를 들어, 우리의 프로토타입 검색엔진에서 휴대폰(cellular phone)에 대한 최상위 검색결과는 "운전자의 집중력에 미치는 휴대폰의 영향"으로, 운전 중에 휴대폰으로 대화할 경우에 나타나는 집중력 분산과 위험성을 상세히 설명한 연구자료이다. 이 검색결과는 페이지랭크 알고리즘에 의해 웹상에서의 인용 중요도의 근사치로 볼 때(Page. 98) 높은 중요도를 가지는 것으로 판단되었기에 최상단에 등장했다. 휴대폰 광고로 돈을 버는 검색엔진은 우리 시스템이 산출한 페이지를 돈을 지불하는 광고주들에게 정당화하는 데 곤란함을 겪을 것이 분명하다. 이러한 종류의 이유와 다른 미디어에 대한 과거 경험에 비추어(Bagdikian 83), 우리는 광고주들의 돈을 받는 검색엔진은 태생적으로 광고주에 편향적이며 소비자들의 요구를 외면할 것이라고 예상한다…… 검색엔진을 평가하는 일은 전문가들에게조차 매우 어려운 일이므로, 검색엔진의 편향성은 드러나기 어렵다. 좋은 사례로 오픈텍스트(OpenText)가 있는데, 오픈텍스트는 특정 질의에 대한 검색결과 최상단에 표시될 권리를 기업들에게 판매하는 것으로 알려져 있다(Marchiori 97). 이런 유형의 편향성은 광고보다 훨씬 기만적인데, 그 자리에 있을 만한 자가 누구인지, 그리고 표시되기 위해 돈을 지불하고자 하는 사람이 누구인지가 불명확하기 때문이다. 이 비즈니스 모델은 큰 소동을 일으켰으며, 오픈텍스트는 타당한 검색엔진의 자리에서 밀려났다. 하지만 보다 덜 뻔뻔한

416

편향성을 시장에서 수용될 수 있다. 예를 들어, 검색엔진은 "우호적인" 기업들과 관련된 검색결과에 약간의 값을 추가하고, 경쟁자들과 관련된 검색결과에 약간의 값을 뺄 수 있을 것이다. 이런 유형의 편향성은 감지하기가 매우 어렵지만, 그럼에도 시장에 중대한 영향을 미칠 수 있다. 추가로, 광고 수입은 부실한 검색결과를 제공하는 동기를 제공할 수도 있다. 예를 들어, 우리는 어느 주요 검색엔진에서 항공사의 이름으로 질의했을 때 대형 항공사의 이름이 표시되지 않는다는 사실을 발견했다. 결국 해당 항공사는 자신의 이름으로 된 질의와 연결된 고가의 광고를 게재하게 됐다. 좀더 바람직한 검색엔진은 이러한 광고를 요구하지 않았을 것이며, 그에 따라 검색엔진에 대한 항공사로부터의 매출을 일부 손해봤을 것이다. 일반적으로, 소비자 관점에서 보면 좋은 검색엔진이란, 소비자들이 원하는 것을 찾기 위해 좀더 적은 광고주들이 필요하다고 추론될 수 있다. 물론 이는 기존 검색엔진의 광고 기반 비즈니스 모델을 잠식한다. 그러나 언제나 제품을 바꾸려는 고객들을 원하거나 정말로 새로운 뭔가를 가진 광고주로부터는 수익이 발생하기 마련이다. 하지만 우리는 광고 문제가 충분히 복합적인 동기를 제공하므로, 투명하고 학문적 측면에서 경쟁력 있는 검색엔진을 가지는 것이 중요하다고 믿는다." http://infolab.stanford.edu/~backrub/google.html

53. "학생들 맹목적으로 구글을 따른다(Students Found To Blindly Follow Google)," Doug Caverly, 2010년 7월 27일 WebProNews, http://www.webpronews.com/students-found-to-blindly-follow-google-2010-07

54. "구글 직원들이 색인 랭킹을 변경한다고 시인(Google admits that employees change index rankings)," Tom Foremski, 2010년 7월 13일 ZDNet, http://www.zdnet.com/blog/foremski/google-admits-that-employees-change-index-rankings/1420

55. "구글의 시각으로 보면……(In Google's Opinion…….)" John Battelle, 2010년 12월 1일 Searchblog, http://battellemedia.com/archives/2010/12/in_googles_opinion

56. "구글은 면밀히 관찰되어야 한다(Google should be watched carefully)," editorial, 2010년 7월 15일 「Financial Times」 http://www.ft.com/intl/cms/s/0/a84e8438-9049-11df-ad26-00144feab49a.html

57. "웹 검색 랭킹에서 사이트 속도의 활용(Using site speed in web search ranking)," Amit Singhal, Google Fellow and Matt Cutts, Principal Engineer, Google Search Quality Team, 2010년 4월 9일 Google Webmaster Central Blog, http://googlewebmastercentral.blogspot.com/2010/04/using-site-speed-in-

web-search-ranking.html

58. "구글 미심쩍은 사이트 속도측정으로 검색결과를 조정한다(Google tweaks search results with mystery site speedometer)," Cade Metz, 2010년 4월 9일 UK 「Register」 "예상되는 바와 같이, 일부 웹마스터들은 불쾌함을 표시한다. "나는 이것이 적절한 방법이라고 생각지 않습니다," 구글의 게시물에 대한 어떤 반응이다. "페이지에 사진을 많이 싣는다든지 또는 로딩하는 데 오래 걸리는 복잡한 서비스를 활용하는 사이트들은 어떻게 합니까? 광고를 사용하는 사이트들은 어쩌지요? 이런 사이트들은 분명히 단순한 HTML 사이트보다 느릴텐데요." http://www.theregister.co.uk/2010/04/09/google_adds_site_speed_to_search_ranking/

59. "구글 추천, 브랜드가 있는 상업용에 편향적(Google Suggest Has a Branded Commerce Bias)," Greg Battle, 2010년 7월 19일 LeftoverTakeout.com, http://leftovertakeout.com/post/831944097/google-suggesthas-a-branded-commerce-bias

60. "트레이드카밋닷컴 구글에 반독점 소송 제기(TradeComet.com Files Federal Antitrust Lawsuit against Google)," TradeComet press release, 2009년 2월 17일 BusinessWire.com, http://www.businesswire.com/news/home/20090217006644/en/TradeComet.com-Files-Federal-Antitrust-Lawsuit-Google

61. "트레이드카밋닷컴 구글에 반독점 소송 제기(TradeComet.com Files Federal Antitrust Lawsuit against Google)," TradeComet press release, 2009년 2월 17일 BusinessWire.com http://www.businesswire.com/portal/site/home/permalink/?ndmViewId=news_view&newsId=20090217006644&newsLang=en

62. "구글의 개집에 갇히다(Stuck in Google's Doghouse)," Joe Nocera, 2008년 9월 12일 「New York Times」 http://www.nytimes.com/2008/09/13/technology/13nocera.html?pagewanted=1&_r=2&ref=business

63. "트레이드카밋닷컴의 구글에 대한 반독점 소송 기각(TradeComet's AntiTrust Complaint Against Google is Dismissed)," Geoffrey Manne, 2010년 3월 9일 Forbes.com, http://www.forbes.com/sites/streettalk/2010/03/09/tradecomets-antitrust-complaint-against-google-is-dismissed/

64. "구글 인터넷 역사상 가장 오래된 연예 뉴스 사이트 파멸시켜, 이유는 설명 없어(Google destroys longest-running showbiz news site in Net history, won't explain

418

Why)," John Brownlee, 2009년 11월 30일 Geek.com, http://www.geek.com/articles/news/google-destroys-longest-running-showbiz-news-site-in-net-history-wont-explain-why-20091130/

65. "G-Railed: 왜 구글은 웹에서 가장 오래된 엔터테인먼트 발행물을 파멸시켰을까(G-Railed: Why Did Google Bury the Web's Oldest Entertainment Publication)?" Dan Macsai, 2009년 12월 2일 Fast Company, http://www.fastcompany.com/blog/dan-macsai/popwise/why-did-neutral-google-de-list-webs-oldest-entertainment-publication

66. "유럽 구글에 관심 집중(Europe Zeroes In on Google)," Charles Forelle and Thomas Catan, 2010년 12월 1일 「Wall Street Journal」 http://online.wsj.com/article/SB10001424052748704679204575646233474884868.html?ru=yahoo

67. "구글 알림 사이트로부터의 새로운 도구(A New Tool From Google Alarms Sites)," Bob Tedeschi, 2008년 3월 24일 「New York Times」 http://www.nytimes.com/2008/03/24/business/media/24ecom.html?pagewanted=1&_r=2&ref=business

68. "연방 IT의 클라우드화(Bringing federal IT into the cloud)," Harry Wingo, Policy Counsel, 2010년 7월 1일 Google Public Policy Blog, "우선 클라우드 컴퓨팅은 개선된 보안을 제공할 수 있다. 구식 컴퓨팅 모델에서는 데이터가 로컬 컴퓨터에 저장되는데, 이는 현금을 매트리스 밑에 보관하는 것과 마찬가지다. 데이터를 클라우드에 안전하게 저장하는 것은 현금을 은행에 저장하는 것과 같다." http://googlepublicpolicy.blogspot.com/2010/07/bringing-federal-it-into-cloud.html

69. "구글의 트라다 투자는 이해 관계의 충돌의 기미가 있다(Google Trada Investment Smells of Interest Conflict)," Clint Boulton, 2010년 7월 21일 eWeek Google Watch, http://googlewatch.eweek.com/content/google_advertising/google_trada_investment_sparks_conflict_of_interest_concern.html?kc=rss

70. "구글이 비교 광고로 자사의 광고주들을 엿먹이는 방법(How Google Is Screwing Its Own Advertisers with Comparison Ads)," John Hargrave, 2010년 10월 19일 「Search Engine Journal」 http://www.searchenginejournal.com/how-google-is-screwing-its-own-advertisers-with-comparison-ads/25008/#ixzz12ucNmMRJ

71. http://www.google.com/googlebooks/chrome/big_18.html

72. "야후 구글 순간 검색과 관련된 몇 가지 '자체 특허 보유'"(Yahoo! 'owns several patents' on Google Instant)," Cade Metz, 2010년 9월 20일 UK 「Register」 http://www.theregister.co.uk/2010/09/20/yahoo_owns_several_patents_on_google_instant/

73. "구글 수장 정치인들에게 경고(Google chief warns politicians)," Jean Eaglesham, 2006년 10월 3일 「Financial Times」 http://www.ft.com/intl/cms/s/0/c09fc2d6-5308-11db-99c5-0000779e2340.html

74. "구글 알고리즘(The Google Algorithm)," Editorial, 2010년 7월 14일 「New York Times」 http://www.nytimes.com/2010/07/15/opinion/15thu3.html?_r=2

75. "구글의 비밀 공식에 대한 불안(Unrest over Google's secret formula)," Richard Waters, 2010년 7월 11일 「Financial Times」 http://www.ft.com/intl/cms/s/0/1a5596c2-8d0f-11df-bad7-00144feab49a.html#axzz1INsGRGNV

76. "딜러(Diller), 구글 여행은 '혼란을 조장'," Richard Waters, 2010년 7월 11일 「Financial Times」 http://www.ft.com/intl/cms/s/0/2f582730-8d1c-11df-bad7-00144feab49a.html#axzz1INsGRGNV

77. "웹의 무한한 검색을 무력화하지 말라(Do not neutralise the web's endless search)," Marissa Mayer, 2010년 7월 15일 Google Public Policy Blog, http://googlepublicpolicy.blogspot.com/2010/07/our-op-ed-regulating-what-is-best-in.html

6장: 견제되지 않는 권력

1. http://www.brainyquote.com/quotes/quotes/m/miltonfrie153358.html

2. "컴스코어, 2009년 세계 검색 시장 성장률 46퍼센트라고 발표(comScore Reports Global Search Market Growth of 46 Percent in 2009)," 구글 사이트들은 2009년 12월 870억 건의 검색 수행하여, 매일 거의 3억건 수행. 2010년 1월 22일 comScore.com, http://www.comscore.com/Press_Events/Press_Releases/2010/1/Global_Search_Market_Grows_46_Percent_in_2009

3. "우리는 웹이 거대하다는 점을 알았습니다(We knew the web was big)⋯⋯," Jesse Alpert and Nissan Hajaj, 2008년 7월 25일 Official Google Blog, http://googleblog.blogspot.com/2008/07/we-knew-web-was-big.html

4. "숫자 인포그래픽으로 살펴본 구글(Google by the Numbers Infographic)," 2010

년 10월 5일 InfoGraphicsShowcase.com, http://www.infographicsshowcase.com/google-by-the-numbers-infographic/

5. "구글 족히 백만 개가 넘는 광고주 보유(Google Has Well Over A Million Advertisers)," Barry Schwartz, 2009년 1월 9일 Search Engine Land, http://searchengineland.com/google-has-well-over-a-million-advertisers-16068

6. http://spreadsheets.google.com/pub?key=ty_BGDs9hnuBMRvj3AFeB2g&output=html

7. "구글 수장 에릭 슈미트, 데이터 폭발에 대해(Google chief Eric Schmidt on the data explosion)," Kenny MacIver, 2010년 8월 4일 Global Intelligence for the CIO, http://www.i-cio.com/features/august-2010/eric-schmidt-exabytes-of-data

8. "구글 수장 에릭 슈미트, 데이터 폭발에 대해(Google chief Eric Schmidt on the data explosion)," Kenny MacIver, 2010년 8월 4일 Global Intelligence for the CIO, http://www.i-cio.com/features/august-2010/eric-schmidt-exabytes-of-data

9. "구글 수장 에릭 슈미트, 데이터 폭발에 대해(Google chief Eric Schmidt on the data explosion)," Kenny MacIver, 2010년 8월 4일 Global Intelligence for the CIO, http://www.i-cio.com/features/august-2010/eric-schmidt-exabytes-of-data

10. "검색당: 구글 의회 내 비판자들과 대결 준비(The Search Party: Google squares off with its Capitol Hill critics)," Ken Auletta, 2008년 1월 14일 「New Yorker」 http://www.newyorker.com/reporting/2008/01/14/080114fa_fact_auletta?printable=true#ixzz0xBlDXTjd

11. http://googleopoly.net/googleopoly.pdf, p. 13-19

12. http://googleopoly.net/googleopoly_2.pdf, p. 3-4

13. http://googleopoly.net/googleopoly.pdf, p. 13-19

14. "구글이 당신을 지켜보고 있다: '빅 브라더', 개인 데이터베이스 계획에서 독주(Google is watching you: 'Big Brother' row over plans for personal database)," Robert Verkaik, 2007년 5월 24일 「Independent」 http://notes2self.net/archive/2007/05/24/independent-google-is-watching-you-big-brother-row-over-plans-for-personal-database.aspx

15. http://googlemonitor.com/wpcontent/uploads/2010/06/Google's_Total_Information_Awareness.pdf

16. http://googlemonitor.com/wp-content/uploads/2010/06/Google's_Total_ Information_Awareness.pdf

17. "지나치게 강력하다고요? 농담이시겠지요(Too Powerful? Us? Surely You Jest)," 에릭 슈미트와의 인터뷰, 2007년 4월 9일 「BussinessWeek」 http://www. businessweek.com/magazine/content/07_15/b4029007.htm

18. "구글, 피하기를 원했던 마이크로소프트와 같은 실수를 이미 저지르고 있어(Google Already Making Microsoft Mistakes It Wants To Avoid)," Erik Sherman, 2009년 11월 6일 CBS Interactive Business Network, http://www.cbsnews. com/8301-505124_162-43441843/google-already-making-microsoft- mistakes-it-wants-to-avoid/

19. "아부다비의 에릭 슈미트 연설에서 5가지 최고의 순간(Top 5 moments from Eric Schmidt's talk in Abu Dhabi)," Jon Fortt, 2010년 3월 11일 「Fortune」 http:// tech.fortune.cnn.com/2010/03/11/top-five-moments-from-eric-schmidts- talk-in-abu-dhabi/

20. "구글, 카페인과 검색의 미래(Google, Caffeine and the future of search)," Matt Warman, 2010년 6월 17일 UK 「Telegraph」 http://www.telegraph.co.uk/ technology/google/7833590/Google-Caffeine-and-the-future-of-search.html

21. "구글, 카페인과 검색의 미래(Google, Caffeine and the future of search)," Matt Warman, 2010년 6월 17일 UK 「Telegraph」 http://www.telegraph.co.uk/ technology/google/7833590/Google-Caffeine-and-the-future-of-search.html

22. "이 높은 곳에서(From the height of this place)," 조나단 로젠버그(Jonathan Rosenberg), 2009년 2월 16일 구글 공식 블로그, http://googleblog.blogspot. com/2009/02/from-height-of-this-place.html

23. "슈미트 처음에는 구글의 힘을 이해하지 못했다고 말해(Schmidt says he didn't grasp the power of Google at first)," 에릭 슈미트 인터뷰, 2007년 5월 16일 「USA Today」 http://www.usatoday.com/tech/techinvestor/corporatenews/2007- 05-15-google-schmidt-qa_N.htm

24. "사용자들이 FTC이 낸 제소, 구글의 또다른 측면을 보여줘(Users' complaints to FTC show another side of Google)," Verne Kopytoff, 2007년 10월 8일 「San Francisco Chronicle」 http://www.sfgate.com/cgi-bin/article.cgi?f=/c/ a/2007/10/07/MN5JSA9MV.DTL

25. "뮤직 블로그가 사망한 날: 구글의 뮤직 블로그 학살을 지켜보며(The day the music blogs died: behind Google's musicblogocide)," Nate Anderson, 2010년 2월 15일 ARS Technica, http://arstechnica.com/tech-policy/news/2010/02/the-day-the-music-blogs-died-behind-googles-musicblogocide.ars

26. "J. Edgar Hoover," http://en.wikipedia.org/wiki/J._Edgar_Hoover

27. "구글 10년: 거대하고 친근한 거인인가 아니면 탐욕스러운 골리앗인가(Google, 10 years in: big, friendly giant or a greedy Goliath)?" David Smith, 2008년 8월 17일 UK 「Guardian」 http://www.guardian.co.uk/media/2008/aug/17/googlethemedia.google

28. "구글의 사악한 측면? 구글의 사용자 데이터 수집 살펴보기(The Evil Side of Google? Exploring Google's User Data Collection)," Danny Dover, 2008년 6월 24일 The Daily SEO Blog, http://www.seomoz.org/blog/the-evil-side-of-google-exploring-googles-user-data-collection

29. http://www.seomoz.org/team/danny

30. http://precursorblog.com/content/j-edgar-google-information-is-power-no-accountability

31. "정부, 경쟁자들 구글의 "파괴성" 비즈니스 모델 두려워해, 구글 CEO(Governments, Competitors Afraid of Google's "Disruptive" Business Model, Says CEO)," Jason Mick, 2010년 4월 13일 DailyTech, http://www.dailytech.com/Governments+Competitors+Afraid+of+Googles+Disruptive+Business+Model+Says+CEO/article18117.htm

32. "EU 단체들 구글 더블클릭 제휴 비판(EU group criticizes Google-DoubleClick deal)," Aoife White, Associated Press, 2007년 7월 5일 「USA Today」 http://www.usatoday.com/tech/news/internetprivacy/2007-07-05-eu-google-doubleclick_N.htm

33. "구글 멈추기: 일개 기업이 세계 정보의 최고 문지기가 됨에 따라, 일부 비판자들은 구글의 영향력을 견제하기 위한 방법을 고민 중(Stopping Google: With one company now the world's chief gateway to information, some critics are hatching ways to fight its influence)," Drake Bennett, 2008년 6월 22일 「Boston Globe」 http://www.boston.com/bostonglobe/ideas/articles/2008/06/22/stopping_google/

34. "검색당: 구글 의회 내 비판자들과 대결 준비(The Search Party: Google squares off with its Capitol Hill critics)," Ken Auletta, 2008년 1월 14일 「New Yorker」 http://www.newyorker.com/reporting/2008/01/14/080114fa_fact_auletta?printable=true#ixzz0xBIDXTjd

35. "우리를 죽이는 데이터 분석: 구글은 지나치게 많이 알고 있는가(Data Mining You to Death: Does Google Know Too Much)?" Julia Bonstein, Marcel Rosenbach and Hilmar Schmundt, 2008년 10월 30일 「Der Spiegel」 http://www.spiegel.de/international/germany/0,1518,587546,00.html

36. "구글 야후 제휴 광고비 우려 야기(Google-Yahoo Poses Ad-Rate Worries)," Jessica E. Vascellaro and Emily Steel, 2008년 6월 14일 「Wall Street Journal」 http://resources.alibaba.com/topic/306416/Google_Yahoo_Poses_Ad_Rate_Worries.htm

37. "구글은 지나치게 강력한가(Is Google Too Powerful)?" Rob Hof, 2007년 4월 9일 「BusinessWeek」 http://www.businessweek.com/magazine/content/07_15/b4029001.htm

38. http://precursorblog.com/node/339

39. http://precursorblog.com/node/435

40. http://precursorblog.com/node/402

41. "파이어폭스와 점증하는 고통에 대한 우려(Firefox and the Anxiety of Growing Pains)," Noam ohen, 2007년 5월 21일 「New York Times」 http://www.nytimes.com/2007/05/21/technology/21link.html?_r=2&adxnnl=1&oref=slogin&adxnnlx=1179768947-//kApQQMtN3lc89ss7aAJg&pagewanted=print

42. http://investor.google.com/corporate/2004/ipo-founders-letter.html

43. "리버맨: 유튜브 테러리스트 내용 삭제 노력 불충분(Lieberman: YouTube Not Doing Enough to Remove Terrorist Content)," Jack Date, 2008년 5월 19일 ABC News, http://abcnews.go.com/TheLaw/LawPolitics/story?id=4889745&page=1

44. http://precursorblog.com/node/769

45. "구글 크롬 이제 플래시 플레이어를 조용히 자동 업데이트(Google's Chrome

now silently auto-updates Flash Player)," Gregg Keizer, 2010년 4월 1일 Computerworld, http://www.computerworld.com/s/article/9174581/Google_s_Chrome_now_silently_auto_updates_Flash_Player

46. http://www.precursorblog.com/content/googles-default-opt-all-appitalism-investigation-uncovers-massive-google-advertising-overcharges

47. "구글 수장, 창조성을 칭송하다(Google chief prizes creativity)," Lionel Barber and Maija Palmer, 2010년 6월 3일 「Financial Times」 "에릭 슈미트는 프라이버시, 저작권 및 기타 까다로운 공개적 정치적 이슈에 대한 구글의 처리 방식에 대해 끊임없이 분출하는 논쟁에 구글이 어떻게 대처하는지 설명하면서 방어적 입장과 철학적 입장을 오락가락한다. "두더지 잡기가 우리의 일입니다. 우리는 공적 사적 행동 그리고 특별한 관심사와 국지적 관심사에 대한 질문의 상징일 뿐입니다." 라고 캘리포니아 마운틴뷰에 자리잡은 세계에서 가장 강력하고 돈을 잘 버는 인터넷 기업의 젊어 보이는 55세의 최고 경영자는 말한다." http://www.ft.com/intl/cms/s/2/bdec0ee8-6f4f-11df-9f43-00144feabdc0.html#axzz1INsGRGNV

48. "구글 수장 창조성을 칭송하다(Google chief prizes creativity)," Lionel Barber and Maija Palmer, 2010년 6월 3일 「Financial Times」 http://www.ft.com/intl/cms/s/2/bdec0ee8-6f4f-11df-9f43-00144feabdc0.html#axzz1INsGRGNV

49. "구글 버즈의 개방된 접근 방식 스토킹 위협을 낳아(Google Buzz's open approach leads to stalking threat)," Charles Arthur, 2010년 2월 12일 Technology Blog, UK 「Guardian」 http://www.guardian.co.uk/technology/blog/2010/feb/12/google-buzz-stalker-privacy-problems

50. "구글 버즈 10대를 위한 안전 동영상 선보여(Google launches Buzz teen safety video)," 2010년 4월 6일 SafeKids.com, http://www.safekids.com/tag/google-buzz/

51. "구글 에릭 슈미트: 여러분의 데이터에 대해 우리를 신뢰해도 됩니다(Google's Eric Schmidt: You can trust us with your data)," Shane Richmond, 2010년 7월 1일 UK 「Telegraph」 http://www.telegraph.co.uk/technology/google/7864223/Googles-Eric-Schmidt-You-can-trust-us-with-your-data.html

52. http://precursorblog.com/content/google-ceo-the-one-sentence-manager-accountability-system

53. "검색당: 구글 의회 내 비판자들과 대결 준비(The Search Party: Google squares

off with its Capitol Hill critics)," Ken Auletta, 2008년 1월 14일 「New Yorker」 http://www.newyorker.com/reporting/2008/01/14/080114fa_fact_auletta?printable=true#ixzz0xBlDXTjd

54. "구글 수장 창조성을 칭송하다(Google chief prizes creativity)," Lionel Barber and Maija Palmer, 2010년 6월 3일 「Financial Times」 http://www.ft.com/intl/cms/s/2/bdec0ee8-6f4f-11df-9f43-00144feabdc0.html#axzz1INsGRGNV

55. "구글 CEO 선악과 독점 우려에 대해 말하다(Google CEO talks of good, evil and monopoly fears)," Eric Auchard, 2008년 6월 12일 Reuters, http://www.reuters.com/article/idUSN1119985120080612

56. "구글 트렌드 부정확하게 웹사이트 트래픽을 추적할 수 있는 또 다른 방법 추가(Google Trends Adds Another Way to Inaccurately Track Website Traffic)," Adam Ostrow, 2008년 6월 20일 Mashable, http://mashable.com/2008/06/20/google-trends-website-tracking/

57. "구글 웹 히트를 측정할 도구 제공 예정(Google to Offer a Tool To Measure Web Hits)," Emily Steel, 2008년 6월 24일 「Wall Street Journal」 http://online.wsj.com/article/SB121425232721997689.html?mod=2_1571_leftbox

58. http://precursorblog.com/content/conflicted-google-crushing-its-third-party-accountability-comscore-payback

59. "마이크로소프트를 혼쭐 낸 게리 리백 책으로 구글 추적(Microsoft buster Gary Reback goes after Google on books)," Cecilia Kang, 2009년 11월 6일 「Washington Post」 http://voices.washingtonpost.com/posttech/2009/11/gary_reback_the_microsoft_bust.html

60. http://precursorblog.com/content/more-evidence-googles-not-neutral-and-seeks-be-supreme-arbiter-truth-internet

61. http://en.wikipedia.org/wiki/Google_Book_Search_Settlement_Agreement

62. "구글과 책의 미래(Google & the Future of Books)," Robert Darnton, 2009년 2월 12일 The New York Review of Books, http://www.nybooks.com/articles/archives/2009/feb/12/google-the-future-of-books/-pagination=false

63. "구글오폴리(Googleopoly)," Grace Westcott, 2009년 2월 20일 「Globe and Mail」 http://www.theglobeandmail.com/news/arts/books/article972380.ece

64. "인터넷의 사서(The Internet's Librarian)," Andy Potts, 2009년 3월 5일 「Economist」 http://www.economist.com/science/tq/displaystory.cfm?story_id=13174399&fsrc=rss

2부: 구글의 파괴적인 이유

7장: 구글 마인드

1. "구글 마우스 움직임을 추적하는 검색 특허 획득(Google patents search that tracks your mouse moves)," Cade Metz, 2010년 7월 27일 UK 「Register」 http://www.theregister.co.uk/2010/07/27/google_patents_mouse_movement_search_tweaks/

2. "구글 도청 소프트웨어 개발 중(Google developing eavesdropping software)," Faultline (Rethink Research Associates), 2006년 9월 3일 UK 「Register」 http://www.theregister.co.uk/2006/09/03/google_eavesdropping_software/

3. "검색당(The Search Party)," Ken Auletta, 2008년 1월 14일 「New Yorker」 http://www.newyorker.com/reporting/2008/01/14/080114fa_fact_auletta?printable=true#ixzz0xBlDXTjd

4. "구글의 두뇌: 구글이 똑똑한 직원을 더 똑똑하게 만드는 방법(The Brain at Google: How Google makes smart employees even smarter)," Dr. David Rock, 2009년 12월 6일 「Psychology Today」 http://www.psychologytoday.com/blog/your-brain-work/200912/the-brain-google

5. "구글 스트리트뷰, 의회 '염탐' 혐의로 피소(Google Street View accused of Congress 'snooping')," Maggie Shiels, 2010년 7월 9일 BBC News, http://news.bbc.co.uk/2/hi/technology/8802741.stm

6. "유용성으로 유혹하는 구글(Google Seduces With Utility)," David Carr, 2008년 11월 23일 「New York Times」, http://www.nytimes.com/2008/11/24/business/media/24carr.html?_r=2

7. "아부다비의 에릭 슈미트 연설에서 5가지 최고의 순간(Top 5 moments from Eric Schmidt's talk in Abu Dhabi)," Jon Fortt, 2010년 3월 11일 「Fortune」 http://tech.fortune.cnn.com/2010/03/11/top-five-moments-from-eric-schmidts-talk-in-abu-dhabi/

8. "구글의 비즈니스 모델: 우리가 상품이다(Google's Business Model: YOU Are the

Product)," Mike Elgan, 2009년 2월 5일 Internet.com, http://itmanagement.
earthweb.com/columns/executive_tech/article.php/3801006/Googles-
Business-Model-YOU-Are-the-Product.htm

9. "작가들 구글에 대한 대중적 우려 이해(Writer finds public wary of Google),"
    Devon Haynie, 2010년 10월 8일 「The Journal Gazette」http://www.
    journalgazette.net/article/20101008/LOCAL04/310089940/1002/LOCAL

10. "일하기 좋은 100개의 최고 기업(100 Best Companies to Work For),"
    2009년 2월 2일 「Fortune」http://money.cnn.com/magazines/fortune/
    bestcompanies/2009/snapshots/4.html

11. "5개의 실리콘 밸리 기업들 채용 데이터 노출에 반대하여 승리(Five Silicon Valley
    companies fought release of employment data, and won)," Mike Swift,
    2010년 2월 14일 San Jose Mercury News, http://www.mercurynews.com/
    news/ci_14382477?nclick_check=1

12. "구글 12주년: 성숙에 따른 갈등을 조정하는 기업(Google at 12: A company
    navigating the conflicts that come with age)," Mike Swift, 2010년 9월 26
    일 SiliconValley.com, http://www.peakpositions.com/seonews/google-at-
    twelve.htm

13. 『구글, 성공 신화의 비밀 The Google Story (Vise & Malseed, 2005)』Appendix II

14. "구글 12주년: 성숙에 따른 갈등을 조정하는 기업(Google at 12: A company
    navigating the conflicts that come with age)," Mike Swift, 2010년 9월 26
    일 SiliconValley.com, http://www.peakpositions.com/seonews/google-at-
    twelve.htm

15. "The Google Culture," Google corporate website, http://www.google.com/
    corporate/culture.html

16. "구글의 컴퓨팅 파워 번역 도구를 개선(Google's Computing Power Refines
    Translation Tool)," Miguel Helft, 2010년 3월 8일「New York Times」http://
    www.nytimes.com/2010/03/09/technology/09translate.html

17. 구글을 자만심hubris를 빗대어 "구브리스(Goobris)"라는 별명을 붙이기도 한다.

18. "마이크로스트레티지가 로마 제국처럼 오랫동안 그리고 GE처럼 중요하게 지속되길 바랬
    던 마이클 세일러의 비전의 가치. 교만이라고? 하지만 그의 야망은 임직원들에게 전염되

었으며, 고객들에게 불을 붙였다," Daniel Roth, 1999년 5월 24일 「Fortune」 http://money.cnn.com/magazines/fortune/fortune_archive/1999/05/24/260289/index.htm

19. "비전의 가치(The Value of Vision)," Daniel Roth, 1999년 5월 24일 「Fortune」 http://money.cnn.com/magazines/fortune/fortune_archive/1999/05/24/260289/index.htm

20. 『검색으로 세상을 바꾼 구글 스토리(The Search: How Google and Its Rivals Rewrote the Rules of Business and Transformed Our Culture) (Battelle, 2005)』 p. 55

21. "Michael J. Saylor," http://en.wikipedia.org/wiki/Michael_J._Saylor

22. "에릭 슈미트: "증강 인류의 시대"에 도착하신 것을 환영합니다(Eric Schmidt: Welcome to "Age of Augmented Humanity)" Liz Gannes 2010년 9월 7일 GigaOM, http://gigaom.com/2010/09/07/eric-schmidt-welcome-to-the-age-of-augmented-humanity/

23. "구글의 목표: 우리 일상의 체계화(Google's goal: to organise your daily life)," Caroline Daniel and Maija Palmer, 2007년 5월 22일 「Financial Times」 http://www.ft.com/intl/cms/s/2/c3e49548-088e-11dc-b11e-000b5df10621.html

24. "세르게이 브린: "우리는 구글이 여러분 뇌의 세 번째 반쪽이 되길 원합니다"(Sergey Brin: "We Want Google To Be The Third Half Of Your Brain")." Jay Yarow, 2010년 9월 8일 「Business Insider」 http://articles.businessinsider.com/2010-09-08/tech/30031937_1_google-sergey-brin-search-results

25. "오만한 구글 리더들의 6가지 망상(Six Delusions of Google's Arrogant Leaders)," Ryan Tate, 2010년 3월 12일 Gawker.com, http://gawker.com/5491756/six-delusions-of-googles-arrogantleaders

26. "우리가 운전하는 목표(What we're driving at)," Sebastian Thrun, 2010년 10월 9일 The Official Google Blog, http://googleblog.blogspot.com/2010/10/what-were-driving-at.html

27. "구글 웹 데이터를 활용한 새로운 인플레이션 지수 계획(Google Plans Alternative Inflation Index Using Web Data)," Robin Harding, 2010년 10월 12일 「Financial Times」 http://www.cnbc.com/id/39626164

28. "구글 CEO 에릭 슈미트: "사람들은 기술 혁명에 준비되어 있지 않다"(Google CEO Schmidt: "People Aren't Ready for the Technology Revolution")" Marshall Kirkpatrick, 2010년 8월 4일 ReadWriteWeb.com, http://www.readwriteweb.com/archives/google_ceo_schmidt_people_arent_ready_for_the_tech.php

29. "검색당: 구글 의회 내 비판자들과 대결 준비(The Search Party: Google squares off with its Capitol Hill critics)," Ken Auletta, 2008년 1월 14일 「New Yorker」 http://www.newyorker.com/reporting/2008/01/14/080114fa_fact_auletta?printable=true#ixzz0xBlDXTjd

30. "검색당: 구글 의회 내 비판자들과 대결 준비(The Search Party: Google squares off with its Capitol Hill critics)," Ken Auletta, 2008년 1월 14일 「New Yorker」 http://www.newyorker.com/reporting/2008/01/14/080114fa_fact_auletta?printable=true#ixzz0xBlDXTjd

31. "센카쿠, 댜오위와 구글지도(Senkaku, Diaoyu and Google Maps)," Yoree Koh, 2010년 10월 14일 「Wall Street Journal」 http://blogs.wsj.com/japanrealtime/2010/10/14/senkaku-diaoyu-and-google-maps/

32. "구글의 마법, 언제까지 지속될 것인가(How long will Google's magic last)?" 2010년 12월 2일 「Economist」 http://www.economist.com/node/17633138

33. 『구글드 Googled: The End of the World As We Know It (Ken Auletta, 2009)』 p. 137, "2007년 〔엘리엇〕 슈라지가 말한 바에 의하면, 90년대 후반의 마이크로소프트처럼 "이데올로기적인 기술주의자들로 구성된" 구글의 리더십은 자신이 취한 기술적 결정의 정치적 인간적 측면을 판단하는 데 둔감했다."

34. 『GOOGLE 신화와 야망 (Randall Stross, Planet Google: One Company's Audacious Plan to Organize Everything We Know) (Stross, 2008)』 p.58, 구글이 오레곤 주 댈러스에 데이터 센터를 건설하는 계약의 일부분으로 기밀 협약에 두 명의 지방 공무원이 서명하게 만든 방법을 설명한다.

35. Eric Schmidt, Chairman, NewAmerica.net, http://newamerica.net/user/181

36. "HHS 'ObamaCare' 구입(HHS buys 'ObamaCare')," Ben Smith, 2010년 12월 17일 Politico.com, 구글은 종종 검색결과 페이지에서 두 가지 세트의 광고를 표시한다. 한 세트는 페이지 우측의 별도 컬럼에 표시된다. 이 광고들은 순수 검색결과와 분명히 구분된다. 또 다른 세트의 광고는 상단에 표시되며 순수 검색결과와 형식적으로 유사하다. 이 광고들은 자주색 배경의 저대비 색상으로 구분되는데, 특정한 주위 조명과 시

야 각도 조건에 따라 구분하기 어려울 수도 있다. http://www.politico.com/blogs/
bensmith/1210/HHS_buys_ObamaCare.html

37. "2004 창립자들의 IPO 편지(2004 Founders' IPO Letter)," 구글 주주, 투자자 정
    보를 위한 S-1 등록 진술서 양식, "사용자 매뉴얼(An Owner's Manual)", http://
    investor.google.com/corporate/2004/ipo-founders-letter.html

38. "2004 창립자들의 IPO 편지(2004 Founders' IPO Letter)," 구글 주주, 투자자 정
    보를 위한 S-1 등록 진술서 양식, "사용자 매뉴얼(An Owner's Manual)", http://
    investor.google.com/corporate/2004/ipo-founders-letter.html

39. "대규모 하이퍼텍스트 웹 검색엔진의 해부학(The Anatomy of a Large-Scale
    Hypertextual Web Search Engine)," 세르게이 브린과 래리 페이지, 1998, http://
    infolab.stanford.edu/~backrub/google.html

40. "2004 창립자들의 IPO 편지(2004 Founders' IPO Letter)," 구글 주주, 투자자 정
    보를 위한 S-1 등록 진술서 양식, "사용자 매뉴얼(An Owner's Manual)", http://
    investor.google.com/corporate/2004/ipo-founders-letter.html

41. "앨 고어의 1억 달러 만들기(Al Gore's $100 Million Makeover)," Ellen
    McGirt, 2007년 7월 1일 Fast Company, http://www.fastcompany.com/
    magazine/117/features-gore.html

42. 『구글, 성공 신화의 비밀 The Google Story (Vise & Malseed, 2005)』 p. 218

43. 『구글, 성공 신화의 비밀 The Google Story (Vise & Malseed, 2005)』 p. 218

44. "앨 고어, 구글에게 '검색 품질'에 대해 조언(Al Gore Advised Google About 'Search
    Quality')," Noel Sheppard, 2009년 10월 15일 NewsBusters, https://regator.
    com/p/219448744/al_gore_advised_google_about_its_search_quality/

45. "구글 기부는 민주당으로(Google's givers go Democratic)," Jim Hopkins, 2005
    년 2월 13일 「USA Today」 http://www.usatoday.com/money/industries/
    technology/2005-02-13-google-give-usat_x.htm

46. http://www.whitehouse.gov/the_press_office/President-Obama-Announces-
    Members-of-Science-and-Technology-Advisory-Council

47. "대통령 당선자 오바마 경제 참모 만나 경제에 대한 "조속한 조치" 요구 (President-
    elect Obama meets with economic advisers, calls for "swift action" on the
    economy)," Macon Phillips, 2008년 11월 7일 Change.gov, http://change.gov/

newsroom/entry/president_elect_obama_meets_with_economic_advisers_
calls_for_swift_action_o/

48. "구글 경영진 오바마 파티에 15만 달러 쾌척(Google Execs Pay $150,000 for Obama Bash)," Owen Thomas, 2008년 12월 27일 ValleyWag.com, http://gawker.com/5119039/?tag=television

49. http://en.wikipedia.org/wiki/George_Lakoff

50. George Lakoff, 『코끼리는 생각하지 마 Don't Think of an Elephant!: Know Your Values and Frame the Debate – The Essential Guide for Progressives』(White River Junction, VT: Chelsea Green Publishing, 2004) p. 94.

51. http://www.youtube.com/watch?v=jNLP88aTg_8

8장: 사악해지지 말자?

1. "우리의 철학(Our philosophy)," 구글 기업 웹사이트, "구글이 발견한 10가지 진실 (Ten things we know to be True)" 중 6번째. 6번의 전체 텍스트 내용은 "부정한 방법을 쓰지 않고도 돈을 벌 수 있습니다. 구글은 영리를 추구하는 기업입니다. 구글은 다른 회사에 검색 기술을 제공하고, 구글 사이트나 웹의 기타 사이트에 게재된 광고영업을 통해 수익을 창출합니다. 전 세계 수많은 광고주가 제품홍보를 위해 애드워즈를 사용하고 수많은 사이트 운영자가 애드센스 프로그램을 사용하여 사이트 콘텐츠와 관련된 광고를 게시하고 있습니다. 구글은 궁극적으로 광고주를 비롯한 모든 사용자에게 서비스를 제공하고자 하며 이를 위해 다음과 같이 광고 프로그램과 활동의 기준이 되는 일련의 원칙을 적용하고 있습니다.

    a. 구글은 결과 페이지에 관련이 없는 광고가 게재되지 못하도록 하고 있습니다. 구글은 사용자가 찾는 정보와 관련이 있는 광고만이 유용한 정보를 제공할 수 있다고 믿습니다. 따라서 검색결과에 광고가 전혀 포함되지 않는 경우도 발생할 수 있습니다.

    b. 구글은 현란하지 않은 광고로도 광고효과를 충분히 거둘 수 있다고 생각합니다. 팝업 광고는 사용자가 콘텐츠를 보는 데 방해가 되기 때문에 허용하지 않습니다. 사용자와 관련성이 높은 텍스트 광고가 무작위로 표시되는 광고에 비해 클릭률(clickthrough rate)이 훨씬 더 높은 것으로 나타났습니다. 광고주는 사업의 규모와 관계없이 정확하게 타겟팅된 잠재고객층을 활용할 수 있습니다.

    c. 구글에 게재된 광고는 '스폰서 링크'로 확실히 구분이 가능하기 때문에 검색결과의 신뢰성을 손상하지 않습니다. 구글은 검색결과에서 파트너의 게재 순위를 높이는 방식으로 조작하지 않으며 돈을 받고 더 나은 페이지랭크를 팔거나 하지 않습니다. 사용자는 구글

의 객관성을 신뢰할 수 있으며 구글은 단기적인 이익을 얻고자 사용자의 신뢰를 저버리는 행위를 하지 않습니다."

http://www.google.com/intl/en/corporate/tenthings.html (한국어판: http://www.google.co.kr/intl/ko/about/corporate/company/tenthings.html)

2. "플레이보이 인터뷰: 구글 사람들(Playboy Interview: Google Guys)," David Sheff, 2004년 9월 「Playboy」 http://www.google-watch.org/playboy.html

3. "구글의 박애주의 방식: 드문 사례(Philanthropy Google's Way: Not the Usual)," Katie Hafner, 2006년 9월 14일 「New York Times」 http://www.nytimes.com/2006/09/14/technology/14google.html?_r=1

4. "구글 대 세상(Google v the world)," Lex column, 2010년 12월 29일 「Financial Times」 칼럼의 결론 문단은 다음과 같다. "반면, 구글은 주로 정보에 대한 접근을 제공하는 일을 책임지고 있으므로, 자유로이 실험하고 혁신할 여력이 있다. 세상이 구글에 대해 찬사를 보내야 하는 이유는 무궁무진하다. 하지만 신뢰를 해야 할 이유는 거의 없다." http://www.ft.com/intl/cms/s/c9a01f52-1361-11e0-a367-00144feabdc0,Authorised=false.html?_i_location=http%3A%2F%2Fwww.ft.com%2Fcms%2Fs%2F3%2Fc9a01f52-1361-11e0-a367-00144feabdc0.html&_i_referer=http%3A%2F%2Fsearch.ft.com%2Fsearch%3FqueryText%3DGoogle%2Bv%2Bthe%2Bworld%26x%3D13%26y%3D7%26aje%3Dtrue%26dse%3D%26dsz%3D#axzz1INsGRGNV

5. http://www.google.com/corporate/ux.html "7. 현재와 미래의 비즈니스를 위해 계획하라. - 구글 제품은 사용자에게 도움이 되는 방식으로 수익을 창출하려고 노력합니다. 이러한 목표를 달성하기 위해 디자이너는 제품 팀과 협력하여 광고주의 이해와 사용자의 관심사가 모두 만족되도록 노력합니다. 구글은 광고가 사용자에게 관련성이 있고 유용하며 광고임이 분명히 드러나도록 게재합니다.." (한국어판: http://www.google.co.kr/intl/ko/about/corporate/company/ux.html)

6. "에릭 슈미트: 구글의 사명은 '세상을 바꾸는 것'(Eric Schmidt: Google Mission Is to 'Change the World')," Betsy Schiffman, 2008년 6월 11일 「Wired」 http://www.wired.com/epicenter/2008/06/live-blogging-e/

7. 행동 수칙(Code of Conduct), http://investor.google.com/corporate/code-of-conduct.html#VIII

8. "성장하는 구글, 올바른 균형을 탐색(Growing Google searches for the right

balance)," Richard Waters, 2007년 9월 21일 「Financial Times」 http://
www.ft.com/intl/cms/s/0/27f246a2-67a8-11dc-8906-0000779fd2ac.
html#axzz1INsGRGNV

9. "구글 자신의 사악해지지 말자 모토 어겨(Google Violates Its Own Don't Be
    Evil Motto)," Intelligence Squared debate, 2008년 11월 18일 http://www.
    intelligencesquared.com/events/google-violates-its-dont-be-evil-motto

10. "유쾌하지 않은 구글의 12번째 생일(Google's unhappy twelfth birthday)," Tim
    Black, 2010년 9월 29일 SpikedOnline.com, http://www.spiked-online.com/
    index.php/site/article/9711/

11. "구글 예민한 반응을 보이며, 비판에 저항(Pushes Back on Criticism)," Liz Gannes,
    2010년 10월 14일 GigaOM, http://gigaom.com/2010/10/14/google-shows-
    thin-skin-pushes-back-on-criticism/

12. "법무부 기술 기업들에 대한 불채용 제소 해결(DOJ settles no-recruit claims against
    tech companies)," Tom Krazit, 2010년 9월 24일 「CNET News」 http://news.
    cnet.com/8301-30684_3-20017617-265.html

13. "구글은 더블클릭 임직원에 대한 비경쟁 합의를 악용했는가(Did Google misuse non-
    compete agreements of DoubleClick employees)?" Toni Bowers, 2008년 4월
    14일 TechRepublic, http://blogs.techrepublic.com.com/career/?p=295

14. "5개의 실리콘 밸리 기업들 채용 데이터 노출에 반대하여 승리(Five Silicon Valley
    companies fought release of employment data, and won)," Mike Swift,
    2010년 2월 14일 San Jose Mercury News, http://www.mercurynews.com/
    news/ci_14382477?nclick_check=1

15. "로제타스톤 검색에서 상표권 문제로 구글 고소(Rosetta Stone Sues Google Over
    Trademarks in Searches)," Cecilia Kang, 2009년 7월 11일 「Washington Post」,
    http://www.washingtonpost.com/wp-dyn/content/article/2009/07/10/
    AR2009071003526.html

16. "FTC 조사 애플/구글 이사회 구성원들이 각자의 길로 가게 만들지도(FTC probe may
    force Apple/Google board members to part ways)," Jacqui Cheng, 2009
    년 5월 5일 ARS Technica, http://arstechnica.com/apple/news/2009/05/ftc-
    probe-could-force-applegoogle-board-members-to-part-ways.ars

17. "에릭 슈미트 박사 애플 이사회에서 사임(Dr. Eric Schmidt Resigns from Apple's

Board of Directors)," 2009년 8월 3일 Apple press release, http://www.apple.
com/pr/library/2009/08/03bod.html

18. "구글 경영진들 모페트 필드 착륙 특혜 얻어(Google execs take off with landing
privileges at Moffett Field)," Verne Kopytoff, 2007년 9월 8일 「San Francisco
Chronicle」 http://www.sfgate.com/cgi-bin/article.cgi?f=/c/a/2007/09/07/
BUSNS0G94.DTL

19. "구글 창업자들의 최종 특전: NASA 활주로(Google Founders' Ultimate Perk:
A NASA Runway)," Miguel Helft, 9월 13, 2007년 「New York Times」
http://www.nytimes.com/2007/09/13/technology/13google.html?_
r=2&oref=slogin

20. 『구글, 성공 신화의 비밀 The Google Story (New York: Delacorte Press, 2005)』
구글은 임대 면적을 기준으로 가격을 협상했다. 아마도 창고 주인들은 쌓여진 PC를 사용
한 데이터 센터에 필요한 전력 및 냉각 시스템 준비가 되어 있지 않았을 것이다.

21. 『GOOGLE 신화와 야망 (Randall Stross, Planet Google: One Company's
Audacious Plan to Organize Everything We Know) (Stross, 2008)』

22. "구글에게 구애하는 데 필요한 높은 비용(The high cost of wooing Google)," 2007
년 7월 23일 「BusinessWeek」 http://www.businessweek.com/magazine/
content/07_30/b4043066.htm?chan=search

23. "우리는 구글에게 갈취당한 것이 아닐까(Were we Googled or Gouged)?" Tommy
Tomlinson, 2007년 2월 11일 Charlotte.com, http://www2.nccommerce.com/
eclipsfiles/16056.pdf

24. Ibid. "르누아르 카운티 시장 데이비 발로우를 비롯한 지방 및 주정부 공무원들은 일년 넘
게 구글과 비밀 회담을 가졌다."

25. 『GOOGLE 신화와 야망 (Randall Stross, Planet Google: One Company's
Audacious Plan to Organize Everything We Know) (Stross, 2008)』 p.59

26. "신뢰를 회복하는 비즈니스(The Business of Restoring Trust)," L. Gordon
Crovitz, 2011년 1월 30일 「Wall Street Journal」 http://online.wsj.com/article/
SB10001424052748703956604576110393691348706.html

9장: 디지털화된 노예의 길

1. http://www.brainyquote.com/quotes/quotes/m/miltonfrie412624.html

2. "구글이 위치 개인화를 비활성화지 않을 이유(Why Google won't turn off location customization)," Chris Matyszczyk, 2010년 10월 31일 「CNET News」 http://news.cnet.com/8301-17852_3-20021289-71.html

3. http://www.brainyquote.com/quotes/quotes/m/miltonfrie412622.html

4. "구글 주식회사의 의견(Comments of Google, Inc.)," GN Docket No. 10-127, 2010년 7월 15일 Federal Communications Commission, http://www.scribd.com/mobile/documents/34400479

5. "캘리포니아 공동 시설 위원회에 보내는 의견(Comments to California Public Utilities Commission)," 구글에 의해 제출, 2009년 10월 26일 California Public Utilities Commission, Proceeding R08-12-009, "구글에서, 우리는 스마트 그리드가 에너지를 전송하고 사용하는 보다 효과적인 방법을 발견하는 방법일 뿐만 아니라, 유용한 정보를 생성하고 교환하는 새로운 방법을 정의하는 것이라고 믿고 있습니다." http://www.google.com/powermeter/about/cpuc.html

6. http://www.google.com/intl/en-US/health/about/index.html

7. "코드는 법이다(The Code Is the Law)," Lawrence Lessig, 1999년 4월 9일 The Industry Standard, http://www.lessig.org/content/standard/0,1902,4165,00.html

8. http://creativecommons.org/

9. "창조적인 속임수(Creative Humbug)," Péter Benjamin Tóth, 2005년 6월 24일 The INDICARE Project, http://www.indicare.org/tiki-read_article.php?articleId=118

10. "웹 2.0: 생각보다 나쁘다(Web 2.0: It's worse than you think)," Andrew Keen, 2006년 2월 14일 The Weekly Standard Blog, http://www.weeklystandard.com/Content/Public/Articles/000/000/006/714fjczq.asp

11. "구글의 지구(Google's Earth)," William Gibson, 2010년 8월 31일 「New York Times」 http://www.nytimes.com/2010/09/01/opinion/01gibson.html?_r=1

12. 『구글노믹스 What Would Google Do (Jeff Jarvis, 2009)』

13. "에릭 슈미트: 구글의 사명은 '세상을 바꾸는 것'(Eric Schmidt: Google Mission Is to 'Change the World')," Betsy Schiffman, 2008년 6월 11일 「Wired」 http://www.wired.com/epicenter/2008/06/live-blogging-e/

14. "구글로 와서 "세상을 바꾸자"(Come to Google "and change the world")," Marc Chacksfield, 2009년 10월 9일 TechRadar.com, http://www.techradar.com/news/internet/come-to-google-and-change-the-world—641785

15. http://investor.google.com/corporate/2004/ipo-founders-letter.html

16. "구글의 슈미트: '세상은 점진적으로 바꿀 수 없습니다.'(Google's Schmidt: 'You don't change the world incrementally')," John Cook, 2009년 7월 16일 TechFlash.com, http://www.techflash.com/seattle/2009/07/Googles_Schmidt_You_dont_change_the_world_incrementally_50968072.html

17. "슈미트, 검색에 대한 로즈와의 대화(Schmidt on Rose on Search)," John Battelle, 2005년 6월 6일 Searchblog.com, http://battellemedia.com/archives/2005/06/schmidt_on_rose_on_search#ixzz16zHlUoXM

18. "슈미트: 구글은 '넘지 말아야 할 선에 접근한다(Schmidt: Google gets 'right up to the creepy line)'," Sara Jerome, 2010년 10월 10일 The Hill's Technology Blog, http://thehill.com/blogs/hillicon-valley/technology/122121-schmidt-google-gets-right-up-to-the-creepy-line

19. "구글의 오라클의 소송을 '자바 커뮤니티에 대한 공격'으로 간주(Google dubs Oracle suit 'attack on Java community')," Cade Metz, 2010년 8월 16일 UK「Register」http://www.theregister.co.uk/2010/08/16/google_oracle_android_lawsuit/

20. "구글 슈미트: 기계가 마법을 부리는 것이 아니다. 그 뒤에 있는 서버가 주인공이다(Google's Schmidt: The Device Is Not Magical, It's The Servers Behind Them)," Tricia Duryee, 2010년 9월 28일 UK「Guardian」http://m.paidcontent.org/article/419-googles-schmidt-the-device-is-not-magical-its-the-servers-behind-them/

21. 『코끼리는 생각하지 마 Don't Think of an Elephant!: Know Your Values and Frame the Debate-The Essential Guide for Progressives (George Lakoff, 2004)』(한국어판: 유나영 옮김, 삼인, 2006년 4월)

22. "구글이 애플의 정반대라면, 에릭 슈미트는 스티브 잡스의 정반대인가(If Google Is the Inverse of Apple, Then is Eric Schmidt the Inverse of Steve Jobs)?" John Paczkowski, 2010년 9월 29일 Digital Daily, http://allthingsd.com/20100929/google-the-inverse-of-apple/

23. "슈미트: 구글은 애플의 '정반대'이다(Schmidt: Google is the 'inverse' of

Apple)," Cade Metz, 2010년 9월 28일 UK 「Register」 http://www.theregister.co.uk/2010/09/28/schmidt_calls_google_the_inverse_of_apple/

24. "안드로이드 앱은 사용자들이 알고 있는 것보다 훨씬 개방적이다(Android Apps More Open Than Users Know)," Tony Bradley, 2010년 9월 30일 「PCWorld」 http://www.pcworld.com/businesscenter/article/206644/android_apps_more_open_than_users_know.html

25. "구글에 대한 사이버 공격 패스워드 시스템에 타격(Cyberattack on Google Said to Hit Password System)," John Markoff, 2010년 4월 19일「New York Times」 http://www.nytimes.com/2010/04/20/technology/20google.html?_r=1&ref=technology

26. http://www.google.com/transparencyreport/

27. http://www.google.com/ads/politicaltoolkit/

28. "구글 자체 로비 브랜드를 가지고 워싱턴에 입성(Google Goes to Washington With Own Brand of Lobbying)," Kevin J. Delaney and Amy Schatz, 2007년 7월 20일 「Wall Street Journal」 http://online.wsj.com/article/SB118489524982572543.html

29. http://www.youtube.com/whitehouse

30. "백악관 유튜브를 프라이버시 법률에서 면제(White House exempts YouTube from privacy rules)," Chris Soghoian, 2009년 1월 22일 「CNET News」 http://news.cnet.com/8301-13739_3-10147726-46.html

31. "백악관 유튜브 기조를 변경하는 것인가(Is the White House changing its YouTube tune)?"Chris Soghoian, 2009년 3월 2일 「CNET News」 http://news.cnet.com/8301-13739_3-10184578-46.html

32. "유튜브에 대해 법률 입안자들은 면밀히 관찰해야 한다(On YouTube, Lawmakers Have Sites to Behold)," Kim Hart, 2009년 1월 13일 「Washington Post」 http://www.washingtonpost.com/wp-dyn/content/article/2009/01/12/AR2009011203049.html

33. "의회 유튜브 입성(Congress comes to YouTube)," Steve Grove, 2009년 1월 12일 Google Public Policy Blog, http://googlepublicpolicy.blogspot.com/2009/01/congress-comes-to-youtube.html

34. "구글의 최고 정책 중역 오바마 행정부 합류(Google's Top Policy Executive to Join Obama Administration)," Miguel Helft, 2009년 5월 29일 「New York Times」 http://bits.blogs.nytimes.com/2009/05/29/googles-top-policy-exec-to-join-obama-administration/

35. "소비자 단체들이 오바마에게: 구글 로비스트를 기술직에 임명하는 것은 백악관의 윤리 기준에 대해 의문을 불러일으킨다(Consumer Groups to Obama: Google Lobbyist's Appointment to Technology Post Raises Ethics Rules Questions for White House)," 2009년 6월 3일 Center for Digital Democracy, http://www.consumerwatchdog.org/newsrelease/consumer-groups-obama-google-lobbyists-appointment-technology-post-raises-ethics-rules-q

36. "미국 기술 담당 최고 책임 보좌관 구글 관련 로비 접촉으로 징계(US Deputy CTO gets reprimand for Google lobbying contacts)," Nate Anderson, 2010년 5월 ARS Technica, http://arstechnica.com/tech-policy/news/2010/05/us-deputy-cto-reprimanded-for-google-lobbying-contacts.ars

37. "백악관 컨슈머 워치독의 FOIA 요청 후에 전 구글 임직원을 징계; 단체들은 기술 담당 최고 책임 보좌관이 사임해야 한다고 주장(White House Reprimands Ex-Googler After Consumer Watchdog FOIA Request; Group Says Deputy Chief Technology Officer Andrew McLaughlin Should Resign)," Consumer Watchdog press release, 2010년 5월 18일 PRNewswire.com, http://www.consumerwatchdog.org/newsrelease/white-house-reprimands-ex-googler-after-consumer-watchdog-foia-request

38. "HHS 'Obamacare' 검색결과를 바꾸기 위해 구글에게 납세자들의 돈을 지불(업데이트)(HHS is Paying Google with Taxpayer Money to Alter 'Obamacare' Search Results (Updated))," Jeffrey H. Anderson, 2011년 1월 3일 The Weekly Standard blog, http://www.weeklystandard.com/blogs/hhs-paying-google-taxpayer-money-alter-obamacare-search-results_525959.html

39. "구글 그랜트 5주기 맞아(Google Grants Turns 5)," Google Grants Team, 2008년 4월 2일 Google Grants Blog, http://googlegrants.blogspot.com/2008/04/google-grants-turns-5.html

40. http://www.movements.org/pages/about/

41. "자레드 코헨 구글 아이디어 시작(Jared Cohen starts Google Ideas)," Seth Weintraub, 2010년 9월 7일 「Fortune」 http://tech.fortune.cnn.

com/2010/09/07/jared-cohen-starts-google-ideas/

42. "에릭 슈미트 선거가 영원히 바뀔 수 있다고 정치인들에게 경고(Eric Schmidt Warns Politicians That Elections Will Forever Change)," Barry Schwartz, 2006년 10월 4일 Search Engine Watch, http://searchenginewatch.com/article/2057643/Eric-Schmidt-Warns-Politicians-That-Elections-Will-Forever-Change

43. "정치가들은 아직 인터넷 영향을 깨닫지 못하고 있다, 구글 수장의 경고(Politicians yet to realise impact of internet, warns Google chief)," Jean Eaglesham, 2006년 10월 4일 「Financial Times」 http://www.ft.com/intl/cms/s/0/06adcbce-5345-11db-99c5-0000779e2340.html

44. "구글: 정치 시스템은 "충격적", 우리는 게임을 바꾸고 싶다(Google: political system "shocking," we want to change the game)," Matthew Lasar, 2010년 10월 5일 ARS Technica, http://arstechnica.com/telecom/news/2010/10/does-google-still-qualify-for-sainthood.ars

45. http://www.2600.com/googleblacklist/

46. 이후 애덤스는 페이스북에서 일자리를 얻었다. "구글 소셜 연구자 페이스북으로 배를 갈아타다(Google Social Researcher Jumps Ship for Facebook)," Liz Gannes, 2010년 12월 20일 All Things Digital, http://allthingsd.com/20101220/google-social-researcher-jumps-ship-for-facebook/

47. "실생활의 소셜 네트워크 슬라이드쇼(The Real Life Social Network Slideshow)," Paul Adams, 2010년 7월 16일 Dan London, http://tightmixblog.com/the-real-life-social-network-slideshow/

48. "온라인과 실생활의 갭을 줄이기 위해 페이스북 그룹 출시(Facebook Groups Launch To Bridge Online, Real-Life Gap)," Craig Kanalley, 2010년 10월 6일 「Huffington Post」 http://www.huffingtonpost.com/2010/10/06/facebook-groups-launchto_n_752918.html?ref=twitter

49. "실생활의 소셜 네트워크 슬라이드쇼(The Real Life Social Network Slideshow)," 슬라이드 170, Paul Adams, 2010년 7월 16일 Dan London, http://tightmixblog.com/the-real-life-social-network-slideshow/

50. "인터넷과 구글이 2008년 선거를 요동치게 할 것이다(Internet, Google will Sway 2008 Elections: Company Executive)," page 4, 2007년 3월 16일 Communications Daily, http://www.warren-news.com/

51. http://precursorblog.com/node/326

52. "구글: 정치 시스템은 "충격적", 우리는 게임을 바꾸고 싶다(Google: political system "shocking," we want to change the game)," Matthew Lasar, 2010년 10월 5일 ARS Technica, http://arstechnica.com/telecom/news/2010/10/does-google-still-qualify-for-sainthood.ars

53. http://www.youtube.com/watch?v=cl2uctN7doA

54. "상원의원 수잔 콜린스의 웹 광고 구글과 충돌(Sen. Susan Collins' Web Ads Run Up Against Google), MoveOn.org," William LaJeunesse and Ron Ralston, 2007년 10월 12일 Fox News, http://www.foxnews.com/story/0,2933,301267,00.html

55. "구글은 공화당에 대항할 수 있는 최신 무기(Google is latest weapon against Republicans)," Sarah Lai Stirland, 2010년 10월 18일 Politico.com, http://www.politico.com/news/stories/1010/43767.html

56. "2010년에 큰 차이를 만들 수 있는 다른 방법(A different way to make a big difference in 2010)," Chris Bowers, 2010년 10월 8일 Daily Kos, http://www.dailykos.com/story/2010/10/8/1202/96710

57. "구글 인텐시티 맵 정치적 징후를 추적(Google Intensity Map Tracks Political Prognostications)," E.B. Boyd, 2010년 10월 29일 Fast Company, http://www.fastcompany.com/1698876/googles-creates-intensity-map-to-track-political-prognostications

58. http://www.pewcenteronthestates.org/uploadedFiles/Voting_Information_Project_brief.pdf

59. "구글 여론조사 앱 유권자들을 오도(Google polling app misleads voters)," Tony Romm, 2010년 11월 2일 Politico.com, http://www.politico.com/news/stories/1110/44571.html

60. "멋진 신 구글(Brave New Google)," Nicholas Carr, 2010년 8월 14일 Rough Type Blog, http://www.roughtype.com/archives/2010/08/brave_new_googl.php

61. http://yalepress.yale.edu/book.asp?isbn=9780300122237

62. 『넛지 Nudge: Improving Decisions About Health, Wealth, and Happiness

(Richard H. Thaler and Cass R. Sunstein, 2008)』 p. 90. 〔한국어판: 안진환 옮김, 리더스북, 2009년 4월〕 "이 책을 집필하면서 탈러는 구글에서 근무 중인 경제학 친구인 할 배리안에게 이메일을 보냈다." http://books.google.com/books?id=dSJQn8eg XvUC&printsec=frontcover&dq=nudge&hl=en&ei=bH63TNyDPMH58Ab_ mdCeCQ&sa=X&oi=book_result&ct=result&resnum=1&ved=0CCoQ6AE wAA#v=onepage&q&f=false

63. "개방된 인터넷에서 공동 관심사의 발견(Finding common ground on an open Internet)," Eric Schmidt, Chairman and CEO of Google, and Lowell McAdam, President and CEO of Verizon Wireless, 2009년 10월 21일 Google Public Policy Blog, http://googlepublicpolicy.blogspot.com/2009/10/finding-common-ground-on-open-internet.html

64. "FCC 개방된 인터넷에 대한 접근을 보장할 계획 발표(FCC announces plan to protect access to an open Internet)," Vint Cerf, Vice President and Chief Internet Evangelist, 2009년 9월 21일 Google Public Policy Blog, http://googlepublicpolicy.blogspot.com/2009/09/fcc-announces-plan-to-protect-access-to.html

65. "구글의 부사장 겸 최고 인터넷 에반젤리스트인 빈튼 서프의 증언(Testimony of Mr. Vinton G. Cerf, Vice President & Chief Internet Evangelist, Google, Inc.)," 2006년 6월 14일 미국 상원 사법 위원회에서, http://www.judiciary.senate.gov/hearings/testimony.cfm?id=e655f9e2809e5476862f735da116309f&wit_id=e655f9e2809e5476862f735da116309f-2-1

66. "와해의 포용(Embracing disruption)," Rian Liebenberg, Engineering Director, 2010년 3월 15일 Google European Public Policy Blog, http://googlepolicyeurope.blogspot.com/2010/03/embracing-disruption.html

67. "FSF 오라클 대 구글의 소송과 소프트웨어 특허에 대한 위험에 응답(FSF responds to Oracle v. Google and the threat of software patents)," Brett Smith 2010년 9월 8일 Free Software Foundation press release, http://www.fsf.org/news/oracle-v-google

68. "자유 소프트웨어 정의(The Free Software Definition)," GNU Operating System, http://www.gnu.org/philosophy/free-sw.html

69. 『자유 소프트웨어, 자유 사회: 리차드 스톨먼 에세이 선집(Free Software, Free Society: Selected Essays of Richard M. Stallman (2002)』 http://www.gnu.

org/philosophy/fsfs/rms-essays.pdf

70. 『자유 소프트웨어, 자유 사회: 리차드 스톨먼 에세이 선집(Free Software, Free Society: Selected Essays of Richard M. Stallman (2002)』 p. 128, http://www.gnu.org/philosophy/fsfs/rms-essays.pdf

71. 『자유 소프트웨어, 자유 사회: 리차드 스톨먼 에세이 선집(Free Software, Free Society: Selected Essays of Richard M. Stallman (2002)』 p. 133, http://www.gnu.org/philosophy/fsfs/rms-essays.pdf

72. 『자유 소프트웨어, 자유 사회: 리차드 스톨먼 에세이 선집(Free Software, Free Society: Selected Essays of Richard M. Stallman (2002)』 p. 133-4, http://www.gnu.org/philosophy/fsfs/rms-essays.pdf

73. 『자유 소프트웨어, 자유 사회: 리차드 스톨먼 에세이 선집(Free Software, Free Society: Selected Essays of Richard M. Stallman (2002)』 p. 134, http://www.gnu.org/philosophy/fsfs/rms-essays.pdf

74. "닷커뮤니스트 선언(The dotCommunist Manifesto)," Eben Moglen, 2003년 1월 p. 3, http://emoglen.law.columbia.edu/publications/dcm.pdf

75. "닷커뮤니스트 선언(The dotCommunist Manifesto)," Eben Moglen, 2003년 1월 p. 6, http://emoglen.law.columbia.edu/publications/dcm.pdf

76. "닷커뮤니스트 선언(The dotCommunist Manifesto)," Eben Moglen, 2003년 1월 p. 7, http://emoglen.law.columbia.edu/publications/dcm.pdf

77. 『아이디어의 미래(The Future of Ideas): the Fate of the Commons in the Connected World (2001)』 『자유문화(Free Culture): the Nature and Future of Creativity (2004)』 그리고 레식의 첫 번째 책 『사이버스페이스의 코드와 법(Code and Other Laws of Cyberspace) (1999)』의 업데이트판인 『Code Version 2.0 (2006)』

78. http://www.youtube.com/watch?v=JL1Z7_IMFs4

79. 『아이디어의 미래 – 디지털시대의 지적재산권의 운명(The Future of Ideas – the Fate of the Commons in a Connected World (Lawrence Lessig. 2002)』 P. 85 (한국어판: 이원기 옮김, 민음사, 2012년 2월) http://www.4shared.com/office/EOh1DjUv/lessig_FOI.html

80. http://www.kith-kin.co.uk/shop/free-culture/

81. "웹 2.0은 무엇인가: 차세대 소프트웨어의 디자인 패턴과 비즈니스 모델(What Is

Web 2.0: Design Patterns and Business Models for the Next Generation of Software)," Tim O'Reilly, 2005년 9월 30일 O'Reilly Media, http://oreilly.com/web2/archive/what-is-web-20.html

82. "G메일과 프라이버시에 관한 소동: 그것이 가짜인 9가지 이유(The Fuss About Gmail and Privacy: Nine Reasons Why It's Bogus)," Tim O'Reilly, 2004년 4월 16일 http://www.oreillynet.com/pub/wlg/4707

83. "타임 스퀘어 동영상을 구경하자: 사악해지지 말자고?(Watch our new Times Square video: Don't Be Evil?)" Jamie Court, 2010년 8월 30일 Inside Google, http://insidegoogle.com/2010/08/do-not-track-me/

84. "팀 오라일리, 아이스크림 트럭 운전사 광고 이후에 구글의 에릭 슈미트를 옹호(Tim O'Reilly sticks up for Google's Eric Schmidt after icecream truck driver ad)," Sara Jerome, 2010년 9월 7일 The Hill, http://thehill.com/blogs/hillicon-valley/technology/117477-tim-oreilly-sticks-up-for-googles-eric-schmidt-after-icecream-truck-driver-ad

85. http://en.wikipedia.org/wiki/Burning_Man

86. http://www.burningman.com/whatisburningman/about_burningman/principles.html

87. "낙서 천지(Oodles of doodles)," Dennis Hwang, 2004년 6월 8일 Official Google Blog, http://googleblog.blogspot.com/2004/06/oodles-of-doodles.html

88. http://www.google.com/logos/logos98-3.html

89. 『정보규칙Information Rules: a Strategic Guide to the Network Economy, (Carl Shapiro and Hal R. Varian, 1998)』

90. 『네트워크의 부The Wealth of Networks: How Social Production Transforms Markets and Freedom, (Yochai Benkler, 2006)』

91. 『네트워크의 부The Wealth of Networks: How Social Production Transforms Markets and Freedom, (Yochai Benkler, 2006)』 p. 23

92. 『네트워크의 부The Wealth of Networks: How Social Production Transforms Markets and Freedom, (Yochai Benkler, 2006)』 p. 468

93. 『네트워크의 부The Wealth of Networks: How Social Production Transforms

Markets and Freedom, (Yochai Benkler, 2006)』 p. 473

94. 『롱테일 경제학, The Long Tail: Why the Future of Business is Selling Less of More, (Chris Anderson, 2006)』 (번역서: 롱테일 경제학. 이노무브그룹 등역, 랜덤하우스코리아, 2006년 11월)

95. Chris Anderson, 『자유Free: the Future of a Radical Price』 (New York: Hyperion, 2009)

96. "공짜에 대해, 크리스 앤더슨(Chris Anderson on Free)," 알리스타 크롤과의 인터뷰, 2009년 5월 5일 Human 2.0, http://www.human20.com/chris-anderson-on-free/

97. http://googleopoly.net/Googleopoly_IV_The_Googleopsony_Case.pdf

3부: 구글은 우리를 어디로 이끌고 있는가?
10장: 구글은 우리를 어디로 이끌고 있는가?

1. "폰과 PC의 '지문 채취'를 위한 경주 시작(Race Is On to 'Fingerprint' Phones, PCs)," Julia Angwin and Jennifer Valentino-Devries, 2010년 11월 30일 「Wall Street Journal」 http://online.wsj.com/article/SB10001424052748704679204575646704100959546.html

2. "MGM 대 그록스터 사건의 대법원 판결(Supreme Court Rules in MGM v. Grokster)," 2005년 6월 27일 United States Copyright Office, http://www.copyright.gov/docs/mgm/index.html

3. "마리사 메이어가 말하는 다음의 큰 물결: "맥락 발견" - 검색 없는 구글 검색결과 (Marissa Mayer's Next Big Thing: "Contextual Discovery" - Google Results Without Search)," MG Siegler, 2010년 12월 8일 「TechCrunch」 http://techcrunch.com/2010/12/08/googles-next-big-thing/

11장: 우리가 해야 할 일은 무엇인가?

1. "추적 차단"에 대한 설명("Do Not Track" Explained)," Arvind Narayanan, 2010년 9월 20일 33 Bits of Entropy, http://33bits.org/2010/09/20/do-not-track-explained/

2. http://precursorblog.com/content/my-house-internet-privacy-testimony-a-consumer-driven-technologycompetition-neutral-privacy-framework

맺는 글: 중앙계획이라는 독재

1. 구글 기업개요(Google's Company Overview), http://www.google.com/intl/en/
    corporate/

2. 그리고 세르게이 브린은 일전에 테크놀로지 리뷰 편집장에게 말한 바 있다. "완벽한 검색
    엔진이란 신의 마음과 같을 것입니다." 구글의 다음 행보(What's Next for Google),
    Charles H. Ferguson, 2005년 1월 Technology Review, http://signallake.com/
    innovation/FergusonWhatsNextForGoogle010105.pdf

3. "구글이 우리의 일상을 관리할 때(When Google Runs Your Life)" Quentin Hardy,
    2009년 12월 28일 「Forbes」http://www.forbes.com/forbes/2009/1228/
    technology-google-apps-gmail-bing.html

4. "구글, 카페인과 검색의 미래(Google, Caffeine and the future of search)," Matt
    Warman, 2010년 6월 17일 UK 「Telegraph」http://www.telegraph.co.uk/
    technology/google/7833590/Google-Caffeine-and-the-future-of-search.html

5. "마리사 메이어가 말하는 다음의 큰 물결: "맥락 발견" – 검색 없는 구글 검색결과
    (Marissa Mayer's Next Big Thing: "Contextual Discovery" – Google Results
    Without Search)," MG Siegler, 2010년 12월 8일 「TechCrunch」http://
    techcrunch.com/2010/12/08/googles-next-big-thing/

6. Google.com, 2004년 IOP 구글 창업자들의 편지, http://investor.google.com/
    corporate/2004/ipo-founders-letter.html

7. "구글의 집단적 마인드(The Google Hive Mind)," Danny Sullivan, 2008년 9월
    27일 Search Engine Land, http://searchengineland.com/the-google-hive-
    mind-14832

8. ClaytonChristensen.com, http://www.claytonchristensen.com/disruptive_
    innovation.html

9. 『제로데이 위협: 은행과 신용카드 당국이 우리의 돈과 신원을 사이버 사기꾼이 훔치도록
    도와준다는 놀라운 진실(Zero Day Threat: The Shocking Truth about How Banks
    and Credit Bureaus Help Cyber Crooks Steal Your Money and Identity),"
    (Byron Acohido and Jon Swartz, 2008) http://zerodaythreat.com/

10. "에릭 슈미트, 구글에서 또다른 10년을 기대(Eric Schmidt expects another
    10 years at Google)," Georgina Prodhan, 2011년 1월 25일 Reuters,
    http://www.reuters.com/article/2011/01/25/us-google-schmidt-

idUSTRE70O2TE20110125

11. 『1984 Nineteen Eighty-Four, (George Orwell, 1949)』

12. 『정치적 마인드 The Political Mind: A Cognitive Scientist's Guide to Your Brain and Its Politics, (George Lakoff, 2009)』

13. 『동물농장 Animal Farm, (George Orwell, 1945)』

14. "7가지 미심쩍은 구글 CEO 에릭 슈미트의 결례(7 Creepy Faux Pas of Google CEO Eric Schmidt)," Austin Carr, 2010년 10월 6일 Fast Company, http://www.fastcompany.com/1693384/google-ceo-eric-schmidt-gaffes-creepy-privacy-faux-pas

15. "7가지 미심쩍은 구글 CEO 에릭 슈미트의 결례(7 Creepy Faux Pas of Google CEO Eric Schmidt)," Austin Carr, 2010년 10월 6일 Fast Company, http://www.fastcompany.com/1693384/google-ceo-eric-schmidt-gaffes-creepy-privacy-faux-pas

16. "7가지 미심쩍은 구글 CEO 에릭 슈미트의 결례(7 Creepy Faux Pas of Google CEO Eric Schmidt)," Austin Carr, 2010년 10월 6일 Fast Company, http://www.fastcompany.com/1693384/google-ceo-eric-schmidt-gaffes-creepy-privacy-faux-pas

17. "구글 CEO: 소셜 네트워킹에서 과거를 숨기려면 이름을 바꿔라(Google CEO: Change Names to Avoid Social Networking Past)," Brian Heater, 2010년 8월 18일 「PC Magazine」 http://www.pcmag.com/article2/0,2817,2367961,00.asp

18. "구글: 정치시스템은 "충격적", 우리는 게임을 바꾸고 싶다(Google: political system "shocking," we want to change the game)," Matthew Lasar, 2010년 10월 5일 ARS Technica, http://arstechnica.com/telecom/news/2010/10/does-google-still-qualify-for-sainthood.ars

19. "마리사 메이어의 다음의 큰 물결: "맥락 발견" - 검색 없는 구글 검색결과(Marissa Mayer's Next Big Thing: "Contextual Discovery" - Google Results Without Search)," MG Siegler, 2010년 12월 8일 「TechCrunch」 http://techcrunch.com/2010/12/08/googles-next-big-thing/

20. "구글의 자동 분류 메일함과 웹의 미래(Google's Priority Mailbox and the Future

of the Web)," Stacey Higginbotham, 2011년 1월 12일 GigaOm.com, http://
gigaom.com/collaboration/googles-priority-mailbox-and-the-future-of-the-
web/

이 책은 구글의 또다른 측면에 대해 이야기한다. 구글이 숨기고 싶어하는 비밀스런 책이다. 이 책에서 구글 전문가 스코트 클리랜드는 세계에서 가장 강력한 기업의 겉모습과 실제 모습이 어떻게 다른지 적나라하게 보여준다.

구글은 순한 양처럼 행동하지만, 사실은 거대한 티라노사우루스 렉스와도 같다. 한 마디로 양의 탈을 쓴 거대한 육식공룡이다.

구글은 역사상 그 누구보다 많은 정보를 수집한다. 또한 그러한 정보를 활용하는 무수한 방법을 발명해냈다. 공적이건 사적이건 모든 정보는 권력이다. 구글은 인터넷이 닿는 곳에 존재하는 거의 모든 것을 좌지우지하고 통제할 수 있는 권력이다. 하지만 구글이 가진 권력은 상당히 과소평가되고 있다. 구글은 또한 자신이 취득한 정보를 다룰만한 적절한 책임감을 갖고 있지 않으며, 그 누구도 견제하지 못한다. 구글은 인터넷 세계의 유일한 최고권력을 넘어 이제 현실세상의 최고권력으로 부상하고 있다.

구글의 권력은 대중의 맹목적인 신뢰를 바탕으로 형성된 것이다. 하지만 이 책은 구글의 영리한 이중성을 폭로한다. "사악해지지 말자"라는 슬로건 뒤에 숨어 있는 비윤리성과, 구글이 전파하고자 하는 숨겨진 정치적 아젠다를 파헤친다. 그리고 세상의 정보를 체계화하겠다는 구글의 멋진 사명이 얼마나 파괴적이고 잘못된 것인지 보여준다. 이 책은 구글이 우리를 어디로 끌고가려 하는지 비판적으로 검토하면서, 그 길이 왜 잘못되었는지 알기 쉽게 설명하고 해결책을 제시한다.

세상의 모든 정보가 구글로 집중되는 역사상 유래가 없는 상황에서 우리는, 견제 받지 않는 권력은 필연적으로 부패한다는 사실을 기억해야 한다. 지금 구글은 정보하인에서 정보주인으로 진화하는 중이며, 사용자들을 위해서 일하는 상황에서 사용자들이 인터넷공룡을 위해 일하는 상황으로 바꿔가고 있다.

이 책은 결론적으로 구글의 목표가 정보에 대한 접근방식에 영향을 미치고 접근을 통제함으로써 세상을 바꾸는 것임을 보여준다. 궁극적으로 견제 받지 않는 구글이라는 거대권력이 파괴적인 것은, 구글이 놀라울 정도로 정치적이고, 비윤리적이며 신뢰할 수 없기 때문이다.

스코트 클리랜드Scott Cleland

구글에 대한 선도적인 비판자로서 미 의회에서 세 차례 구글에 대해 증언한 바 있다. 구글 모니터(GoogleMonitor.com), 구글 오폴리(Googleopoly.net), 프리커서 블로그(PrecursorBlog.com)를 운영 중이다. 프리커서LLC의 대표로서, 「포춘」 선정 500대 기업에 컨설팅도 한다. 「인스티튜셔널 인베스터Institutional Investor」에서 뽑은 최고의 IT 애널리스트로 선정되기도 했다. 인터넷 닷컴버블이 일어날 것을 일찍이 예측하기도 했으며, 엔론의 사기와 파산에 대한 경고신호를 무시한 것을 의회에 최초로 증언한 애널리스트였다. 당시 「포춘」은 '월드컴의 부채, 수익성, 생존에 대해 많은 사람들이 의문을 제기하기에 앞서' 클리랜드가 그 신호를 감지했다고 기술했다. 연방 정보통신정책 국무부차관보를 역임하기도 한 클리랜드는 워싱턴D.C.에서 부인과 두 딸과 함께 살고 있다.

아이라 브로드스키Ira Brodsky

개인의 자유, 과학의 창의성, 비즈니스, 역사 저술가이다. 1989년 신흥기술 및 시장에 관한 보고서를 출간하는 데이터컴연구소Datacomm Research를 설립했으며, 1990년대 아시아, 아메리카, 유럽, 중동 등지에서 무역회의를 조직하고 컨설팅을 하기도 했다. 「데일리칼러Daily Caller」「아메리칸싱커American Thinker」「네트워크월드Network World」등에 칼럼을 기고하기도 한다.

감사의 말

우선, 나의 아내 사라에게 그녀의 확고한 사랑, 격려, 지원, 지혜, 인내 그리고 나에 대한 믿음에 대해 감사하고 싶고, 나의 아들 애덤과 딸 그레이스에게 그들의 사랑, 격려, 아이디어 그리고 솔직함에 대해 감사하고 싶다. 이 책을 집필하려던 나의 꿈을 성취하는 데 소요된 오랜 시간 동안 가족들이 보여 준 인내에 대해 감사한다. 나의 가족은 진정한 축복이다. 나의 아버지 셔릴 클리랜드에게 지적인 측면으로 나를 격려해 주시고, 내가 '세상을 넓게 경험하는 데' 도움이 된 인생 경험을 주신 데 대해 특히 감사드린다. 너무나 그리운 돌아가신 어머니 베티 클리랜드에게 가장 특별한 감사를 드린다. 어머니는 내가 알고 있는 가장 용감한 사람이며, 자신이 옳다고 믿는 것에 대해서는 굴하지 말라고 가르쳐 주셨다. 내가 이 책으로 아버지와 어머니를 빛냈기를 기대하고 희망한다.

이 책은 현명하고도 노련한 출판가이자, 편집자이며 공동저자인 아이라 브로드스키Ira Brodsky의 결단과 선견지명이 없었다면 결코 쓰여질 수 없었을 것이며, 그는 그 누구보다 나의 아이디어와 스토리를 책 형식으로 표현하는 데 공헌했다. 고마워요 이라. 나의 유능한 조력자인 바바라 로첸Barbara Lochen에게 그녀의 많은 중요한 기여에 대해 감사한다. 그리고 양의 탈을 쓴 티라노사우루스의 개념을 살아 움직이게 만들어 준 일러스트레이터 미구엘 드 앵겔Miguel De Angel에게 감사한다.

짐 드롱Jim Delong에게 특별한 감사를 표하지 않는다면, 큰 실수일 것이다. 그는 컨버전스 로 인스티튜트Convergence Law Institute에서 재산권 수호자들을 이끌고 있으며, 2007년 저작 『파괴자 구글Google the Destroyer』을 통해 이 책의 주제를 잡는 데 영감을 줬다. 돔 어드바이저Dome Advisors의 마이클 볼 랜드Michael Boland는 몇 년 전에 나에게 프리드리히 하이에크의 고전 『노예 의 길』을 연구해 보라고 충고함으로써, '디지털화된 노예의 길' 장에 대 한 영감을 준 공로가 있다. 나는 메르카투스센터Mercatus Center의 애덤 씨어 러Adam Thierer에게 빚을 졌는데, 그는 내가 '정보공유공간' 이데올로기의 뿌리를 파악하고 이해하도록 도움을 줬고, 아직 초기이지만 급속히 성 장 중인 기술 유토피아적 사회주의자 운동의 지적 선구자들을 파악하는 데 도움을 줬다. 또한 나는 헤리티지 재단Heritage Foundation의 제임스 가투소 James Gattuso와 프리 스테이트 재단Free State Foundation의 랜디 메이Randy May의 지 혜로부터 배움을 얻었다.

조사관인 해리 마크폴로스Harry Markopolos는 버니 마도프Bernie Madoff가 사 기를 저질렀다는 증거를 부지런하고 꾸준히 미국정부에 제출했으며, 그 는 자신이 옳다고 생각하는 것에 대해 굴하지 않는 점에 있어서 나에게 더할 나위 없는 용기의 본보기가 되어 주었고, 『아무도 듣지 않는다No One Would Listen: A True Financial Thriller』를 집필함으로써 이 책을 위한 초석을 다져 준 데 대해서도 역시 경의와 감사를 표하고 싶다.

또한 나의 직업적 발전에 기여한 다른 이들에게도 감사를 표하고 싶 다. 나는 특히 이전 프리커서 그룹Precursor Group의 파트너이자 좋은 친구인 빌 와이먼Bill Whyman에게 그의 날카롭고 분석적인 정신과 깊은 지식에 대 해 특별히 감사한다. 그는 기술 분야, 인터넷, 소프트웨어에 대해서 그 누 구보다 나에게 많은 것을 가르쳐 줬다. 작고한 나의 친구 존 윌키John Wilkie 에 감사한다. 그는 오랜 기간 「월스트리트저널」의 반독점 담당기자로, 구글의 반독점 이슈에 대해서 깊은 관심을 나누었으며, 많은 이들이 그를 몹시도 그리워한다. 나의 전 상사인 제임스 베이커^{James A. Baker III} 국무장관, 밥 졸릭^{Bob Zoellick}, 제닛 물린스^{Janet Mullins}, 피터 매디건^{Peter Madigan}, 존 로저스^{John F.W. Rogers} 그리고 질 켄트^{Jill Kent}에게 감사한다. 그들은 내가 직업적 기술을 개발하고 세계에 대한 구글의 파괴적인 영향을 파악하고 식별하는 데 필요한 자신감을 키우는 데 큰 도움을 줬다.

작고한 여성 하원의원으로서 내가 받은 '정치적 가치와 윤리' 수업 교수였던 바바라 조던^{Babara Jordan}에게 감사한다. 그녀는 내가 정치적 이데올로기에 있어 자유와 평등의 중대한 충돌에 대해 집중할 수 있도록 지도해주었다. 또한 내가 다니는 칼라마주칼리지^{Kalamazoo College}의 정치과학 상담교수인 돈 플레셰^{Don Flesche}에게 격려에 대해 감사한다. 내가 다닌 WRA^{Western Reserve Academy}의 톰 드몽^{Tom Demong} 선생님께 작문을 가르쳐 주신 데 감사드리고, 안네 채프먼^{Anne Chapman} 선생님께는 개념적 사고를 격려해 주신 데 대해 감사드린다.

마지막으로, 내가 미처 언급하지 못한 분들께 사과 드린다. 용서해 주시길 부탁드리며, 도움에 감사드린다.

스코트 클리랜드

옮긴이 소개

박기성 www.twitter.com/sngpark

주로 게임개발을 중심으로 IT업계에 20년째 근무하고 있다. 최근에는 모바일 소셜게임 개발을 진행하고 있다. 출간된 역서로는 『Gamification & 소셜게임』(2011, 에이콘출판)이 있다. 요즘 가장 즐거운 일은 2011년에 태어난 첫 아들 지유와 시간을 보내는 것이다.

옮긴이의 말

1791년 프랑스혁명 시기 국왕의 역할의 대한 의견대립으로 시작된 우파와 좌파의 대립은 오늘날까지 이어져, 정치와 사회 각 분야에서 큰 영향을 미치고 있다. 이제 21세기 정보화 시대에 접어들면서, 또 다른 새로운 거대 전선이 형성되고 있다. 바로, 새로운 권력의 원천이 되고 있는 정보와 지적 재산intellectual property의 통제에 대한 상반되는 시각을 가진 진영 간의 대립이다. 한쪽은 정보의 사적 통제와 보호에 중점을 두는 진영으로 주로 전통 미디어와 산업세력이 주축을 이루고 있으며, 다른 한쪽은 정보의 공유와 자유로운 접근을 강조하는 진영으로 신흥 IT세력이 주축을 이루고 있다.

이 책은 정보 보호주의 진영의 입장에서, 자유주의 진영의 대표적인 기업인 '구글'을 비판한 책이다. '사악해지지 말자Don't be Evil'란 모토를 가진 선망 받는 첨단기업이 사실은 양의 탈을 쓴 사악한 포식자라는 폭로다.

TV 드라마, 영화, 게임 등 대중 미디어에서 등장하는 선과 악의 구분은 거의 언제나 매우 명확하다. 하지만 현실에서의 선과 악의 구분은 그렇게 간단치 않다. 특히나 끊임없이 새롭고 복잡한 기술과 용어가 쏟아지는 IT 업계와 같이 전문화된 영역에서는, 웬만한 전문가조차 무엇이 옳고 그른지 판단하기 어렵다. 따라서 이런 분야에서는 소수 파워엘리트들의 이익을 위한 교묘한 조작이 일어나기가 쉽다. 특히나 그런 조작이 우리의 일상에 큰 영향을 미칠 수 있는 개인정보와 관련된다면 그 위험성은 더욱 클 것이다.

이 책의 주장은 최근 미 의회의 SOPA^{Stop Online Piracy Act}(온라인 침해방지법) 입법 논란과 구글의 개인정보 통합 논란과 같이 양 진영의 치열한 논쟁이 진행 중인 이슈와 동일한 맥락에 있으므로, 반대 진영 측에서는 다양한 반론이 있을 수 있다. 하지만, 이 책의 주장의 옳고 그름을 떠나, 이 책의 가장 훌륭한 미덕은 저자의 막연한 상상력과 추론이 아니라, 철저히 '팩트'를 기반으로 집필됐다는 점이다. 저자의 주장은 철저히 관련 당사자들의 인터뷰 내용과 실제 사건자료 등 실증자료를 기반으로 하고 있다. 심하다 싶을 정도의 방대한 주석을 통해 저자가 이 문제에 얼마나 오랫동안 매달렸는지 알 수 있다. 따라서 이 책과 반대되는 시각을 가진 독자들도 이 책의 주장을 간단히 무시해버리기는 어려울 듯하다.

이 책은 구체적인 비판 대상으로 '구글'에 집중했지만, 사실상 페이스북, 애플, 국내의 경우에는 네이버 등 독점적 지배력을 가진 정보를 다루는 모든 IT 대기업에 해당될 수 있는 내용이다. 또한, 개별기업에 대한 비판서 차원을 넘어 실증사례를 통해 장차 우리의 삶에 큰 영향을 미칠 '정보와 지적 재산의 통제권'에 대한 전반적인 시각을 넓힐 수 있는 책이라 생각된다.

구글은 조지 오웰이 일찍이 『1984』에서 예견한 사악한 '빅브라더'인가? 아니면 자신이 주장하는 대로 정보의 자유로운 공유와 접근을 통해 세상을 좀더 좋은 곳으로 만드는 젊은 기업인가? 판단은 독자의 몫이다.

박기성

에이콘출판의 기틀을 마련하신 故 정완재 선생님 (1935-2004)

두 얼굴의 구글

구글 스토리에 숨겨진 또 다른 이면

초판 인쇄 | 2012년 5월 23일
2쇄 발행 | 2012년 11월 10일

지은이 | 스코트 클리랜드 • 아이라 브로드스키
옮긴이 | 박 기 성

펴낸이 | 권 성 준
엮은이 | 김 희 정
　　　　 윤 영 삼
　　　　 황 지 영
표지 디자인 | 그린애플
본문 디자인 | 선우숙영

인 쇄 | 한일미디어
용 지 | 진영지업(주)

에이콘출판주식회사
경기도 의왕시 내손동 757-3 (437-836)
전화 02-2653-7600, 팩스 02-2653-0433
www.acornpub.co.kr / editor@acornpub.co.kr

한국어판 ⓒ 에이콘출판주식회사, 2012
ISBN 978-89-6077-308-0
http://www.acornpub.co.kr/book/two-faces-of-google

이 도서의 국립중앙도서관 출판시도서목록(CIP)은 e-CIP 홈페이지(http://www.nl.go.kr/cip.php)에서
이용하실 수 있습니다. (CIP제어번호: 2012002355)

책값은 뒤표지에 있습니다.